农业软科学研究丛书（2013—2017）

深化农村改革与城乡融合发展

SHENHUA NONGCUN GAIGE
YU CHENGXIANG RONGHE FAZHAN

张天佐　　主编

中国农业出版社
农村读物出版社
北　京

C O N T E N T S 目 录

综　　述

城市与乡村是一个相互依存、互促共荣的生命共同体。城市的发展和繁荣绝不能建立在乡村凋敝甚至衰败的基础上，城乡共荣是实现全面小康和全面现代化的重要前提。在中国特色社会主义新时代，农村改革全面深化，城乡互动愈发频繁，城乡人口出现明显对流，大量资本开始到乡村寻找机会，乡村迎来了难得的发展机遇。立足国情，顺应趋势，党的十九大作出实施乡村振兴战略的重要部署，2018 年中央 1 号文件就实施乡村振兴战略提出具体要求。实施乡村振兴战略，核心就是要坚持农业农村优先发展，关键是建立健全城乡融合发展的体制机制和政策体系，而实现农业农村优先发展、促进城乡融合发展的一个重要手段就是全面深化农村改革。

近年来，农业部软科学委员会围绕深化农村改革与城乡融合发展专题组织开展了多项课题研究，取得了系列重要成果。本书以"深化农村改革与城乡融合发展"为题，收集整理了 2013—2017 年由农业部软科学委员会资助的 20 余项课题的研究成果，形成了本书的九章内容，分别从农村土地制度改革、农村集体产权制度改革、培育新型农业经营主体、发展多种形式规模经营、建立新型农业社会化服务体系、创新乡村治理体系、深化农垦系统体制改革、建立城乡融合发展机制和完善农业法律制度保障等方面，对深化农村改革、促进城乡融合发展专题下的相关问题进行深入探讨。

一、农村土地制度改革

习近平总书记强调，新形势下深化农村改革，主线仍然是处理好农民与土地的关系。土地制度是一个国家最为重要的生产关系安排，是一切制度中最为基础的制度。我国的改革开放事业，发端于农村土地制度的改革。40 年来，我国确立了以家庭承包经营为基础、统分结合的双层经营体制，经历了从"两权分离"到"三权分置"的制度变迁，赋予了农民更有保障的土地权益，激活了农村"沉睡"的资产资源。随着农村土地制度的不断变迁，如何更好地落实农地政策、创新农地经营、保障农民权益，成为决定农地制度改革成败的关键点。

目前，农村土地制度改革的市场化方向已经在全社会基本形成共识，但是具体的路径怎么走还存在分歧，集中体现在"三权分置"与"长久不变"政策协同存在一定困境。巩固和完善我国农村土地"三权分置"和土地承包关系"长久不变"的制度安排，不仅需要理论创新和改革配套，而且需要政策协同。对此，有学者提出"三保三限三变动"的政策框架，也许是一种实现"三权分置"与"长久不变"政策协同的有效措施。

在盘活农地经营权的众多实践中，从保障农地产权的稳定性、维护农户经营主体地位、降低土地集中交易成本的层面来说，土地股份合作社是一种最具目标兼容性的制度安排，但也存在一系列系统性、关联性、特殊性的风险亟须解决。这要求在防控土地股份合作社风险上做出理念和方式上的转变，从管控走向疏通，从内部治理走向社会治理，从单要素投入走向多元经营。兼具开放性与竞争性的多元主体合作经营运作模式，能够有效拓展农户获取服务规模经济性与分工经济性的空间，有可能是我国农业经营方式转型的重要突破口。

城镇化是中国经济转型升级的必然选择，也是实现城乡融合发展的必由之路。目前，中国城镇化正处于快速增长阶段，城镇用地需求仍在刚性增长，土地资源紧约束的局面日益严峻。在新型城镇化进程中如何保障农民土地权益是一个重要问题。为此，我们从土地征收的角度考察了农民土地权益可能出现的损失及其成因，并提出应在包容、持续、以人为本理念指引下，创新农民土地权益保障体制机制，采取严格界定公共利益界限、规范土地征收、优化征收补偿、健全失地农民保障等一系列措施，让城镇化所带来的土地增值收益，平等化地在城乡居民间共享。

二、农村集体产权制度改革

集体产权制度改革必须首先明确农村集体经济组织的基本性质。依据法律规定，集体经济所有的不动产和动产，属于本集体成员集体所有。因此，农村集体经济组织有两大基本特征，一是集体的资产不可分割到个人；二是集体组织成员享有平等权利。这两个特征决定了农村集体经济组织的基本属性。首先，农村集体经济组织并不是公有制经济组织，所以，集体产权制度改革中不能说农村集体经济组织的资产从"共同共有"变成了"按份共有"。其次，农村集体经济组织不是公司、企业性质的经济组织。有条件的农村集体经济组织可以依法设立公司、企业，并依法从事经营活动和承担市场风险，但是，农村集体经济组织本身不能改制为公司企业。此外，在集体产权制度改革中，由于提倡实行"股份合作制"，于是频频使用"股份"这个概念。但是，集体产权制度改革中讲的"股"并非股份制经济组织的"股"，后者代表的是资产，持有者有权依法对自己持有的"股"进行处置。但集体产权制度改革中出现的所谓"股"，是指每个成员在集体资产收益中的具体分配份额，因为集体的资产是不可分割给个人的①。

　　农村集体产权制度改革涉及面广，政策性强，在改革过程中存在诸多需要探索研究的问题，必须不断总结实践经验，采取有效举措，创新完善政策，才能确保改革顺利推进。开展清产核资是推进集体产权制度改革的基础和前提，农村集体最主要的资产是土地，特别是集体经营性建设用地。对于"集体经营性建设用地"范围的界定，对于"经营性"的理解，以及对"入市"范围的界定，都深刻影响着城乡统一建设用地市场的建立和农民的土地财产权益。

　　在清产核资基础上，有条件的地区还在积极推进农村集体经营性资产股份合作制改革。总结试点地区经验可以发现，这项改革的具体实施路径在不同地区间存在明显差异，但都不可避免地要处理好集体资产量化范围、集体成员资格界定、股权设施与股权量化管理、股权权能与运营等几个问题。在当前和今后一个时期，农村集体产权制度改革必须以保护农村集体经济组织及其成员的合法权益为核心，因地制宜、因时制宜地创新改革实现形式，才能建立农村集体资产运营管理新机制，确保农民集体资产收益持续增长。

三、培育新型农业经营主体

　　在坚持家庭承包经营基础上，培育从事农业生产和服务的新型农业经营主体是关系我国农业现代化的重大战略。加快培育新型农业经营主体，加快形成以农户家庭经营为基础、合作与联合为纽带、社会化服务为支撑的立体式复合型现代农业经营体系，对于推进农业供给侧结构性改革、引领农业适度规模经营发展、带动农民就业增收、增强农业农村发展新动能具有十分重要的意义。

　　发展家庭农场是在我国由传统农业向现代农业转型跨越阶段提出的一个重要命题。党的十八届三中全会以来，中央出台的一系列关于深化农村改革的政

---

① 陈锡文，从农村改革四十年看乡村振兴战略的提出，行政管理改革，2018（4）：4-10。

策中，都将家庭农场定位为发展现代农业的重要经营主体，希望通过发展适度规模家庭农场等新型农业经营主体达到巩固提升粮食产能和促进农民增收、农业增效的目标。然而事实上，家庭农场作为市场主体，其规模化经营目标与政府政策导向之间存在明显差异。必须在充分认识家庭农场规模化经营的行为逻辑与政策目标的实践偏离基础上，进一步优化支持政策，有针对性地鼓励和引导家庭农场走适度规模发展道路，才能促进家庭农场更好实现政府公共目标。

自 2007 年《中华人民共和国农民专业合作社法》颁布实施以来，农民合作社快速发展，在建设现代农业、促进农民增收中发挥了重要作用，是新型农业经营主体中的重要力量。但目前，我国的农民合作社发展仍处于初期阶段，存在数量增长快但质量不高、单体分布广但规模偏小、有基本制度但规范不够等问题，制约了合作社功能作用的充分发挥，迫切要求优化农民合作社治理。治理问题的核心要义在于做出的制度化设定与安排，即设计出合理的治理机制，形成优化的治理结构。而实现治理优化的难点在于合作社发展既嵌入于日趋激烈的外部市场竞争环境，面临持续经营的挑战，又嵌入于日益异质性的内部成员环境，面临规范运营的挑战，需要在公平和效率之间谋求某种制度平衡。要实现农民合作社治理优化，既需要构建以权力制衡为核心的静态治理结构，也需要建立以科学决策为导向的动态治理机制，还需要引导成员进行业务、资本和管理三个维度的全面组织参与。

在培育新型农业经营主体的同时，也不能忽视了小农户。要看到经营自家承包耕地的小农户在相当长时期内仍将是农业经营主体中的大多数。鉴于小农户还将长期存在的客观现实，需要研究如何实现小农户与现代农业发展的有机衔接，尤其是通过培育新型主体实现衔接，如兴办农民合作社，倡导"公司＋农户"，以及建立开展土地托管、代耕等向农户提供社会化服务的专业化组织。小农户与现代农业发展有机衔接的关键是打通为小农户提供现代农业服务的组织化路径，路径可以是多元的，但农民合作社无疑是其中适宜的一种，因为农民合作社的本质就是通过成员的集体行动来实现有效的自我服务。当然，在发展实践中，农民合作社在联农带农方面的表现并不尽如人意，必须调整修改合作社相关法律，转变政府对合作社的支持方式，完善合作社内部治理机制和民主决策机制，以释放合作社连接小农户和提升小农户方面的巨大潜能。

四、发展多种形式规模经营

当前，我国农业发展正处于由增产导向向提质导向转变的关键时期，传统一家一户小规模经营在推进农业高质量发展方面面临着较大挑战。发展多种形式适度规模经营，充分发挥其在质量兴农、绿色兴农、品牌强农方面的引领作用，是提高农业质量效益和竞争力、推进农业农村现代化、实现乡村全面振兴的重要途径[①]。

为此，我们首先可以观察与我国人地关系条件相似的日本与韩国在农业适度规模经营上的发展历程和政策演进，总结他们在推进农业规模化经营实践中的成功经验与失败教训。日韩两国与我国农业资源禀赋相近，农业耕作文化相似，两国在过去几十年内，以家庭细小规模为基础，在推进农业适度规模经营，发展现代农业方面取得了明显成效，也走过了不少弯路，可为我国推进适度规模经营提供最为鲜活的借鉴。

在国内，以各种形式实现规模经营的地方实践层出不穷。其中，农业共营制是四川省崇州市创新的一种适度规模经营组织形式，主要做法是通过创设土地股份合作社推动适度规模经营，实现藏粮于地，通过完善现代农业服务体系提升社会化服务水平，实现藏粮于技，通过培育现代农业职业经理人推进专业化生产、提高生产水平，实现多元主体共建、共营、共享、多赢。农业共营制在带来一系列正效应的同时，也存在地域特殊性、推广局限性以及对其他主体的挤出等问题，同时还面临着财政补贴减少甚至取消后的生存压力。这种实现适度规模经营的组织形式，仍需在完善相关主体利益联结机制的基础上，顺应农业供给侧结构性改革大趋势，不断探索和创新逐渐脱离财政支持的长效营利模式。

适度的土地规模还是保障粮食生产主体获取维持自身可持续发展所需利润的重要条件。尤其是对粮食生产的重要主体——粮食生产型家庭农场而言，持续经营的一个重要前提就是要达到临界经营规模，即能够使其人均纯收入接近城镇居民收入水平的土地经营规模。调查发现，目前家庭农场的经营规模呈现出哑铃形的大跨度分布，远高于临界规模和远低于临界规模的家庭农场大量存

---

① 　张红宇，发展多种形式适度规模经营　提高农业质量效益和竞争力，农民日报，2018 - 02 - 05 （007）。

在，而且，不同规模的家庭农场对扶持政策的诉求存在很大差异，这些都有可能对粮食生产型家庭农场的健康可持续发展和国家粮食安全带来不稳定因素。

五、建立新型农业社会化服务体系

建立新型农业社会化服务体系，本质上也是实现规模经济，只是与前文所述的通过多种形式扩大土地经营规模从而实现规模经济的路径不同。建立农业社会化服务体系是通过向众多农业生产主体提供多元化的农业生产性服务而实现的服务层面的规模经济。这种规模经济不要求土地的集中连片，不苛求单个主体的规模大小，只是在技术服务、农机作业、农资供应、市场销售等方面将众多农业生产主体联结在一起，形成集群优势，并通过这种联结和统一服务有效节约交易成本，从而实现规模经济。从这点上讲，农业社会化服务体系建设对于中国特色农业现代化，对于在相当长的一个时期内，对于依然以小农户为主要生产经营组织形式的中国农业而言，具有十分重大的意义。

农业社会化服务体系的完善与否是衡量一个国家农业现代化发展水平的重要标志。长期以来，我国农业社会化服务与发达国家相比，在内容、形式、机制等方面都存在明显差距。建立新型农业社会化服务体系，从根本上来说，就是要顺应新型农业产业体系、生产体系、经营体系要求，发挥农业社会化服务对规模经济、现代要素聚合、资源配置效率、产业化组织化提升、政府服务职能转变等5个方面的促进功能，从而为加快农业供给侧结构性改革提供重要支撑。

在多种农业社会化服务领域中，运用专业化知识，向农业生产经营主体和其他涉农组织提供技术含量较高的中间产品或服务的智力支持型服务，是提升我国农业现代化水平的一个重要的服务领域，主要包括农业科技服务、农业金融服务、农业信息服务等。构建农业知识服务体系，促进农业知识服务业快速发展，能有效促使农业产业结构优化升级，农业生产技术更新换代，农业经营环节更加紧密，实现农业产业链延伸拓展和农业产值规模不断扩大。

六、创新乡村治理体系

中国传统乡村社会有着自身独特的秩序逻辑和治理模式。近代以来随着国家政权向基层社会的渗透，传统礼治秩序受到极大挑战，导致了深刻的秩序危机。中华人民共和国成立以后，乡村社会逐渐形成一套以政治权力为主导的新的治理模式，即以政治秩序实现了对乡村秩序的重建①。改革开放以来，随着人民公社的解体，由政府主导的治理模式失去了制度根基，源自西方的现代法律精神与我国乡村社会的传统观念也存在诸多冲突，加之乡村社会原有的自治体系已被削弱甚至消灭，从而引发了新一轮的乡村治理危机。

　　乡村治理是社会治理的基础和关键，乡村治理现代化是国家治理体系和治理能力现代化的重要组成部分。在新的历史时期，重建乡村秩序的核心是要处理好国家与社会的关系，走出非此即彼的困境，建立二者之间的良性互动机制。在乡村振兴战略的 20 字方针中，"治理有效"是乡村振兴的基础，也是乡村振兴最为关键的着力点。建立健全自治、法治、德治相结合的乡村治理体系是我们党在新的历史方位对乡村治理提出的重要要求。从乡村社会所处发展阶段的实际出发，遵循乡村社会发展的规律，构建以党的基层组织为核心，以村民自治组织为主体，以乡村法治为准绳，以德治为基础的乡村治理体系十分重要②。然而，当前中国乡村治理各主体的"缺位、越位、卡位"、乡村自治组织弱化及治理规则断层等问题③，严重影响着"三治融合"的乡村治理体系的建立。

　　在缺乏民主传统而又面临快速市场化发展的农村社会，村民自治的实践推进需要在国家决策、地方治理和农民需求之间寻求平衡点④。在城镇化快速推进的背景下，行政村公共服务去功能化后，在那些以村民小组为土地发包方的地方，村民小组的资产管理和分配功能被强化，村民小组一级的自治需求凸显出来。2015 年中央 1 号文件提出，在有实际需要的地方扩大以村民小组为基本单元的村民自治试点，探索符合各地实际的村民自治有效实现形式。由此开始，村民小组自治由个别地方探索逐渐转变为全国性的普遍行动，村民自治由原来的村委会（行政村）治理深化到村民小组治理。试点改革在取得成效的同时，也面临着有探索性、创新性却没有普适性，有选择性却没有方向性等难题。综合考虑我国现有乡村治理体系架构、全国性改革将关涉的体制机制难题

　　① 黄家亮，中国乡村秩序的百年变迁与治理转型——以纠纷解决机制为中心的讨论，华南师范大学学报（社会科学版），2018（6）：147，154，192。

　　② 郑会霞，构建新时代乡村治理体系，学习时报，2018 - 08 - 31。

　　③ 侯宏伟，马培衢，"自治、法治、德治"三治融合体系下治理主体嵌入型共治机制的构建，华南师范大学学报（社会科学版），2018（6）：141 - 146，191。

　　④ 马华，村治实验：中国农村基层民主的发展样态及逻辑，中国社会科学，2018（5）：136 - 159，207。

和地方性试点面临的实践局限,当前村民自治治理层级设置的基本原则应当是自治组织结构保持原有设置,自治功能部分下沉。

七、深化农垦系统体制改革

农垦在中国特色农业现代化中扮演着特殊角色。2015 年 11 月,《中共中央 国务院关于进一步推进农垦改革发展的意见》(以下简称《意见》)指出,农垦生产力先进,在现代农业建设中具有独特优势,农垦农业生产经营规模化水平较高,综合生产能力强,农产品商品率高,科技成果推广应用、物质装备条件、农产品质量安全水平、农业对外合作等走在全国前列,一些国有农场位于边境地区,在国家全局中的战略作用更加突出。对于农垦的改革趋势,《意见》指出,当前和今后一个时期,必须适应新形势新要求推进农垦改革发展,努力把农垦建设成为保障国家粮食安全和重要农产品有效供给的国家队、中国特色新型农业现代化的示范区、农业对外合作的排头兵、安边固疆的稳定器。

2015 年以来,农垦改革进入快车道,竞争力和效率迅速提高,但仍旧面临着地位边缘化、经营碎片化、产权单一化、经营体制僵硬化、功能复杂化、产业偏移化等六大问题和挑战[①],解决这些问题需要进一步创新和优化农业经营体系。农业经营体系是各类农业经营主体及其相互关系的总和,是推进现代农业建设的重要基础和保障。

改革开放以前,农垦农业长期实行生产"大集体"、劳动"大呼隆"、分配"大锅饭"和产品统购统销的高度集中的计划经济。随着我国经济体制和农业经营制度改革的深入推进,农垦农业经营体系按照逐步放开搞活、不断巩固完善、持续创新提升的路径,走出了一条顺应农业发展规律的变革之路,创造出适合农垦现代农业发展要求的农业生产经营模式。同农村相比,农垦农业经营体系同样以家庭经营为基础,同时又具有规模优势、产业优势、人才优势和制度优势。基于自身的资源禀赋和独特优势,农垦培育了立体式多元化的农业经营主体,形成了相对成熟的统分结合农业经营模式,不仅在生产力发展方面走在农村的前面,在经营体制机制方面也代表了现代农业发展的一个重要方向。

当前,农垦现代农业发展已进入加快转型升级的重要阶段,必须进一步创

---

① 王曙光,中国农垦体系四十年改革历程:路径、成就和挑战,新疆农垦经济,2018(9):1-3,20。

新和完善农业经营体系，才能夯实农垦农业现代化建设的制度基础。农垦农业经营体系建设要坚持以家庭经营为基础与多种经营形式共同发展，发挥市场在资源配置中的决定性作用，不断完善各类经营主体间的联结方式，不断优化各种生产要素间的集成组合，不断放大农垦农业集约化、规模化、专业化、组织化优势，助力农垦在推进中国特色农业现代化道路上继续发挥试验探索和示范引领作用，更好地履行农业"国家队"的战略职能。

八、建立城乡融合发展机制

城乡融合发展是实现城乡发展一体化的重要途径，也是新形势下城乡发展一体化的阶段性目标。党的十九大报告提出，要建立健全城乡融合发展体制机制和政策体系。城乡融合意味着，城市与乡村二者的界限会随着发展越来越模糊，城中有乡，乡中有村。城乡融合需要二者更深入地吸收对方的优点，城市要变得更生态、更绿色、更宜居，乡村要变得更清洁、更便利、更环保。城乡融合还要实现城乡公共服务的均等化。实现城乡融合发展的关键是建立城乡要素平等交换机制。实现城乡要素平等交换既是深入推进农业供给侧结构性改革、优化配置资源要素的重要途径，也是破除城乡二元结构、维护农民生产要素权益的内在要求。

当前，我国统一开放、竞争有序的要素市场体系尚未完全形成，几十年来的二元制度壁垒导致城乡要素市场割裂，市场配置资源的决定性作用尚未充分发挥，城乡行政区域对要素自由流动有着各种深层次、隐性化的制约。城市特别是一二线城市对农村要素的虹吸效应明显。近年来，城乡要素不平等交换问题愈发突出，已严重影响到乡村振兴战略的实施和城乡融合发展目标的实现。从国际经验来看，"产权清晰＋权益保障"是推动城乡土地要素平等交换的关键所在，"降低交易成本＋市场化手段"是新时期促进城乡资本要素合理配置的重要思路，"消除歧视＋社会保障"是实现城乡劳动力要素平等交换的有效途径。结合我国国情，建立城乡要素平等交换机制，应当以建立统一开放、竞争有序的现代要素市场体系为目标，以降低城乡要素交易成本为重点，以破除二元体制的结构性改革为动力，建立健全城乡统一的土地、资本、劳动力、科技、信息等要素市场，从而实现城乡要素资源在全国范围内更高层次、更高水平、更高效率的配置。

进入 21 世纪以来，浙江认真贯彻落实中央提出的推进城乡发展一体化重大决策，深入实施"八八战略"，坚持城乡融合发展目标，已初步建立起统筹城乡发展的政策体系和制度框架，在推进城乡经济社会一体化方面迈出了坚实步伐。随着城乡融合发展三种模式——嘉兴"两新工程"建设、湖州"美丽乡村"建设、温州城乡综合配套改革实践的不断深入，浙江的城乡一体化工作从点上探索到面上铺开，呈现出理念不断创新、载体不断丰富、水平不断提高、覆盖面不断扩大、成效不断呈现的可喜现象。目前，浙江城乡空间结构日趋优化，城乡发展差距逐步缩小，城乡基本公共服务均等化水平显著提升，为全国统筹城乡经济社会发展提供了宝贵经验。

城乡融合发展要解决的另一个重要问题是补足农业现代化短板，改变农业现代化滞后于城镇化和工业化的局面。当前和今后一个时期，城镇化发展战略和发展模式将逐步调整，并通过市场拉动、技术扩散、资本投入、理念引导、人口迁移等多种途径，深刻改变农业的生产经营方式和要素投入结构，有效促进农业的现代化。同时，农业现代化也将从农产品供给、人口和劳动力转移、农民增收、扩大内需等方面，增强农业对经济社会发展的基础支撑。从实践来看，近年来我国一些地区高度重视城乡融合发展，在城镇化过程中注重夯实农业基础、带动繁荣农村，使经济发展获得了持久动力，城乡发展一体化格局初步形成。但是，在城镇化快速推进中，农业现代化建设依然面临着诸多具有共性的严峻挑战，如保供给压力与日俱增、资源环境约束加剧、劳动力结构性矛盾凸显、农业支持保护体系还不健全等。所以，实现"四化同步"，不能完全依靠市场机制，必须有效发挥政府作用，在重点领域和关键环节深化改革，进行制度创新和政策调整。

九、完善农业法律制度保障

发展现代农业与农业法制建设密不可分，农业法制建设、农业法治的推进，对于促进现代农业发展，具有十分重大的意义，也是现代农业发展的内在要求。党的十八大以来，农业经济转型升级，农村社会结构深刻变动，农民思想观念逐步转变，农业农村进入了依法治理的新阶段。在此背景下，涉农法律法规必须及时查漏补缺、填补立法空白，并进一步提高立法质量，形成更加完备的农业法律法规体系，才能为农业现代化建设提供所需的法律制度保障。

农村集体经济组织成员界定关乎农村集体产权制度改革的顺利开展，是保障农民集体经济组织成员权利的前提和必要条件，也是制定农村集体经济组织条例的核心内容之一。但是，目前农村集体经济组织成员界定并没有全国统一的法律、法规。在各地实践中，通常以各种规范性文件来明确农村集体经济组织成员界定的相关问题。这些规范性文件涉及多个层次，而且对很多问题的规定差异较大，甚至同一地方就同一问题的规定也存在不一致的情形。结合目前各地相关法规的执行效果来看，农村集体经济组织成员资格界定，至少应当从认定原则、认定标准、认定时间和认定程序等4个方面加以明确，还应明确农村集体经济组织成员资格取得和丧失的具体情形。

种业是国家战略性、基础性核心产业，是促进农业长期稳定发展、保障国家粮食安全的根本产业，而且种业科研投入高、周期长，需要法律来保障其发展。随着种业的发展，法律的作用将越来越大，从过去的以政策调控为主，到目前的政策为主、法律为辅，今后必将过渡到以法律调整为主、政策调控为辅。目前种业发展亟须解决几个关键问题，如育种体制、种质资源保护、种业知识产权保护、市场监管效率等。经过多年的改革探索，一些实践经验亟待上升为法律规定。

深化农业综合行政执法改革是全面依法治国、加快建设法治政府的内在要求，是实施乡村振兴战略、完善乡村治理体系的迫切需要，是加快农业农村部门职能转变、提升农业执法监管能力的重要举措。加强行政执法信息化建设和信息共享，是提高执法效率和规范化水平的重要途径。为适应信息化快速发展时代背景下新形势新任务的要求，需要以"互联网＋农业执法"为思路，建设农业执法信息共享平台，加强农业行政执法信息化建设，提高农业执法效率和规范化水平。

第一章

农村土地制度改革

第一节 "三权分置"与"长久不变"的政策协同[①]

一、农村土地承包关系"长久不变"的政策演进与内涵界定

（一）农村土地承包关系长久不变的政策演进

任何国家的土地制度都不是孤立存在的，它嵌入整个经济社会发展的运动过程之中，是发展目标和约束条件交互作用在土地领域的具体反映。基于这一逻辑来观察我国的土地改革实践，可以发现：1949—1953 年，我国面临着重建国民经济秩序的发展目标，但部分农村地区的土地仍归地主所有，据此我国立足于"耕者有其田"，推进了农村土地改革，赋予了农民从所有权到使用权的完整土地产权。1953—1978 年，我国的经济社会发展重点转移到建立独立的工业体系，初期采取重工业优先发展的战略，而当时的国民经济面临资本短缺、劳动力充裕的禀赋条件，为此我国实施了人民公社运动，通过土地的集体所有、集体经营来实现农业剩余向工业部门的转移，人民公社作为"集体组织"充当了土地要素的配置主体和土地产出的分配主体。从"耕者有其田"向人民公社的土地制度变革，促使我国在初始条件艰难的前提下建立起独立的工业体系，但同时也因为集体的激励监督困难而导致农业产出效率低下。

1978 年后，我国经济社会发展重心开始转向经济建设，强调生产力的发

---

① 本节引自 2017 年农业部软科学课题"'三权分置'与'长久不变'政策协同研究"，课题主持人：杨璐璐。

展，农村土地制度变革成为经济体制改革的突破口。党的十一届三中全会后，为改变人民公社内部存在的吃"大锅饭"的现象，加快农业和农村经济的发展，1978 年 12 月中共中央发布《关于加快农业发展若干问题的决定（草案）》，提出建立农业生产责任制，允许"包工到作业组，联系产量计算报酬，实行超产奖励"，但规定"不许包产到户，不许分田单干"。之后，是否要建立包产到户的联产责任制成为争论的焦点，也是家庭承包经营制度确立的关键。1979 年 9 月《中共中央关于加快农业发展若干问题的决定》指出，"除某些副业生产的特殊需要和边远山区、交通不便的单家独户外，也不要包产到户"，政策对包产到户由"不许"变为"不要"，在一定程度上肯定了土地所有权和使用权两权分离的积极意义，为后来包产到户在更大范围实施奠定了基础。1980 年 9 月中共中央印发了《〈关于进一步加强和完善农业生产责任制的几个问题〉的通知》，其中指出：在那些边远山区和贫困落后的地区，长期"吃粮靠返销，生产靠贷款，生产靠救济"的生产队，群众对集体丧失信心，因而要求包产到户的，应当支持群众的要求，可以包产到户，也可以包干到户，并在一个较长的时间内保持稳定。就这种地区的具体情况来看，实行包产到户，是联系群众、发展生产、解决温饱问题的一种必要的措施。1982 年 1 月 1 日，中共中央发布 1 号文件《全国农村工作会议纪要》，肯定包括包产到户和包干到户在内的多种生产责任制，将其确定为社会主义农业经济的组成部分。这次变革在不改变农村土地集体所有制的前提下，以家庭为单位赋予农民土地承包经营权，促使农民在承包经营权范围内自主决策和自我激励，集体所有、家庭承包或统分结合的家庭联产承包责任制随即成为改革开放以来我国农村土地产权制度的基本框架。

在确立并实施家庭联产承包责任制的基础上，随着改革的不断深入，我国对农村土地承包关系稳定性的界定也在不断调整。1982 年中央 1 号文件确立了生产责任制的社会主义集体经济性质，并强调集体经济要建立生产责任制是长期不变的；1984 年中央 1 号文件提出延长土地承包期，土地承包期一般应在 15 年以上；1993 年《中共中央、国务院关于当前农业和农村经济发展的若干政策措施》强调"为了稳定土地承包关系，鼓励农民增加投入，提高土地的生产率，在原定的耕地承包期到期后，再延长 30 年不变"；1998 年党的十五届三中全会明确提出要"赋予农民长期而有保障的土地使用权"。如果说这些政策文件均强调了土地承包关系的长期不变，那么 2008 年之后这种界定发生了变化。2008 年党的十七届三中全会提出"赋予农民更加充分而有保障的土地承包经营权，现有土地承包关系要保持稳定并长久不变"。此后，中央 1 号文件多次提出要抓紧研究现有土地承包关系保持稳定并长久不变的具体实现形式，完善相关政策和法律制度。2016 年 4 月 25 日，习近平总书记在安徽凤阳县小岗村农村改革座谈会上的讲话中指出，"农村土地承包关系要保持稳定，农民的土地不要随便动。农民失去土地，如果在城镇待不住，就容易引发大问题"。2017 年党的十九大报告明确提出"保持土地承包关系稳定并长久不变，第二轮土地承包到期后再延长三十年"。以 2008 年为分界点，我国对农村土地承包关系的界定从长期不变转为长久不变。农村土地承包关系长久不变主要政策的演进如表 1-1 所示。

表 1-1　农村土地承包关系长久不变的主要政策

时间	政策文本	政策内容
2007 年 12 月	《关于切实加强农业基础建设进一步促进农业发展农民增收的若干意见》	坚持和完善以家庭承包经营为基础、统分结合的双层经营体制。这是宪法规定的农村基本经营制度，必须毫不动摇地长期坚持，在实践中加以完善
2008 年 10 月	《关于推进农村改革发展若干重大问题的决定》	赋予农民更加充分而有保障的土地承包经营权，现有土地承包关系要保持稳定并长久不变
2008 年 12 月	《关于 2009 年促进农业稳定发展农民持续增收的若干意见》	抓紧修订、完善相关法律法规和政策，赋予农民更加充分而有保障的土地承包经营权，现有土地承包关系保持稳定并长久不变
2009 年 12 月	《关于加大统筹城乡发展力度 进一步夯实农业农村发展基础的若干意见》	稳定和完善农村基本经营制度。完善农村土地承包法律法规和政策，加快制定具体办法，确保农村现有土地承包关系保持稳定并长久不变
2012 年 2 月	《关于加快推进农业科技创新持续增强农产品供给保障能力的若干意见》	加快修改完善相关法律，落实现有土地承包关系保持稳定并长久不变的政策
2012 年 12 月	《关于加快发展现代农业进一步增强农村发展活力的若干意见》	抓紧研究现有土地承包关系保持稳定并长久不变的具体实现形式，完善相关法律制度

（续）

时间	政策文本	政策内容
2013 年 11 月	《关于全面深化改革若干重大问题的决定》	稳定农村土地承包关系并保持长久不变，在坚持和完善最严格的耕地保护制度前提下，赋予农民对承包地占有、使用、收益、流转及承包经营权抵押、担保权能，允许农民以承包经营权入股发展农业产业化经营
2014 年 1 月	《关于全面深化农村改革加快推进农业现代化的若干意见》	稳定农村土地承包关系并保持长久不变，在坚持和完善最严格的耕地保护制度前提下，赋予农民对承包地占有、使用、收益、流转及承包经营权抵押、担保权能
2015 年 12 月	《关于落实发展新理念加快农业现代化实现全面小康目标的若干意见》	稳定农村土地承包关系，落实集体所有权，稳定农户承包权，放活土地经营权，完善"三权分置"办法，明确农村土地承包关系长久不变的具体规定
2017 年 10 月	党的十九大报告	保持土地承包关系稳定并长久不变，第二轮土地承包到期后再延长三十年

在制度基础层面，土地承包关系长期不变和长久不变是有相同点的：它们均强调农村土地实行集体所有、家庭承包相结合的制度安排，且农户家庭的土地承包权应得到法律的有力保障。然而，从农民的土地承包权利来看，上述两种界定是存在差异的，长久不变相对于长期不变而言期限更长、范围更广、权利强度更显著、农户的土地配置预期更稳定。就形成机理而言，土地承包关系的上述演变也是战略目标和约束条件变动的产物。改革开放初期，我国面临着发展生产力的主要战略目标，但计划经济时期的人民公社制抑制了农民的经济自主权，赋予农民土地承包经营权并明确这种权利是长期的，有助于激发农民的生产积极性并优化农业资源的配置效率。从实际绩效看，我国农村生产队体制向家庭联产承包责任制的制度变迁，使 1978—1984 年的农业产出增长了 46.89%。如果将整个研究视野扩展到 1978—2008 年，则以强化农民土地产权为指向的制度变革仍是我国农业增长的重要源泉。

进入 21 世纪之后，尤其是 2008 年以来，我国的战略目标从单纯的经济增长转向更可持续、更有效率、更为平衡的经济发展，农业领域的约束条件，是生产要素的单向外流，农村劳动力的非农化流转导致土地承包者与土地经营者之间出现分离。在这种情形下，土地承包关系的长期不变就不能继续支撑发展的战略取向，土地承包关系的稳定性、可预期性需要被放置在更突出的位置，只有这样，土地承包者才能通过土地再配置获得更高收益，农村土地才能在经营权流转和资本流入的背景下提高配置效率，农村劳动力也才能在外出就业和农业经营之间形成有效的分工经济，土地承包者才能在承包经营权范围内有效规避外部力量对土地配置的干预。可见，2008 年以来我国推进的土地承包关系长久不变的理念指引和操作方案，体现的是发展战略和约束条件互动对土地产权制度的影响逻辑，体现的是对现阶段我国农村农业经济发展新格局的积极回应。

（二）农村土地承包关系"长久不变"的内涵界定

农村土地承包关系长久不变的政策内涵，至少应该包括三个方面：

第一，土地家庭经营形式长久不变。改革开放以来，家庭承包经营一直是我国农业生产中的基本经营形式，并被我国宪法和相关法律所确认。从政策层面的角度看，农村土地承包关系长久不变，意味着我国将坚持农村土地由家庭承包经营的这种经营形式长久不变。近年来，随着我国经济社会条件的变化，农村土地流转的速度加快，流转规模已经达到农用地总量的 1/3。与农村土地流转相伴而生的是，在农业生产经营领域，已经发育出很多新型生产和服务主体，如农民专业合作社、公司、村集体、新农人等，但中央政策依然强调稳定和完善"以家庭承包为基础、统分结合的双层经营制度"，要求把小规模农户作为我国农业生产经营的基本单位，把新型农业经营主体和服务主体的主要功能定位于为农民一家一户提供服务，解决一家一户解决不了的问题，而不是取代一家一户的小农生产。坚持家庭承包经营基础地位的合理性在于农业生产中的自然再生产与经济再生产相统一以及我国人多地少的基本国情。近年来，社会各界对家庭承包经营合理性的质疑越来越多，主要理由是经营规模小、经营粗放乃至撂荒、与市场对接困难等。但是，地方实践表明，这些问题完全可以通过完善各种类型的农业社会化服务体系等组织创新而得以解决。例如，近年来，我国各地积极探索在不进行土地流转和更换经营主体的条件下，通过发育新型农业社会化服务主体，实现农业生产规模化经营，从而把小农生产引入现代农业发展轨道。比较典型的服务规模化类型有三种。一是互换并地，指将农民分散化、细碎化的土地调整到一块或一片，以此实现土地集中连片耕种和扩大土地规模经营。二是土地托管，指农户将一部分不愿意承担的生产环节委托给社会化服务组织，土地产出归农户所有，社会化服务组织收取服务费用。近年来，供销合作社系统在山东省、河北省大规模地开展土地托管、半托管。三是联耕联种，指农户联合起来打破田埂统一进行旋、耙、平田等耕种作业，并且选用统一的品种进行统一播种。农民通过土地托管和联耕联种进行统一耕种、收割和技术使用，实现农业服务规模化。综上所述，在将来较长一段时期内，以家庭为基本单位的农业生产经营形式仍然是农业生产经营的主流，家庭承包经营的基础性地位应予以维持。集体直接经营、公司直接经营、农民合作社直接经营等经营方式是非主导性、补充性经营形式。这一论断的法律含义是，农民集体成员享有土地承包经营权。农民集体成员取得土地承包经营权后，享有耕作和依法处分其承包地的权利。农民集体成员取得的土地承包经营权属于用益物权。对于在承包期内的人地比例失衡问题，应通过土地流转交易机制和劳动力转移来解决。

第二，承包期内农户与集体之间的承包关系长久不变。农村土地承包关系长久不变，内在地包含在承包期内农民土地承包经营权"长久不变"，不受侵害。现有政策和法律规定已经就此作出明确规定。例如，《农村土地承包法》第二十六条规定，"承包期内，发包方不得收回承包地"；第二十七条规定，"承包期内，发包方不得调整承包地"；第三十五条规定，"承包期内，发包方不得单方面解除承包合同，不得假借少数服从多数强迫承包方放弃或者变更土地承包经营权，不得以划分'口粮田'和'责任田'等为由收回承包地搞招标承包，不得将承包地收回抵顶欠款"。但在实践中，这些法律规定未得到很好落实，存在着基层政府及村集体以各种理由收回或频繁调整农民承包地、损害农民土地承包经营权的现象。目前，一些地方割裂农村土地"三权"之间的关系，以发展集体经济和落实土地集体所有权的名义，把农民承包地收回来，建立集体农场，农场内部实行以场核算、统收统支、承包到人、以产定酬、工资包底的制度；有的把农民承包地收回后，以集体的名义再进行转租或重新发包，进而再分片、分块承包给农户经营。这些做法不符合家庭承包经营制度，不利于保护农民在土地流转中的主体地位，不利于保护农民的土地经营权。在中央政策及相关法律法规已经对农民土地承包经营权作出明确规定的情况下，中央仍然一再强调"赋予农民更加充分而有保障的土地承包经营权，现有土地承包关系要保持稳定并长久不变"，就是试图纠正基层侵害农民权利的行为。因此，农村土地承包关系长久不变的内涵，内在地包含在承包期内农民土地承包经营权不受侵害。

第三，土地承包权的权能更加完整。《农村土地承包法》和《物权法》已经赋予农民对承包土地享有占有、使用、收益和流转的权利。其中，流转权利包括承包期内农户可以按照依法自愿有偿原则采取转包、出租、转让、互换等形式流转，也可以将土地承包权入股从事农业合作生产。这些权利构成了土地承包权的权能结构，这是法定权利，是设立在农村集体土地所有权上的用益物权。但是，在现行法律下，土地承包权的权利内容仍不完整，土地承包权的流转和处置权能仍然受到一定限制，主要表现在以下方面：土地承包权的法定承包期短，而流转的期限又不得超过承包期的剩余年限；集体承包土地的土地承包经营权的抵押没有得到法律许可；土地承包经营权的继承在法律上没有得到明确表述，法律只是规定继承人可以继承承包人应得的承包收益和继续承包。农村土地承包关系长久不变的前提条件是，农民的土地承包经营权是"充分的""有保障的"。相应的，农村土地承包关系长久不变的内涵就应包括土地承包经营权的权能完整。贯彻落实农村土地承包关系长久不变，就理应赋予农民土地承包权更加完整的权能，目前，国家政策层面已经明确要求赋予农民土地承包经营权更加完整的权能，并积极推动地方试点，探索可供大范围推广的经验。2015 年 12 月，十二届全国人大常委会第十八次会议提出在北京市大兴区等 232 个试点县（市、区）行政区域，暂时调整实施物权法、担保法中关于集体所有的耕地使用权不得抵押的规定，允许以农村承包土地（耕地）的经营权抵押贷款。

二、"三权分置"的政策演进与内涵界定

"三权分置"作为一项重要的制度创新，经历了一个逐次演进完善的过程。对"三权分置"的内涵和价值进行剖析，可以为"三权分置"与"长久不变"政策协同的内涵剖析奠定基础。

（一）"三权分置"的政策演进

近年来，为了解决土地细碎化和产权低效配置造成的经营低效率，中央试图通过鼓励性政策引导农村土地的流转，推进农地的规模化、集约化经营，以

此改善农地资源的配置效率[①]。而为了进一步适应新时期农地流转和农业生产要素高效配置的要求，中央从 2013 年开始推动新一轮农村土地制度改革，以农地产权的"三权分置"为抓手，促进农村土地市场的发育（陈朝兵，2015；程令国等，2016）[②③]。

2013 年 7 月，习近平总书记在视察武汉农村综合产权交易所时强调，"深化农村改革，完善农村基本经营制度，要好好研究农村土地所有权、承包权、经营权三者之间的关系"。2013 年 11 月，党的十八届三中全会通过的《中共中央关于全面深化改革若干重大问题的决定》对农地产权权能进一步拓展，提出要"赋予农民对承包地占有、使用、收益、流转及承包经营权抵押、担保权能"。2013 年 12 月，中央农村工作会议首次正式提出承包权和经营权分置。会议指出，要不断探索农村土地集体所有制的有效实现形式，落实集体所有权、稳定农户承包权、放活土地经营权。2014 年中央 1 号文件提出，"在落实农村土地集体所有权的基础上，稳定农户承包权、放活土地经营权，允许承包土地的经营权向金融机构抵押融资"。2014 年 9 月，在中央全面深化改革领导小组第五次会议上，习近平总书记对农地"三权分置"作出明确、完整的表述，即"在坚持农村土地集体所有的前提下，促使承包权和经营权分离，形成所有权、承包权、经营权三权分置、经营权流转的格局"。2014 年 11 月，中共中央办公厅、国务院办公厅印发《关于引导农村土地经营权有序流转发展农业适度规模经营的意见》，指出要"坚持农村土地集体所有，实现所有权、承包权、经营权三权分置"。2015 年 10 月，党的十八届五中全会部署"完善土地所有权、承包权、经营权分置办法"。2015 年 11 月，中共中央办公厅、国务院办公厅联合印发《深化农村改革综合性实施方案》，就农地"三权分置"的方向和内涵作出完整表述。2016 年中央 1 号文件强调完善"三权分置"办法，明确农村土地承包关系长久不变的具体规定。2016 年 10 月，中共中央办公厅、国务院办公厅印发《关于完善农村土地所有权承包权经营权分置办法的意见》，就如何实施"三权分置"提供了政策指引。2017 年中央 1 号文件提出落实"三权分置"办法。2017 年 10 月，党的十九大报告提出要完善承包地

① 罗必良，农业部软科学研究项目：农地经营权入股及其风险防范机制研究（D201745）。
② 陈朝兵，农村公共法律服务：内涵、特征与分类框架，学习与实践，2015（4）：82-89。
③ 程令国，张晔，刘志彪，农地确权促进了中国农村土地的流转吗？管理世界，2016（1）：88-98。

"三权"分置制度（表 1-2）。

表 1-2 农村土地"三权分置"政策演进

时间	会议或政策文本	主要政策内容
2013 年 12 月	中央农村工作会议	要不断探索农村土地集体所有制的有效实现形式，落实集体所有权、稳定农户承包权、放活土地经营权
2014 年 1 月	《关于全面深化农村改革加快推进农业现代化的若干意见》	在落实农村土地集体所有权的基础上，稳定农户承包权、放活土地经营权，允许承包土地的经营权向金融机构抵押融资
2014 年 9 月	中央全面深化改革领导小组第五次会议	在坚持农村土地集体所有的前提下，促使承包权和经营权分离，形成所有权、承包权、经营权"三权分置"、经营权流转的格局
2014 年 11 月	《关于引导农村土地经营权有序流转发展农业适度规模经营的意见》	坚持农村土地集体所有，实现所有权、承包权、经营权"三权分置"
2015 年 10 月	党的十八届五中全会	完善土地所有权、承包权、经营权分置办法
2015 年 12 月	《关于落实发展新理念加快农业现代化实现全面小康目标的若干意见》	稳定农村土地承包关系，落实集体所有权，稳定农户承包权，放活土地经营权，完善"三权分置"办法
2016 年 10 月	《关于完善农村土地所有权承包权经营权分置办法的意见》	完善"三权分置"办法，不断探索农村土地集体所有制的有效实现形式，落实集体所有权，稳定农户承包权，放活土地经营权，充分发挥"三权"的各自功能和整体效用，形成层次分明、结构合理、平等保护的格局
2016 年 12 月	《关于深入推进农业供给侧结构性改革加快培育农业农村发展新动能的若干意见》	落实农村土地集体所有权、农户承包权、土地经营权"三权分置"办法
2017 年 10 月 18 日	党的十九大报告	完善承包地"三权"分置制度

从以上政策轨迹可以发现，"三权分置"从构想到正式文件的出台与实施，经历了一个渐进式的过程。在这一过程中，"三权"的内涵和关系不断明晰，

"三权分置"的可操作性不断强化，这为促进"三权分置"与"长久不变"的政策协同奠定了坚实的政策基础。

（二）"三权分置"的内涵界定

所谓"三权分置"，就是农村土地所有权、承包权、经营权可以分别存在，可以分别归属不同的主体。"家庭联产承包责任制"实际上是"两权"分离，即承包经营权与集体土地所有权分开，在保持集体所有的公有制前提下，实现了以家庭为单位的承包经营。"三权分置"则是进一步将经营权与承包权分开，满足农户拥有承包权的前提下，将经营权转移给农业经营者，满足现代农业、规模农业、新型农业经营主体的生产用地需求，在保持集体所有制、农户承包权收益前提下，实现土地经营权的再配置。

"三权分置"体现了土地所有权的权利束可以分割行使的土地权利关系。按照土地经济学理论，土地所有权是由若干土地权利构成的权利束，这些权利束可以分散拥有，也可以聚合在一起。"三权分置"正是土地所有权权利束分割的体现，即在保持农地集体所有权的前提下，农户基于成员权资格获得承包权，再将经营权转移给农业经营主体，"三权"分别行使。

从"两权分离"到"三权分置"的政策变迁赋予了农民更充分的土地财产权，让农民实实在在从土地财产权中找到了"归属感""获得感"，主要体现在：一是在坚持家庭承包经营制度基础上，进一步明晰了农户的土地承包权主体地位；二是在坚持农村土地集体所有制前提下，强化了农民的土地经营权流转权能，顺应了农村转型发展和市场经济体制改革的要求；三是改变过去主要依赖农民自己经营土地获得"经营性收入"的方式，变为可以通过让渡土地经营权获得土地"财产性收入"和"工资性收入"（农民兼业），让农民着实从土地财产中有所获有所得。

在"三权分置"的框架下，所有权、承包权和经营权得到了很好的界定，有助于消除不确定性，是市场机制有效发挥的保证。

三、"三权分置"与"长久不变"政策协同内涵与价值

（一）"三权分置"与"长久不变"政策协同内涵

界定"三权分置"与"长久不变"政策协同的内涵，需明晰二者之间的关

系。"长久不变"是"三权分置"有效实现的前提和基础，而"三权分置"的有效实现有利于巩固"长久不变"的制度安排。"三权分置"的重点是"经营权"的市场化运作，通过市场无形之手实现农业适度规模经营，提高劳动生产率，降低农业生产成本，增加农民收入，同时保障国家粮食安全。这一运作的前提和基础是长久坚持农村土地集体所有的根本地位和稳定农村土地农户承包的承包关系。"长久不变"的作用首先是给各级政府指明政策方向，为地方政府鼓励农民放活土地"经营权"，探索土地适度规模经营划出明确的制度底线。其次是给广大农民一个稳定预期，确保农民土地承包权益，激励农民放心转出土地。再次是给经营主体可知的政策预判，在坚持农村土地集体所有和稳定农户承包权益的基础上，农业经营主体可以获得相对稳定的土地经营权，支撑其扩大经营规模，扩大固定资产投资，实现集约化经营，获取持久稳定的经营收益。最后是让农业投资主体看到农业的利润空间，农业是高投入、长周期的产业，"长久不变"保证了农业的高投入有一个稳定的利润回收期。可见，"长久不变"保证"三权分置"有效实现，是"三权分置"的前提和基础，"三权分置"是在这一政策背景下的土地权利安排。

界定"三权分置"与"长久不变"政策协同的内涵，需寻求两个问题的答案。其一，承包关系"长久不变"是"永佃制"吗？事实上，土地承包关系"长久不变"不等于产权的"固化"。农地应该在"想种地""种好地"的人手中，土地承包关系稳定要有利于土地流转和规模经营。"永佃制""固化"农地关系会引致撂荒，"小地主、大佃农"难题，反而是对务农者利益的侵害，不利于资源的高效配置。其二，土地承包关系"长久不变"的实现形式是什么？如果说"两权分离"下土地承包关系的稳定表现为承包期限延长、发包方和承包方权利义务的明确，主要在承包权的稳定性和长期性上做文章，那么，"三权分置"下承包权不是孤立存在的完整土地使用权，需要在放活经营权和理顺"三权"关系的基础上，在有助于规模经营效率和社会公平的价值判断上，探讨承包关系"长久不变"的实现形式，需要探索承包权的产权强度和再分配问题。

"三权分置"与"长久不变"的政策协同，是指基于土地承包关系稳定并保持长久不变的基础上，积极开展土地承包权有偿退出、土地经营权抵押贷款、土地经营权入股农业产业化经营等试点，不断探索农村土地集体所有制的有效实现形式，完善农村土地"三权分置"相关配套政策，以落实集体所有权，稳定农户承包权，放活土地经营权，充分发挥"三权"的各自功能和整体效用。

（二）"三权分置"与"长久不变"政策协同的理论价值与现实价值

"三权分置"与"长久不变"政策协同具有重要的理论价值。从理论角度看，我国农村土地产权从"两权合一"到"两权分离"，再到"三权分置"的演化，表明了公有产权可以有多种组合方式和表达形式。我国农村土地产权的变革过程，不仅可以拓宽人们对农村集体所有制和集体产权制度的认识视野，而且也为我国农村集体公有制的有效实现找到了可行的路径。从现实价值看，这种演化不仅没有改变农村土地集体所有的本质属性，而且还有助于农户承包土地配置效率的提高和农户土地承包权益的有效实现，同时，这种演化还有助于我国农村劳动力的分工分业深化，有助于土地、劳动力等生产要素的空间配置优化，为现代农业三大体系，即产业体系、生产体系、经营体系的建构，为农村一二三产业融合发展、多功能发展、多类型规模经营、多元化服务形成以及各类农业经营主体、产业组织和经营方式的空间融合、集聚发展和联合发展，提供要素支撑和空间保障，促进工业化、城镇化和农业现代化的协调发展。

土地产权制度的完善和土地作为基本生产要素的市场化配置，必将成为农村土地制度进一步深化改革的重点。深化改革的重点将是如何进一步巩固和完善农村基本经营制度，完善土地产权"三权分置"制度和保持土地承包关系稳定并长久不变。换言之，就是要在土地产权"三权分置"和土地承包关系"长久不变"的农村土地制度架构下，通过理论创新、改革配套和政策协同，赋予农村土地产权"三权分置"和土地承包权"长久不变"更为科学的制度内涵、更为完善的法律保障、更为有效的发展空间，使农村土地真正成为广大农民的财产权益源泉。

四、"三权分置"与"长久不变"的政策协同困境

"三权分置"的具体实现形式是在"长久不变"的制度框架下进行的，不能突破"长久不变"。"三权分置"与"长久不变"政策协同困境主要表现在政策目标、政策制定、政策范围、政策执行4个层面。

（一）政策目标困境："效率"与"公平"

"三权分置"的重点是强化并放活土地"经营权"，预期的政策目标是通过给农业经营主体独立的土地权利和稳定的预期，一方面，加大农业经营主体投资力度以转变农业发展方式，提高农业经营效益，增加农民收入；另一方面，促进土地"经营权"集中实现适度规模经营，降低农业生产成本，解决当前我国因农产品成本远高于国际市场而导致的农产品产量增加、农产品进口增加和农产品库存增加的"三量齐增"问题，保障国家粮食安全。实现以上两个方面目标的重要途径是土地"经营权"在市场机制作用下自由流动，实现农村土地高"效率"的配置和利用。"长久不变"指坚持农村土地集体所有下农民土地承包关系稳定，长久不变地赋予农民土地"承包权"，预期的政策目标是在城乡社会保障制度未均等化前提条件下，保障农民拥有凭借农村土地"承包权"获得集体内均等亩数土地的土地"经营权"，以保证社会"公平"。社会"公平"下必须长久赋予农民土地"承包权"，如此可能会提高土地的"人格化"禀赋，增加"经营权"流转的租金，从而政策性拔高农业生产成本；或者增加"经营权"流转的交易成本，抑制土地流转，降低土地要素配置"效率"，威胁国家粮食安全。现有实证研究表明，承包地"禀赋效应"的强化会转化为土地"人格化财产"，进而提升农户内心的承包地价值，即提高承包地转出的租金，从而抑制承包地转出。

如此，"三权分置"与"长久不变"政策实施下，可能存在市场"效率"和社会"公平"的矛盾。"三权分置"期望降低交易成本放活土地"经营权"，实现适度规模经营降低农业生产成本；而"长久不变"增加土地"经营权"流转的交易费用并提高农业生产的土地租金成本，存在政策目标上的困境。

（二）政策制定困境："变化"与"不变"

新时代下不同层级的农村集体经济组织对集体土地"所有权"的需求、农户对土地"承包权"财产性的需求和新型经营业主对土地部分权利独立化的需求，促使将原来"承包经营权"分为"承包权"和"经营权"，实现权利安排的变化，这是在政策制定过程中存在的主要"变化"之一，由原来的"两权分离"转变为"三权分置"。第二个主要的"变化"是国家赋予农村土地"经营权"抵押、融资权能，这是原有的"承包经营权"所没有的新权能。第三个主要的"变化"是国家允许并探索有条件的农民退出土地"承包权"。而"不变"指的是坚持社会主义制度下农村土地集体所有和家庭承包经营，"长久不变"赋予农民土地"承包权"，土地制度的大方向"不变"，这符合新时代下的我国农村社会经济发展现状。

在具体的政策制定中，会存在两方面的问题：一方面，《物权法》将"承包经营权"界定为用益物权，而在土地"承包经营权"分为土地"承包权"和土地"经营权"后，没有任何文件给出两权的性质界定。在具体的政策制定上，要保证土地"经营权"抵押融资的权能，而这一保证实质上是将土地"经营权"物权化，那么在政策制定上如何避免将土地"经营权"物权化后损害农民土地"承包权"的问题，或者如何解决在坚持和保障农民土地"承包权"的同时，实现短期内土地"经营权"不能活化的问题。另一方面，国家推进土地"承包权"退出的市场化机制改革，且"承包权"的市场化退出是"三权分置"有效实现的必要条件，而这一条件与"长久不变"下坚持现有的农村土地承包权关系稳定存在矛盾。在具体政策制定中，农村土地"承包权"退出与坚持现有的农村土地承包权关系稳定且长久不变存有政策协同上的逻辑悖论。

（三）政策范围困境："全局"与"局部"

我国《宪法》规定农村土地集体所有，农村土地家庭承包经营制受宪法保护。我国实行农村土地家庭承包经营制度，即无论是东部沿海发达地区还是中西部欠发达地区，在第二轮承包到期后农户继续拥有农村土地的"承包权"和"经营权"，即农村集体应该将集体土地重新发包给集体经济组织成员。"长久不变"是以国家法律的形式明确规定的，政策覆盖范围是"全局性"，在执行上"一刀切"。而"三权分置"的重点是实现土地"经营权"的活化，降低交易成本促进土地"经营权"进入市场交易，而市场交易受到地区资源禀赋、经济发展水平和地方性知识等多方面的影响，地区差异化直接决定"三权分置"政策具体实现过程中的多样性，因而不能"一刀切"。

"长久不变"政策范围覆盖全国所有省份，是"全局"的政策；"三权分置"虽然也是中央提出的，但是出台的政策文件只是指导性意见，具体的落实需要地方政府因地制宜、因时制宜，地方政府按照当地实际发展情况出台相应的政策文本，是一个"局部"的概念。"三权分置"因地区差异性需要灵活实现，即不同地区的有效实现形式不同，而"全局"上"一刀切"的政策执行可能会忽视区域的差异性，从而抑制"三权分置"实现的灵活性。

（四）政策执行困境："市场机制"与"行政手段"

放活土地"经营权"是市场行为，现实生活中土地"经营权"流转主要有"私人流转"和"委托村'两委'流转"两种形式。实践调研中发现，现有的土地"经营权"流转以第二种形式为主，且村"两委"在第二种形式中发挥重要作用。村"两委"不属于地方政府，但在农户视野中村"两委"是地方政府在农村的延伸。如此，则存在以下三个重要问题：

第一，以行政手段促进土地"经营权"流转。土地"经营权"流转是市场化行为，而村"两委"在其中发挥的作用一定程度上替代市场机制，以延伸的政府权威促进土地流转，可能会损害部分农民的土地承包经营权益。第二，以行政手段促进土地"经营权"抵押贷款。国家赋予"经营权"抵押融资权能，但在实际操作中，因农业自然风险和市场风险"双高"的特征，在市场化运作下抵押融资权能难以实现。调研中发现大多数地方政府以政府担保形式推动土地"经营权"的抵押融资，以政府信用替代市场信用，这存在扭曲市场资源配置效率的风险。第三，市场条件下如何界定"承包权"的性质。国家赋予土地"经营权"抵押融资权能，同时期望赋予新型经营主体独立的土地权利，则必须将土地"经营权"物权化，唯有如此才可实现"承包权"和"经营权"的对等。如果"经营权"物权化下，那么"承包权"的性质又该如何界定，如果也界定为物权，是否违背"一物一权"的法理逻辑；如果界定为非物权，又如何在"长久不变"下保证农户的承包权益？

五、"三权分置"与"长久不变"政策协同的路径选择与保障机制

（一）"三权分置"与"长久不变"政策协同路径选择

巩固和完善我国土地产权"三权分置"和土地承包关系"长久不变"的制度安排，不仅需要理论创新和改革配套，而且需要政策协同，以优化"三权分置"中集体所有权与农户承包权的关系，处理好土地承包经营权流转与有偿退出的关系，土地承包关系"长久不变"与农户承包土地微调的关系，以及探索农民权益身份化向契约化转变的路径等。

（1）成立"集体经济组织"机构，赋予土地"所有权"完整权能，落实土

地"所有权"，确保"长久不变"的有效实现。落实所有权是"长久不变"政策的根本。落实土地"所有权"，应从如下方面着手：第一，明确农民集体的概念和范围，在法律上将"集体"明确为"集体经济组织"，同时将村的范围定位为"自然村"，以"自然村"为单位成立村集体经济组织。第二，赋予农村土地集体"所有权"完整权能。一是鼓励各地区探索农村土地集体经营形式，结合集体经济组织，探索"集体所有权＋农民承包权＋集体经营权"和"集体所有＋农户承包＋农民经营＋外包服务"的经营模式；二是将土地"发展权"赋予农村土地"所有权"，并清晰界定"公共利益"边界。

（2）确定"集体经济组织"成员，界定土地"承包权"权利内涵，稳定土地"承包权"，保障"长久不变"的稳定实现。稳定承包权，是"长久不变"政策的保证。稳定土地"承包权"，要从如下方面着手：第一，界定土地"承包权"内涵。法律层面上将土地"承包权"界定为"成员权"，农民可凭借"承包权"免费获得均亩*数的土地"经营权"，同时规定"承包权"随成员关系消失自然消亡。第二，依据有关法律法规，按照尊重历史、兼顾现实、程序规范、群众认可的原则，统筹考虑户籍关系、农村土地承包关系、对集体积累的贡献等因素，确认农村集体经济组织成员，解决成员边界不清的问题。第三，设计土地"承包权"退出市场化机制，鼓励有经济条件的农户有偿退出土地"承包权"，收回不符合规定的承包土地，土地"承包权"退出后，土地"经营权"也相应退出。

（3）探索多种途径农业经营模式，界定土地"经营权"物权性质，放活土地"经营权"，保证"长久不变"的动态实现。放活经营权，是"长久不变"政策的目标。放活土地"经营权"，应从如下方面着手：第一，界定土地"经营权"内涵，法律层面上将土地"经营权"物权化，实现农户与业主之间的关系是市场关系，是围绕土地"经营权"之间的让渡或部分让渡的契约关系，土地"经营权"不受土地"承包权"的监督，只受国家法律、土地"所有权"和签订合同的约束，并规定土地"经营权"在承包期限内可继承。第二，鼓励土地适度规模经营，促进土地"经营权"流转。第三，赋予土地"经营权"单独抵押融资权能，但禁止以地方政府信用替代市场信用，以行政手段促进土地"经营权"的抵押融资。然后，开放土地"经营权"二级市场，以国家文件的形式，鼓励有条件的地区建立土地"经营权"的二次市场，促进土地"经营

---

* 亩为非法定计量单位，1亩＝1/15公顷。下同。

权"自由流动。第四，设计土地"经营权"退出市场化机制，土地"经营权"是在承包期限内有偿退出土地的"经营权"，保留土地"承包权"，即保留在本轮承包期限到期后，下一轮有权获取土地"经营权"。

（二）"三权分置"与"长久不变"政策协同的保障机制：基于稳定承包权的视角

实现"三权分置"与"长久不变"政策协同，应构建"三保三限三变动"的保障机制。"三保"即承包户土地家庭经营保障、经营者规模利用保障、微观占有相对公平的保障；"三限"即限制承包期内集体改变承包关系、限制承包户的圈地和短期流转行为、限制扩大农民土地财产性收入对规模经营的冲击；"三变动"即允许承包关系微观调整，包括继承变动、退出变动和收回再分配变动。

1. "三保"机制

明确承包权稳定的主体延续边界。现代农业经营体系的主体表现为农户家庭（经营大户、家庭农场）、专业合作社、农业企业等多元化主体。作为生产关系的土地承包关系与作为生产力支撑的农业生产经营主体之间应该是何种关系，是落实"长久不变"政策时首先要明确的方向性问题。

农村土地承包关系"长久不变"必须坚持家庭经营形式。"家庭承包经营、统分结合"，是我国农村基本经营制度。农村土地承包关系"长久不变"，意味着农村土地由家庭经营的这种经营形式延续。家庭是土地承包关系不变的载体，没有家庭也就没有了家庭承包。集体直接经营、公司直接经营、农民合作社直接经营等创新经营主体可以作为现代农业的主力军，经营方式可以在"三权分置"中通过放活经营权实现，但是其经营基础必须建立在土地承包家庭经营的基础上，不能改变农村基本经营制度，也不能与家庭承包经营相矛盾。从这个意义上讲，"三权分置"政策使"长久不变"的制度内涵更为明晰。承包关系是以家庭经营形式存在的，家庭成员共有承包权，承包权是家庭成员的共有产权，"其他任何主体都不能取代"。

农村土地承包关系"长久不变"必须坚持有利于土地流转和规模利用。产权权属稳定的效率意义在于提高收益、提高投资强度、实现农地规模经营。三个经济激励机制之间是相互影响的。"两权分离"下，承包关系稳定决定使用权一次分离时，农户土地收益稳定和投资强度大小。"三权分置"下，承包关系稳定还会决定使用权二次分离时经营权的稳定。对于我国当前适度规模经营的农业现代化发展的生产力要求，土地承包关系"长久不变"强调农村土地承包权的用益物权，促进农地流转和集中，塑造新型的农业生产经营主体。农户土地承包期限过短或经常调整，会限制经营者的土地产权，影响经营者的投资强度和农地改良。因此，"三权分置"制度创新下，"长久不变"的实现形式设计要有利于经营权稳定和经营者的利益。

农村土地承包关系"长久不变"必须坚持微观占有相对公平。"长久不变"不等于"永久不变"。"长久不变"意为不存在周期性的调整，但与"永久不变"相比，存在将来变化的可能，毕竟历史是发展的，农村的各项经济社会改革也在加速推进，在未来生产力极大发展的情况下，作为生产关系的农村土地承包关系也存在变化的可能。农村农业当前和未来一段时期面临的情况是，人口流出集体成员身份丧失之后的人地关系在发生改变；"三权分置"后，承包经营权二次分离，经营权受到承包权的约束，承载现代农业的规模经营主体的经营活动会面临土地租金、土地租期、承包户决策的影响。从促进农业生产和保障粮食安全的角度，需要对制约经营活动的人地关系进行调整，保证农村土地的相对公平分配，维护社区范围内世世代代农民的土地所有权和经营权，同时让农村经营能手、种植大户拥有或经营绝大多数的农村土地，保障粮食安全，充分发挥土地潜能。

2. "三限"机制

明确承包权稳定的期限、权能和实现方式。农地"三权分置"，存在所有权、承包权、经营权的三权关系法律论断和实际的产权效率影响。承包关系"长久不变"要关照农民集体和承包农户在承包土地上、承包农户和经营主体在土地流转中的权利边界及相互权利关系的问题。具体从三个产权关系中探讨协同机制，即产权一次分离农户承包时，统一的承包经营权与集体所有的关系；产权二次分离土地流转时，"稳定承包权"与"做实经营权"的关系；承包权产权强度设定与规模经营的关系。

限制承包期内所有权主体改变承包关系。第一，合同期限内农户与集体之间的承包关系长久不变。土地承包关系"长久不变"的内涵应当是指现有土地承包所形成的全部权利义务关系长久不变，村集体所有权、村民承包权均保持长久不变。土地承包权是一种用益物权，依法保护用益物权，合同期内农民的承包权不受侵害，必然要求稳定土地承包关系，"长久不变"正是农村土地承包权物权性质的应有之义。第二，农户和集体之间的承包关系持续存在。从法律角度来看，"长久不变"是具有指引方向功能的政策性语言，要将其转变为准确表述、便于执行的法言法语，必须明确土地承包权的具体期限。承包权不是一种所有权，应有具体年限，如果不设承包期限，就会产生"土地私有"的误读。有了明确的承包期，可以更方便地确定土地流转费、土地流转的时间期限、土地征收时对农民补偿额度等方面的问题，有利于保持现有土地承包政策的稳定和延续。

限制扩大农民土地财产性收入对规模经营的冲击。《关于完善农村土地所有权承包权经营权分置办法的意见》在以往"落实集体所有权、稳定承包权、放活经营权"表述基础上，新增了"在依法保护集体所有权和农户承包权的前提下，平等保护经营主体依流转合同取得的土地经营权，保障其有稳定的经营预期"。这表明改革重点，不单单是继续无限制强化农户承包权，而是通过平等保护经营权权益的方式，稳定新型经营主体预期。因此，需要思考如何处理好稳定承包权与保护经营权、土地适度规模化经营的关系。

第一，不能无限制提升承包权的产权强度。一些学者认为，为促进承包地经营权流转、发展适度规模经营，必须把农户承包权做大。事实并非如此，根据日韩等国的经验，拥有小块土地所有权的农户获准出售或出租土地后，在初期确有一部分农户转出土地，但大多数农户并不积极，他们即使就业和收入高度非农化，也宁愿土地撂荒而不愿出租或出售，坐等土地升值，结果陷入流不动的僵局。为此，要注意如下方面：一是赋予承包权有限的处分权。承包户作为"自耕农"时，对土地处分权主要来自经营权。一些学者主张赋予承包权抵押、担保权能，实际上这是不准确的，承包权本身不能抵押、担保、继承，产生债权性质的是承包经营权中的经营权。发生土地流转时，承包户让渡的是经营权及部分收益，而不是承包权。二是承包权建立在成员权基础上。承包关系不仅是家庭成员为载体，还必须具有集体成员资格，当承包户资格丧失或自愿退出时，可以将承包权有偿退还集体经济组织，不能向外部人员流转交易。三是避免继续依赖通过地租增加农民财产性收入及提高保障水平。

第二，限制农地经营权再流转。主要针对的是通过市场流转获得的经营权，应赋予相对有限的转让、转租等处分权能，意在鼓励长期经营、避免土地投机。对于经营权抵押行为，为防止经营失败、拖欠土地流转费、无力还贷可能引发的金融风险、社会风险，应附加前置条件，建立土地流转风险保障金制度，把缴纳保证金作为抵押的前置条件。

3. "三变动"机制

明确承包权稳定的人地关系。一旦落实"长久不变",就应当在承包期内实行"生不增死不减",然而承包权长期化与集体成员不断变化是矛盾的,这样就会造成"人的变动"和"地的长久"之间的矛盾。因此,农村土地承包关系"长久不变"需要处理好微观层面占有的相对公平。继承问题、退出问题和再分配问题是三个绕不过去的核心问题。

承包权的继承问题。承包权是集体经济组织成员平等拥有的一种成员权,取消各种农业税之后,农民无偿获得可以长期使用的使用权。承包权是家庭共有产权,并且"生不增死不减"。可见,只要家庭关系存在,家庭成员中有人还是集体组织成员,单位家庭会一直拥有承包权。是否继承不影响家庭成员承包关系的灭失或延续。土地承包经营权是使用权,不是所有权,不属于国家保护个人私有财产的范畴,不具有继承权属性。随着农民市民化,如果设定继承权就会出现城里人拥有农村耕地的现象,会导致承包关系的固化,增加土地集中的成本,制约规模经营发展。因此,承包权不能向集体成员外部流转,不能继承。可以采取"家庭延续"的方式实现承包关系的延续,即使只有一个家庭成员存在,承包土地长期不变更。对于外迁人员,去世后承包地不能继承,但对承包地的长期投资或者多年生经济作物应给予其继承人合理的补偿。

制定承包权退出机制。即使农村土地承包关系长久不变,也依然存在土地退出问题,如果土地不退出,利益格局将固化,农村将出现"小地主、大佃农"局面,随着农村人口外流,土地并不掌握在真正种地的人手中,既有悖公平又有悖效率。所以要建立市场化自愿退出机制,制定有偿退出承包权的补偿机制。不能强行要求进城落户农民转让其在农村的土地承包权、宅基地使用权、集体收益分配权,或将其作为进城落户的条件。应建立农地评价体系,考虑农民收入的非农化趋势和低保、新农合等体制的推进等配套政策的联动机制设计。

制定再分配机制。第一,确定退出土地集体处置方式。针对退出的土地,集体可以有两种处置方式:一是再次发包;二是划为集体资产,由集体经营。这实际上是一个效率和公平的抉择问题。从当前各地农村规模经营和"三变"改革的实践来看,土地流转多为村干部干预、动员下的行为,土地入股、村民变股东所获得的土地附加值远高于土地流转租金。要对经营权进行平等保护,促进规模经营,就应避免继续依赖通过地租来增加农民财产性收入及提高保障水平。集体收回的土地,可以作为集体资产统一入股,集体成员确股分红,但是不可激进推行，因为存在两个现实条件：一是土地不仅是一种生产要素，农民与土地关系还影响社会公平、社区稳定；二是农业生产需要精耕细作。集体收回的土地应该首先满足两类情况：一是社区增加的无地人口的土地占有需求，稳定农民与土地的关系。这就需要设定单人最小再分配规模。二是立即使用。对收回土地的再利用，不得跨生长周期，不得撂荒，对于集体没有经营能力、没有规模经营主体承租的情况，优先考虑进行承包经营权再分配。第二，出台相关政策，防止集体与民争利益。一是规范发包程序、建立行政监督和村务公开制度，使分配对象资格、分配方式、分配规则有法可依、公开透明，避免村干部寻租行为和短期发包。二是进行集体资产产权制度改革，完善村民变股东的政策设计。针对工商资本进驻农村，各地应细化政策，明确企业、农民的权利义务关系，建立风险防范机制。

第二节　农地经营权入股及其风险防范机制①

从我国农业经营制度近 40 年的变革历程，可以梳理出三条承前启后的演变路径：一是从人民公社的土地所有权与经营权的"两权合一"，到家庭经营制的所有权、承包经营权的分离，并进一步由以所有权为中心的赋权体系，向以产权为中心的赋权体系转变；二是从改革初期土地承包权与经营权的"两权合一"，到要素流动及人地关系松动后承包权与经营权的分离，并进一步由以保障农户土地经营权为中心的经营体系，向以稳定农民承包权为中心的制度体系转变；三是从小而全且分散的封闭小农经济体系，到农地适度规模与推进农业产业化经营以改善规模经济和分工经济，并进一步在坚持农地集体所有权、稳定家庭承包权、开放和盘活经营权的基础上，向多元化经营主体以及多样化、多形式的新型农业经营体系转变，从而表现出"集体所有、家庭承包、多元经营"的制度特征。

一、农民土地入股的组织与制度优势

在盘活农地经营权的众多实践中，土地股份合作制受到了人们的广泛关

---

① 本节引自 2017 年农业部软科学课题"农地经营权入股及其风险防范机制研究"，课题主持人：罗必良。

注。农地股份合作有效促进了农业生产要素优化组合，改善了农业适度规模经营，增加了农民的土地财产性收入。关键在于，土地股份合作具有流转期限更长、利益联结更紧密、流转关系更稳定的特点，有利于调动流入方加大土地整理、农田水利设施等投入积极性，对于促进土地适度规模经营，具有十分重要的意义。

与其他农地流转与配置方式相比，农民土地入股无疑具有多方面的组织优势（表1-3），具有重要的制度潜力。具体来说：

从降低交易费用的层面来说，土地的股份合作至少能够满足3个方面的效果。一是克服土地的细碎化与分散经营，从而使土地集中与规模经营成为可能；二是既促导了农业劳动力的转移，又充分保障了土地的福利功能；三是为农业的组织化经营创造了条件。

从产权界定成本来看，农户土地经营权入股，使产权的界定与调整由实物对象转为价值形态，不仅降低了技术难度，而且操作相对简单。第一，使原来的实物形态上无法确立的排他性产权能够在价值形态上顺利得以确立；第二，农户经营权入股，社区集体所有权折价，使集体与农户的产权关系异常明了，从而界定费用大大降低；第三，价值形态上分散的独立产权可以在实物方面合并起来，从而提高了规模经济与资源配置效率。

在租赁经营角度来说，土地经营权入股，也使其内部管理费用大为节约：第一，单个农户的经营决策转为董事会决策，决策成本降低；第二，减少了农户之间在土地利用方式上的摩擦，降低了均包制条件下农户转包发生的交易费用；第三，土地租赁的集中招标与投标，避免了租赁主体与多个农户的分散谈判，既有助于租金的价格机制生成，又可降低谈判成本；第四，在土地用途监管方面，由对众多分散农户的组织管理转为对统一经营主体的监督，也大大降低了管理运作费用。

表1-3　典型模式的比较优势分析

典型模式	比较优势	比较劣势
家庭农场	较低的生产决策、劳动监督等组织管理成本；从亲友邻居获得流转土地，流转契约相对稳定	企业家能力、投资能力有限，难以参与社会化分工；规模经济性有限，存在小农复制的可能性

（续）

典型模式	比较优势	比较劣势
租赁农场	较强的企业家能力，能够有效获取规模经济性	不能满足转出农地农户的在位控制权；农地流转契约不稳定
订单农业	能够改善分工效率，有效对接市场	产品交易合约不稳定
股份合作社	保障农户的在位控制权，降低农地流转交易成本，改善规模经济性	企业家能力不足，存在较高的治理成本
土地信托	能够充分发挥企业家能力，改善规模经济性	农户在位控制权缺乏保障，契约不稳定以及较高的治理成本

二、农地入股的主要形式及其风险

值得重视的是，因土地股份合作社将公司治理的理念和方式纳入了合作组织的运作中来，滋生了一系列亟须解决的风险。例如，农地"经营权"入股折价的标准及其面临的经营主体压缩股价的风险、合作社经营中小股东（农户）边缘化及利益被侵蚀的风险、农地"经营权"入股合约不稳定（农户对合作社的"敲竹杠"现象）和合作组织倒闭风险、合作社面临的经营主体能力不足和市场竞争风险，以及合作社清算时农户农地"经营权"丧失的风险等。这些风险的存在，不仅会抑制小农户加入土地股份合作社，也会造成资本、技术等要素难以与农地"经营权"相结合，难以实现规模经济效益。

农村土地入股合作社在发育发展过程中出现了不同类型，本节将农业领域的土地股份合作大体分为三种主要形式。

（一）社区型土地股份合作社

社区型土地股份合作制的基本做法是：依据农户承包土地折股，合理设置股权，明确股权分配方式；设立治理机构，入股土地由合作社集体统一种植、统一管理、统一定价和统一销售等，年末按股份分红。这一形式的主要优点是有助于对接农户与大市场，摆脱农民在市场中的弱势地位并逐渐掌握市场主动权。其基本特征：（1）往往是由代表农地所有权的集体经济组织组建，并由集体经济组织进行统一经营，从而具有所有权与经营权合一的特征；（2）由于集体经济组织往往与村庄（行政村或者村民小组）具有区域上的同构性，因而表现出明显的社区性及其封闭性；（3）社区农户凭借其集体成员的身份权及其所赋予的承包权，进行折股量化，并将农地经营权委托给集体经济组织（或股份合作社）统一经营。但是，这种"内股自营"模式存在着一定的运营风险，主要表现在：

1. 治理风险——内部人控制风险

社区与合作社（经济组织）同处一定的地域范围内，因此社区型合作社必然是在相对封闭的社区内发育及成熟的。而村集体作为社区的公共管理机构，具有社会资源垄断与地理垄断的特征，是现成的组织资源。从组织费用角度而言，由村干部充当社区型合作社的代理经营主体是经济的，因此社区所有制和政企合一的存在有其客观基础。但是，村干部与村民利益可能存在直接冲突，作为经济理性人，集各权于一身的村干部没有强烈的工作激励，农民股东也难以对其进行有效监督。受自身利益的驱动，村干部可能存在机会主义行为，侵害和剥夺承包农户的合法权益。

2. 经营风险——企业家能力不足引发的经营风险

土地合作社的盈利和发展离不开企业家才能的管理和运作。然而，并不是每一个人都具有企业家才能，企业家本身是一个专业职业，是在劳动分工基础上发展起来的一种稀缺才能。特别是随着市场范围的不断拓展，对企业家才能的要求越来越高。当农户从单独分散经营转向合作社经营，必定需要面对大市场。然而，在农村社区内部，由于长期在务农的专业化分工中形成专业化的人力资本，使其在企业家才能上较为缺乏，这可能导致其经营绩效的不足。

3. 契约风险——契约不稳定导致的毁约风险

社区型合作社是农户按照依法自愿有偿原则组织而成的，因此具有自愿入股、进退自由的特征。进退自由在某种程度上保护了农户的土地权益，并可形成"以脚投票"的市场选择机制，有利于激励代理经营主体改善经营管理。但是，以承包地入股的社员所拥有的进退社自由，很大程度上也意味着合作社内农地集中契约的不稳定。由于土地的地理垄断特征，重新找到同样地理位置的农地作为替代是困难的，因此农地集中契约的不稳定性极有可能影响到合作社中经营主体的长期生产计划，从而导致合作社经营利益的损失以及合作社内农民收益的损失。

4. 短期化风险——分利机制引发的不可持续性风险

任何行为主体都会存在生产性努力和分配性努力行为倾向。生产性努力是指为了社区资产增值而做的努力，分配性努力是为了增加个人收入而进行的努力。农户承包的土地实质上依托于自身天然的"集体成员权"，由此，以依附于承包权而行使经营权入股的农户所获得的社区型合作社的股权分配，从根本上是以户籍关系为根据的。这种天赋的、平均的、凝固的股权结构，使得农民更为关心每年的分配份额（以人口为基础），而对股本的增值及社区的发展关心不足，即刺激了农户形成分配性努力而非生产性努力，并由此形成浓厚的社区福利主义。所以，在社区集体缺乏有效的运营模式，农户倾向于提高即期收入，而轻视后续的生产和再投资，易于造成合作社难以实现扩大再生产，并会造成合作经营组织的不稳定和不可持续性。

5. 规模约束风险——社区封闭性

基于村庄集体或者熟人网络而形成的农地股份合作社，由于天然地依赖于血缘、情缘或地缘，合作社的边界受到地域边界的限制，导致其成员的边界有限。换句话说，这种合作模式难以扩大到村庄以外，并由此限制了合作社农地经营规模的扩大和合作社的投资规模。社区福利主义对外部人员的进入呈强烈的排斥性。鉴于社区型土地股份合作组织的中高层管理人员大多是刚刚"洗脚上田"的本村农民，文化素质不高，缺乏经营管理技能。但是，各村对引进人才却普遍具有排斥的心理。这种状况使社区型土地股份合作组织人才匮乏，经营能力差，制约了其发展。

（二）土地股份合作与租赁经营

该模式的基本做法是：由社区集体组织牵头成立土地股份合作社，将土地集中后统一规划布局，再通过对外公开出租等方式转包给农业企业或专业大户经营，农民按合同约定定期获得土地股份收入。在这一形式中，土地股份合作社在本质上是一种土地的集中，农户的股份则成为租金分配的凭证。

这种"内股外租"形式的土地股份合作社，本质上类似于"反租倒包"。这种模式和第一种模式的区别在于，集体并不是自己经营农地，而是扮演一个"中介"的角色。即农户把承包地以股份形式向社区性的集体经济组织入股，并以集体经济组织为"中介"，再进一步将承包地转包给经营能力较强的主体。这种模式存在的主要风险是：

1. 委托代理风险——代理人寻租

这种模式一个关键特征是，村集体在整个过程中起中介作用，将农户的农地统一打包交给能人经营。在这个过程中，村集体起到双重代理的作用。从农户的角度看，它是代理农户将农地入股到能人所经营的组织。从能人的角度看，村集体又是代理能人对农户的农地进行"募股"。在这个双向委托代理过程中，容易滋生两个问题：①作为能人的代理人，村集体存在寻租的可能。主要表现为，在农地折价入股和股金分红的过程中，村集体可能以低于市场的股价或者回报将农户的农地交给能人，并从中获利。②作为农户的代理人，村集体存在"敲竹杠"可能。即在能人经营的过程中，通过"敲竹杠"的威胁，坐地升价，中饱私囊。

2. 经营风险——企业家能力不足引发的经营风险

尽管种植能人相较于一般的村民更具备从事农业生产的人力资本和专用性投资，但其本身仍然可能存在问题：①农业技术落后，缺乏科学管理。②市场信息不灵敏，难以应对市场风险。这种模式的市场风险会影响到农户农地的增值，从而降低农户入股的积极性，并可能影响到农地租约的稳定性及其毁约风险。严重的是，一旦经营失败极有可能导致农地的撂荒。

3. 分配风险——信息不对称引起的地位不对等

经营方和参股方对农地经营收益信息的掌握程度是不同的，经营方作为参与其中的一方，对农地的实际经营情况更加了解，其可能利用自身的信息优势损害参股方。特别是在以村集体为中介的情况下，分散的小农户对信息的获取更加困难，从而使得这种模式存在因为经营方利用自身信息优势而损害对方的可能。

（三）企业型土地股份合作社

企业型合作社的具体实施操作是：首先，企业对农户的土地承包经营权进行价值评估，并作为农民股东的土地承包经营权出资，是农户分享股东权利义务的依据；其次，企业根据当地的农地租金水平进行保底分红；最后，企业按照一定的盈余分配规则对农户的出资进行分红。

企业型合作社在本质上是前述社区型土地股份合作社与股份合作租赁经营两种形式的重新组合。在两次分配中，初始的保底分红相对于租赁经营的租金支付，第二次的红利分配类似于社区型土地股份合作社的利润分配。企业型土地股份合作社与社区型合作社最大的差异，是农民股东出资的土地承包经营权已经属于公司独立的法人财产。从民法上讲，从村民入股的那一天起，他们的土地承包经营权就已经转让，和公司一道承担风险，农户不得将土地承包经营权出资转移。

1. 利益侵蚀风险

首先是入股阶段对农民的利益侵蚀。由于法律法规和专业评估机构的欠缺，我国土地承包经营权的价值评估难以保证其评估结论的客观和公正，企业可以利用农民缺乏足够的信息以及对资产价值认识不足，在量化农户的承包地的股权时获得巨大利益。其次是企业运营阶段对农民利益的侵蚀。由于企业型合作社相对开放，其资产对象是多元化的，企业可以引入社会资本、技术等，但大量工商资本进入农业生产经营领域，可能会稀释农户土地承包权在企业型合作社内的股权，侵害农民的股权收益。

2. 契约风险

虽然规模经营能够使企业型合作社获得一定的规模经济，但过度集中的农地经营与农产品销售，也使得企业型合作社面临着较大的自然风险与市场风险。如果企业型合作社的战略选择不当，或面临资金压力、管理不善等问题，其经营风险将会成倍放大，甚至面临破产。此时，在企业型合作社中最具有企业信息优势的社会资本必定首先退出或抽资，而信息优势较弱、缺乏财务与管理知识的农户将蒙受利益损害的巨大风险。

3. 农地抵押隐含的农民就业风险

在官方的意识中，转移农村剩余劳动力是一种政治正确。但是，交出土地后的农民就业问题不可忽视。城镇就业岗位难以容纳全部农村转移劳动力，这使得以农地入股的农民的就业问题必须部分在农村内部解决。因此，入股分红不仅是经济变量，更是一个社会变量。

4. 契约风险——农民中途退出而导致的经营风险

尽管企业型合作社在农户入股上的机制和契约更加完备，但是由于在实践中农户的契约意识比较薄弱，当出现收益不如预期或者有更好盈利机会的时候，农户容易产生机会主义行为，单方面毁约。但是，企业型合作社对农地连片经营的要求非常高，在农户单方面毁约后容易导致经营不连片，增加交易费用和操作成本。特别是当农户退社出现群体效应时，企业型合作社可能面临破产的风险。

三、农地入股风险防范的思路转型

以往研究土地股份合作社面临的风险和困境，多从外部环境优化、内部控制、法律法规构建等方面给出解决方案。这些传统理念存在对土地股份合作社面临风险的系统性、关联性、特殊性等的认识不足。当前防控土地股份合作社风险的理念和方式需要做一些转变。

（一）从管控走向疏通

防治土地股份合作社风险的传统办法是，哪里出现问题就以行政干预的方式将问题管控住，以防治土地股份合作社面临集体倒闭的风险。但问题是，"头疼医头，脚疼医脚"的做法往往缺乏整体性，而且极易造成行政干预失灵。究其原因，以"堵"为理念的组织治理模式一般都是政府强制干预和命令下达式的，看似将问题控制在可控范围内，但当问题的数量累积到一定程度后，往往容易集体性爆发，产生严重的社会后果。

防治土地股份合作社组织风险的政策导向应该以疏通为主。在规避单一政策导向、政出多门和执行不到位的基础上，通过实地调研和组织运行机制的挖掘，摸清合作社风险的症结及其内涵与外延。以实际问题为出发点，以问题的关联性为主线，从面上把握风险的走势，在"点、线、面"三个层次疏通合作社的外部治理结构，降低外部治理风险。因此，要求政府在疏导风险的同时，着力构建机制与平台（如社区股份合作制的接管与兼并），培育土地股份合作社的自我执行机制与风险自我化解机制。

（二）从内部治理走向社会治理

根据股份制公司的内部治理规范，土地股份合作社的内部治理结构依托于股东大会、董事会和监事会，并通过运作规程、契约管理、进入退出机制等规则来实施内部治理。但从当前土地股份合作社的运行特征来看，单纯依靠内部治理往往易造成合作社内部权力结构失衡、专业化程度低、管理模式陈旧、小股东边缘化、收益分配机制不健全等问题。而且，土地股份合作社的内部治理往往具有很强的封闭性，缺乏市场和组织竞争机制，很容易造成土地股份合作社要素配置效率的低下和产品质量的下降。

在这种情况下，以外部治理来倒逼内部治理效率的改善将是一种有效防范内部治理失败的机制。同时，通过人力资本、社会资本和管理要素的共同投入，可以形成多重合力的协同作用。在此基础上，通过社区联合和合作社竞争，可以改善和优化土地经营权、生产要素，以及市场资源等的配置结构，实现外部竞争对内部治理的优化。当然，在市场自我运行的基础上，政府必须为土地股份合作社内部治理与外部治理的有效衔接提供必要的规范和引导，主要包括为合作社的运行提供配套性扶持政策，扶植土地股份合作社运营链上、中、下游产业的融合和社会化服务组织的发展。

（三）从单要素投入走向多元经营

目前的土地股份合作社，大多是采取农户土地入股，集体招标经营或自行经营为主的运行模式。显然这样的土地股份合作社往往缺乏融资渠道、社会化服务、人力资本和管理资本等非土地要素的支持，不仅难以改善土地经营效率，也很难保证合作社股东的保底收益和分红。而且投入结构单一的合作组织往往在要素购置链条、产品生产和出售链条上更易遭遇市场风险。原因是它们的产品结构、销售渠道、市场布局等都相对单一，对市场风险的抵抗能力也相对较低。因此，土地股份合作社不应该仅着眼于土地要素的经营格局，而需要将合作社的发展眼界拓宽到要素市场的整体布局和产品营销的市场结构细分中去，通过引入"多要素、多产品、多模式、多理念"的"四多"概念，强化合作社的比较优势，实现从单要素投入向多元化经营的转型。

四、农地入股风险防范政策建议

（一）做实农地经营权与股份财产权制度

当前，政府和学界对农地入股普遍存在的担忧是，一旦农地股份合作社因经营不善而面临倒闭清算时，农户可能丧失农地经营权。为了提出稳定农户入股经营的策略，首先需要对农户会丧失农地经营权的说法给予澄清。按照股份合作制的基本运作规则，农户以农地经营权入股，就意味着股份合作社倒闭清算时，农地经营权将作为合作社的资产用以偿还债务，但这并不意味着农户会丧失农地经营权。其原因是，最初的农地入股是以一定时期内农地的经营权作为入股资产的，即便合作社倒闭，清算的也只是剩余合同期内的农地经营权，而不表明农户会丧失农地经营权。相反，农地股份合作社的倒闭造成的是农户失利风险，而非失地风险。

为保障农户的农地股份权益，需要做实农地经营权制度。这涉及两个层面的政策安排：第一，通过确权工作，进一步强化农户的农地经营权。在农地经营权入股的发展过程中，出现了多种变型，其涉及的经营主体身份都不同。但不同入股模式有一个共同点——农户的农地经营权集中在权力主体手中（如地方政府、村委会，以及掌握大资本的涉农企业等），这些主体对农地经营权股份的分红往往具有决定权，而且存在"以租代征"的倾向。因此，需在法律层面进一步强化农户农地承包经营权的主体地位，明确经营权入股分红的法律依据，以防范农地入股的失地和失利风险。第二，完善合作组织农地经营权退出机制。当前，部分地区出现了农业企业老板跑路和破产现象，这说明目前的农地流转机制既不利于对合作组织的保护，也可能损害农户的农地财产权益。为此，需构建和完善合作组织农地经营权退出机制，通过赋予合作组织农地经营权转让权，搭建农地经营权打包交易平台，完善经营权价格市场形成机制，提高农地经营权的流动性和变现能力，以此保护合作组织和农户双方的权益。

明确新增资产财产权归属关系。合作社在发展过程中仍面临很多困难，需要在资金、政策、人才等各方面加大扶持力度。要加大资金投入和整合力度，整合各类农业产业项目资金、扶贫和财政支农资金，积极扶持合作社建设。对于财政扶持资金，特别是扶贫资金形成的资产，应明确界定为集体成员集体所有，并将资产折股量化到集体经济组织成员，强化农民的财产权。

（二）监督和规范主体经营行为

健全管理者激励机制。对股份合作社领头人的激励是不可忽视的关键。经验表明，凡是较为成功的合作社，均离不开有能力又甘于奉献的管理者。但是，调动合作社管理者的积极性不能单纯站在道德角度，要求他们一味奉献。合作社经营的整体效益与领头人的管理水平、劳动付出、责任心都密切相关，实现合作社可持续发展，有稳定的领头人很重要。建议探索完善合作社股权设置和收益分配制度，鼓励合作社设置风险责任股，作为管理者工作成绩的奖励，将合作社经营业绩与管理者个人收入联系起来，赋予一定的剩余索取权，进一步调动管理者的积极性。

建立资格甄别与准入机制。合作组织的经营主体由于信息优势、资本优势和社会关系优势，往往可以借助地方政府和村委会到农村圈地，这不仅不利于推进农业经营的组织化，反而可能降低国家粮食安全和扭曲政策效果，也不利于对农户权益的保护。为此，需要对进入农地股份合作组织领域的个人、组织或企业进行严格的资质审查，加强过程监督和内部监管，及时清退不符合要求、违规操作和面临高风险的农地股份合作社。同时，需修订合作组织法，明确规定进入农地经营领域的企业或组织需进行一定的前期投资，构建竞争性准入机制，并由地方资格审查机构核实，以清退那些只为了骗补贴、圈地的合作经营组织或个人。

强化行为监管与流程管理。在严格审查准入资格的基础上，需加强对合作社日常经营行为的监管。尤其是在经营者比普通小股东更具话语权和决策权的情况下，应严格管控经营者的"搞鬼"行为。通过加强合作组织的原材料采购、资产购置、产品营销、效益核算、股份评估、股份分红等的信息披露，完善合作社会计账目的地方审计审查工作，构建农户、股东、竞争主体，以及其他社会成员的社会监管和匿名举报机制，即借助对合作社经营的程序监管、流程监管和终端管理，规范合作社日常经营行为，优化合作社内部竞争机制以及保障农户农地股份权益。

（三）构建合作社与成员的双边依赖机制

农地股份合作社运作的成败，不仅取决于经营者的资质、能力和经营程序的规范，也受到农地流转合约稳定性的影响。换言之，农户单方面的违约，或违约成本过低，都会因农户对农地的垄断权而造成农地流转合约无法执行。这不仅不利于农地股份合作社的发展和比较优势的发挥，更可能损害经营者的切身利益。为此，一方面，政策制定者需转变观念，同等看待农户和经营者的合法权益，切勿形成政策制定的"身份歧视"。另一方面，需加强经营主体和农户的双边依赖和"套牢"机制，使得双方的收益与合作社的经济绩效更紧密地联系起来。具体做法如下：

一是构建农户入股合约的存档上网，信息公开机制。通过合约的公开化、透明化，借助声誉机制和网络效应，加强社会对农户履约的监督，形成流转合约的社会治理。二是建立农户履约信用评估机制。为避免农户违约的机会成本过低，通过建立专门的农地流转履约信用档案，将单方面违约、缺乏契约精神等行为记入档案，供后期经营者参考，形成流转合约的市场治理。三是构建租金分红平衡机制。以往农户可能存在单方面要求提高农地租金的"敲竹杠"要求，其实就是利用合作社资产套牢的特点。为此，可通过构建农地入股租金和分红的平衡账户，且规定特定比例的分红必须留在账户中。如果农户单方面违约，分红账户中的资金全部清空。相反，如果农户履约，分红账户中的资金可作为合作社的股份进一步参与分红，即按照"复利"结算。由此形成流转合约的"社会治理＋市场治理＋内部治理"三维治理模式，与政策建议第二部分相结合，可构建农户和经营者的双边依赖机制。

（四）把握农地股份合作社的职能边界

农地股份合作社发展实践中出现的诸多问题，大多是由其职能不清、功能不明确、胡乱作为造成的。以"内股自营"和"内股外租"两种形式为例，前者显然缺乏农地的自我经营能力或者能人依赖，后者中村委会或合作社可能会在双边代理的过程中寻租和"敲竹杠"。也就是说，合作社在两种农地入股模式及其衍生模式中的职能均较为混乱，无法在整个农地入股经营链中形成清晰的权责关系，进而造成了农地入股过程中的经营不善、内部人控制、利益分配不均、交易双方权益受损等诸多问题。为此，亟须厘清农地股份合作社功能，淡化其直接生产经营功能，强化三大基本职能：

1. 农地集中平台

农地股份合作社的一个重要作用是，借助与农户在小范围内的网络关系，将农户的农地集体打包入股，由此极大地降低了经营主体与单个小农户分别签约的交易费用。但合作社的股东或发起人往往是村庄本地人或集体经济组织的牵头人，往往缺乏农地股份组织经营或应对市场风险的能力。因此，依靠合作社内部成员来经营农地，既不利于合作社的发展，也可能造成农地股份契约中的保底分红的条例无法履行。为此，必须严格审查合作社内部人经营的风险，核实实际经营者的基本素质，强化合作社农地集中平台职能。通过引入职业经理人的外部竞争机制，落实合作社经营竞聘规则，以此构建"外部治理＋内部治理"的双边治理模式，避免内部人控制，降低经营风险并提高经营绩效。

2. 利益保障机制

在农地经营权入股的过程中，交易双方（农户和实际经营者）都存在单方面违约的可能。如果农户在实际经营者经营的过程中，因土地价值改变而坐地起价或强行收回农地经营权，经营者的计划和经营单位的前期投资都将面临"流产"的风险。与此类似，如果实际经营者违约，农户失利的风险也会增加。因此，在明确农地股份合作社农地集中平台职能的基础上，应进一步强化其利益保障职能。借助其双边代理身份，利用其与农户的社会关联，与实际经营者的谈判地位，构建农户与实际经营者的双边融通机制，降低双方违约风险，保障交易双方的合法权益。

3. 利益分配机制

农地经营权入股过程中，农户按股份获得保底分红。但在以往的实践中，合作社往往存在分配不均和隐瞒实际绩效的情况。通过落实"规范主体经营行为，加强资质审查和内部监管"，并剥离合作社的实际经营职能后，应进一步加强合作社的利益分配职能。通过引入合作社绩效考核标准，加大合作社利益分配的程序监控，提高合作社操作的信息披露程度，以此规范合作社在股份分配、盈余分配和经营主体利益监督等方面的职能。

（五）培育农地经营权转让交易平台

目前，各地兴起了各种类型的土地流转交易平台，但大多针对的是普通小农户，而且农地经营权进入机制尚不完善。尤其是对那些携带资金、技术和人力资本的经营者而言，与小农户独立签约是不经济的。但从上文的建议出发，合作社的土地流转与集中功能有利于消除生产要素进入农地经营的成本。因此，与合作社职能相匹配的是，需构建农地经营权流转的交易平台，通过竞争主体的资质审核、规范交易程序、优化价格形成机制，提高农地交易的效率，发挥股份合作社的比较优势。

另外，为匹配经营主体退出机制和债权人接管机制，需进一步完善农地经营权交易的实现形式。以往经营者从股份合作社租入农地，类似于承担了无限责任，无有效的退出机制。而且，即使经营者的资产被清算，债权人（如银行）也很难处理农地经营权，同时也会损害农户的财产权益，由此形成了"经营者＋债权人＋农户"三方风险套牢。其带来的后果是，经营者不愿意进入，银行不愿意贷款，农户不愿意出租。为此，应构建农地经营权转让交易平台，在严格审查交易者资质、农地经营权价值、合同期限和合同权责关系后，通过信息公开，市场竞争，公开竞价的方式，加强企业或个人的农地经营权的变现能力和提高农地经营权的配置效率。

（六）培育竞争性的代营和服务市场

为了解决农地股份合作社的封闭经营、内部治理的不足，可以通过培育竞争性的代营市场来加以应对。具体做法包括：通过加强职业经理人队伍建设，构建持证上岗机制，培育职业经理人竞聘市场，以充分发挥企业家才能，进而提高入股农地的经营绩效和股份合作社的市场风险应对能力。

在此基础上，需进一步完善竞争性的农业社会化服务市场。为避免农地股份合作社经营沦为小农复制，需培育包括技术支持、投融资、供应链、品牌建设等要素市场，以充分发挥生产性服务，形成多元经营、服务规模经济和分工经济。借助竞争性市场，不仅可以提高农地股份合作社的经营深度，增加合作社和社员的效益，还可以借助市场淘汰机制，使那些资质差、风险高、运营不规范、盈利能力较差的服务性经营组织在"用脚投票"的竞争环境中被自动清退。

（七）加强土地用途管制

土地入股流转建立农业合作社，实现规模经营，是农业发展的必然。土地入股成立合作社后，合作社效益是判断经营好坏的最重要指标之一。同时，实现规模生产经营后，农业的旅游、观光、休闲等其他价值也更加凸显。土地入股流转建立合作社，可能会出现建设永久构筑物而局部改变土地用途、借农业结构调整改变耕地为其他用地而减少耕地面积的可能，甚至出现土地用途的违规和影响区域粮食安全的现象。按照党的十七届三中全会精神和要求，在土地流转中应做到不得改变集体土地所有性质，不得改变土地用途，不得损害农民承包权益。为防止合作社或土地租赁企业为追求利益改变土地用途，有必要制定土地集中、农业规模化生产的土地用途管理办法，特别是针对耕地中的基本农田要制定严格禁止改变农业用途的管理办法。明确不同规模农业生产临时用房的建设面积，严格临时用房的用途，防止借修建临地用房之名乱占耕地。改变农业生产的补贴办法，让土地入股流转后从事农业生产的股份企业真正获得各项农业补贴。提高政府对农业基础设施建设的投入，改善农业生产条件，为其提供良好环境。

第三节　构建城镇化进程中被征地
农民的权益保障机制[①]

城镇化是中国经济转型升级的必然选择，也是实现城乡一体化发展的必由

---

① 本节引自2013年农业部软科学课题"城镇化进程中农民土地权益保障机制研究"，课题主持人：樊继达。

之路。中国城镇化正处于快速增长区间，城镇用地需求仍将刚性增长。工业农业争地、城镇农村争地、生活生产生态争地不断加剧，土地资源紧约束的局面将更加凸显。在新型城镇化进程中，保障农民土地权益，大力提高土地利用效率，走节约集约用地之路，才能应对国土开发空间不足的严峻挑战，既非常必要，也非常迫切。

一、城镇化进程中农民土地权益受损分析

土地是万物之源，农民生存之根，经济发展之本，土地制度是一个国家基础性、根本性和全局性的制度。走新型城镇化道路离不开、绕不过土地问题。如何分割土地权益，权衡城市与农村、政府与农民的利益，协调农村经济与国民经济发展，是当前党和政府面临的一大任务。随着改革的不断深化与经济社会的进步，原有补偿安置制度难以做到被征地农民"生活水平有提高、长远生计有保障"。农民土地权益损失突出表现在以下几个方面。

（一）以公共利益为由，不公平征收农民土地

"公益性"是进行土地征收的基础和原则，也就是出于公共利益的需要，政府可以依法征收或征用土地，这也是国际通行的惯例。《宪法》第十条规定，"国家为了公共利益的需要，可以依照法律规定对土地实行征收或者征用并给予补偿"。《物权法》第四十二条规定，"为了公共利益的需要，依照法律规定的权限和程序可以征用集体所有的土地和单位、个人的房屋以及其他不动产"。《土地管理法》第二条第四款规定，"国家为了公共利益的需要，可以依法对土地实行征收或者征用并给予补偿"。

显然，公共利益需要是征用土地的前提。但什么是公共利益的需要，什么是非公共利益的需要，相关法律没有进行必要的阐释和界定。从各地实际看，非公益性用地比重在全部征地中占主要地位。国土资源部门对北京、上海、山东等16个省、自治区、直辖市各类建设项目用地的调查显示，近10年来政府征地项目不仅包括交通、能源、水利等基础设施，而且工商业、房地产等经营性项目征地也占到总量的22％，学校、企业用地占到13％，特别是东部城市的项目用地中，真正用于公共利益的不足10％，大量的是经营性用地。

（二）补偿标准过低，保障力度不足

根据《土地管理法》第四十七条第二款的明确规定，征用耕地的土地补偿费用包括土地补偿费、安置补助费以及地上附着物和青苗的补偿费。其中，土地补偿费为该耕地被征用前3年平均年产值的6~10倍，安置补助费为该耕地被征用前3年平均产值的4~6倍。这种补偿办法，既没有体现土地真实的市场价格，也没有反映农民生活成本不断上涨的客观现实，没有体现与时俱进的公平性与合理性。政府依靠其在土地一级市场的垄断地位，凭借行政征收权力，采用计划的手段低价从农民手中强行征收土地。更为糟糕的是，部分地方政府还制定各种各样的"土政策"，如私自划定许多应计入却未计入征收补偿的面积，或截留、扣除土地征用中政府部门及村集体的各种费用，农民实际上拿到的补偿金寥寥无几。被征地农民即原来的土地所有者却无法享受土地出让后的增值收益。政府征地时给农民的补偿主要参考土地的农业收益，低可至每亩数千元，转手却在土地市场上以市场价格出让，增值达到数十倍，甚至上千倍。政府从中获取巨大的土地差价，这是一种对农民的"变相掠夺"。

中央财经领导小组办公室副主任陈锡文曾测算，计划经济时代的"剪刀差"让农民付出6 000亿~8 000亿元的代价，改革开放以来通过低价征用农民的土地，最少使农民蒙受了2万亿元的损失。地方获取高额土地收入的同时造成大量被征地农民的贫困化。农民土地被征收征用后，丧失了基本的生活保障，如果没有其他收入来源，生活难以为继。这也是现阶段广大农民对土地征收不满的重要原因之一。

（三）征收补偿方式过窄，农民长远发展堪忧

土地征收从根本上改变了土地所有权的归属，这是一种不可逆的改变，但现行征收补偿方式过窄，没有考虑农民长远经济利益，导致农民长远发展堪忧。现行征地补偿仅对土地集体所有权进行补偿，即仅有土地补偿费。农民的土地承包经营权则不在补偿范围内。事实上，被征地农民虽然获得土地补偿和安置款项，近年来国家又建立被征地农民社会保障制度。但总体看，被征地农民并没有充分分享城镇化成果。我国目前的征地补偿大多数采用的是一次性货币补偿方式，而且多为短期最低现金补偿，扣除土地征用中政府部门及村集体的各种费用，农民实际上拿到的补偿金非常微薄。但是，农民一旦失去土地，

意味着失去工作岗位。每个被征地农民几千元的安置补助不能解决任何问题，如果没有其他收入来源的话，维持日常生活都会很困难①。一个客观事实是，由于缺乏技术、资金、信息、管理，农民难以平等参加市场竞争。被征地农民往往在就业市场上处于劣势地位，只能从事技术要求低的体力工作，成长空间狭窄，有相当数量的被征地农民处于失业或半失业状态，成为种田无土地、就业无岗位、劳动无技能、生活无保障的"四无"非市民亦非农民的新贫民。从世界范围内来看，许多国家和地区土地征用补偿范围除被征用土地现有的价值外，还考虑补偿土地可预期的未来价值，以及因征地给被征地人造成的经济损失，较好地保障被征地人的权益。有关部门预测，到 2020 年，全国被征地农民人口将超过 1 亿人，这对中国的国家治理提出严峻挑战。

二、农民土地权益受损的成因剖析

应该说，现行土地法律制度对我国城镇化、工业化的快速发展起到重要的制度支撑作用。为保护农民土地，我国已经出台一系列政策法规，这一点应予以肯定。然而，侵蚀农民土地权益的现象却屡禁不止，甚至愈演愈烈。其成因究竟何在呢？

（一）政府以土地驱动发展的经济冲动

土地产权制度不平等是农民土地权益受损的根本原因。征地问题形式上是土地所有制的转换，实质上是乡村土地向城市土地转化，核心是土地利用空间调整。虽然土地集体所有制是我国现行的基本制度，法律规定土地属于国家所有或农民集体所有，但实际上土地所有权是由各级政府控制的，农民仅有土地的承包经营权，政府通过控制土地直接操纵和影响城镇化进程。地方政府有充足的动力推动土地城镇化。

从收入角度看，地方政府征收土地可以获取：（1）附着于土地的税费收入，主要包括耕地占用税、土地增值税、契税、房地产与建筑业的营业税、城镇土地使用税等；（2）土地出让收入，这是地方发展的重要资金来源；（3）土

---

① 有些地方采用"一脚踢"补偿方式，仅仅给被征地农民发放一次性的现金补偿和给予一份社保，让他们自谋出路，而对被征地农民的居住安置、重新就业、生活观念和生活习惯转变等后续保障问题重视不够，结果是形成新的"无产者"。

地作抵押获取的贷款。土地是优质抵押品。地方政府通过设立土地储备中心、城市开发投资公司等融资平台，以土地作抵押向银行贷款筹集建设资金，并将其投向地方开发建设，并以地方财政的未来预期收入和土地增值收益作为还款来源。其运行的逻辑是：地方政府征地→卖地→土地抵押获得贷款→利用贷款进行基础设施建设→经营城市，地价上涨，获取更多土地出让收入→卖地收入进行还款，同时进一步扩大贷款规模。部分地方政府已陷入"土地路径依赖"，不断扩张卖地，城市不断向外扩张，造成许多"空城""鬼城"，一方面造成了土地资源的严重浪费，另一方面也极大地侵蚀了农民的土地权益。

（二）"经营城市＋招商引资"双轮驱动发展模式

土地是生产与发展的根基。在部分地方政府看来，土地城镇化的重要性远超过人的城镇化，因为无论是经营城市还是招商引资都离不开土地。借助土地及土地财政，地方政府主导了本轮城镇化、工业化进程，形成独特的双轮驱动模式。一方面，地方政府通过征收土地获得各种税费、贷款等即期收入，进而提供更好的基础设施，实现城市的扩张，即"经营城市"。事实上，基础设施的改善不仅有助于地方实现更快的经济增长，推进城镇化，而且基础设施本身就是最容易度量，能有效满足地方官员"政绩"需要的产品。另一方面，地方政府利用低价土地进行招商引资，发展本地工业，培育产业集群，形成具有竞争力的产业体系，这样既可以做大 GDP，同时可以带动第三产业的发展和缓解当地就业压力，地方政府还可分享企业成长所带来的远期税收收入。因而，通过土地杠杆，"经营城市"与"招商引资"成为地方发展两个最明显的标识，也是许多地区发展的"成功之道"。

（三）地方政府财力与事权非匹配

肇始于 1978 年的财政改革实行的是"分灶吃饭"的财政体制，至 20 世纪 90 年代初期中央财政已经面临很大压力。为提高财政收入占 GDP 比重及中央财政收入占全部财政收入比重，中央从 1994 年实施分税制改革，一举改变中央与地方财力分布格局。分税制将税种划分为中央税、地方税及中央与地方共享税，从实际运行情况看，中央占优势地位。1993 年地方财政收入占全部财政收入的比重为 78％，分税制后的 1994 年迅速降至 44％，此后常年维持在

50％以下。不过，分税制并未对政府间事权责任进行明晰划分，地方政府事权随经济社会发展及民众诉求的提高而不断扩大，再加上"上级请客，下级买单"等情况的存在，地方特别是基层政府承担更多事权，财力事权极不相称。1980年地方支出占全部支出比重为45.7％，2013年已上升至85％左右，提高近40个百分点。理论上，中央政府的转移支付有助于地方弥补财力缺口，但受到转移支付以专项居多，均等化转移支付规模偏小等因素制约，地方财力缺口无法得到根本缓解。

分税制条件下，除车船税外，地方主体税种均与土地及房地产有关。鉴于中国土地开发实行批租制，土地出让金一次性支取，诱发地方政府的短期行为，许多地方盲目发展房地产业，走上靠经营土地生财的道路，造成对房地产的过度依赖。这是因为，地方主体税种营业税，主要来自建筑业和房地产业。近年来，建筑业与房地产业成为税收增长最快的行业，与快速的城镇化进程是一致的。地方政府重视城镇化，大力发展建筑业与房地产业是符合自身利益的理性选择，并借此带动建材、民用电器、五金化工等产业的发展，许多企业纷纷转向房地产业，结果造成地区产业结构畸形化、低端化，成为转变发展方式的"高墙"。地方政府与房产开发商成为利益共同体，土地及房地产成为掠夺居民财富的工具。过高的房价挤占民众的消费能力，不仅不能扩大消费需求，反而产生一定抑制作用，拉大贫富差距，造成阶层固化的情况愈发严重，中国被迫走上"非包容性发展"的道路。

（四）土地征收中各方利益博弈不均衡

按照现行土地制度，无论是哪种类型的土地，只要上市交易，就必须借助政府的手——征收，招拍挂来实现，通过低买高卖，政府从中可以获取巨大的利益。此外，很多地区的土地常以协议方式出让，征地补偿标准偏低，并不能真实反映地价。在农民、村集体、开发商、地方政府与中央政府的多方博弈中，单个农民无法有效保护自身权利，在土地城镇化进程中难以和地方政府、村集体、开发商平等谈判，维护自身权益。应该承认，很多农民运用法律手段维权的意识薄弱，不懂法者比比皆是。在土地权益受到损害时，农民不善于运用法律武器维护自己的合法土地权益。同时，缺乏必要的司法救济，这就导致农民在土地权益受损后，被迫选择不当方式来维护自身权益，如自焚、集体上访、群体性事件等①。从中央政府方面看，中央政府尽管在尽力保护农民的利益，但由于信息不对称、监管乏力等原因，无法有效监督地方政府的征地行为，缺少制衡地方政府卖地的有效手段，导致其在博弈中也处于劣势地位。地方政府为实现自己的利益，实际上扮演了"中间商"角色，左手用低价从农民手中获得土地，右手将其高价卖给开发商。在政绩激励、地方竞争及土地收益的刺激下，大量占用农地的行为屡禁不止，地方政府借此攫取超额利润。正是由于地方政府在土地收益分配中有较大自主支配权，通过低价征地，高价卖地，使自己的利益最大化。粗略估计，地方政府投入 1 元钱，可获得 3 元收益，但农民无法分享工业化、城镇化进程中土地增值所带来的丰厚收益。

三、提高治理能力，保障农民土地权益

土地及其收益是农民的根本利益之所在。中国农民的土地权益在城镇化进程中并未得到有效保障。这已经对我国经济、社会、政治等方面产生了较深的负面影响。如果应对不当，极有可能会影响到我国"四化同步"的建设进程，影响社会的和谐稳定。因此，保障农民土地权益是推进新型城镇化的重要任务之一。必须按照党的十八届三中全会的要求，提高治理能力，从多方面保障农民土地权益，让农民真正分享城镇变革所带来的土地财产收益，共享经济社会发展成果。

（一）完善治理体系与提高治理能力

国家治理水平的高低是检验社会主义制度是否完善、定型的重要标志。从经济大国迈向经济强国显然离不开稳定成熟的制度支撑。早在 1992 年，邓小平就明确指出，恐怕再有 30 年的实践，我们才能在各方面形成一套更加成熟、更加定型的制度。党的十八大报告明确提出到 2020 年构建系统完备、科学规范、运行有效的制度体系，使各方面制度更加成熟更加定型。因而，党的十八届三中全会提出推进国家治理体系和治理能力现代化，既是完善和发展中国特色社会主义制度的题中应有之义，也是完善和发展中国特色社会主义制度的必然要求。全会多次提及治理问题，如"加快形成科学有效的治理体制""有效

---

① 2014 年 3 月 21 日，山东省平度市发生的因征地引发的纵火事件即是典型例证。村民在与开发商的博弈中显然处于下风，利益严重受损，国内媒体对此已有诸多报道。

的政府治理，是发挥社会主义市场经济体制优势的内在要求""财政是国家治理的基础和重要支柱""提高社会治理水平"等。

国家治理体系和治理能力是一个国家制度和制度执行能力的集中体现。国家治理体系是在党领导下管理国家的制度体系，包括经济、政治、文化、社会、生态文明和党的建设等各领域体制机制、法律法规安排，也就是一整套紧密相连、相互协调的国家制度；国家治理能力则是运用国家制度管理社会各方面事务的能力，包括改革发展稳定、内政外交国防、治党治国治军等各个方面。国家治理体系和治理能力是一个有机整体，相辅相成，有了好的国家治理体系才能提高治理能力，提高国家治理能力才能充分发挥国家治理体系的效能①。

在公共管理领域，"治理"的概念于 20 世纪末传入中国，最早见之于经济领域，如"法人治理结构""公司治理"等，强调的是指所有者（主要是股东）对经营者的一种监督与制衡机制。旋即这一概念在政治领域传播开来，逐渐为理论界和政府所接受。世界主要国家政治变革的重要特色就是"少一些统治，多一些治理"。世界银行认为，"善治（good governance）"或"有效治理"是一个国家——特别是发展中国家——实现发展的关键。

长期以来，我们论及国家与人民的关系，多称作国家统治、国家管理，相比较而言，国家治理较前两者是个巨大的进步与突破。那么，统治与治理到底有何差异呢？著名政治学者俞可平从 5 个方面概括了统治与治理的区别。其一，权威主体不同，统治的主体是单一的，就是政府或其他国家公共权力；治理的主体则是多元的，除了政府外，还包括企业组织、社会组织和居民自治组织等；其二，权威的性质不同，统治是强制性的；治理可以是强制的，但更多是协商的；其三，权威的来源不同，统治的来源就是强制性的国家法律；治理的来源除了法律外，还包括各种非国家强制的契约；其四，权力运行的向度不同，统治的权力运行是自上而下的，治理的权力可以是自上而下的，但更多是平行的；其五，两者作用所及的范围不同。统治所及的范围以政府权力所及领域为边界，而治理所及的范围则以公共领域为边界，后者比前者要宽广得

---

① 习近平，切实把思想统一到党的十八届三中全会精神上来，人民日报，2014-1-1。

多①。江必新则从 3 个方面剖析了管理与治理的区别：一是主体不同。管理的主体只是政府，而治理的主体还包括社会组织乃至个人。党的十八大以来，中央多次强调要"加快形成党委领导、政府负责、社会协同、公众参与、法治保障的社会管理体制"，实际上已经体现了多元共治的理念。这一变化意味着，政府不再只是治理的主体，而且也是被治理的对象；社会不再只是被治理的对象，也是治理的主体。二是权源不同。政府的管理权来自权力机关的授权。尽管权力机关授权从根本上说是人民授权，但人民授权毕竟是间接的。而治理权当中的相当一部分由人民直接行使，这便是所谓的自治、共治。三是运作不同。管理的运作模式是单向的、强制的、刚性的，因而管理行为的合法性常受质疑，其有效性常难保证。治理的运作模式是复合的、合作的、包容的，治理行为的合理性受到更多重视，其有效性大大增加②。

建立健全城镇化进程中保障农民土地权益的治理体系。其中，征地制度改革是关键。征地制度既是国有建设用地市场建设的基本制度，关系农村集体经营性建设用地市场发展的空间，更关系农民的切身利益。党的十八届三中全会《关于全面深化改革若干重大问题的决定》指出，深化征地制度改革的方向和重点任务就是缩小征地范围，规范征地程序，完善对被征地农民合理、规范、多元保障机制；建立兼顾国家、集体、个人的土地增值收益分配机制，合理提高个人收益。比如，农民完全可以带着土地权利进城成为市民，并且保障农民成为市民后应享有的城镇公共服务和社会保障等完全权利。有些地区以放弃土地权利为条件获得市民身份，或以拥有市民身份而要求放弃土地权利的做法都是不恰当的

进一步讲，在城镇化进程中保障农民土地权益涉及重大利益格局调整，事关全局、政策性强，必须切实加强领导，协力构建共同责任机制。坚持党委领导，人大、政府、政协等各负其责，加强部门联动、政策协调，健全统筹协调推进改革的工作机制，统筹规划和协调重大改革。充分发挥方方面面的积极性、主动性和创造性，形成推进合力。切实发挥农村集体经济组织的主体作用，增强其履行农村集体土地所有者职责和维护农民土地权益的能力。

---

① 俞可平，衡量国家治理体系现代化的基本标准——关于推进国家治理体系和治理能力现代化的思考，北京日报，2012 - 12 - 9。
② 江必新，推进国家治理体系和治理能力现代化，光明日报，2013 - 11 - 15。

（二）严格界定公共利益界限

宪法规定，国家为了公共利益的需要，可以依照法律规定对公民的私有财产实行征收或者征用并给予补偿。即国家凭借公权力对他人土地权利进行强制性剥夺，必须以"公共利益"为指导原则。但何为公共利益？我国法律、法规及规章均未进行明确的界定。现实操作中，只要为了"公共利益"，不论农民土地使用权是否到期，不论给予农民的补偿是否合理，政府都可以从农民手中征收到土地。

随着城镇化进程的突飞猛进，"公共利益"的外延不断被扩大，许多地方政府滥用公权力侵犯农民的土地财产权益，征地缺乏应有的严肃性、规范性，随意征地的行为屡屡发生，社会矛盾也由此激化，群众意见很大。因此，在新型城镇化进程中保障农民土地权益必须首先界定何为公共利益，哪些项目属于公益性用地范围，哪些属于非公共利益范围。

从世界范围内来看，日本采用列举方式界定公共利益，法律界定的公共利益共有30种；英美等国家则是笼统对公共利益进行法律规定，没有明确列举。从我国经济社会发展的现状来看，公共交通、公共水利建设用地，公立医院、学校、福利院等公益事业用地，自然资源保护用地、政府机关用地等应纳入公共利益的范畴。但除此之外，还有哪些属于公共利益范畴？需要进一步研究探讨。党的十八届三中全会提出，缩小征地范围，规范征地程序。我们要按照宪法规定的精神，明确界定公共利益，逐步减少强制征地的数量。我们建议，可以制定"公共利益征地负面清单"，以列举方式标明哪些属于非公共利益，明确营利性目的的用地不得征用。通过列举并公开不属于公共利益用地的清单，使之成为国家土地管理的依据。当然，政府在为了公共利益征地时，也应给予明确的说明。在土地征收时增加"公共利益用途"的审核环节，由专门机构审核该项目是否符合"公共利益用途"。通过严格界定、审核公共利益，从法律层面对各种土地征收行为进行必要的限制，减少非公益性用地划拨，清理以公共利益为名划拨而实际上用于营利性目的的土地，杜绝行政权力的滥用。

（三）规范土地征收体制机制

提高政府保障农民土地权益能力，必须不断完善、规范土地征收体制机制。我国的土地征收体制机制具有很强的计划经济色彩，已经不符合新型城镇化建设和人民群众的需要。鉴于征地引发的群体性事件日益增多，优化并不断完善土地征收体制机制非常必要，势在必行。首先必须做好的基础性工作是推进土地确权登记，明确农民土地产权。当前城镇化进程中出现的农民土地权益纠纷在相当大程度上是由土地产权不明晰引起的。因此应加快推进土地登记确权工作，给农民发放土地使用证书并统一编号管理，做好这项基础性工作有助于防止因产权不明晰而致使农民土地权益受损。其次，尽快完成农村集体建设用地、宅基地和城镇国有建设用地的确权登记发证工作。建立城乡建设用地统一登记信息查询系统，制定不动产统一登记条例。最后，应优化征收流程，强化细节管理。政府部门在提出用地申请时，必须在政府网站、地方媒体上发布公告，将有关信息传达给社会各方，告知相对人有关的事实和其享有的权利，保障其知情权。通过建立听证会制度，为土地征收中的利益相关方搭建表达诉求的平台，赋予农民充分的知情权、参与权、谈判权。农民可以在会上就土地征收是否合法发表意见，农民和政府双方平等协商确定土地征收补偿标准、完善土地征地补偿方案，杜绝"暗箱操作"。若土地征收存在争议，农民应有渠道可以进行申诉，也可通过建立专业的仲裁机构裁决城镇化进程中的征地纠纷。司法机关应将土地征收是否合法、补偿程序是否正当纳入司法审查范畴之内，依法解决因土地征收引发的各种争议。政府应协助建立被征地农民法律援助机构，专门为农民提供相应的法律服务，帮助农民学会运用法律手段维护自身合法权益。同时，也可建立法律援助基金，用于减轻农民因维权而产生的经济负担。

总之，通过扩大农民在土地征用过程中的决策参与程度，创造条件让公众广泛参与，确保各类信息公开透明，提高透明度，使征地工作相关重要决策事项都充分地体现人民群众的意愿，保障农民的知情权、参与权、协商权和申诉权，实现农民群众自我监督、自我约束、自发参与，让广大人民群众真正成为改革的主导者、受益者，从而实现农民从被动的征地拆迁到主动自行征地拆迁的转变，有效化解征地矛盾和冲突，有效保障农民土地权益，维护社会和谐稳定。

（四）提高法律保障农民土地权益的能力

提高国家治理能力首要的是提高依法治国的能力。具体到保障农民土地权益而言，是加快推进相关法律法规修改和制度建设，从法律上保障农民土地权益，这是真正有效保障农民土地权益的制度基础。从顶层设计的角度，注重土地法律体系中各种法律规范的定位、功能和内容上的合理分工，做到各负其责、各有其重、相互支持，构建完整的法律保障体系。

加快保护农民土地权益的立法工作。应该认识到，我国现行土地管理的法律法规已经滞后于快速城镇化与农村农民农业发展的需要。因土地征收等引发的许多问题也与法律滞后、无法可依等有一定的关系。因此，要以党的十八届三中全会精神为指导，全面深化改革，抓紧修改相关法律法规，构建与经济社会发展相适应的土地法律法规体系。尽快修订完善《土地管理法》《物权法》等与农民土地权益相关的法律条款，让保护农民土地权益有法可依。建议制定专门的《土地权益保护法》，从法律上明确界定农民的各种土地权益，当农民的土地权益受到不法侵害时，可以运用法律武器来维护自己的合法权益。比如，在实际操作中，土地补偿费由村集体组织所有，但集体是个抽象名词，村干部实际上成为集体的执行者，土地补偿费被村干部贪污、挪用的情况时有发生，这也是被征地农民上访的原因之一。因此，如果以《土地权益保护法》的方式明确土地补偿受益主体是农民而非农民集体，随意侵害农民的行为必将大大减少。又如，应及时调整完善《土地管理法》中的相关条款。《土地管理法》第四十七条规定的征收土地的补偿费用按照农业产值为计量依据的条款应当进行修订。又如，完善《社会保险法》，通过法律对被征地农民补偿金的筹措来源、保险基金运作风险防范、政府出资义务等予以明确的规定，确保被征地农民各项权利，使其利益受损时有法可依。

从国外实践看，发达国家土地征收的立法位阶相对高些，它们不仅有专门的土地征收法，同时还制定一系列具有较强的可操作性和适用性的配套法律法规。作为不可再生资源，土地的稀缺性日渐突出，城镇化进程中土地征收所引发的群体性事件也越来越多，因此立法机关必须提高土地征收立法的位阶，尽快把土地征收的内容写入宪法，从而为制定其他相关法律法规提供指导，确保农民土地征收始终在法律框架内进行。

（五）优化土地征收补偿制度

土地增值收益受多方面因素影响，如基础设施改善、规划用途调整、城镇化进程中产业人口集聚带来土地增值收益的提高等。之所以提出优化土地征收补偿制度，是由于在现行分配中被征地农民所获份额过低。当然，也并不是说全部收益都给农民，而是按照党的十八届三中全会精神，建立兼顾国家、集体、个人的土地增值收益分配机制。关键是进一步发挥市场机制的作用，合理提高个人收益，这意味着被征地农民集体和个人除了得到合理补偿外，还能通过一定方式分享一定比例的土地增值收益，并且所获得的增值收益要向个人倾斜。这不仅是重大的理论创新，也是维护被征地农民利益强有力的举措，必将进一步深化征地制度改革，从保障农民生存权、发展权的高度优化改进传统补偿制度，为切实解决征地突出矛盾、促进社会和谐稳定奠定制度基础。

首先需要更新对于土地价值的认识。现在的土地价值更多体现在城镇化进程中的价值而非传统农业社会种植粮食的价值。继续按照种植粮食价值而不是市场价值进行补偿必然会造成巨大的"利益差额"。《土地管理法》对农民土地征收是以"按照被征收土地的原用途给予补偿"，以安置的农民保持原有生活水平为标准，这样的补偿标准事实上导致农民和村集体无法分享土地的增值收益。也就是说，现行土地征收补偿办法通常是以土地的原有种植粮食的产值为基础，被转换用途后的溢价部分并不在补偿范围内，农民无法获得合理的对价。这种补偿思路难以体现土地在城镇化进程中应有的价值。

城镇化进程中农民土地补偿的依据应当是土地的市场价值，征地补偿不能是简单按照农业生产产值进行补偿。鉴于土地对农民生存发展的至关重要性，以及一次性货币补偿可能引发的诸多弊端，建立多元化、可持续的补偿机制非常必要。综合考量农民生活等因素，保障农民发展权不减少，让农民同步分享因经济发展土地价值不断增大带来的收益，切实保障被征地农民的持续生存和发展能力。比如，既要考虑当地经济社会发展实际，合理确定征地补偿标准；又要考虑农民失地后解决购房、生活的实际情况，以及通货膨胀带来的物价上涨等影响因素，出台相应的保障措施。

（六）健全被征地农民保障制度

农村土地依然是我国绝大多数农村农民最基本的保障。倘若政府没有为被征地农民提供相应的社会保障，被征地农民既失土地保障，又无法享有与城市居民同等的社会保障服务，则容易导致大量的边缘群体，长远来看，对引导农民进入城市工作生活，对于促进农村经济发展乃至城镇化的平稳推进都会带来负面影响。基于此，在推进新型城镇化过程中应充分考虑社会保障制度配套安排的重要性，让失地农地当期有保障、未来可持续、预期稳定是政府必须考量的重要工作。

一是继续做大经济蛋糕。坚定不移地推动经济转型升级，创造更多就业岗位，为被征地农民提供更多就业机会。农民就业后，就会有稳定的收入来源，可以通过参加养老保险等解决自己的养老问题。同时，也可逐步融入城市，避免成为流民。

二是就业保障。失地后，多数农民无法再继续从事农业生产，必须重新就业才能维持生存与发展。政府必须承担起应尽的责任，强化对被征地农民的就业培训，帮助其掌握一技之长，提升其人力资本与竞争力，从而能顺利就业和自主创业。同时，大力拓宽就业门路，创造更多就业岗位。

三是养老等基本公共服务保障制度。传统的家庭养老方式已经不合时宜，人口结构的变迁加重了年轻人赡养老人的负担，健全被征地农民养老保障势在必行。对于那些失地后能自主就业创业的农民，可直接纳入城镇职工养老保险；而对于已经失去劳动能力的农民，则应建立被征地农民养老保险制度。应根据各地不同经济发展水平和财力状况，完善被征地农民最低生活保障制度，为被征地农民提供稳定的最低生活保障。

四是充实社会保障资金。明确地方政府应自土地出让收益中拿出一定比例注入被征地农民社会保障基金，并规定该比例的下限（如25％或更高）。被征地的集体经济组织也应从本集体的积累资金或土地补偿费用中抽调一定的资金注入被征地农民社会保障基金。保证被征地农民社会保障资金的稳定性及可持续性。

（七）建立有助于保障农民土地权益的财税制度

应该承认，土地财政（土地出让收入）是刺激地方政府征地、卖地的重要诱因，前文已对此进行分析。因此，要弱化地方政府的征地热情，必须优化地方政府的收入来源，开辟地方政府日常运行的稳定财源，即让其拥有与事权相匹配的财力，降低其对土地财政的依赖程度，从根本上消除地方政府征收土地的冲动。

一是改变土地出让收入的收取方式。现行土地出让收入的收取方式是伴随改革开放进程而逐步建立和形成的，已为各级政府筹集了大量的资金，也成为各地竞争发展的重要推手，这种做法实质上是"寅吃卯粮"，政府一次性收入未来几十年的土地收益，是一种当代人透支后代人土地收益的行为。从代际均衡发展的角度来看，建议将土地出让收入从一次性收取改为按年度收取（每年支付一次），这样有助于降低地方政府的卖地热情，有助于代与代之间福利的相对平衡，利益共享，也有助纠正地方政府的短视行为。

二是将房地产税改革尽快落地。党的十八届三中全会提出"加快房地产税立法并适时推进改革"。房地产税既包括房产税也包括与土地相关的税种。房产税已成为发达国家和新兴市场经济国家的主体税种，有利于引导住房合理消费，建立促进房地产市场健康发展的长效机制；也有助于构建地方税主体税种，为地方政府提供持续、稳定的收入来源。应在总结前期试点的基础上，完善政策、科学决策，尽快落地。从与土地相关的税收来看，目前与土地征收相关的税费复杂繁多，建议以全面深化改革，走新型城镇化道路为契机，合并减少与土地相关的税费项目，尽量将费合并为税，尽快将预算外的费纳入预算内管理，统筹土地税费收取和使用。

三是调整央地税收收入分成比例。随着营业税改为增值税的全面实施，地方政府的"主力"税源受到极大影响，由此也倒逼中央地方重新划分收入才能降低对土地财政的依赖。建议调整现行增值税央地 75：25 的比例关系，提高地方政府权重。从支出责任看，中央政府本级支出占全部支出比重为 15％ 左右，也就是说大部分事权是由地方政府承担的。因此，建议将地方占增值税比重提高到 45％ 左右。同时要进一步完善地方税收制度，适度下放地方政府税收权限，完善资源税征收办法，开征环境保护税，形成地方税收稳定增长机制。

四是建立适应新型城镇化需求的公共财政体系。根据外部性、信息对称及激励相容等原则，合理划分配置各级政府在新型城镇化建设中的事权财权财力。围绕推进基本公共服务均等化加大对地方的一般性转移支付，将常住人口而非户籍人口纳入一般性转移支付考量因素，加强城市政府为辖区农民工提供公共服务的财力保障，形成吸纳外来人口的正向激励机制。建立市场化、可持续、低风险的融资机制，解决城镇化进程中的资金缺口问题。加大对西部地区城镇化过程中基础设施投入力度、产业支撑扶持力度。地方可逐步扩大市政债发行试点。为防范道德风险，应严肃预决算制度，建立健全人大审议监督机制，强化信息披露，建立透明、严格的评估制度，强化对地方行为的约束。让市场在新型城镇化进程中发挥主导、决定性作用，政府成为合格有效的公共产品与服务的提供者。

（八）构建更为科学精准的考核体制

不可否认，传统的以 GDP 为核心，经济增长为导向的考核模式在城镇化过程中发挥了重要的作用，但其带来的负面影响也是不容忽视的。在现行条件下，相对容易出成绩、便于比较考核的是上了多少工业项目，能带来多少 GDP 或城市面貌发生多大变化，由此也促使部分地方领导竭力征用土地用于城镇化建设和经济发展，土地城镇化快于人口城镇化、地方群体性事件时有发生①。当经济进入中高速增长阶段后，人民更关注自身福祉的提升而非 GDP 的多寡。因此，摒弃 GDP 至上的观念，建立科学化、动态化、差异化的评价体系势在必行。

新型城镇化既是"建设"，也是"改革"。中国现实国情、发展阶段与文化传统等都与欧美国家存在很大的差异，不能盲目与欧美进行简单的比较，而是结合实际情况，区别对待，科学规划，因地制宜，试点先行，谨慎推进，惠及百姓。我们认为，要以质量看待新型城镇化，防止城镇化水平与经济发展水平脱节，切忌把城镇化等同于房地产开发，避免"大跃进"式的"造城运动"。

建立科学的考核评价体系，在考核体系中纳入土地资源利用效率、地方政府债务率、被征地农民失业率等指标，引导地方政府处理好人口城镇化与土地城镇化的关系，追求政绩与增进民众福祉的关系，尽可能杜绝地方领导因追求政绩乱占农民土地，侵害农民利益的行为。

---

① 笔者调研了解时曾有地方领导坦言，之所以大力推进土地城镇化，建设新城区，原因在于能在较短时间内产生能为上级领导所认可的"政绩"，便于升迁，而做其他工作短期内效果难以显现，由此说明建立合适的激励机制极为重要。

第二章

农村集体产权制度改革

第一节　农村集体经营性建设用地入市制度建设[①]

一、农村集体经营性建设用地的内涵与范围

党的十七届三中全会《关于推进农村改革发展若干重大问题的决定》指出，"逐步建立城乡统一的建设用地市场，对依法取得的农村集体经营性建设用地，必须通过统一有形的土地市场、以公开规范的方式转让土地使用权，在符合规划的前提下与国有土地享有平等权益"。该文件最早提出"集体经营性建设用地"概念。党的十八届三中全会《关于全面深化改革若干重大问题的决定》规定"在符合规划和用途管制前提下，允许农村集体经营性建设用地出让、租赁、入股，实行与国有土地同等入市、同权同价。缩小征地范围，规范征地程序，完善对被征地农民合理、规范、多元保障机制"，进一步明晰了"集体经营性建设用地"入市的政策主张。

然而迄今为止，我国现行法律尚未对"集体经营性建设用地"作出明确规定。《中华人民共和国土地管理法》第四条第二款中规定，"国家编制土地利用总体规划，规定土地用途，将土地分为农用地、建设用地和未利用地"。建设用地是"指建造建筑物、构筑物的土地，包括城乡住宅和公共设施用地、工矿用地、交通水利设施用地、旅游用地、军事设施用地等"。此外，《土地管理法》第四十三条规定，"任何单位和个人进行建设需要使用土地的，都必须依

[①]　本节引自 2014 年农业部软科学课题"农村集体经营性建设用地法律制度研究"，课题主持人：杨惠。

法申请使用国有土地；但是，兴办乡镇企业和村民建设住宅经依法批准使用本集体经济组织农民集体所有的土地的，或者乡镇村公共设施和公益事业建设经依法批准使用农民集体所有土地的除外"，即集体建设土地仅限定在农村宅基地、乡镇企业用地和乡村公共设施，以及公益事业的建设用地。然而，因为没有可以遵循的法律法规，实践中的流转市场只能私下隐形存在，缺乏相关法律依据，造成了诸如土地价值难实现；农民土地利益受侵害；流转行为不规范导致流转双方权利义务不明确，经常引发土地纠纷问题；没有遵守严格的用途管制，造成耕地大量流失；利益分配机制不完善，农民权益得不到保护等各种问题，因此，在全国层面上提出集体经营性建设用地法律制度的问题迫在眉睫。

（一）农村集体建设用地流转试点区关于流转范围的规定

2000 年，国土资源部在安徽芜湖、江苏苏州、浙江湖州、河南安阳、广东佛山市南海区等 9 个地区，进行了集体建设用地流转试点工作。2002 年，安徽省政府出台《安徽省集体建设用地有偿使用和使用权流转试行办法》，此后，山东烟台市及辽宁大连市以及北京市等地也都先后出台了试行办法。2004 年《中华人民共和国土地管理法》进行了修正，修正主要集中在集体土地流转和征地制度改革两方面。同年 10 月 28 日，国务院下发《关于深化改革严格土地管理的决定》，明确提出"在符合规划的前提下，村庄、集镇、建制镇中的农民集体所有建设用地使用权可以依法流转"。但是，将耕地转为建设用地的土地供应数量受到国家土地供应政策的严格控制。2005 年 6 月，《广东省集体建设用地使用权管理办法》颁布，同年 10 月 1 日起施行。根据规定，农村集体非农建设用地将视同国有土地，可以合法入市流转。村集体土地将与国有土地一样，按"同地、同价、同权"的原则纳入土地交易市场，强调了收益应该向农民倾斜。这是广东农村集体用地管理制度的重大创新突破，也是中国农村集体经营性建设用地流转制度的创新突破。该办法允许在土地利用总体规划中确定并经批准为建设用地的集体土地进入市场，方式可以是出让、出租、转让、转租和抵押。

总体而言，在各试点地区集体建设用地流转规模扩张的过程中，由于经济发展水平、地方政府偏好以及市场作用的差异，其流转状况在形成背景、具体做法、适用条件以及目前面临的问题等方面都各有特点，流转的政策体系和运行机制各不相同。首先是集体建设用地流转的对象和范围千差万别。主要有以下几类：一是乡镇企业用地。全国各典型试点地区如苏州市、芜湖市、广东省等地，早期均把集体建设用地的流转对象限定为存量乡镇企业用地。从调查情况看，各试点地区合法取得的存量乡镇企业用地首次流转已告一段落，现主要是再次流转问题。二是农村宅基地。将经过土地整治后的宅基地转为集体建设用地并模仿增减挂钩的方式在本乡镇范围内流转，形成了独特的集体建设用地指标流转模式。三是未办理合法手续的集体建设用地。有擅自租用农民的耕地转为建设用地形成的；有租用集体未利用地形成的；有些是租用农民宅基地擅自改变用途形成的等。由于集体土地没有退出机制，这类集体建设用地到今天遗留了大量复杂的历史纠纷问题。其次流转范围也不一致。部分地区将集体建设用地流转范围限制在城镇规划区外，认为如果集体建设用地流转在城镇规划区内，势必将会影响土地征收，即城镇化规划区内的集体建设用地可能要被征收为国有土地，同时还会影响到政府征收土地的收益；但大多数试点地区并没有对集体建设用地流转范围进行限制，如在芜湖市、广东省、成都市等地，只要符合土地利用总体规划、城市规划或集镇、村庄规划的集体建设用地均可纳入流转范围。

这些流转管理模式的发展，对于合理利用存量建设用地，保护农民土地权益起到了积极作用。但由于地方政策和法规与国家法律冲突，无法根本保护农村集体建设用地所有者和使用者的权利，集体建设用地市场亟待规范运行。

（二）关于"农村集体经营性建设用地"范围的理论争议

关于"集体经营性建设用地"范围的界定，学界诸多学者也持有不同的看法，主要涉及对"经营性"的理解，其界定涉及是否局限于现行土地用途立法下的乡镇企业等用地，是否包括宅基地，当下大量存在的非法存量集体建设用地是否应该纳入进来等一系列的问题。

在对集体经营性建设用地进行界定之前，我们首先应该厘清一个问题，即集体经营性建设用地的入市流转，是否是指该宗土地的原有用途必须也是经营性的？对此问题的不同理解可以得出两个观点：一是指集体经营性建设用地只能是符合现行"经营性"内涵的前提下的存量的集体建设用地，从而否定增量；二是既包括符合"经营性"的存量集体建设用地，亦包括在用途管制的前提下，在符合一定标准的同时，其他类型的集体建设用地（如农用地，建设用地，未利用地），也都可以转化为集体经营性建设用地予以入市。笔者认为第二种观点较为恰当。

1. 认定"经营性"应当突破现行立法的用途标准

多数学者赞成集体经营性建设用地应该遵循现行《土地管理法》规定的土地用途管制标准立法。《土地管理法》将土地分为农用地、建设用地和未利用地。严格限制农用地转为建设用地，控制建设用地总量，对耕地实行特殊保护。农村土地按用途分为农用地、建设用地和未利用地，而农村集体建设用地又分为三大类：宅基地、公共设施和公益事业用地、乡镇企业用地。鉴于作为保障功能的宅基地不能入市流转，同时要考虑保障农业生产经营、农村基层组织的正常运转以及公共服务的一些集体建设用地也必须特殊保护，不能让此类建设用地随意改变用途。因此，只有乡镇企业用地才能纳入集体经营性建设用地流转范围。

然而，这种建立在现有立法上对"经营性"用途的分类标准已经与实际情况不符。从现实情况调研显示，各地的集体建设用地事实上存在多种形式的经营性使用，其具体使用形态与其当地的社会经济条件直接相关。比如在长三角、珠三角等工业化程度高的地区，集体工业用地多，且在企业形式上包含乡镇企业、私人企业、外资企业等，乡镇企业所占比例有限；而在北京周边农村，农民建房出租或从事小商品经营的居多，一些镇中心地区商业繁荣，也有开发商与村镇联合开发修建楼房用于转让或出租企业使用的，总体企业用地偏少；湖南某些农村，集体乡镇企业用地仅占其集体建设用地的50%左右，尚有其他多种形式的经营性使用；位于长白山区的吉林靖宇县，批发零售业用地占全县农村集体经营性建设用地总面积的76%，其次为其他商服用地、住宿餐饮、仓储等用途。可见集体建设用地的利用已经突破现行立法，呈现多样化的局面。再从地域分布考察，根据我们实践调查和研究，乡镇企业用地面积多集中分布于东南沿海发达农村地区，这些地区由于20世纪80～90年代乡镇企业的蓬勃发展，遗留下较多用地，而广大内陆地区其对应用地面积比较少。因此，若是仅仅局限于乡镇企业用地，那么这类用地数量显然比较少，且分布不均，范围显得较窄，探讨其入市流转是否有必要，其流转是否能够为构建城乡统一建设用地市场打开局面都值得思考。

同时，将集体经营性建设用地限定于乡镇企业用地也与国家现阶段农村发展的政策精神冲突。现行土地管理法没有顺应《中华人民共和国宪法修正案（1988）》关于"土地的使用权可以依照法律的规定转让"的要求进行改革，而是坚持对集体建设用地的利用及流转进行严格限制，说到底是我国传统城乡二元结构和体制机制的产物；同时其例外地承认乡镇企业用地并允许其被动流转的做法，则是对当时发展农村工业化战略的回应，虽然有一定的历史合理性，但从 20 世纪 90 年代乡镇企业陷入普遍性困境看，也显现出其历史的局限性。随着我国市场经济的发展以及对农村市场化认识的不断深入，打破城乡二元结构，调整农村产业结构，实现农村工业化、城市化和市场化的同步发展，已成为我国现阶段推进农村现代化建设的共同诉求和政策方向。因此，将农村集体经营性建设用地局限于乡镇企业用地，不仅不利于农村市场经营主体的培育，也不利于农村商品经济市场的发展。

综上，本文认为对集体经营性建设用地的界定必须突破乡镇企业用地的范围，同时也要突破现行立法对集体建设用地的用途分类标准，这样党的十八届三中全会《决定》提出的集体经营性建设用地才有入市的意义。

2. 理解"经营性"的内涵应回归"经营"本质

经营，在现代汉语大辞典中有以下几种含义"①筹划营造；②规划营治；③指艺术构思；④经办管理"[①]，在中国最早见于《诗·大雅·灵台》，"经始灵台，经之营之"。这里"经"指测量、谋划；"营"指营造、建造。随着社会的发展和进步，经营的词义也有变化和发展。在现代，经营广义地理解为人们追求效益的一种社会实践活动。大至国家的治理，小到一项工程建设和治理一个企业也都有经营问题。经营原来含有的谋划、求取之意被继承下来，并广泛引申应用于各类社会实践活动中。在此笔者认为经营应取筹划营谋，刻意求取之意。

3. 集体与国有土地应当适用大体相同的"经营性"的类型划分

《土地管理法》没有关于"经营性建设用地"的概念。2002 年国土资源部11 号令《招标拍卖挂牌国有土地使用权规定》中首次提出"商业、旅游、娱乐和商品住宅等各类经营性用地，必须以招标、拍卖或者挂牌方式出让"。2007 年国土资源部 39 号令《招标拍卖挂牌出让建设用地使用权规定》第四条中，进一步将工业、商业、旅游、娱乐和商品住宅并列，俗称"五类经营性用地"。而"集体经营性建设用地"这个概念首见于党的十七届三中全会决议中，但就其内涵和外延，目前尚未有任何明确的立法规定。本文认为，基于城乡一

---

① 阮智富，郭忠新，现代汉语大词典·下册，上海：上海辞书出版社，2009：1924。

体化土地市场的要求以及物权平等保护的原则，无论是集体经营性建设用地，还是国有经营性建设用地，都应从"经营性活动"的本质来理解其内涵，并适用大致匹配的类型划分，如此方能落实"同地同权"的改革目标。事实上，实践中大量用作"经营性"使用的存量集体建设用地，主要也是用于厂房、仓库、商业市场的用地，大致可以归入工业、商业、娱乐、旅游范畴。当然，扩大对集体经营性建设用地的解释将难免触及"小产权房"等现象。事实上，调研中发现，当前的农村存在诸多土地的用途和土地权利以及房屋权利的界限不明晰的情形，比如很多地方新农村建设中遗留了大量违法用地问题。目前这些数量庞大的历史遗留的违法用地问题处理上相当棘手，但显然回避无益于解决问题，而且这些问题也并非单方面打压可以解决，应当借集体经营性建设用地入市之机理顺关系。

4. 应当以规划为依据界定"经营性"用地的范围

从理论上出发，虽然法律滞后于实践，但是在新的制度构建的同时，我们应该尽量考虑未来的发展趋向，而不能仅仅只局限于解决眼下出现的问题。集体经营性建设用地的提出，不能只对实践中出现的存量建设用地中部分"经营性"土地予以界定，否则会出现这样一种情况，在现实中存在的不符合"经营性"内涵的闲置土地如何处理，如被闲置的校舍，被弃用的公益房屋，这些土地原用途都是公益性建设用地，但是由于其他原因闲置、弃用，如果经营性建设用地只包括存量经营，那么类似的闲置土地便不能运转起来，盘活存量的意义也就不存在了，当然类似的其他类型的土地也包括在内。因此，应该在宏观上提出一种新的界定标准，笔者认为应该是从规划入手，即在符合用途管制的前提下，通过乡村规划来界定该宗土地是否是经营性建设用地，一方面现有非经营性的集体建设用地，甚至农用地，若依规划未来为经营性建设用地的，则在切实履行规划变更手续后可成为新增集体经营性建设用地，取得入市流转资格，这样做的好处有利于盘活一些闲置荒废的其他类型的土地，例如，如果A宗土地本身土地类型是公益性用地，但是我们通过严格的符合用途管制的规划，规划它为经营性建设用地，那么在其进行相关的土地手续变更后便可以入市；另一方面，现存事实上作经营性使用的存量集体建设用地，符合规划的自当归属存量集体经营性建设用地，不符合规划的则大可理直气壮地予以拆除，这样既顺应了农村发展的现实需要，也有利于小产权房等历史遗留问题的解决。

因此，我们首先应该在符合用途管制的前提下，依据乡村规划，规划该宗土地是否属于集体经营性建设用地，而规划后的存量我们可以依据"经营性"内涵予以界定，这样才能全面对其进行界定。

（三）农村集体经营性建设用地入市范围界定中的几个核心问题

集体经营性建设用地的入市，是作为一项旨在增加农民收入的新的土地政策而提出的，区别于以往的集体建设用地，党的十七届三中全会《决定》明确强调了"经营性"三个字，然而由于现行法律没有规定，如何理解"经营性"是问题的关键，因此我们应该重点分析其内涵，这样才能对其进行严格规范的界定，从而在突破现行立法用途标准的基础上提出新的划分依据。

1. 排除公益性建设用地

在现行法律下，除去经营性建设用地之外，包括公益性建设用地和宅基地，有关宅基地的情况在下文有所论述，首先我们集中于公益性建设用地。公益性建设用地是指公共设施以及公益事业用地，笔者主张，公益用地和以其他用途出让的不能纳入集体经营性建设用地，主要考虑要保障农业生产经营和农村基层组织的正常运转以及公共服务均等化。同时对那些保障和满足城乡一体化发展长远需求必需的一些集体建设用地也必须特殊保护，不能让此类建设用地随意改变用途。农技服务公司等政策性乡镇企业用地，在现实的改革实验区一般用"划拨集体建设用地"登记土地性质，今后这类土地可归之为非经营性建设用地。

2. 允许特殊情况下的非保障性宅基地转作集体经营性建设用地

宅基地作为一项保障农民基本权益的土地，具有社会性、保障性和无偿性等特点，在该项改革制度建设初期，将这样一些具保障性质的土地入市流转，显然具有很大的风险性。不过，对于在实践中出现的一些房屋闲置或破损的宅基地，以及在试点中出现的成员同意统一退给集体的部分宅基地和宅基地合并进行新农村建设多建的房屋的宅基地空间权是否也能流转；还有混合性宅基地，即其中一部分是经营性使用，另一部分是住宅的，其中经营的部分能否纳入集体经营性建设用地等问题，笔者建议应当全面考虑，区别对待，承认特殊情况下宅基地作经营性使用的合理性，建立宅基地转作集体经营性建设用地入市流转的机制。例如，新农村建设多建的房屋可以以经营性土地空间权入市，同意退给集体的多余部分宅基地也可确权为集体经营性建设用地，以及符合经营性内涵的混合性宅基地可以入市。

3. 存量农村集体经营性建设用地的认定：以小产权房为例

存量土地，广义上是指城乡建设中已经被占用或使用的土地；狭义上是指城乡建设用地范围内已取得土地使用权但闲置、未利用的土地或利用得不充分、不合理、产出低的土地。可以分为国有存量土地和集体存量土地两大类，国有存量建设用地是指在"现有城镇建设用地范围内，由于自然因素或经济活动所造成的闲置未利用或利用不充分，不能充分体现土地利用价值，具有潜在开发利用价值的宗地"①，因此除了城镇存量建设用地之外的存量土地都属于存量集体建设用地。存量集体经营性建设用地包括合法的和非法的。合法的存量集体经营性建设用地指的就是过去的乡镇企业用地，它是作为正统的经营性建设用地的来源，无论是法律规定，还是学术界对其都是一致的看法。非法的存量建设用地的形式各样，包括擅自租用农民的耕地转为建设用地形成的，有租用集体未利用地形成的，还有租用农民宅基地擅自改变用途形成的等。最为典型的例子就是我们现在热议的小产权房，其"经营性"的本质是否应被承认，需要区分不同情况进行考虑。

所谓小产权房，是"相对于大产权房而言的，大产权房是国有土地上建造的，在市场上流通的商品房，其流通不受限制；小产权房是在集体所有土地上建造的、主要出让给城市居民的房屋，仅由乡镇政府或村委会私自发放的产权证明，其流通受到法律限制或者禁止。"② 根据《中华人民共和国土地管理法》规定，在农村集体土地上擅自进行房地产开发并出售给集体经济组织以外的居民是不合法的，其产权也是残缺不全的。小产权房的权利瑕疵致使其无法抵押，无法正常流转，遇到征地拆迁也难以得到补偿。

但是，诚如朱苏力教授所言："正因为制度的合理性不是永恒的，制度就必须随着社会的变迁而变迁。只是如何变迁，我们无法推断，无法事前为之做好准备；因此，当一切不足为凭时，制度是否需要变革以及如何变革只能在人们有意无意地违反制度的行动中展现出来，并逐渐完成。"③ 尽管很多人知道

---

① 刘怡，谭永忠，王庆日，楼宇，张洁，牟永铭，邱永红，城镇存量建设用地的内涵界定与类型划分，城市发展研究，2012（12）。

② 王洪亮，小产权房与集体土地利益归属论，清华法学，2009，5：31－42。

③ 朱苏力，法律与文学（第二章 制度变迁中的行动者），生活．读书．新知三联书店，2006：112。

小产权房违法，但仍然有大量的供出和需求市场，这就会引发我们的思考，是否是法律或制度出现了问题。根据相关调研数据显示，北京、南京、天津、西安、成都、济南等城市都出现了大规模、集中成片的小产权房。北京、成都、西安等城市小产权房的销量已经占到了当地房地产销量的 20％左右，西安小产权房的比例已经高达 25％～30％，而像深圳这样的大城市比重更高，有可能达到 40％～50％。所以，小产权房虽然违法，但其存在仍有一定的合理性，可以说它是农民集体实现其土地利益和低收入人群解决住房需求的集中体现。我国小产权房产生的根本原因在于我国城乡土地二元制结构。集体土地无法入市交易，只能通过政府征收的形式转化为建设用地，而政府作为土地一级市场垄断的供给者，通过"招拍挂"等出让方式获得的土地出让收益远高于对于集体土地征收和拆迁补偿的费用。"同地不同权"的土地二元制结构导致集体土地所有者与国有土地所有者之间利益分配存在严重不对等。此外，获得建设用地使用权的房地产开发商也能通过建设开发获取巨大的经济利益，"同地不同价"所形成的巨大利益"剪刀差"引发了农民与农村集体组织对于集体土地利益的诉求，加之高房价驱逐下的大量城镇中低收入阶层的住房需求，从而形成了小产权房的隐性交易。

作为存量土地的小产权房是否属于农村集体经营性建设用地的范畴，有必要专门予以研究。因为如果将其纳入该范畴，即承认小产权房的合法地位，这就意味着"承认了大规模违法行为的合法性，然而这样做会严重损害法律的权威"①，同时也就承认集体经营性建设用地可以作为房地产开发的土地源了，那么就会引发一系列连锁反应，地方政府的财政收入极大缩减，甚至入不敷出，作为国家经济命脉的房地产只能由市场调控，极易失控；如果予以否认，而全部拆除虽然于法有据但却难以执行，放任自流的现实已经使法律的权威受到严重损害。

因此，小产权房的处理方案关系到是否将集体经营性建设用地作为商品住房的供地源，我们认为应该区别对待。"应在对于农村土地和房屋进行确权和对农村集体土地进行分类规划的基础上，对于耕地范围内的小产权房，要定为违法建筑，拆除归还耕地，并对相关人员进行处罚，能复垦的耕地，应复垦，

---

① 马俊驹，王彦，解决小产权房问题的理论突破和法律路径——结合集体经营性建设用地平等入市进行研究，法学评论，2014（2）。

恢复其耕地的作用；不能复垦的土地，应由政府重新规划，合理布局，充分高效利用。"① 关于占用宅基地建造的小产权房，可以采用限制销售的方式，转为保障性住房，对于占用农村未利用的建设用地、符合规划用途的小产权房，也应按照视为擅自违规利用土地，一方面可以要求补缴一定数量的土地使用权出让金，进行上市交易；对于占用农村未利用的建设用地、不符合规划用途的小产权房，要视为违法建筑，予以拆除并进行处罚。对于土地使用和开发建设手续齐全，只是私自改变房屋用途的小产权房，在没收相关责任者及开发商非法所得、依法追究相关责任人责任的同时，缴纳一定额度的土地出让金及税费，补办手续后转为合法住房。因此，只有部分的符合规划用途的小产权房，在补缴一定的土地使用权出让金的时候才可以进行上市交易，而并不是全部的小产权房可以入市交易。

4. 分阶段考虑农村集体建设用地的商品房开发用途

目前，农村集体建设用地用于商品房开发仍然面临诸多矛盾。党的十八届三中全会《决定》中提出要建立城乡统一建设用地，实现集体经营建设用地与国有土地同价同权，如果按照政策规定的意图出发，集体经营性建设用地应当和国有建设用地一样，可以进行房地产建设和开发，但是基于现实的考虑，房地产不仅是用于商品房屋的建设，它涉及耕地保护，地方财政收入，以及国家对房地产乃至整个国家经济的调控等方方面面，过于仓促地决定其商品房开发用途可能会导致耕地流失，地方财政入不敷出，国家经济出现失控等情况。

倘若将集体建设用地流转用途限定于工业经营，集体建设用地流转的市场空间及集体可获得的利益有限；而若允许在集体建设用地上开发、建设商品房，将使集体建设用地流转获得广阔的市场，同一宗集体建设用地用于商品房开发所获得的收益较之用于工业建设高出许多倍。而市场空间的扩大和巨额的比较利益，可能导致集体建设用地流转失控，耕地大面积减少，进而危及粮食安全。

此外，房地产不仅仅是用于商品房屋的建设，它涉及地方财政收入，以及国家对房地产进行整体调控的手段在内的综合方面，如果将集体经营性建设用地用作房地产开发的话，大量的商品房开发商就会涌向集体经营性土地，政府

---

① 黄丽艳，城乡一体化视角下的小产权房政策研究，湖北经济学院学报（人文社会科学），2014，9：65-66，70。

因此将会减少巨大的财政收入，影响正常的政府财政运行。在调研中发现，很多地方政府的财政收入很大一部分来自征收，如果连商品住房也由集体经营性建设用地进行贡献的话，多数政府将出现入不敷出的现象，到时即便农民获得了土地增值收益，变得富裕了，但是城市建设逐渐下降，甚至出现脏乱差，那么城市化建设也就得不偿失了。此外，因为用地单位可以直接到有农村集体经营性建设用地的地方去购买，价格还有可能更便宜。基层政府过去依靠土地抵押累积的巨大债务也有可能因为土地无法再卖出而引致资金链断裂，将会引发经济不稳定。同时，允许在集体建设用地上开发、建设商品房，可能对当前房地产市场造成巨大冲击，危害整体经济发展，导致不可预期的后果。当前，房地产业已迅速成长为国民经济重要支柱产业和中国特色市场经济的重要组成部分，房地产开发投资、施工面积、竣工面积、商品房销售额等持续增长，为我国经济高速发展作出了巨大贡献。据《中国国土资源公报》统计，商品住房投资占城镇住宅投资的比重已达到 85%；房地产开发投资占全社会投资的比重已达 17.7%，房地产业增加值占 GDP 的比重达到 4.8%。而如果房地产业完全依赖市场需求来运行，国家完全丧失有效的调控手段，则最终受损的不仅是房地产业，还因其涉及银行信贷甚至是整个国家的经济命脉，从而可能导致国家经济出现失控的现象。

所以，应当分阶段考虑农村集体建设用地的商品房开发用途。从长远来看，我国土地改革最终是要建立城乡统一建设用地市场，如果一味地否定集体建设用地开发商品房，那么政策中的文件就有空喊口号的嫌疑了，而且物权平等原则没有办法得到保障。因此，从长期来看应当允许集体建设用地直接进入商品房开发市场，之后能否在特定土地上开发商品房，只应取决于土地利用规划、土地用途管制和城乡规划，不能因土地所有权的性质而异其权能。集体土地只要符合规划和用途管制，可以进行商品房开发。

首先，允许在集体建设用地上开发、建设商品房，增加农民收益、降低商品房价格，保障人民的生存权与发展权。国家垄断商品房建设用地市场导致了以下问题：在土地来源阶段，对被征地集体及其农民补偿不足，引发社会矛盾；在建成商品房后的供应阶段，高额房价使人民苦不堪言，引发社会问题。这些问题均与人民的生存、居住与发展息息相关，而生存权、居住权及发展权是人类的基本权利，任何一个制度如果连基本的生存权、居住权都无法保障，甚至阻碍这些权利的实现，其制度设计均难谓合理。于此情形，国家立法应允许集体建设用地用于商品房开发，并借此造福人民。

其次，允许在集体建设用地上开发、建设商品房，是破解当前诸多制度困境的必然选择。在现有的制度设计下，土地权力过度集中于地方政府，地方政府是土地利用的规划者、管理者，与此同时，其又是土地的出让者以及直接获益者。这样的权力集中会导致地方政府权力执行者的政治利益诉求，使政府为人民谋福利的利益诉求偏离应有轨道；地方政府的权力执行者有着自己的私利诉求，要解决当前面临的问题，必须打破国家对商品房开发建设用地市场的垄断，允许集体建设用地直接进入商品房开发市场，让地方政府不再直接沾染商品房开发的高额比较利益，让其作为一个无所欲求的土地利用监控者，切实履行好自身的监管职责。如此不仅有助于实现商品房开发领域土地利益的公平分配，有利于让商品房价格回归理性，有利于土地资源的管理和利用，而且也有助于我国经济结构的调整与转型，有助于地方政府及其官员更为理性地行使其行政职能，甚至有助于抑制腐败，纯化社会风气，有效化解社会矛盾。

最后，允许在集体建设用地上开发、建设商品房，也是征地制度改革和建立城乡统一的建设用地市场之要求。

不可否认，允许在集体建设用地上开发商品房必须考量其带来的对耕地保护和粮食安全的风险，然而这一风险远不如一些人描绘的那样严峻，因为保护耕地的核心在于把住第一道关，即严格控制农业用地转为非农用地的程序，要求集体以非农建设用地开发商品房必须符合土地利用规划、土地用途管制和城乡建设规划。而土地财政，作为各地规范性文件对集体建设用地直接用于商品房开发持严格限制态度之根源，应当采取相关的税收制度改革予以解决。因此，在短期内，集体建设用地不能用作房地产开发用途，但是从长期来看，在其他相关税收制度改革完善的前提下，应当允许在集体建设用地上开发商品房。

5. 建议采用列举加原则性的界定方式

随着改革的不断深入，肯定会有一些成熟的制度性规则需要上升到法律，一些实体的土地权利也会相应变化，而法律不可能随时修改，概括性、原则性的规定就必不可少。这样，既给改革留下方向性的创新空间，又可为已列举明确的部分和新增权利之间相互协调提供法律路径。因此，笔者建议关于集体经营性建设用地的界定，采取列举加原则性规定较为妥当。

综上，清晰界定"集体经营性建设用地"的内涵及范围是推进集体经营性建设用地入市流转的基础命题。从《土地管理法》第四十三条规定看，集体建设用地仅可以用作兴办乡镇企业、村民建设住宅或乡村公共设施和公益事业建设，故在全会公报发布后，理论界与实务界对集体经营性建设用地的内涵和范围争议颇大。争议集中于两个方面：一是宅基地是否属于入市流转的范围；二是除乡镇企业用地外，位于城乡接合部的大量违法的存量集体建设用地是否属于入市流转范围。对此，中央层面一度采取了比较谨慎的界定，比如中央农村工作领导小组的相关负责人指出："农村的集体建设用地分为三大类：宅基地、公益性公共设施用地和经营性用地。也就是说只有属于集体经营性建设用地的，如过去的乡镇企业用地，在符合规划和用途管制的前提下，才可以进入城市的建设用地市场，享受和国有土地同等权利"[①]。农业部、国土资源部有关负责人也都曾指出，只有乡镇企业用地属于集体经营性建设用地，可以入市进行出让、租赁、入股，而不是所有农村集体建设用地，更不是所有农村土地。所谓"农地入市""农村集体土地入市"和"宅基地入市"都是误读，是错误的[②]。不过，正如前文所述，仅依现行立法来对集体经营性建设用地进行界定不仅与客观现实情况不符，也不符合改革的初衷。据报载，国土资源部制订的《农村集体经营性建设用地使用权入市改革试点方案》中，将"农村集体经营性建设用地"界定为"具有生产经营性质的农村建设用地，包括农村集体经济组织使用乡（镇）土地利用总体规划确定的建设用地"[③]。由此概念看，第一，集体经营性建设用地指有生产经营性质的农村建设用地，已不仅仅指集体乡镇企业用地；第二，集体经营性建设用地既包括存量的生产经营性质的农村建设用地，也包括规划为生产经营性质的增量的农村建设用地；第三，集体经营性建设用地范围由乡镇土地利用总体规划确定。笔者认为这是一个较为科学的界定。首先，随着市场的发展，集体土地上的生产经营方式已多样化，固守现行土地管理法对集体建设用地的用途管制已与农村的客观需要不符；其次，集体土地上大量的违法存量建设用地的形成有其历史背景，也有其一定的经济合理性，回避不仅无助于问题的解决反而会使问题日益棘手，本着改革成本公平分担的原则，在一定条件下允许集体存量建设用地的合法化不失为改革的明智之

---

① 中央农村工作领导小组副组长、办公室主任陈锡文接受《人民日报》记者冯华、陈仁泽专访时的表示。转载自《中农办负责人：只有经营性建设用地可入市》，农民文摘，2014（1）。

② 尚晓萍，怎样理解"建立城乡统一的建设用地市场"，中国国土资源报，2013（12）。

③ 李乐，农地入市方案拟报深改组审议 试点望四季度开展，中国经营报，2014-10-18。

选；最后，土地规划是统筹土地合理利用的总纲领，依规划和用途管制来确定土地利用类型，明晰土地权利的内容，是确保土地最优利用的基础，也是中央"在规划与用途管制前提下推进集体经营性建设用地入市"政策精神的贯彻体现。

二、土地确权与出让主体的制度设计

为了推动建立城乡统一的建设用地市场，保障农民的根本财产利益，必须要确定集体建设用地的所有权主体，同时再综合考虑不同地区经济社会发展差异等因素，综合设计符合某一地区的具体出让制度，以期实现集体建设用地合法、便捷、有效地出让和入市流转。

（一）农村集体经营性建设用地所有权确权登记的一般性要求

现行法律对集体建设用地所有权主体的规定十分模糊，《土地管理法》（2004 年修正）第八条规定农村土地由农民集体所有，第十条规定农民集体所有的土地依法属于村农民集体所有的，由村集体经济组织或者村民委员会经营、管理；已经分别属于村内两个以上农村集体经济组织的农民集体所有的，由村内各该农村集体经济组织或者村民小组经营、管理；已经属于乡（镇）农民集体所有的，由乡（镇）农村集体经济组织经营、管理。《物权法》虽然是新法，但是基本上沿袭了《土地管理法》的规定，并没有更加具体的规定。这意味着我国法律虽然规定农村土地属于农民集体所有，并明确了"三级所有、队为基础"的三级所有制，但是对具体行使集体建设用地所有权的主体却没有明确的规定，导致在实践中普遍存在上级政府和农村集体经济组织（主要是乡镇或村）对土地资产进行实际处置的情况，造成村民小组因与乡、村集体经济组织利益关系不一致，经常产生严重的社会冲突[①]。所以对于集体建设用地必须确权，不弄清楚所有权主体则无法进行下一步的出让和流转。

2013 年中央 1 号文件明确，要在 5 年之内对土地完成确权登记，尤其是农村集体土地。各地实践中的做法主要以尊重历史、面对现实，有利于生产和生活、有利于社会稳定，政策和法律并用，分阶段、区别不同情况处理，以权

---

① 崔欣，中国农村集体建设用地使用权制度研究，北京：中国社会科学院研究生院，2011 年博士学位论文。

利设定的一般法律规定为原则来进行土地确权登记。如安徽省铜陵市规定：农民集体所有的建设用地依法属于村农民集体所有的，所有权归村集体经济组织；属于乡（镇）农民集体所有的，所有权归乡（镇）集体经济组织；没有乡（镇）农民集体经济组织的，乡（镇）农民集体所有的土地由乡（镇）人民政府代为经营管理①。因此要厘清农村土地尤其是土地所有权和建设用地使用权的归属界限。农村土地确权应当要分清楚哪些土地所有权归哪些集体经济组织所有，哪些集体建设用地所有权归乡镇集体经济组织所有，哪些建设用地使用权归村集体经济组织所有，对于符合条件的，一定要确权到村民小组一级②。当然对于确权到村民小组一级难度较大的，也可以确权到村委会一级③。所以在确权登记过程中不能止于现状，对于各种类型的土地最终要确权到所有权主体，具体而言就是乡镇、村和村民小组三级单位中的哪一个具体单位。

（二）确定存量和增量集体经营性建设用地的使用权主体

我们国家土地所有形式只有两种，即国家所有和集体所有。但是仅仅确权登记所有权主体是不够的，因为只确权登记所有权只是明晰了各集体经济组织所有土地范围的边界，而现实是集体经济组织之内还存在大量的土地使用权类型，如土地承包经营权、宅基地使用权和集体建设用地使用权等，所以必须对现有的土地使用权类型加以确认。在确认所有权的基础上（按照上述一般性规定进行确权）确认使用权主体，这样才能更加准确地厘清产权主体，方便土地使用权的流转、回归等，充分推动土地要素的流通，否则不利于保护现有合法的集体建设用地使用权人。同时需要区分的是存量集体经营性建设用地和增量集体经营性建设用地。增量集体经营性建设用地包括符合城乡规划并纳入建设用地使用范围的耕地、林地、宅基地、公益性用地、自留地、"四荒"地以及非法建设用地等。存量集体经营性建设用地的主要类型是乡镇企业、村办企业

---

① 参见《铜陵市集体建设用地有偿使用和使用权流转管理试行办法》。

② 国土资源部、中央农村工作领导小组办公室、财政部、农业部《关于农村集体土地确权登记发证的若干意见》指出：凡是村民小组（原生产队）土地权属界线存在的，土地应确认给村民小组农民集体所有，发证到村民小组农民集体。

③ 记者在调查中发现，南方地区的村民小组一级人口较少，居住较分散，规模较小，因此当地政府部分工作人员认为，在此情况下村民小组无法担当起土地出让流转的任务，而且不便于相关管理和公共事业的建设，因此集体土地确权到村民小组一级不利于土地出让。

用地和农村集体经济组织与其他单位、个人以土地使用权入股、联营等形式共同举办的企业的建设用地①。对于存量和增量经营性建设用地，笔者认为其确权登记需要区分所有权主体和使用权主体，因为这二者往往可能是分离的。对于增量集体经营性建设用地的使用权主体的确定应当依据现实的不同土地类型加以区分，耕地、林地、四荒地和宅基地应当确权到承包户，自留地的使用权主体应确认到村民小组一级，对于小产权这类非法或者违规占用的建设用地，可以在确权登记的基础上向所有权主体补足出让金后变为集体经营性建设用地。对于不符合规划和用途管制而擅自改变用途的"经营性用地"应当采取恢复到应然状态的措施使其符合用地规划。而公益性建设用地使用权和所有权主体具有一致性，故无需单独确定使用权主体。所谓存量集体经营性建设用地是指已经进行建设并具有经营性用途的农村土地。对于存量集体建设用地，也应当在明确所有权主体的基础上确定现有的使用权主体，更重要的是确定现有存量建设用地使用权主体的使用权期限，这样才能便于使用权主体流转以及确定使用权期限届满之后由所有权主体对外进行出让。

（三）存量农村集体经营性建设用地的出让与流转制度设计

存量集体经营性建设用地的出让主体制度需要例外进行考虑，原因在于有部分存量集体经营性建设用地的所有权主体和使用权主体是分离的。首先在所有权主体和使用权主体合一的情形下，由所有权主体对外进行出让，出让的具体制度设计参照增量集体经营性建设用地的规则进行，至于是否要对所有权主体的主体结构进行法人改造或者引入社会中介机构都应当依具体情形而定。对于所有权主体和使用权主体分离的情况，重点关注使用权主体对外流转经营性建设用地时应该如何进行制度设计。建设用地使用权是用益物权②，按照学界通说，用益物权是限制性物权类型，不具有典型的处分权能，但具有收益权能，因此使用权主体不得进行出让行为，而可为流转行为。流转的具体适用最早出现在土地承包经营权的流转中，《土地承包经营法》第三十二条规定：通过家庭承包取得的土地承包经营权可以依法采取转包、出租、互换、转让或者

---

① 笔者在调查中发现，存量的集体经营性建设用地很少，因为20世纪90年代后期乡镇企业衰落之后，原有的厂房吸引外资来投资兴业都纷纷补交了土地出让金而依法转为国有建设用地，真正掌握在集体经济组织手中的经营性建设用地很少。

② 张玉敏，民法（第二版），北京：高等教育出版社，2011：236。

其他方式流转。第三十三条规定了流转的具体要求：不得改变土地所有权的性质和土地的农业用途；流转的期限不得超过承包期的剩余期限；受让方需有农业经营能力；在同等条件下，本集体经济组织成员享有优先权[①]。可据此参考设计存量集体经营性建设用地使用权主体对外流转的具体规则，首先流转的对象、方式由使用权主体确定；其次流转也要遵循土地用途管制和城乡规划的要求，并且流转期限不得超过使用权的剩余期限；再次流转的具体方式，包括流转合同的签订，流转中介平台等都可以适用所有权主体出让的规定；最后为了实现土地资源的市场化要素的流通，此处不宜像土地承包经营权流转一样规定同集体经济组织成员具有优先权。此处仍需要注意的两点是：使用权主体在使用权剩余期限内对外流转，不存在利益分配的问题，流转利益应当归使用权主体所有；为了物尽其用，若使用权流转主体的潜在的流转对象欲超出剩余的使用权期限而流转得到土地使用权，则可以采取两种方式进行，其一是所有权主体在原有合同的基础上延长使用权主体对该集体经营性建设用地的使用权期限，其二则是在双方平等友好协商的基础上由所有权主体提前有偿收回土地使用权，再进行出让，协商不成的，使用权主体不得自行订立超过剩余使用权期限的流转合同，对超出期限部分可以认定为效力待定[②]。

（四）增量农村集体经营性建设用地以村民小组为出让主体体系的基础

增量集体经营性建设用地的主要来源有以下几种：一是农用地，即耕地与林地；二是宅基地；三是公益性设施用地；四是其他违法建设用地；五是其他未利用地。通过走访调查发现，农村集体经营性建设用地出让的主要范围是新增用地，也就是现在通过征地制度征用的农用地。而我国农用地的土地承包经营权是在村民小组这一级进行划分的，村民小组是由人民公社时期原生产队变革而来，改革开放之初实行家庭联产承包责任制确定土地承包经营权是以村民小组（原生产队）为基础进行划分的，如1982年中共中央批转《全国农村工作会议纪要》文件指出：目前实行的各种责任制，包括小段包工定额计酬，专业承包联产计酬，联产到劳，包产到户、到组，包干到户、到组，等等，都是社会主义集体经济的生产责任制。不论采取什么形式，只要群众不要求改变，

---

① 参见《土地承包经营法》的相关规定。
② 参见《合同法》第五十五条、第五十六条之规定。

就不要变动。近 30 年来虽然历经一些改革[①]，但是到目前为止，以家庭承包经营为基础、统分结合的双层经营体制仍然是我国广大农村地区的基本经济体制。因此增量集体经营性建设用地以村民小组为出让主体的基础既贴近我国特殊的历史发展轨迹，符合现行法律法规的规定，也吻合农村土地承包经营的现实状况。反之，如果将整个村集体作为出让主体的基础，那么很有可能由于各个村民小组之间的土地面积、土地质量不一等问题使得集体土地出让、流转的利益分配无法达成一致。所以增量集体经营性建设用地的出让必须以村民小组为出让主体体系的基础。

回顾历史，《农村人民公社工作条例》第二十一条和第二十二条规定："生产队是人民公社中的基本核算单位。它实行独立核算，自负盈亏，直接组织生产，组织收益的分配。这种制度定下来以后，至少三十年不变。""生产队范围内的土地，都归生产队所有……""集体所有的山林、水面和草原，凡是归生产队所有比较有利的，都归生产队所有。"[②] 因此现行法律确定的农村集体经济组织就是原来的生产队，而随着人民公社制度的解体，虽然现在的村民小组弱化了组织经济生产的功能，但是其是最近似于生产队的一级组织，所以其作为集体经营性建设用地出让主体于史有据。

以增量集体经营性建设用地的重要来源之一——农用耕地举例说明，虽然现行政策层面对于土地承包经营权确定了"长久不变"的方针，但需要注意的是"长久不变"不是"永久不变"。很有可能在未来的若干年后还会重新分配土地承包经营权，按照原来的调整范围来看，应当还是在村民小组范围内进行调整，即由发包方收回整个村民小组的土地然后在整个村民小组范围内按人口进行发包。所以村民小组作为出让主体还可以很好地解决利益分配问题，这恰好回答了前文所述以村集体为出让主体的利益分配难问题。举例说明，A 村下有甲、乙、丙、丁 4 个村民小组，现甲村民小组有 10％的土地符合条件可以出让，如果以甲村民小组作为出让主体则所获利益应当在扣除相关税费之后

---

① 中央层面对土地承包经营权的确权经历了三次变化。在 20 世纪 80 年代至 90 年代中期农村土地承包经营权实行动态管理，即根据家庭人口数量的变化而动态变化承包经营土地的面积。90 年代中后期为了稳定土地承包经营关系，逐步开始实行"增人不增地，减人不减地"保持现有土地关系长期不变的土地承包经营政策。进入 21 世纪以来，中央为了稳定农业生产，增强农村发展动力，保障农民利益而提出了现有土地承包关系要保持稳定并长久不变。

② 中共中央，农村人民公社工作条例，1962；转载自程漱兰，集体土地流转不是为资本打破"防火墙"，人民论坛，2011（8）。

首先用于补偿原承包经营权人剩余承包期限的用益利益，而剩余部分则在整个村民小组内进行分配，当然也包括原承包经营权人。而原承包经营权人第一次得到的是土地剩余承包期限内的用益利益的补偿，而第二次得到的收益则是作为小组成员应当得到的共有利益分配。而若干年后，再次重新调整土地承包经营权时在原先剩余的 90% 的土地范围内再次分配，这样意味着每个人口得到的土地面积将会减少，而减少的部分已经通过共有利益分配得到了有效的弥补。而如果以村集体为出让主体，则将在全村范围内进行利益分配，而土地的所有权人为甲村民小组集体所有，所以其他 3 个村民小组则为不当得利，而且涉及后续的调整土地承包经营权将对甲村民小组成员的利益产生不利影响。因此将村民小组作为出让主体的基础符合现实，也能很好地规避为将来矛盾发生埋下制度隐患的风险。

此外，从各地的实践来看，在集体建设用地所有权主体的改造上，广东、四川等地农村土地产权制度的改革，已经为我们提供了比较成熟的改革路径做参考。对集体建设用地所有权主体改造的基本思路可以考虑，农村的村民小组为集体建设用地所有权的代行主体，法律赋予其可以根据全体集体成员的授权，独立地享有相关权利、义务的主体资格，并可以依据授权独立自主地处分属于自己所有的财产。同时，进行相应的制度设计和改革，核心思想是保护实际占有土地，在土地上劳作的农民的利益，使农民个体的权利越来越独立和丰满，甚至可以对抗所有权而独立存在。从全国各地的实践看，将包括集体建设用地在内的集体土地所有权确权到村民小组一级基本上已经达成一致的认识和意见[1]。如安徽省规定：农村土地承包经营中未打破村民小组（原生产队）农民集体所有土地界线的，土地确认为村民小组农民集体所有；农村土地承包经营中打破村民小组（原生产队）农民集体所有土地界线的，土地确认为村农民集体所有。宿迁市则规定：村内有两个以上的农民集体经济组织（村民小组），各集体经济组织之间有明确的土地界限和范围，并在各自范围内占有、使用土地的，确认村民小组为相应的集体土地所有者[2]。但需要注意的是，正确理解确权到村民小组一级、由村民小组作为出让主体体系的基础是研究出让制度的

---

[1] 崔欣，中国农村集体建设用地使用权制度研究，北京：中国社会科学院研究生院，2011 年博士学位论文。

[2] 参见《安徽省集体建设用地有偿使用和使用权流转试行办法》《宿迁市农村集体建设用地使用权流转管理办法（试行）》。

关键所在，村民小组作为出让主体体系的基础，不代表所有的集体土地都应是村民小组所有，村民小组成为所有农村集体土地的出让主体，而只是说我们对土地权属的划分要落实到村民小组一级，因为分属于两个以上村民小组或原本属于乡镇集体所有的就不可能再划分到村民小组一级。相关法律法规也规定能够明确确定属于村集体或者乡镇集体所有的，应当由村集体或乡镇集体行使所有权。如宿迁市规定：已经属于村农民集体所有的，包括第一轮土地承包时已经打破村民小组土地界线或虽然未打破村民小组界线但被村农民集体实际使用的土地，由村集体经济组织或村委会负责经营、管理。已属于乡镇农民集体所有的土地，依法确认为乡镇农民集体经济组织所有，没有乡镇集体经济组织的，由乡镇人民政府代为负责经营管理①。哈耶克认为，人类对于未来不是理性设计，而是在大浪淘沙似的剔除中通过"社会优越性"的竞争来选择适合自己发展的制度②。所以村民小组作为出让主体也是经历了长时间的制度选择，笔者认为其在未来较长的一段时间内将会发挥应有的正面作用。

（五）增量农村集体经营性建设用地出让制度嬗变的具体设计

村民小组作为出让主体体系的基础已经得到论证，但是笔者也提及由于我国各区域经济社会发展水平差异较大，其次村民小组作为出让主体在法律层面也存在一定障碍，因此在村民小组作为出让主体体系的基础的同时需要进行具体的制度设计，其他主体可以参照这些具体制度进行设计。

1. 改造村民小组的法律人格

按照《村民委员会组织法》（2010 年修订）规定，村民小组隶属于村民委员会，其本身并无独立的法律人格③。因此村民小组直接作为出让主体成为出让合同一方的当事人可能没有相应的法律依据。《民事诉讼法》规定：公民、法人和其他组织可以作为民事诉讼的当事人。现行司法解释在一定程度上确立了村民委员会作为民事诉讼当事人的主体地位，但没有规定村民小组是否具有相应的主体地位。因此为了明确村民小组的主体地位必须将其进行主体改造，

---

① 参见《宿迁市农村集体建设用地使用权流转管理办法（试行）》。

② 哈耶克，自由秩序原理，邓正来译，上海：生活·读书·新知三联书店出版社，1997：72 - 74。

③ 参见《村民委员会组织法》第三条：村民委员会可以根据村民居住状况、集体土地所有权关系等分设若干村民小组。

改造成法人形式，使其名正言顺地成为适格主体。

从可行性角度来看，随着经济社会的发展，尤其在我国东部经济发达地区，农村经济实力较强，农民文化素质较高，集体资产管理经验丰富和村民聚居较为集中等因素为村民小组改造成法人形式提供了良好的条件。经济发达地区的农民具有更加强烈的意识参与到集体事务的管理当中，也能够有效地对集体资产的管理进行监督。从必要性角度论证，农村经济体制改革的发展使农村集体的含义发生了深刻变化，"集体"这一概念的经济意义和社会意义逐步得到强化，而其意识形态意义和政治意义却在一定程度上弱化了，为顺应这一变化，应主要从经济意义和社会意义上，而不是从意识形态意义和政治意义上来重新思考集体所有权问题。作为土地所有权的主体的集体组织，应该具有独立的法律人格。集体组织可以以自己的名义进行民事活动，能够独立承担民事责任，才能更好地维护自身利益。一般都认为可以将集体组织构造为公司法人，以法人模式规范集体所有权主体。借鉴法人治理机构，包括法人的权力机构、执行机构和监督机构，按照公司法人的治理结构规则来确立集体土地所有权的行使机制[①]。随着国务院关于公司登记条例的修改以及近期可能对公司法进行的修改，我们可以看到设立公司的准入条件越来越低，这给农村集体组织的法人改造提供了良好的契机。将村民小组改造成法人有以下几点好处：能够成为适格的民事法律关系主体，理顺出让合同关系；能够有效克服现行征地制度下贪污腐败的发生；能够有效地促进农村集体资产的管理和经营，促进集体资产增值保值，大力推动农村基础设施和公用事业建设；能够以此为契机真正推动村民自我管理的群众性自治组织建立，推动社会中间层力量兴起[②]。

2. 主体联合的制度构建

我国中西部农村地区经济欠发达，农民的文化水平普遍不高，民主参与集体事务管理的意识和能力都有待提高，因此在村民小组作为出让主体时不适用主体改造制度，因为改造成公司法人形式之后，仍然需要聘请专业人士进行管

---

① 夏玉山，小产权房合法化的相关法律问题研究，合肥：安徽大学图书馆，2010 年硕士学位论文。

② 中华人民共和国成立以来对基层社会都是采取严格的管控政策，所有的社会变迁都在规划中进行，使得老百姓没有兴趣和欲望参与到自我治理当中去。参见梁治平，在边缘处思考，北京：法律出版社，2003：136-137。笔者认为基层群众性自治组织的法人改造将是中国民间社会复兴的突破点，以经济管理功能逐步向政治参与、社会管理和生态保护多元化治理体系转变，因此本文所论述的主体改造意义并不限于出让集体经营性建设用地，因此对改造成本的考量也无需仅限于使其低于出让建设用地所获得收益。

理，而村民本身缺乏监督能力势必会导致另一种形式的贪污腐败。除此之外，改造成本也是不得不考虑的因素，中西部地区农村集体资产较少，基本无力进行法人制改造，所以对于中西部农村地区，应当采取主体联合形式完成出让，而这其中又可以设计成具体的两种形式。

第一种即将地方政府和农村集体经济组织联合起来，地方政府是出让方和需地方的中间纽带，也就是使地方政府成为村民小组出让土地的交易相对方[①]。在此过程中，村民小组将土地承包经营权收回，然后流转给且只能流转给政府设立的开发公司，所以整个过程中政府和村民小组是两个不同的主体共同参与这个过程，二者缺一不可。政府在这其中扮演的角色既是联系纽带的平台又是监督者，这样能够克服村民小组自身自治能力缺乏的弊端又能切实保障土地规划和用途管制的政策落实。而有些学者对此心存疑虑，认为政府部门作为联合主体的部分是现行征地制度的翻版，政府部门在整个出让过程中既是"运动员"又是"裁判员"，必然会导致腐败。但需要注意的是在联合主体中，政府与土地所有权人之间的关系不再是征地行政法律关系而是平等的民事法律关系，村民小组完全有权决定是否出让以及出让的价格等问题，所以此种制度设计有利于保护农民目的的实现。

第二种即将村民小组和社会中介机构这两个主体联合起来，此种主体联合制度能够有效克服前一种制度设计可能存在的弊端，有学者认为在现行的我国集体建设用地流转过程中，集体组织处于市场主体的地位，市场经济条件下的主体应该是纯粹的经济组织，而我国现存的农村集体组织根本不能成为完全的市场主体。我国集体建设用地流转中介组织是一片空白，把土地流转中介组织作为独立的市场主体进行培育和完善，可以客观、公正地评估出土地等级和市

---

① 典型代表模式为安徽省芜湖市。土地流转的具体步骤为：第一步，由村负责从农户取得土地。以三里镇孔村与农民王小旦签定的"收回土地承包经营权协议"为例，"为加快三里镇小城镇建设，甲方需使用乙方的承包土地，因此，需要收回乙方的土地承包经营权，经双方协商达成如下协议：一、甲方收回乙方的土地承包经营权为1.6亩，年限为土地承包合同书的剩余年限23年。二、甲方付给乙方每亩土地补偿费7 000元，连同劳力安置费、青苗补偿费，计11 200元。三、乙方自签订本协议后，即放弃土地承包经营权，并由甲方流转用于三里集镇建设。"第二步，由村将收回的农民承包地流转给镇政府。以三里镇孔村、西岭村村委会流转给三里镇土地开发公司的一块地的合同为例："乙方从甲方流转164 310平方米（246.6亩），用于建公路站，文化美食城，农民住宅小区。转让期23年。"参见高圣平，刘守英，集体建设用地进入市场：现实与法律困境，管理世界，2007（3）。

场价格，为集体建设用地市场流转双方的公平交易提供科学依据，减少价格确定的随意性和不合理性，避免市场交易主体利益受到侵犯[1]。将社会中介机构[2]纳入主体联合制度当中，就不是前文所述为流转双方服务，区别于传统中介机构居间的服务角色，是完全作为村民小组出让集体经营性建设用地的专业代理机构，即是由所有权主体自行选择的单方面服务机构（类似于代理律师的角色），能够为村民小组提供技术和资金支持，又减少了法人改造的巨大成本。

（六）村民小组为出让主体体系基础的例外思考

任何一项制度的设计既要有普遍性，又要有特殊性，普遍性解决的是一般性问题，而特殊性解决的则是例外情形。从结构主义的视角来看，虽然普遍性规律的适用较多，但也不能因此而掩盖特殊性考虑的价值，同样出让主体制度也不能例外。前文已论，村民小组作为出让主体体系的基础具有正当性和可行性，尤其对于增量集体经营性建设用地出让而言。但是正如世界上没有两片完全相同的叶子一样，没有放之四海而皆准的制度设计，因此必须结合某些具体情况进行具体变更设计。调研中发现，南方某县国土资源部门的领导就认为国家强制要求农村土地三权确权登记落实到村民小组一级在当地乃至大部分南方农村地区都不可行。因为改革开放之后，生产大队被村委会所替代，而原有的生产队也分成了几个村民小组，而南方地区人口本来就少，而且居住分散。如果在这种情况下将土地确权登记到村民小组这一级，大量的增量集体经营性建设用地由村民小组进行出让，则会产生以下两个问题：一是人口规模过小，土地面积较小，如遇新增大面积经营性建设用地需求则无法担当起土地出让的任务。二是数个村民小组在交通、饮水、教育等公益事业建设方面存在交集，而如果出让收益归各村民小组集体所有，则不便于集体公共事业的建设和社会管理[3]。

因此在上述情况下，应当将土地确权登记到村委会一级，而不继续再往下细分到村民小组一级。这样可以由村委会集全村土地之优势进行出让，可以有

---

① 赵娉婷，农村集体建设用地制度研究，泰安：山东农业大学图书馆，2011年博士学位论文。

② 根据调查发现，现在农村集体经营性建设用地使用权流转探索当中，各地广泛采取的方式是，由基层乡镇政府投资设立的投资公司统一收购本地区农村集体经营性建设用地使用权，然后由其进行出让。此种路径应当是上文所述主体联合制度中两种具体制度的折衷选择。

③ 根据笔者在芜湖市南陵县国土资源局调研的资料整理而成。

效统筹全村经济，克服小范围内的经济发展不均衡，更有利于实现共同富裕的目标。具体而言村集体作为出让主体可以参照以村民小组作为出让主体的具体方法，或进行主体改造或进行主体联合，这样更能够保障土地出让的经济效益落到实处，更好地促进土地资源在市场中的流通。

三、农村集体经营性建设用地市场运行制度的构建

土地市场的交易机制是指交易双方的交易动机、交易场所、交易方式、交易合同签订等活动的总称。土地交易行为是否规范，交易环节是否公开、合法是判断一个土地市场运行好坏的重要标志。因此必须要建立一个完善的交易机制，保障城乡建设统一用地市场的顺畅运行。我们可以借鉴现行几个试点地区的实践经验，总结实践地的教训，尤其是重庆市出台的《重庆市农村土地交易所交易流程》，可以为集体经营性建设用地交易机制的建立提供很好的示范。要想建立一个完善的交易机制，首先要针对形成交易机制的各个部分进行规范。

（一）农村集体经营性建设用地市场交易主体

土地交易主体是土地交易的前提和起点。人格平等、意思自治以及独立责任是法律对市场主体的基本要求。我国实行土地公有，只有国家与农村集体才能成为土地所有权人，这种特殊性对市场交易参与主体也提出了特殊的要求。在人格权方面，要建立统一的建设用地市场，必须打破现行体制下集体土地与国有土地的不平等待遇。在规划许可的范围内，允许所有的集体经营性建设用地平等地直接进入开放的市场，以市场方式来配置集体经营性建设用地，从而使农民集体可以直接享受市场利益。土地使用权受让主体也应平等地参与土地交易，平等地进行竞价，不应受到歧视性对待。在意思自治方面，充分保障集体组织的土地所有权和农民的成员权，明确集体土地决策权的行使主体，对于集体经营性建设用地的出让必须经集体组织成员的2/3通过，才能让土地使用权入市交易。土地使用权的收益分配也必须让集体组织成员自主决定。土地使用权受让主体具有交易的自主决定权。土地交易主体双方可以自主决定在二级市场的交易方式，可以自主决定交易对象等。在城乡统一的建设用地市场应当尊重土地交易双方的意思自治。在独立责任方面，土地交易主体双方须有独立的承担法律责任或者经济责任的能力。土地交易主体双方在

违约时，必须承担相应的责任后果。集体经济组织和土地受让主体分别要承担其对应的责任[①]。

（二）农村集体经营性建设用地入市交易条件

为了理顺集体土地产权关系，实现农村集体土地财产权，促进集体经营性建设用地的合理流转，就必须对集体经营性建设用地使用权流转条件、流转方式和流转程序进行规范。首先，关于流转条件主要有以下几点要求：（1）必须是依法取得使用权的集体经营性建设用地。农村集体经营性建设用地流转的基础必须合法，才能保证集体经营性建设用地的顺利流转。再者集体经营性建设用地在流转中会产生巨大的经济利益，根据经济人的有限理性和逐利性，必然有大量耕地被冒充是集体经营性建设用地进行流转，导致耕地触碰红线。（2）符合土地利用总体规划和市镇建设规划。一方面流转的土地必须符合土地利用总体规划，它是我国实行土地用途管制的依据，集体经营性建设用地也属于土地用途管制的范围，因此集体经营性建设用地的使用权流转必须以符合土地利用总体规划为前提。另一方面，流转的土地在使用目的上要符合城市规划、村镇规划和满足土地利用年度计划。不得擅自改变用途，严禁用于房地产开发，防止扰乱房地产市场。（3）权属合法、产权清晰、没有纠纷。土地登记是证明权属合法的最强有力手段。流转的集体经营性建设用地必须是依法确权，明确了集体土地的所有者和现在土地的使用者，产权清晰且与周边土地所有者和使用者权属无纠纷。这是集体非农建设用地流转的基本条件。

（三）农村集体经营性建设用地入市交易方式

我国国有土地使用权进行招标、拍卖、挂牌出让的程序，已经发展得相当成熟和完备，集体经营性建设用地入市初次流转进行招拍挂的程序，可以参照《中华人民共和国城镇国有土地使用权出让和转让暂行条例》和《招标拍卖挂牌出让国有建设用地使用权规定》（中华人民共和国国土资源部部令第39号）的规定执行。现在土地网络流转信息服务平台也发展得相对成熟，除了招拍挂程序外，集体经营性建设用地的再次流转可以协商方式以及网上竞价方式进行，再次流转，应当充分发挥市场的活力，采用竞价机制，活跃二级市场，提

---

① 曹笑辉，汪渊智，城乡统一建设用地市场制度构建，求索，2014（1）。

高流转效率。

（四）农村集体经营性建设用地入市交易程序

为了建设城乡统一的建设用地市场，实现集体经营性建设用地与国有土地同权同价，充分发挥市场机制的作用，减少政府对城乡统一市场的干预，流转程序的设计要正确定位政府的角色。前面已对流转程序简化的原因进行了解释，在此不再赘述。具体程序设计应该包括：（1）流转资料审核。流转方应向村民大会或村民代表大会提交集体经营性建设用地使用权流转方案，审查通过后由流转双方持集体经营性建设用地使用权证或用地批准文件、流转方案、流转土地所有权人出具的同意书等资料，提交给土地行政主管部门进行审核。土地行政主管部门审查资料合法后，应当依法在合理时间内予以办理。许多学者提出，要废除政府的流转审批权。这一点非常有意义。政府的流转审批权严重影响土地流转市场的流转规模和流转效率，干预了土地流转市场的自主运转，存在极大的弊端，理应废除。因此，规定政府在这一环节只有对流转资料的审查权，相对科学与合理。（2）签订合同并缴纳税费。集体经营性建设用地使用权人获得批准后，在土地行政主管部门的监督下，由流转双方签订正式的流转合同。同时，应参照国有土地转让的相关规定，由具有资质的评估机构对流转土地的价格进行评估，并按照评估结果缴纳有关税费。（3）流转变更登记制度。流转双方应在合同签署并足额缴纳有关税费后，尽快办理集体经营性建设用地使用权登记，领取集体经营性建设用地使用权证或土地他项权利证书。对于土地二级市场的交易，为了提高土地流转的效率，交易程序应当简化，以协议方式进行的，直接在合同订立后，办理流转登记即可。

（五）农村集体经营性建设用地交易监督机制

根据我国现行法律法规的规定，地方政府仍是土地交易过程的主要的监督者。政府独此一家的监督导致了实践中的弊端丛生，尤其是权力寻租现象尤其严重。因此，必须加强土地交易机制的监督。首先要建立专门的监管服务机构，明确监管机构的职责权限，确立交易主体的责任追究机制。然后再加强内部监督，加强交易程序的公开化、透明化，加强信息公开制度，完善价格形成机制的公开，做到公平、公正。引入司法监督，是维护交易主体权利的最终保障。司法具有相对独立性，能够减少政府对司法的干预，从而维护市场交易主体的经济利益。申诉和仲裁渠道为解决土地纠纷提供了很大的便利，是维护交易主体的经常性补救措施。加强社会监督、媒体监督。土地市场的公开、透明关系到许多利益群体的利益，也关系到一个地区的经济发展。社会、媒体都应当参与进来共同监督土地交易的进行，共同致力于提高农村经济发展和农民生活水平。

农村集体经营性建设用地入市是我国土地改革的一大突破。集体经营性建设用地入市最主要的就是对城乡统一建设用地市场的建立。我国目前许多地方已经开始了建设城乡统一建设用地市场的试点，但是由于缺乏制度的指导，探索方向不太明确，我们应当尝试构建城乡统一建设用地市场的制度，为地方建设城乡统一市场提供方向指导和制度设计。同时，为了规范城乡统一的建设用地市场的运行，对于交易机制也要进行科学合理的设计。土地交易平台的公开、公正以及土地交易机制的完善是农村集体经营性建设用地入市的最重要保障。

四、完善农村集体经营性建设用地流转收益分配机制

集体经营性建设用地流转中的收益分配是规范农村集体经营性建设用地流转管理的关键所在。针对我国目前集体建设用地流转收益分配存在的问题，在设计集体经营性建设用地流转收益分配制度时，笔者建议从收益分配参与者、分配具体规则以及监督管理三方面入手。

（一）收益分配的参与者应当包括集体土地所有权人、使用权人以及政府

首先，如前所述，集体经营性建设用地入市流转的过程，就是土地权益的交易过程。依据"谁拥有，谁收益"的原则，集体土地所有权人和使用权人因其拥有土地的所有权和使用权当然可以参与收益分配。需要指出的是，随着城市化进程的加快，城乡一体化建设深入发展，农村和城市的差距不断缩小，集体土地大范围转化为国有土地后，集体土地所有权人和使用权人能否继续参与收益分配，需要重新进行讨论。

其次，在集体经营性建设用地流转收益的形成过程中要考虑政府对基础设施投资的贡献。根据马克思地租理论，土地价格主要由绝对地租、级差地租Ⅰ和级差地租Ⅱ组成。绝对地租是土地所有者在任何情况下总要取得的土地收益。而级差地租，包括由于地理环境、土地区位的差别所产生的超额利润。集体土地转化为建设用地的过程中，政府对基础设施建设的大量投入引起土地区位环

境的改善也会形成级差地租，构成建设用地价格的重要部分。此外，政府还承担着土地管理者的职能，需要从宏观经济的角度考虑承担基本农田保护任务的地区以及粮产区农民对流转收益的共享，弥补其牺牲的机会利益，协调农村地区发展的不平衡。实践中，县、乡镇政府是公共基础设施和公共服务的主要提供者，应作为收益分配的参与者参加收益的二次分配。中央政府需要在全国范围内统筹协调，实现各方利益的均衡，作为土地利用总体规划的制定者和土地市场的监管者，也有权参与流转收益的分配。因此，集体经营性建设用地入市流转的过程中，赋予政府收益分配参与者的身份，能够体现公平正义的要求。

（二）根据"初次分配基于产权、二次分配基于税制"的原则进行分配

根据"初次分配基于产权、二次分配基于税制"的原则，集体土地所有权人和使用权人依据自身拥有的土地所有权和土地使用权，有权参与集体经营性建设用地流转收益的初次分配。对于另一参与者政府，虽然社会经济的发展、投资环境的改善、基础设施的健全以及公共服务职能的加强，都对集体经营性建设用地增值及流转收益形成起到至关重要的作用，集体经营性建设用地入市流转制度的顺利推进也需要政府的政策支持，但是，它并不适宜直接参与到初次收益分配中。原因在于：首先，按照初次分配基于产权的原则，直接参与集体经营性建设用地流转收益初次分配的应当是土地产权主体，政府不是产权主体，而是管理者；其次，进行基础设施建设和提供相关服务是政府对纳税人应尽的义务，而且在集体经营性建设用地开发利用的过程中，土地使用者还需另行支付基础设施配套费和相关税费，政府的先期投入已有了直接回报；最后，实践中，集体经营性建设用地流转基本上由地方政府在掌控，政府所处的地位和所扮演的角色决定了政府既是集体经营性建设用地流转的主导者，又是流转的受益者，政府直接参与初次分配会造成土地市场秩序的混乱。所以，政府应通过土地交易税、土地使用税、契税等税种参与再次分配[1]，这样更有利于规范市场秩序，保证流转收益的公平分配。

目前国有建设用地使用权税收牵涉到土地使用税、土地增值税、契税、印花税、基础设施配套费、新增建设用地使用费、耕地占用费，从权利义务对等的角度出发，集体经营性建设用地入市流转应征收与国有城市建设用地同样的

---

① 陶镕，集体建设用地使用权流转收益分配之法律探讨，湖南社会科学，2013（1）。

税种。为了更好地贯彻党的十八届三中全会提出的"税收法定原则",笔者建议,可以参考国有建设用地的税费体系,建立农村集体经营性建设用地相关税费体系。考虑到维护有序的建设用地市场秩序,实现国有建设用地和集体经营性建设用地的平等竞争,还可以适当增加所得税等新的税种。由于城市国有土地缴纳土地出让金,为了体现集体经营性建设用地与城市国有土地同等义务,实现集体经营性建设用地入市后的土地增值同样有部分"涨价归公",建议对入市的集体经营性建设用地按照不同区域、不同功能征收集体土地使用税。同时,集体经营性建设用地流转,还需根据政府在入市的集体经营性建设用地上所投入的基础设施建设资金的多少,合理地确定其基础设施建设配套费,为城乡建设募集建设资金。

(三)流转收益分配方式应当多样化

属于村农民集体所有的建设用地的流转收益,理应属于全体村民所有。农民获取流转收益的方式,可以是按股分红,也可以是一次性补偿,或者直接流转获益,但农民获得的收益不应低于集体所保留的收益。

对于集体经营性建设用地流转收益的分配比例,应当出台国家层面的立法文件进行规制。20世纪90年代至今,各地流转试点为促进本地农村集体经营性建设用地的流转,大多按照本地区的经济发展情况、对于土地资源的需求和集体建设用地的不同用途,作出不同的收益分配比例。但是,我国地域辽阔、地区间差异明显、经济发展不平衡,流转收益分配的比例按照不同地区的经济水平进行调整,不应采用固定的比率,避免造成过低或过高。流转收益分配的恰当比例可使农村集体和农民不会因为集体建设用地流转,而失去生活保障,也不会产生土地暴利阶层。国家应当出台立法文件对集体经营性建设用地流转收益分配比例进行控制,避免出现混乱,防止合法权益受到侵害。应划定最高和最低的收益分配比例区间,使各利益分配参与者均可以享有应得的流转权益;然后由各地政府根据本地区的实际情况,以地方立法的形式来规定具体的比例,但此比例必须符合上位法的规定,位于合理区间内,这样可以使各利益分配参与者的合法权益得到更合理的保护[1]。

---

① 郭世强,罗崇亮,游斌,农村集体建设用地流转收益分配研究——基于公平与效率视角,中国房地产,2014(6)。

（四）流转收益的分配应适当考量特殊群体的利益

第一，农村集体经营性建设用地流转收益分配的过程中，应适当考量经济不发达地区、偏远地区的农民利益。由于我国幅员辽阔，地域间差别较大，不同区位的经济发展水平不同，从而导致土地流转收益也有所差异：南方农村和近郊农村的土地流转收益要远高于北方农村和远郊农村的流转收益，特别对于偏远地区的农村要想通过集体建设用地的直接流转获得土地收益更是困难重重，因此在收益分配政策的设计上应对这些地区农村集体以及农民的利益予以特殊考虑，以实现区域平衡，促进统筹发展。

第二，应考量未流转农地所有者牺牲的机会利益。党的十八届三中全会以后，农村集体经营性建设用地流转制度正在由试点向全国大规模推进，但在耕地保有量逼近18亿亩红线、耕地流转建设用地总量严控的条件下，在城郊耕地大量转用于商业住房建造等，建立在其他地区的大片农田必须种粮的基础上，依赖于其他地区的农民承担了保护基本农田的国家任务，也意味着一些必保的基本农田的所有者在农村集体经营性建设用地入市流转的过程中牺牲了相应的机会利益。另外，也应当考虑到在耕农民也同样拥有农地发展权，即全国任何一块农地都天然地拥有农地发展权，只是农地的用途、位置客观地决定了它能否实现。这样在流转增值收益分配过程中就应考虑"已转非"农地与未转非农地所有者之间的机会不均等问题，通过税收等手段实现流转交易部分增值收益再次分配，支援全国农业，让明显贫困的在耕农民也能适当分享全国经济发展的成果，而不是一味向被征地农民倾斜，扩大区域之间的差距。

（五）完善农村集体经济组织内部流转收益分配决策管理机制

在农村集体经济组织内部科学分配集体经营性建设用地流转收益，是防范村委会权力腐败、保障农民权益的重要手段。对此，笔者建议，应构建和完善集体经济组织中决策形成机制和监督管理机制。具体来说，可以在界定集体经济组织成员权资格的基础上，成立由1/3的集体经济组织成员组成的集体经济组织议事会，负责制定相关规章制度，做出集体经营性建设用地流转经营决策，分配集体经营性建设用地流转收益，议事会主要领导每年向全体集体经济组织成员报告集体经济组织经营及收支状况，议事会成员由农村集体经济组织全体成员通过民主投票产生；成立由1/3的集体经济组织成员（议事会成员除外）组成的集体经济组织监事会，对集体经济组织议事会所做出的决策、规章制度及其执行进行监督[①]。

（六）健全政府对流转收益分配的监督管理机制

在各地实践过程中，要确保农民真正享受到流转分配的收益，而不是被集体经济组织或村委会截留，并不是一件容易的事。村干部经常通过暗箱操作、以权谋私，截留农民利益和侵占集体财产。为此，各级政府应切实发挥土地市场管理者和土地用途规划限制监管者的作用，坚持用制度管权、管事、管人，通过电视、网络、报纸、宣传栏等媒介宣传集体建设用地流转及其收益分配政策，公开流转情况。健全流转收益分配执行情况巡查、质询、问责、责任审计、引咎辞职、罢免等制度，建立"举报""信访"和纠纷调解仲裁的渠道并保持畅通，充分保障农民知情权、参与权、表达权、监督权。

此外，由于各地发展水平不同，违法情况也各有特色，还应加强基层执法监察网络建设。建立乡镇土地管理所驻村监督联络员制度，定期下村检查和监督各村的流转情况，特别是集体经营性建设用地流转最活跃的城郊接合部，力争把问题发现和控制在源头，同时要加大对于违规违法流转的查处力度。对于性质严重、涉及规模较大的违法违规建设用地流转应追究相关分管领导的行政责任，对于土地流转中的腐败行为应予严惩。加强规划、土管、审批等部门的工作配合和协调，为集体建设用地流转提供优质的服务。

第二节　集体资产股份权能改革的制度创新[②]

一、典型地区集体资产股份权能改革试点进展

（一）江苏省南京市

南京市的农村社区股份合作制改革起步于 2004 年。当年，中共南京市委

---

① 张四梅，集体经营性建设用地流转制度建设研究——基于优化资源配置方式的视角，湖南师范大学社会科学学报，2014（3）。
② 本节引自 2015 年农业部软科学课题"集体资产股份权能改革试点跟踪、模式比较与制度创新研究"，课题主持人：陈会广。

农村工作领导小组办公室印发了《关于开展村集体经济股份合作制改革试点工作的意见》，用以指导集体资产股份制合作的开展。2005 年，中共江苏省委办公厅、江苏省人民政府办公厅印发《关于积极推进农村社区股份合作制改革的意见》，用以推进农村社区股份合作制改革工作。根据南京市调研的情况得悉，本着"先试点，后推进"的原则，南京市第一轮农村社区股份合作制改革已经结束，村级社区股份合作制改革达到全覆盖，农村集体资产实现保值增值，社员群众得实惠的改革初衷取得一定成效。截至目前，全市已进行改制的村庄共662 个。其中，组建的社区股份合作社有 291 家。2015 年，中共南京市委办公厅、南京市人民政府办公厅印发了《南京市深化农村产权制度改革实施方案》，标志着南京市开始进行第二轮农村产权制度改革试点。南京市作为第二批国家级农村改革试验区之一，第二轮改革试点是在第一轮改革试点基础上的深化和提升。目前，农村综合改革方案已经获得相关部门通过，而社区资产改革目前内部还存在不同意见，正在讨论当中。在已进行的集体资产股份制改革工作中，南京市在合作社的制度建设、民主管理、收益分配等方面形成了自己的特色。

（二）上海市嘉定区

嘉定区农村集体产权制度改革始于 20 世纪 90 年代初，当时在村级集体经济发展情况较好的长征镇红旗村（现已划入普陀区）率先实行了村级集体经济股份合作制改革。1996 年 10 月，安亭镇的顾浦村试行了集体产权制度改革，将集体的部分资产部分量化到人。但是 2000—2010 年嘉定区的农村集体产权制度改革处于停滞阶段。从 2011 年开始，在嘉定区委、区政府的推动下，嘉定区农村集体产权制度改革得以继续推进，但是这项改革的进程并不顺利。全区共有 146 个村，2012 年只改革了 8 个村。2013—2014 年上海市加大了改革的力度，开始对集体产权制度改革工作进行考核，截至 2014 年 9 月共进行了20 个村的集体产权制度改革。

（三）江苏省常州市武进区

武进区农村集体产权制度改革可以分为三个阶段：第一阶段为初始阶段。2001 年郑陆镇牟家村借鉴广州、深圳等地经验，积极开展股份合作制改革试点，组建了全区第一家综合性的社区股份合作社。第二阶段为全面发展阶段。

2004 年，为妥善处置农村集体资产，奠定城乡一体化发展基础，武进区在总结各地试点经验的基础上，出台了《关于推行农村集体经济股份合作制改革的实施意见》和《农村集体经济股份合作制改革操作办法》等规范文件，并从 2005 年 6 月开始全面推动面上改革，改革的形式为"先试点、后推广"，以 2004—2006 年为改革的高峰期。这一阶段的产权制度改革有两种方式：一是以村为单位，建立村级集体资产股份合作社；二是以组为单位，成立组级集体资产股份合作社。2009 年武进区推进"撤村改居"工作，这项工作以村为单位的集体产权制度改革为前提条件，客观上推动了农村集体产权制度改革的全面进行。此次改革以村为单位进行股份制改革。截至 2010 年，武进共有股改单位 921 家，其中村级集体资产股份制合作社 76 家，组级集体资产股份制合作社 845 家。第三阶段为深化产权制度改革阶段。2013 年，武进区出台了《关于进一步深化全区农村集体经济产权制度改革的意见》，旨在用 3 年时间全面完成全区农村集体经济产权制度改革，确保农村居民持股分红的全覆盖。

武进区农村集体产权股份制改革的形式主要以社区股份合作社为主。目前武进区全区已经完成清产核资和量化确权工作。截至 2014 年年底，武进区共成立社区股份合作社 235 家，量化集体净资产总额 49.3 亿元，界定股东人数 62.4 万人，占全区农村社区人口总数的 93％。

（四）重庆市梁平区

2014 年 8 月至 2015 年 2 月，梁平县在全县范围内开展了农村集体经济组织的清产核资工作，掌握了全县 341 个村（社区）、2 684 个村（居）民小组所有的资金、资产和资源情况。经过清产核资，全县村组集体经济组织货币性资产 0.88 亿元，资产 16.59 亿元（农业资产 1.26 亿元，长期资产 15.33 亿元），农用地 234.24 万亩（耕地和园地 138.03 万亩，林地 84.29 万亩，其他农用地 11.92 万亩），农村集体建设用地 20.58 万亩。

梁平县于 2015 年 2 月选择梁山街道东明村、竹山镇街道社区作为第一批试点单位。选择这两个村（社区）作为试点单位，主要考虑到东明村位于梁平县城边缘，处于城乡接合部，而竹山镇街道社区地处山区，在地理位置上具有典型性。另外这两个村（社区）的集体经济发展相对较好，有相对较好的改革基础。

这两个村（社区）已于 2015 年 7 月底完成了集体资产量化确权改革试点

工作，截至 2015 年 8 月底，这两个村（社区）已完成股权设置、合作社章程制定等工作，目前正在进行完善法人治理、组件新的集体经济组织的有关工作。2015 年 6 月，梁平县在其余 31 个乡镇（街道）各优选了一个村作为第二批改革试点单位，截至 2015 年 8 月底，这 31 个村完成了资产界定、资产价值评估、成员资格认定、股份量化等主要工作。

（五）四川省成都市温江区

成都市全面推进以"还权赋能"为核心的农村产权制度改革，改革重点在于建立健全"归属清晰、权责明确、保护严格、流转顺畅"的现代农村产权制度，具体内容：开展农村集体土地和房屋确权登记，创新耕地保护机制，推动土地承包经营权、集体建设用地使用权和农村房屋所有权流转。2010 年 7～10 月，成都市组织开展了县（市、区）自查、市级职能部门单项检查、第三方问卷调查测评、市检查验收组检查 4 个阶段的农村产权制度改革确权颁证检查验收工作。成都市农村产权制度改革确权颁证共涉及 19 个县（市、区）和高新区、257 个乡镇（含涉农街道办事处）、2 745 个村（含涉农社区）、35 857 个村民小组、212 万余户农户。

温江区自 2008 年开始进行产权制度改革，2011 年确权颁证工作结束。2012 年开展集体资产的清产核资以及股权量化股份工作。2015 年对原有工作进行梳理，计划 2016 年进行股权设置和股份权能赋予的工作。

二、集体资产股份权能改革难点与障碍

根据实地调研所掌握的具体情况，无论是集体资产股份权能改革开展得较好的试点还是尚处于改革起步阶段的试点，在改革的进程中都会遇到困难与阻碍。以下几点是对调研试点所反映出来的实际困难所做的总结，通过对试点地区集体资产股份权能改革难点的剖析，探寻现阶段改革问题的症结所在，为改革的下一步进行做好铺垫。

（一）改革主体欠主动

改革主体的主动性欠缺主要体现在两个方面：一是在村级集体资产不多，收入不高，可量化确权的经营性资产和可转化经营利用的闲置非经营性资产少的地区，村民认为集体产权制度改革能带来的红利不多，对改革缺乏积极性。

二是一些村组干部认为改革会削减自身的权利，从而产生抵触情绪；有的村干部认为现阶段集体资产总量较小，搞改革需要花费大量的人力、物力和财力，改革没有必要。

（二）股权配置过于简单

在北京、上海等集体经济较为发达的地区进行集体资产量化时，一般按集体经济组织成员身份设置户籍股（人口股）；以集体经济组织成员农龄为依据设置农龄股；并综合考虑城镇化地区农村集体土地非农化的资源增值因素，设置资源股（土地股），共同作为成员参与资产处置及收益分配的依据。同时，北京等地还将股权量化对象，从限定于现有集体经济组织成员发展到把农转居（农村村民由农业户口转为城镇居民户口）、农转工（因征地而失去土地的农民需转向农业以外的其他行业工作）人员和其他脱离集体经济组织的人员也纳入进来，按照劳动贡献进行资产处置，缓解了村集体经济组织内部成员与外迁户之间的矛盾。而调研的试点地区大多只是把本村（组）在册农业人口为集体资产折股量化的基本对象，主要依据成员身份进行配股，股权配置方式比较单一，特别是对农转居、农转工人员，没有视其对原集体积累的差别贡献进行合理补偿，这会在改革中引起较大争议。

（三）股权管理过于封闭

广州市近年来对逐步开放股权做出了积极的尝试，在明确股东实行"生不增，死不减；进不增，出不减"的固化前提下，允许合作社股东的股权可以在本社范围内依法继承、转让、赠送，但股东不得抽资退股；同时积极探索用现金购股方式解决扩股对象的配股问题，并鼓励对新老股东实行有偿配股，逐步扩大有偿配股比例，打破股权的"平均主义"。据了解，深圳还曾尝试开放外部资金进入合作社，探索设立募集股，适当放开募集股比例限制，允许国内外法人、自然人资本进入集体经济组织。这些举措有效促进了股权的进一步资本化、社会化。而调研的试点地区在股权管理上基本都是静态管理，个人股只有分配权，没有处置权，不得退股提现，不准转让、赠送、抵押，一些地区固化管理的合作社股权可以在集体经济组织内部继承。这种相对封闭的股权管理方式，显示出极强的福利性、不完整性，结果是股东只关心分红，股份合作制变相演化为单纯的分配制度，限制了股份合作社的经济发展功能。

（四）组织管理过于呆板

农村社区股份合作社从村经济合作社蜕变而来，大部分合作社组建后都按照规定建立了"三会"治理结构，但改革之初的集体经济股份合作社，由于社会管理职能没有剥离，一般都采用"村社合一"的管理模式。近年来上海市已明确规定撤村建居村进行股改时原则上不再设立集体股，实现合作社与社区职能分开、财务分开，使合作社逐步退出社区服务和社会管理职能。广州市明确规定股份合作社一般不鼓励设集体股，确需设立集体股的，集体股的比例不得超过总股额的30%。调研的试点地区进行集体资产股份制改革之后大多已经不设立集体股，但还是有部分地区将村级资产量化集体股的比例定位在50%以上，用于承担合作社日常管理及社会公共服务支出。这样一来股份合作社兼具经济发展和社会管理的双重功能，这种具有浓重行政色彩的"村社合一"管理方式，虽然在新型股份合作社初创时期起到了带头作用，但过于呆板的发展机制，阻碍了股份合作社接轨市场，成为真正的现代市场经济主体。

（五）发展空间过于狭窄

从调研的总体情况来看，股份合作社运作情况比较好的合作社所占的比例较低，一般集中在集体经济基础较好，区位或资源优势比较明显的村级股份合作社。受土地规划、宏观政策、经济形势等外部因素的制约，股份合作社的发展空间受到很大的局限，大部分社区股份合作社收入来源还依赖于原村域范围内的集体土地租赁和厂房出租，组级股份合作社因资产规模太小或资源限制很少能独立有所发展。另外，随着城市化和旧村改造快速推进，经营性资产如商业用房、专业市场等面临着拆迁的风险。此外，因高额税收问题影响工商注册登记，导致大部分合作社不具备法人资格，影响了农村集体经济股份合作社的生存和发展。

（六）忽视镇级集体资产改革

这种情况主要集中体现在城市发展过程中"城中村""城郊村"的土地被大量征用，农民变成了失地农民，大量农民农转非，村落经历"村转居"的过程。目前的集体资产股份权能改革大多在村组和乡一级，多数地区没有意识到镇级集体资产需要改革。镇级的集体资产还存在归属不清晰、权责不明确的情况。因此，如何理顺镇、乡、村三级集体资产关系，规范镇一级的集体资产管理，推进镇级集体资产产权的明晰化、股权的量化成为上述地区集体经济组织产权制度改革中亟待解决的问题。

三、改革路径设计与制度创新

综合目前集体资产股份权能改革中的难点与障碍，要解决上述问题，必须构建一套完整的具有创新性的制度体系，使得改革中的疑难问题能够有针对性地得以解决。总结各地经验，当前和今后一个时期，中国农村集体经济组织产权制度改革要以保护农村集体经济组织及其成员的合法权益为核心，以创新农村集体经济组织产权制度改革形式为手段，以建立农村集体资产、资金和资源运营管理新机制为要求，建立"归属清晰、权责明确、保护严格、流转顺畅"的农村集体经济组织产权制度，以确保农民收入持续增长。

（一）加快启动集体经济组织立法

目前，我国针对集体经济组织还没有专门的立法，这在一定程度上导致了农村集体经济组织定位不清，权重不明，农村集体经济组织被虚化，在实践中，其职能和权利往往被村委会所取代。一些地区即使进行了集体资产的股份权能改革，成立了股份合作社，合作社的董事会成员往往由村领导兼任。另外，在调研中发现新型集体经济组织成立后不能取得独立的法人地位，新成立的集体经济组织不能作为投资主体兴办企业，不能在工商部门注册登记，这已经严重影响了目前股份合作社的经营。盘活集体资产，引入市场机制激励股份合作社在市场竞争中求发展，拓宽集体经济组织的发展空间，是集体资产保值增值的有效途径。因此，加快制定农村集体经济组织法或相关条例，赋予农村集体经济法人地位，明确其组织形式、职能定位和管理办法是现阶段的当务之急。

（二）落实集体经济组织的税费及相关配套优惠政策

集体经济组织其本质不同于公司，也不同于专业合作社，其承担着社区内集体成员的服务职能和公共开支。因此，按照现代企业制度对集体经济组织征收高昂的税费显然有失偏颇，沉重的税赋将使得集体经济组织运行困难，这将直接影响到集体成员的合法权益。另外，鉴于目前已经出现的改革主体缺乏主动性的现象，改革后新型集体经济组织沉重的税费负担将进一步影响各地方参与集体资产产权制度改革的积极性。因此，落实税收优惠以及其他配套优惠政策对于增强改革主体的主动性，提高新型集体经济组织的运行效率具有现实意义。对于改制为社区股份合作社、有限责任公司的新型集体经济组织在税收上给予优惠，对于其分给集体经济组织成员的股份红利不征或者少征个人所得税。

（三）规范农村集体资产股权管理办法

应尽快出台农村新型集体经济组织股权配置与管理办法等政府层面统一的政策或指导性意见，对人员界定、股权配置、股权结构、增资扩股以及新增资产股份量化等问题做出明确规定。通过多要素相结合的股权配置、更加开放性的股权管理做大做强集体经济，增强集体经济的竞争能力、发展活力和对成员的服务能力。尽快研究出台农村新型集体经济组织收入分配管理办法，对于改制后的集体经济组织收入分配进行规范，逐步缩小集体福利分配的范围。在集体财产权转变为共同持有股份的过程中，集体组织共同的持有股份应分配给集体成员持有。现阶段，集体资产股权设置应以个人股为主，是否设置集体股，归根结底要尊重农民群众的选择，由集体经济组织通过公开程序自主决定。但当一些农村完成"村转居"，集体经济组织的社会性负担逐步剥离后，应当取消集体股以达到产权的明确清晰。另外，应积极建立可视化的网络股权管理平台，为每一位集体经济组织成员设立单独的账户，通过网络可以查询其占股情况和分红情况，同时可以在此平台公开集体经济组织的季度、年度财务情况，更加方便于集体经济组织成员履行其监督职能。

（四）培育和发展农村集体产权市场

建立农村集体产权流转交易市场，是构建归属清晰、权责明确、流转顺畅的现代农村产权制度的重要内容，也是巩固集体产权制度改革成果、赋予农民更多财产权利的重要保障。在加快开展农村集体土地所有权和集体经营性建设用地使用权确权登记颁证，赋予和维护农民和集体对土地应该拥有的财产权利的基础上，积极探索建立农村集体经营性建设用地与国有土地同等入市、同权同价机制，建设农村集体产权流转交易平台。同时，积极探索农民宅基地集约化使用办法，保障农民拥有稳定可靠的资产收益。

第三节 农村集体股份合作制改革的模式①

一、我国农村股份合作制改革的时代背景与现状

（一）时代背景

自改革开放以来，我国农村集体产权制度改革逐渐深入，家庭联产承包责任制已在全国范围内确立，农村集体经济组织继续拥有土地所有权，而本村集体经济组织成员获得了土地使用权。这样一种产权制度安排，本质上虽然没有触动土地归集体所有，但是家庭承包制解决了人民公社制度下农村集体经济普遍存在的"搭便车"问题，从而充分调动起农民的生产积极性，带来了农业生产率的极大提高，成为我国农业和农村经济快速发展的根本动力。然而，随着我国社会经济结构逐渐转变和市场经济快速发展，现有的农村集体产权制度的缺陷逐步暴露出来：一是农民一家一户小规模分散经营，难以适应大市场的需要，无法抵御巨大的市场风险，往往在市场竞争当中处于劣势地位，应用科技水平较低，经营效益普遍偏低，最终阻碍农业和农村经济的进一步发展；二是农村集体资产主体不清与产权残缺，农村集体经济"空壳化"问题凸显，农村集体成员权益得不到保障。特别是近些年，随着工业化和城镇化进程的推进，对土地的需求越来越大，农村土地被大量征用，农村集体资产不断增值，转化为公益性设施的集体资产不断增多，但由于农村集体经济产权不明晰，广大农户对土地的使用权名存实亡，集体成员的经济权益得不到充分保障，导致土地补偿费及农村集体资产收益在分配过程中矛盾和利益冲突不断。

从 20 世纪 80 年代开始，在我国经济较为发达的珠江三角洲、长江三角洲、京津等地区，农村集体资产收益在分配过程中出现了越来越严重的矛盾，广大农户为了维护自身的经济权益，主动进行了各具特色的农村产权制度改革的探索与实践。进入 21 世纪，随着工业化与城镇化进程的加快推进，农村集体产权改革的实践范围逐渐扩大，这充分表明我国农村集体产权制度改革的客

---

① 本节引自 2015 年农业部软科学课题"村庄分化视角下农村集体股份合作改革模式研究"，课题主持人：王静。

观必然性和紧迫性。

（二）我国农村集体股份合作制改革的现状

改革开放以后，我国农村大部分地区实现了家庭联产承包责任制的转变，农村在集体土地上不断积累个人私有资产，以此为基础形成了农村新型合作经济制度，这种合作制逐渐被应用到分化村庄的集体资产股份化改革实践中。关于农村集体股份合作的概念最早可追溯到 1985 年中央 1 号文件——《关于进一步活跃农村经济的十项政策》，文件中明确提出了"股份制合作"。1987 年，国务院确定了广东广州市天河区、浙江温州、山东淄博、安徽阜阳等地为首批农村股份合作制改革试验区，继而农业部又颁发了《农村股份合作企业暂行规定》和《农民股份合作企业示范章程》，对农村股份合作制进行了较为系统的规定，推动了农村集体资产股份合作制改革的实践进程。

20 世纪 80 年代中期，我国农村集体资产股份合作制改革实践起源于广东、浙江和安徽等地，随着这些地方经验的成熟，农村集体资产股份合作制改革在全国范围内逐步推广。总体而言，我国农村集体资产股份合作制改革大致经历了三个阶段：第一个阶段是 20 世纪 80 年代中后期，属于萌芽试点阶段。这一时期广州、深圳等地在全国率先进行股份合作制改革实践，当时主要是为了解决城市化过程中出现的土地被流转、征用所引发的农民对农村集体资产处置矛盾问题。例如，1988 年深圳市龙岗区在乡镇、行政村、自然村三级组织中探索股份合作制改革，其主要做法是在清产核资的基础上，将集体资产折股量化到个人，集体成员根据自然身份分享自身劳动积累的成果，个人股权只参与收益分配，不得退股、转让、抵押和继承。第二阶段是从 20 世纪 90 年代，属于逐步推广试验阶段。广州和深圳的农村股份合作制改革经验逐渐被其他地区借鉴。例如，北京市丰台区在 1993 年进行股份合作制改革实践探索，试点成功后北京市迅速开展改革工作。同时，江浙一带逐步开展以土地股份合作为中心的农村集体资产股份制改革工作。第三阶段是进入 21 世纪以来，属于深化改革发展阶段。这一阶段，在华南沿海经济区、首都经济区等农村城镇化进程快速推进的地区，农村集体资产股份合作制改革迅速发展，并取得了良好的效果。例如，浙江省农村股份合作制改革推进顺利，截至 2014 年 6 月底，全省有 9 523 个村（约占总村社数量的 32%）完成改革，累计量化集体经营性资产 581.4 亿元，界定股东 1 365.3 万人。与此同时，山东、重庆、湖北等经济发展较快的地区，也开始大力推进农村股份合作制改革。全国 23 个省、自治区、直辖市的农村集体资产股份合作改革工作逐步深入展开。据农业部的数据，截至 2013 年年底，在全国 58.7 万个村和 497.2 万个组中，已有 2.8 万个村和 5.0 万个村组完成农村集体产权制度改革，分别占总数的 4.8% 和 1.0%。已经量化资产 4 362 亿元，比 2010 年年底增长了 72.6%，累计股金分红 1 563 亿元，仅 2013 年当年分红近 300 亿元。

当前，我国农村集体资产股份合作制改革进入深化发展阶段，仍然面临着诸多困难和挑战，股份合作制度本身也存在着一些缺陷，如何依据分化村庄的实际情况选择最适合的股份合作制改革模式，进一步明晰农村集体产权关系，促使集体资产利益分配合理化，保障农民的经济利益，是亟待解决的难题，也是本课题主要探讨的内容。

不同村庄的自然资源禀赋、乡村治理机制、村干部的角色定位、农民的非农就业率等条件大相径庭，因此，村庄在这些众多因素的影响和限制下所采取的股份合作制改革模式也差别较大。可分为 4 种类型，具体如下：

村庄类型Ⅰ：此类村庄远离城市市区和县城，受城市化和工业化对村庄的影响很小；集体资产很少甚至没有；农业主要以传统的大田作物为主，土地流转率很低，没有形成农业规模经营；大多数青壮年劳动力外出务工，而妇女和老人在家从事农业生产，农民生活非常贫困；村干部的思想较为保守、组织带动能力较差；改革积极性不高，过度依赖基层政府改革创新。例如河北省承德县石灰窑乡小范杖子村。

村庄类型Ⅱ：此类村庄远离城市市区和县城，受城市化和工业化对村庄的影响较小；有少量的集体资产；传统农业和现代农业并存；村干部组织带动很强，并且愿意带领村民发家致富；通过村干部的带领和村庄原始积累，再加之上级政府的扶持政策，形成了具有特色的主导产业，其中合作社在发展特色农业或现代农业中发挥了极大的作用；虽然农民对集体产权制度改革的意愿不强烈，但在村干部和基层政府的大力推动下，村民的改革意识不断增强。例如，山西永济市虞乡镇北梯村、天津宁河区岳龙镇小闫村和浙江省嘉兴市南湖区大桥镇云东村。

村庄类型Ⅲ：此类村庄地处城市郊区或位于经济发达地区，受到城市化和工业化的辐射；村庄内有少量的工业企业和家庭作坊；农民的非农化程度很高，仅有少量的老人从事农业生产，而且绝大多数农民实现了就地城镇化；土地流转率很高，一般在80％以上，合作社或村委会一般仅充当土地流转的中介，而对农业生产经营几乎不发挥作用；农民主要依靠工资性收入和非农经营收入实现小康生活；政府和村民对农村集体股份制改革的意愿较强，但并非解决收益分配矛盾，而是出于有效保护产权的目的。例如，浙江省嘉兴市秀洲区王江径镇大坝村、河北省承德市双滦区肖店村。

村庄类型Ⅳ：此类村庄地处城市市区，其充分利用区位优势和良好的交通条件，大力发展工业或商贸业，靠物业经济给集体带来了丰厚的收入，随着土地价格的不断攀升，集体资产迅速增值；村庄绝大多数土地已经被征用或转为非农建设用地；农民几乎都在二、三产业就业，股份分红、房屋出租和工资性收入成为农民的主要收入来源；农民生活富裕，社会保障较齐全，基本实现了农民的市民化；集体资产增值收益在成员间的分配长期混乱，不同利益主体间矛盾激烈，村民对集体股份制改革意愿强烈。例如，浙江省温州市洞头区北岙街道、浙江省温州市鹿城区广化街道、山东省淄博市博山区域城镇南域城社区、天津市宝坻区海滨街道王庄子村、北京市昌平区东小口镇白坊村、广东省佛山市南海区平东社区、福建省厦门市湖里区殿前街道马垅合作社。

（三）农村集体股份合作制改革存在的问题

虽然调研4类村庄在集体特征、农户特征、村干部特征和改革特征等方面差异很大，但是在农村集体股份制改革过程中都面临着法律和政策欠缺、股份合作组织运营和管理、股权权能残缺等方面的问题，主要表现：

1. 法律和政策问题

本政策和大政方针，对实际工作的指导缺乏可操作性。国家立法的缺失、政策的可操作性差、缺乏有效的强制力、配套制度和政策的不完善已经成为制约股份制改革的最大障碍。

（1）股权性质和股东权益不明。

股东资格界定存在可变性。目前，没有文件对股东资格界定做出明确的规定，这一产权制度改革的核心问题完全依赖村庄的本土规则来制定。最终均衡的产权制度是在户籍、土地、婚姻的基础上，不同主体在地缘、血缘、村规民约等复杂因素的影响下进行的多方博弈均衡的结果。然而，随着农村工业化和城镇化进程的加快，村庄本土文化也随之发生转变，再加之股东社员的更替使得利益主体间势力发生改变，多重因素的变化势必导致重新对股东资格和其权利进行界定，这种非固化的股东成员及权利，极易陷入重复制度创新困境。

股东权利不明。股权是私人财产还是公共财产的一定份额，股权流转是指股权收益的流转还是原股东的所有权利。以继承为例，有的村庄允许继承，有的不允许继承。不允许继承实际上就认为股权并非私有产权，而是作为生存者的社区福利；允许继承在肯定股权属于个人财产的同时，其股权对应的选举权和被选举权是否随股权而转移，如果可以转移的话，那么选举权和被选举权又是否可以分割。因此，由于相关法律法规的缺失，导致农村集体股份产权混乱，而这些问题无法通过现有的村庄自治来解决，所以，需要政府制定相关的农村集体股份合作制条例规定股权的性质以及相应股东权益。

股权登记制度欠缺。调查发现，完成股份制改革的村庄基本已经将股权证下发到农户，完成了产权最基本的确权颁证，但是，股权的登记机构是谁、股权如何进行变更登记、股权纠纷如何解决等深层次产权登记问题并未涉及。

（2）配套的改革政策欠缺。

税收政策。村集体股份制改革后按照企业法人进行登记，登记后要缴纳房产税、租赁税、土地使用税、红利税等 12 项税费，高额的税收大大增加了股份经济组织的负担，降低了股东的分红收益。因此，由于税收的原因，股份合作组织大多有意回避企业型股份合作制这一组织形式，而采取社区股份合作模式。所以，政府在财税方面缺乏对处于弱势地位的股份合作组织的支持，制约其向现代企业的转型。

确权颁证政策。在调研的村庄中，绝大多数村庄并未进行土地使用权的确权颁证。土地确权颁证与农村的股份制改革是"两套人马、两个政策"，而确权办证是集体股份制改革的基础和前提，很多村庄急于在短时间内完成股份制改革，仅按照村庄自治的标准直接颁发了股权证，而股权设置缺乏相应的政策和法律依据。一旦股份制改革与确权办证出现偏差时，将进一步造成产权混乱。

城乡统一的建设用地市场。集体资产股权大多以存在的土地为核心，而集体土地价值的大小，很大程度上取决于土地交易的市场范围。城乡二元的土地市场造成了集体土地权能残缺。虽然党的十八届三中全会以来多次提出要建立城乡统一的建设用地市场，但缺乏具体的政策和操作办法，城乡土地市场"同地、不同价、不同权"的现象依旧没有改变。集体土地权能残缺直接导致农村集体股权的权能残缺。

撤村建居政策。撤村建居不仅仅是一项村庄行政管理体制的改革，更是农民市民化和村落终结的过程，更意味着产权制度改革从重复博弈走向最终均衡。只要没有撤村建居政策的实施，村庄的产权制度改革就不断在均衡、博弈、新均衡间徘徊和循环。

2. 股份合作组织运营管理问题

（1）股份合作组织的治理机制。目前，几乎所有的社区型、企业型股份合作组织和部分土地股份合作社都设立了股东代表大会、董事会和监事会，并且在组织章程中明确规定了他们各自的职能，表面上看形成了"三会四权"制衡的管理机制，但实质上代理人独断、委托人虚置的治理困境并没有改变。

监督机制。股东代表大会、监事会作为董事会的监督机构无法充分履行职责，造成股份合作组织内部管理机制缺失。这主要源于：一是为了追求社区成员间的公平，集体资产股份采取平均分配，由于每个股东的股份较少，股东参与自主监督的意识很弱；二是委托人处于信息的劣势地位。在信息不公开和管理不透明的情况下，委托人很难了解集体资产的管理和经营情况，导致股东个人对代理人的监督成本极高，再加之委托人数量众多，不监督的农户"搭便车"心理普遍存在，最终导致集体监督行动失效。

在内部监督流于形式的情况下，外部监督仍然无法发挥作用。在农村产权制度改革过程中，在缺少统一法律法规的情况下实行的是"一村一策"政策，这使得改革在很大的弹性范围内依靠村民自治来完成，并未授予上一级政府监督和管理的职能，而且，由于法律法规的缺失使得侵害股东权益的违法行为出现时，地方法院往往因无法可依而无法受理。

决策机制。虽然股东可以利用选票通过股东代表大会履行自己对集体资产的重大决策、经营方式以及董事变更的权利，但是，由于普通股东信息的缺失，使其无法对经营者做出客观正确的评价，造成股东以股份分红多少作为评价经营者的唯一依据，有的地区甚至出现用钱买选票的现象，这些现象的发生都表现出农民决策的短视性和利益性。

激励机制。集体经济组织代理人需要从事大量集体资产运营和管理的工作，却无法获得相应的劳动报酬，仅能得到和普通村民相同的股份分红，这种一味要求奉献的"委托—代理"关系本身就违背了市场经济规律。对"代理人"激励机制的缺失，导致其干好干坏一个样，谋取利益与甘于奉献一个样。同时，"代理人"作为集体资产的经营者所承担的风险极低。"代理人"以集体的名义作出决策，但承担决策后果的是众多分散的股东，而非"代理人"本人。因此，在绩效考核机制缺失的情况下，"代理人"暗箱操作实现自身利益最大化成为其理性的选择。

目前，村庄治理机制的转型远远落后于村庄经济的转型，绝大多数的股份经济组织实质只是虚拟的股份合作制，改革仅停留在浅层分配制度的变化，并未涉及治理机制的改变，村庄精英过度使用、权利过度集中所带来的道德风险缺乏有效的监督和治理。

（2）集体资产经营方式。纵观社区型和企业型股份合作制的村庄，其农村集体经济主要利用农业土地、建设用地、物业出租这种比较单一的"三出租"经营形式，集体经济的增长主要依赖于增加土地资源消耗的物业租赁[①]。集体的物业类资产主要以标准厂房、沿街店面、市场、仓库、公寓、写字楼等形式存在，集体经济经营方式单一且固化，收入严重依赖土地这一不可再生资源。这种依赖物业租赁的集体经济其本质是获取因区位条件所带来的土地级差地租，随着土地价格上涨放缓、租赁市场日趋饱和以及政府对农地转用和规划用途的严格限制，集体经济的增长空间和可持续发展受到限制。同时，这种集体资产经营模式适用范围狭窄，仅适用于极少数的城中村和城郊村，并不适宜在广大的农村地区推广。

（3）集体资产改革不彻底。调研的村庄中只有北京白坊村将全部资产进行量化，而其余的 12 个村庄均只量化了部分资产，资产量化不彻底意味着未量化的资产还要再次进行产权制度改革，而改革制度的安排将随着村庄社会环境、经济环境、人文环境的变化而发生改变，多次改革制度[②]的差异将导致多方利益主体的矛盾更加多样化和复杂化。同时，集体资产主要由土地资源转化而来，而集体土地交易在受到限制的情况下，其价格严重偏离价值，造成集体土地价格评估非常困难。因此，在集体资产价格评估困难、资产量化不彻底的情况下，多次制度改革容易造成利益主体矛盾的不可协调，最终导致改革失败。

（4）股份合作组织目标的多重性。在城乡二元的制度背景下，村"两委"不但承担着村庄行政管理、公共服务、社区公益事业的职能，还要承担基层政府"代理人"和发展集体经济的职责，一直以来复杂的行政关系与村庄自治和

---

① 刘愿，农民从土地股份制得到什么？——以南海农村股份经济为例，管理世界，2008（1）：75-81。

② 农村集体产权制度改革研究"课题组，中国农村组织研究"创新工程项目组，温州市农村产权制度改革：特点、问题与改革方向，经济研究参考，2014（27）：3-10。

集体经济发展混为一体。虽然随着地缘优越的近郊农村的集体经济不断发展壮大，对产权更加清晰的股份制制度有强烈的要求，但是，股份合作制改革后，村"两委"干部仍然兼任股份经济合作社的董事长和总经理，"三套班子、一套人马"的经营管理模式并没有改变，使得改制后的股份经济组织重新承担起社区管理和经营管理的职责，在多重职责和管理目标的约束下，难免出现权责不明、政企不分。调研的村庄中，仅有已经进行股份制改革多年的佛山平东社区刚刚实行居委会与集体经济组织分开管理，而温州洞头区北岙街道、温州鹿城区广元街道、厦门马垅合作社和淄博南域城社区4个村庄尽管已经进行了村改居，但股份合作组织职能多样化、领导身兼数职并未发生改变。

3. 股权权能残缺

完整的产权意味着所有者拥有排他的使用权、自由的支配权和收益的独享权，其中对财产的最初使用和最终处置的自由支配权标志着实际权利行使的大小[1]。集体资产股权作为一项独立产权应当具有的3种基本权利框架，即决策控制权、独立处置权、收益权。决策控制权指股东或股东代表具有选举权和被选举权、经营管理权和监督权；独立处置权表现为股权流转权，主要指在社区内部的转让权、继承权、赠予权。收益权主要指获得分红、认购新增股本、优先购买转让股份、分配剩余财产等权利。

股东决策权缺失在前面决策机制中已经详细分析过，在这里就不一一赘述了。股份是以福利的形式无偿地分配给每个社区成员，因此，股份合作组织为了避免社区利益的外溢，往往严格限制股东的独立处置权，主要体现：

（1）退出。在股份合作制中，股东因合作而对其他股东产生强烈的依赖，这种依赖性决定了股东的退出会带来其他股东的损失，因此，股份合作组织在成立之初就严禁股东退出。但同时，退出是每个股东对股份合作组织的经营管理而采取"用脚投票"的权利，也对股权优化起到促进作用，是农民财产自由流动的必然要求，是地权转化为股权、股份合作组织代替农户激励效应相对应的有效约束。而目前，股权退出机制的缺失以及经营管理层的固化导致集体资产在缺乏投票、缺乏竞争的环境下低效率运行。

（2）进入。在股份合作制中，仅限于组织成员内部人才和资金的介入，而将外部的人才、资金等优质资源排除在外。这种有限进入权在保护集体收益外

---

① 苏晓敏，广东农村土地股份合作制的效率与公平研究，北京：首都师范大学，2013。

溢的同时，也将集体资产放置在狭小空间内运行，导致村庄精英过度使用、缺乏激励机制、经营管理人才匮乏、集体资产经营方式单一等问题接踵而来。

（3）继承和转让。调研的所有村庄都规定股权仅能在集体经济组织成员内部转让，交易被人为地限定在狭小的市场范围内，造成股权转让无法实现最高的市场价值①。同样的限定也存在于股份的继承权，静态和相对静态管理股权继承一般被限定在集体经济组织成员内部，而像肖店村和南域城社区这种动态的股权管理模式一般不允许股权继承。继承权是个人财产的基本属性，如果不能完全继承原集体经济组织成员的股权，也是在否认股权的个人属性。

（4）抵押融资。由于股权权能不完整，使得其无法作为抵押物而进行融资，虽然少数地区进行了股权抵押融资的试点，但几乎都面临着因相应的法律法规缺失而导致股权抵押物变现困难，金融业作为市场经营主体承担着巨大的违约风险。因此，股权在现有产权制度安排下，无法作为抵押物而获得金融机构的贷款，股权抵押融资仅限于政府推动下的小范围试点，无法对广大的股份合作组织实施。

股东的收益权往往因集体经济组织职能和目标的多元化而无法享受到完全的股份收益，主要表现在：

集体经济组织承担了社区公共服务职能。股份合作组织中，往往从集体收益中提取一定比例的公积金和公益金，用于社区公共设施的建设以及集体经济的发展。

集体经济组织为平衡各利益主体间矛盾而支付的协调成本。调研的广化村三次征地时间跨度大、补偿安置标准不统一，为了协调各种户籍已经离开村庄但对集体资产有诉求的各类对象，将各类人群分为补偿对象和量化对象，2003年该村提取6 500万元补偿给原村民。佛山平东社区也存在同样的情况，对于外嫁女等曾经的原村民被排除在社区成员之外，但村集体为了规避各利益主体间的冲突和矛盾，这些非社区成员虽然不享受股份分红但仍然享受社区福利。因此，村集体通常为了降低产权制度改革的成本，往往采取规避风险和矛盾的做法，而给予非社区成员相应的经济补偿或社区福利。

集体经济组织不依据改革方案分配收益。有些集体经济组织迫于政府产权

① CHEUNC, STEVEN N. S, The structure of a Contract and the Theory of a Nonexclusive Resource, Journal of Law and Economics, 1970, 13 (1): 49-70.

制度改革的压力，表面上完成了改制而实质上仍依据原有标准分配集体收益。

因此，由于集体经济组织各职能、目标间存在的冲突与矛盾，集体经营者通常利用集体收益来化解这些冲突和矛盾，造成社区股东不能享受到全部集体收益，极大地侵害了股东收益的独享权。

二、不同股份制改革模式的优劣势与适宜条件

（一）土地股份合作社

土地股份合作社是经济发展水平一般的广大村庄最常用的股份制改革模式，该模式可分为自主经营型土地股份合作社和外租型土地股份合作社两种。

1. 自主经营型土地股份合作社

（1）制度优势。自主经营型土地股份合作社通过土地的高度集中、资源的优化组合，充分实现农业的规模化、特色化、科技化。其制度优势主要表现：第一，有利于土地资源的优化配置，实现农业规模经营，提高了农业的机械化和科技化水平。土地入股后，由原来以家庭为单位的分散经营转变为以合作社为单位的集中经营，农业的规模经营使得机械化得以推广，农业科技成果得以应用。第二，将资金、技术、人才吸引到农村，重新将各种生产要素优化组合。目前，在农业比较利益低下、农民增收困难的情况下，农村大量的资金、技术、人才在经济利益的驱动下流向了城市，农业成为各种生产要素贫瘠群体的无奈选择。通过土地入股合作社，集中连片的土地增加了生产要素的获利空间，资金、技术、人才等一部分生产要素必然向农村流动。这些生产要素在以市场为导向、以项目为支撑下重新进行优化组合，以掘取更高的经济收益。第三，促进农业产业结构调整，推动农业的规模化、标准化、品牌化经营，推进高效特色农业的发展。土地入股后，土地股份合作社成为农村各种生产要素的聚集地。在资金、技术、人才、土地多种资源的支撑下有利于引进优秀的人才、采用先进的生产技术、标准化管理和品牌营销，这些要素共同推进农业产业结构调整。

（2）制度劣势。自主经营型土地股份合作模式在具有明显制度优势的同时，也将农业的劣势集于一身。在农业增收出现瓶颈和自然风险、市场风险的双重作用下，土地股份合作社仍然没有改变农业高风险、低收益的特性。虽然

土地集中经营后，土地股份合作社开始由传统农业向现代农业、由劳动密集型向资本、技术密集型转变，经济效益有所提高。但是随着土地流转费、劳动力价格、机耕费的不断攀升，农业生产成本大幅度上升，土地股份合作社由原来的高风险、低收益转变为高投入、高风险、低收益。土地股份合作社效益欠佳导致入股农民分红很低，农民的基本生活和就业保障受到侵害。

（3）适宜条件。第一，从北梯村的自主经营型土地股份合作模式不难看出，能人带动是这种模式运行的前提条件。一般农民由于受知识水平、信息收集和与外界沟通能力等因素的限制，很难组织和运行该模式。村庄能人不但具备专业技术知识、较高的内部组织协调能力和对外交往能力，而且还乐于帮助农民发展特色产业项目。他们大多长期在村庄生活，对村民和村集体有深厚的感情，并且懂经营、善管理，这种稀缺的能人决定了该模式仅适用于极少的村庄。第二，有市场发展前景的特色项目。通过引进有市场前景的特色农业项目，吸引外部的资金、科技与人才参与土地股份合作社经营，从而发展壮大集体特色产业，最终实现农民增收、农业增效和农村的可持续发展。

2. 外租型土地股份合作社

外租型土地股份合作社是很多不具备自主经营型村庄的最佳选择，也是目前最普遍的产权制度改革模式。

（1）制度优势。第一，操作简便、收益稳定。将农民的土地流转给种植大户、家庭农场、农业龙头企业等新型经营主体，以合同的形式确定土地收益以及收益增长机制。在这种模式中，农民并不参与实际生产经营，只是将土地外租而获得稳定的租金收入。第二，保留土地承包经营权，使农民从土地中解脱出来，专心从事二、三产业，以获取更高的工资性收入。第三，通过土地股份合作社将土地流转给更高层次的投资者，获取较高的租金收入。通过土地股份合作社流转给拥有更多资金、技术、项目、人才的投资者，他们投资的农业项目大多收益较高，因此，农民可以从土地获得较高的租金，有的甚至超过自己耕种的收益。

（2）制度劣势。第一，土地流转合同期过长，导致农民长期无法收回土地。新型经营主体流转土地后，一般要进行长期投资，希望流转的期限越长越好；同时，作为中介的村委会，也希望流转期限长些，这样减少了多次的谈判成本，所以，造成土地流转期限普遍较长，而整个流转期内农民都无法收回土地。一定程度上，弱化了承包地作为农民最后生存保障的功能。第二，资本侵蚀土地承包经营权。2013年中央1号文件鼓励和引导城市工商资本到农村发展适合企业化经营的种养业。工商资本进入到农地流转中，迅速与政府部门的资本相结合，资本的逐利性与乡村政治精英的寻租性合为一体，农地流转逐渐从小规模自发流转转变为政府主导的大规模强制性流转，而农民土地承包经营权被工商资本和乡村政治精英所侵蚀。大规模的农业土地如果用于种植大宗粮食作物，其收益并不比小规模精耕细作高，甚至不足以支付地租。因此，大规模农地转向了非粮化，甚至非农化。第三，土地流转价格被人为扭曲。土地流转价格是流出方和受让方双方通过协商确定的。而政府主导的土地流转是地方政府先与企业谈好价格，再说服农民接受，违背了市场定价机制。

（3）适宜条件。大量农村劳动力向非农产业转移，土地流转率高是外租型土地股份合作模式的前提条件。除此之外，几乎没有其他限制性条件，因此，这种模式适宜在广大农村地区推广。

（二）资产量化型股份合作制

资产量化型股份合作制改革使原来农村集体资产抽象的"共同共有"变为集体经济组织成员的"按股所有"，并且量化的股权以股权证书的形式长期固定下来。这种清晰的产权制度广泛应用于经济发达地区的集体股份制改革。按照集体经济组织是否自主经营集体资产，将资产量化型股份合作制分为自主经营型股份合作制和非主经营型股份合作制。

1. 自主经营型股份合作制

（1）制度优势。第一，产权清晰化。明确了集体资产的所有者。一直以来，农村集体资产归集体所有，但集体是村委会、村民小组、乡政府还是其他集体经济组织并不清楚，因此，集体资产所有者长期处于虚置和混乱的状态。农村集体股份制改革后，通过清产核资摸清了集体资产的数量和结构；通过股权量化，每个集体经济组织成员知道了自己在集体资产中所占有的份额，解决了集体资产所有者模糊不清和集体福利随意变动的现象。集体资产所有者的明确进一步促进村民履行其相关的权利和义务，一方面，村民作为集体资产的股东，更加关心集体资产的经营和管理，采用一人一票的方式参与经济活动的管理和决策中；另一方面，村民处于自身经济利益的考虑更愿意履行对集体资产管理者的监督、参与社区劳动以及壮大集体经济的义务。理清了集体资产产权关系。在明确集体资产所有者的基础上，进一步理顺了集体经济组织的产权关系，落实集体资产的经营权、管理权、收益权和处置权。通过一系列完善的规章制度，建立股东代表大会、董事会、监事会三会的权利制衡机制，股东则通过"投票权"控制股份经济合作组织的各项权能。主要表现在股东通过选举产生集体资产的经营管理者；通过审议和批准的方式参与集体资产的投资决策、收益分配、管理制度的制定和修改；通过村务公开制度，及时掌握集体资产收益、支出、负债等财务状况的动态变化。第二，集体资产管理运营规范化。监督机制。集体资产经营管理者作为代理人不但接受监事会的监督，还要接受每一位股东的监督。监事会成员要对集体资产日常的经营管理工作进行监督，而且监事会成员间又构成了互相监督机制。除此之外，因为集体资产经营的好与坏直接与每一个股东利益直接相关，股东出于自身经济利益考虑而随时监督集体资产的动态变化。在监事会、股东的层层监督下，管理者更加注重个人形象、廉洁自律，会议费、招待费等非生产性支出大幅度下降。收益分配机制。过去集体资产收益大多以社区福利的形式进行发放，发放多少、发放给谁、福利怎么组成完全由几个村干部决定，而普通村民只能接受村里的决定。股份制改革后，集体收益分配的顺序、数量，每个村民的股份份额、股权结构、股权权益界定都非常清楚，形成了一套完善的收益分配体系。决策机制。股份合作制的组织机构由股东代表大会、董事会、监事会组成，每个组织分别存在不同层次的委托——代理关系，也就拥有不同层次的决策权。第一层次是股东代表大会，是股份合作组织最高权力决策机构；第二层次是董事会，执行股东代表大会决策、制定集体资产年度计划、发展规划；第三层次是董事长，对股份组织的日常经营管理进行决策。第三，农村政治制度民主化。股份制改革后，明确了集体经济组织成员间的利益关系，引入了民主管理、民主监督、民主决策机制，改善了普通股东的民主政治地位。股东通过投票的方式发表自己对集体经济组织重大决策的意见和决定，成为集体资产的实际控制人，改变了过去事事村干部做主，村民不知情的状况。

（2）制度劣势。资产量化型股份合作制在推动农村工业化、城镇化、民主化、市场化的同时，其内部治理机制和外部的法律政策并未随之发生变化，出现了内外部共同制约集体股份制改革的情况。

第一，难以在各利益主体间寻求均衡的制度安排。一般村庄除原社区成员外，存在外嫁女、上门女婿及其子女，以及在校大学生、知青、外迁户、服刑人员、独生子女户7种特殊群体。资产量化型股份合作制主要存在于农村工业化和城镇化程度较高的经济发达地区，这些地区大多经历了土地征用，而这些被动城镇化人口仅带走了少量集体资产，大量集体资产以及之后的增值收益都留在原集体经济组织，这部分人是否应该享受股份，如果享受的话应该享受多少。可见，相关利益主体种类众多，并且集体收入如何在这些利益主体之间进行分配并没有一个统一的规定和依据，完全依赖合作困境下的各利益主体间的博弈。这种股份收益分配的主观性和随意性很难在各利益主体间做出长期而稳定的制度安排。

第二，相关法律、政策欠缺与执行力弱化同时并存。一是农村股份合作组织的法人地位缺失。农村股份合作组织这种既非合作制又非股份制的组织形式，既不满足有限公司50位登记股东的要求，又与《农民专业合作社法》中关于农民专业合作社的定义和经营范围不同，这种法律身份的缺失造成了股份经济组织不具备独立的市场行为能力。二是虽然一些地方政府对"外嫁女"等特殊群体的股东权益做出了相关规定，但对股份经济组织的约束力较差。广东佛山南海区出台了《关于推进农村两确权，落实农村"出嫁女"及其子女合法权益的意见》，明确提出股权配置要贯彻男女平等的原则，可是在实际操作中，政府很难约束股份经济组织的行为，各种意见和办法形同虚设。三是股权流转的限定与我国的相关法律相矛盾。按照《物权法》和《继承法》的相关规定，股份经济组织成员手中持有的股份应属于个人合法财产，可以依法继承和转让。但是，几乎在所有的股份经济组织都限定了股份继承和转让的条件，有的甚至不允许流转。股份制改革过程中，当村规民俗与现行法律法规相冲突时，往往前者凌驾于后者之上。

第三，内部治理结构难以适应农村集体股份合作制的要求。虽然资产量化型股份合作制从形式上建立起股东代表大会、董事会、监事会，形成了所有权、决策权、经营权、监督权制衡的管理机制，但实质上仍然沿用着原有的村庄治理机制。调研的样本村中，除佛山平东社区实现居委会与股份经济合作社行政事务与集体资产分开运行外，其他村均为村委会（居委会）与股份经济合作社交叉任职，政企不分、"内部人"控制和精英牟利的现象依然普遍存在。

第四，股权设置较为复杂多样，部分股权产权不明晰。虽然在一些股份制较为成熟的地区已经用公积金和公益金取代了集体股，但无论是哪种形式都存在产权主体不明确、产权权益难以保障。除此之外，从样本村的股权设置可以看出，个人股设置非常复杂，有的分为优先股和基本股，基本股又分解为户籍股、劳龄股、独生子女奖励股、经营风险股、募集股等股权，而不同类型股权的股东资格以及股权流转的条件均不相同，造成了股权设置过于复杂，实际操作难度较大。

（3）适宜条件。资产量化型股份合作制大多发生在城镇化和工业化程度较高的农村地区，这些地区二、三产业发展迅速，农业人口大量转移，土地增值收益是集体经济发展壮大的基础和源泉。

第一，民风比较正、村级领导班子战斗力强、干群关系和谐，是确保改制顺利完成的前提条件。没有这些很难平衡各相关主体的利益诉求，很难协调个人利益与群体利益、短期利益与长期利益之间的关系。

第二，有可量化的经营性净资产。实行资产量化型股份合作制的地区大多为即将城镇化和农村工业化的地区，有的甚至已经实现了城镇化和农村工业化。他们面对农村劳动力非农化、土地资产不断升值或转为货币资产的情况，充分开发和利用土地资产或货币资产，不断发展壮大集体经济。有可量化的集体资产和稳定的集体收益是农民入股股份合作组织的物质基础，也是其股份分红增长的物质保障。

第三，村民有改革意愿，愿意进行集体资产改制。村集体资产的增加和村民维权意识的增强，使得原有模糊的产权分配方式已经不适应新形势的变化，这要求有产权更加清晰、收益分配更加完善和规范的新制度产生。村民对收益分配制度变革的强烈需求是农村股份制改革最重要的动因。

第四，集体经济组织自主经营集体资产。自主经营型股份合作制最大的特点是集体资产主要由股份经济合作组织自主经营，很少投资于其他控股企业。所以，这种类型的股份合作组织大多有自己的主导产业，能够自主进行资本经营。

2. 非自主经营型股份合作制

（1）制度优势。非自主经营型股份合作制在我国农村集体股份制改革中并不常见，但却为缺乏自主经营条件的地区提供了一种可借鉴的改革模式。这种模式为缺少管理经营经验和项目的村庄来说，提供了资产保值和增值的渠道。以承德市小范杖子村为例，北京三融公司与股份合作社签订合同时约定，使用资金的利率在银行基准利率到12％之间，具体利率取决于北京三融公司当年的经营状况。参股北京三融公司的年收益率明显高于银行的定期存款利率，在扶贫资金得到保值增值的同时也增加了农民收入。

（2）制度劣势。股份经济合作组织并不参与参股企业的经营和管理，很容易出现参股企业隐瞒盈利状况，人为减少给股份经济合作组织的资金分红，从而损害了农民的利益。另外，一旦参股企业经营出现亏损，可能造成村集体的参股资金无法收回。所以，这种股份制改革模式重点是建立股份经济组织参与企业经营管理和财务分配的监督机制。

（3）适宜条件。这种模式适宜于有一定资金，但没有自主经营项目，缺少懂经营、善管理的能人的村庄。

（三）企业型股份合作制

这种股份制改革模式虽然产权制度改革比前两种模式更加彻底，但是因为改制后的企业大多从事非农业生产经营，需要承担较高的税收，而其他制度特点与资产量化型股份合作制并无两样，因此，这种模式因为加大了企业的税收负担而很少被集体经济组织采用。

三、基于村庄分化的股份合作制改革路径

村庄在社会经济发展出现分化的背景下，采取统一的集体股份合作制模式和路径显然不合理。下面结合不同类型村庄股份制改革所面临的制度和环境约束，提出差异化的集体股份制改革路径。

（一）村庄类型 I 的股份制改革路径

这类村庄代表了中国中西部经济欠发达地区的广大贫困村庄，其改革的重点应该放在确权确地和农村特色产业的发展。这些村庄以传统农业为主，经济收益非常低，集体经济发展缓慢，青壮年劳动力大量外出务工，农村的妇女化、老龄化非常严重，使得农村经济更显凋零，村庄的集体资产主要为土地资源。因此，这类村庄首先要进行确权确地，在确权确地的基础上进行确权确股；同时，政府应对该类村庄在资金、政策、项目等多方面扶持，培养市场经济意识和组织带动能力强的村干部，鼓励村镇领导带领农民走统一特色经营的道路。

改革的重点是将非自主经营型股份合作模式改变为自主经营型股份合作模式，主要路径为发展集体内合作化企业化道路、集体间合作化道路和集体与农企合作化道路。第一，集体内合作化企业化道路。在基层政府引导、村干部带

领下，充分挖掘本地优势资源，利用土地股份合作组织统一生产经营销售活动，走特色化、品牌化道路；第二，集体间合作化道路。利用土地资源丰富、劳动力廉价的特点与特色农业或现代农业发展较好的集体经济组织，开展合作经营和合作开发；第三，集体与农企合作道路。促进集体经济组织与农企合作，利用资源优势招商引资，走高端化、科技化道路，培育高效特色农业。鼓励和支持涉农企业与集体经济组织通过股份方式开展有关资金、资源的合作。

由于发展路径的差异，长期股份合作组织将出现分化。走集体内和集体间合作化道路的股份合作组织将转变为农业专业合作社，走企业化发展道路的将按照前面建立产权清晰的收益分配制度、建立新型的乡村治理机制、完善股权权能和公司化改造4个步骤最终转变为农业企业。

（二）村庄类型Ⅱ的股份制改革路径

村庄类型Ⅱ主要分布在大城市的远郊区（县）或中西部经济发展水平一般的广大农村地区。村庄类型Ⅱ在村庄类型Ⅰ的基础上，完成了传统农业向现代农业的转型，前者无论在农民收入、集体经济、村干部带动还是主导产业培育等方面都优于后者。这种类型的村庄一部分有技能的青壮年劳动力选择外出务工，获得更高的工资性收入，而没有技能的劳动力、妇女和老人则在家从事现代农业或特色农业的生产经营。

这种类型村庄集体股份制改革的重点，首先，进行资源资产的资本化和市场化改革。利用村庄的技术、资源、人才等生产要素，通过多种形式与外部优势资源合作经营，进一步整合内外部各种生产要素，提升现代农业和特色农业的发展水平；其次，开展土地确权颁证。确权颁证采取确权确地，在确权确地的基础上进行确权确股；最后，拓宽农地的转包、租赁、入股、继承等权利，完善土地的物权属性，探索以土地制度为核心的产权制度改革。

村庄类型Ⅱ最终的组织形式和村庄类型Ⅰ一样，一部分将回归农民专业合作社，另一部分将发展成为农业企业，最终股份合作组织消失。

（三）村庄类型Ⅲ的股份制改革路径

村庄类型Ⅲ主要分布在城市周边或邻近工业园区的农村地区。这类村庄周边工业较为发达,农民大部分在附近工厂务工,其主要收入来自工资性收入和非农经营性收入,农业收入占家庭收入的比重较低。这类村庄股份制改革的重点:第一,撤村并社、户籍制度改革、城乡统一建设用地试点改革。村庄类型Ⅲ中大部分农民已经实现城镇化,但由于配套改革制度不完善,使得他们无法享受城镇化成果。首先对该类村庄进行户籍制度改革试点,使农民享受到城市居民的社会保障;其次撤村并社和村改居。撤村并社使新的股份合作组织能在更大范围内整合各类生产要素,实现规模报酬递增;村改居可以剥离集体经济组织的公共管理职能,使其专心投入到集体经济发展中。第二,实行政经分离,以现代企业的形式重构独立的集体经济组织,保证集体资产能够保值增值,有能力的农村地区要加快产业结构升级,集体经济组织以独资、合资、参股等形式兴办现代企业。第三,形成并固化农村集体成员的集体收益分配方案,以契约的形式明确村委会、集体经济组织、村民、企业等主体的权利构成,保障全部集体成员都能享受到被资本化的资源。

(四)村庄类型Ⅳ的股份制改革路径

村庄类型Ⅳ主要是在东部沿海地区和大城市周边。第一,应在"成员权"的基础上,明确集体成员享有的各项权利,确定集体资产收益的分配方案,推进政经分离,对于集体实力较强的集体经济组织,要加快向现代企业的转变。第二,考虑撤村建居后的新形式,拓展集体产权的结构。农村转变为社区后,农民转变为市民,对农村土地等集体资产的依赖降低,农村变为了城市,其所肩负的维护农村社会稳定、生态环保的职能也消失,在这种制度环境下,可以考虑集体产权的对外转让和集体资产的市场化经营,利用市场配置集体资源可提高集体资产的收益效率,在改革中要朝着这个方向拓展产权功能。第三,积极发展混合所有制经济。要充分利用股份合作经济组织拥有集体土地使用权的特点,加强对集体建设用地的使用指导,逐步打破区域封闭的格局,推进高起点、大范围、宽领域的股份合作,让集体资产参股国有资本、非公有资本,大力发展混合所有制经济,实现投资主体和经营方式的多元化,全面提升集体资产和土地的产出效率。

综上所述,农村集体股份合作制改革是一项涉及众多领域的系统性工程,现代企业管理制度要想嵌入到传统的村庄,需要经过建立股份经济合作组织立法、建立新型的乡村治理机制、完善股权权能和集体经济组织的公司化改造 4

个阶段，农村集体经济组织才能真正成为拥有法人治理机制的现代化企业。

实行农村集体股份合作制改革 30 多年来，确实在明晰集体产权、发展集体经济和规范集体资产等方面做出了突出的贡献，但这一制度变迁对外部的制度环境、经济环境和政治环境有非常苛刻的要求，决定了农村集体股份制改革仅适用于有一定的集体资产并且能够产生稳定经济收益、收益分配矛盾突出的村庄。建议充分认识农村集体股份制改革的约束条件，不要盲目开展改革，以免引发不必要的矛盾和冲突。

第三章

培育新型农业经营主体

第一节 家庭农场培育政策优化[①]

发展家庭农场是我国由传统农业向现代农业转型跨越阶段提出的重要命题。在应对农业兼业化、农村"空心化"、农民老龄化的趋势，解决谁来种地、怎样种好地的问题上，家庭农场因其保留了农户家庭经营的内核，坚持了家庭经营的基础性地位，符合农业生产特点，故而成为引领适度规模经营、发展现代农业的重要有生力量，也成为当前农业政策指向的重点（赵鲲，2015）。自2013年中央1号文件首次提出"家庭农场"的概念并明确要求扶持发展家庭农场及专业大户以来，随后几年，中央又连续制定下发了《关于促进家庭农场发展的指导意见》《关于引导农村土地承包经营权有序流转发展农业适度规模经营的意见》等多个政策文件，均将引导发展家庭农场作为传统农业转型升级的重要战略举措，并寄希望通过发展适度规模家庭农场等经营主体达到巩固提升粮食产能和促进农民增收农业增效的目标。

尽管政策上将家庭农场定位为发展现代农业的重要经营主体，然而事实上，家庭农场作为市场主体，其规模化经营目标与政府政策导向之间存在明显差异。政府制定政策是以实现公共利益最大化为主要目标导向，其不仅要平衡劳动生产率、土地产出率和资源利用率的关系，而且还要兼具确保粮食安全、保障农民权益等公共目标，而经营主体则往往是以追求利润最大化[②]为主要目

[①] 本节引自2017年农业部软科学课题"家庭农场经营行为与政府公共目标的实践偏离及政策优化"，课题主持人：段晋苑、赵军洁。

[②] 假定经营主体作为理性经济人，以追求效用最大化为决策目标，反映在实践中农户家庭利润最大化是对于农户家庭来说的最优化决策，可以用来度量农户家庭的最大化效用，故而在此用利润最大化作为经营主体的决策目标。

标。目标取向的不同容易造成行为逻辑的差异，反映在实践中就会出现一定程度的政策目标偏离。显然，家庭农场发展实践与政策目标的偏离有违制度设计的初衷，不仅在短期内会致使农业规模经营陷入困境，更有甚者，会偏离公共利益，造成农民权益受损、粮食安全难以保障、农业转型升级受阻。

在家庭农场加速发展的当下，充分认识家庭农场规模化经营的行为逻辑与政策目标的实践偏离，进一步优化政策加以引导，使其矫正与回归，对于促进家庭农场等农业规模经营主体健康可持续发展、实现政府公共目标具有重要的现实意义。

一、家庭农场发展的政策取向

综合已有政策文件，关于家庭农场规模化经营的政策取向是明确的。在劳动力结构和非农经营方面，政策明确重点发展以家庭成员为主要劳动力、以农业为主要收入来源，从事专业化、集约化农业生产的家庭农场；在土地经营规模方面，政策引导发展符合地区土地规模经营的适宜标准[①]的家庭农场，防止脱离实际片面追求超大规模经营；在粮食生产方面，政策明确重点扶持从事粮食规模化生产的家庭农场等经营主体。具体来看，政府在促进家庭农场发展上特别注重把握 4 个方面的内容。

（一）注重把握稳定家庭承包经营制度的问题

随着市场经济的发展，传统农户小生产与大市场对接难的矛盾日益突出，使一些人对家庭经营能否适应现代农业发展要求产生疑问。这种疑问随着工业化、城镇化进程加快显得愈加突出，盲目鼓励工商企业长时间、大面积租种农民承包地就是一个例证。在承包农户基础上孕育出的家庭农场，既发挥了家庭经营的独特优势，又克服了承包农户"小而全"的弊端，具有旺盛的生命力，很好地坚持和完善了以家庭承包经营为基础、统分结合的双层经营体制。这可以从家庭农场自身的基本特征来理解，即以家庭为生产经营单位，以家庭为基本核算单位。家庭农场在生产作业、要素投入、产品销售、成本核算、收益分

---

① 《关于引导农村土地承包经营权有序流转发展农业适度规模经营的意见》明确提出，"各地要依据自然经济条件、农村劳动力转移情况、农业机械化水平等因素，研究确定本地区土地规模经营的适宜标准。"当前，全国大部分市、县都已明确了土地规模经营的适宜标准。

配等环节，都以家庭为基本单位，继承和体现家庭经营产权清晰、目标一致、决策迅速、劳动监督成本低等诸多优势。农业生产作为自然再生产和经济再生产的结合，需要劳动者尽心投入，而雇工往往存在较高的监督管理成本，以家庭为生产单位，由于家庭成员的利益高度一致，可以有效克服这一弊端。家庭成员劳动力可以是户籍意义上的核心家庭成员，也可以是有血缘或姻缘关系的大家庭成员。家庭农场不排斥雇工，但雇工一般不超过家庭务农劳动力数量，主要为农忙时临时性雇工。因此，培育以家庭成员为主要劳动力的家庭农场就是坚持、发展与完善家庭承包经营制度的具体实现形式，也可以说，以家庭成员为主要劳动力是发展家庭农场在雇工或劳动力结构方面的政策取向。

（二）注重把握发展土地适度规模经营的问题

家庭农场的种植或养殖经营必须达到一定规模，这是区别于传统承包农户的重要标志。对于如何把握好适度，可以从 3 个方面衡量：一是与家庭成员的劳动生产能力和经营管理能力相适应；二是能实现较高的土地产出率、劳动生产率和资源利用率；三是能确保经营者获得与当地城镇居民相当的收入水平。当然，这种"适度"因从事行业、种植品种等不同而有所差异，种植制度、土地资源情况不同也有差异，并且随着农田基础条件、农业生产技术和农业机械装备的改善，家庭农场经营规模的"适度"也会随之变化和提高。从前提条件讲，土地适度集聚必须与二、三产业发展、农业机械化水平和农村劳动力转移相适应，不能人为超越。从发展基础讲，人多地少等基本国情农情决定了我国家庭农场经营规模扩大的艰难性。国内外的理论和实践也表明，土地经营规模过大会影响土地产出率和农民就业，不利于农业增产、粮食安全和农民增收。我国地域广阔，各地自然经济社会条件差别很大，各地县级以上农业部门需要从当地实际出发，依据自然经济条件、农村劳动力转移、农业机械化水平等因素，确定本地家庭农场的规模标准。近年来，不少地方围绕如何确定适度规模经营面积进行了探索，考虑到经营品种的差异，一般以务农劳动力收入与当地第二、三产业务工收入相当为标准。如上海松江确定粮食家庭农场的平均耕种面积为 100～150 亩，四川成都典型调查家庭农场平均耕种面积为 141 亩，家庭平均收入为 5 万～6 万元，按照两个劳动力计算大抵与从事第二、三产业相当。在总结地方探索实践基础上，中央也明确了现阶段政策扶持的规模标准，即相当于当地户均承包地面积的 10～15 倍，且务农收入相当于当地第二、三产业务工收入所达到的土地经营规模。

（三）注重把握稳定农村土地经营权的问题

由于我国实行农村土地承包经营制度，这决定了我国家庭农场的基本特征是租地农场，其大部分土地资源必须依靠租赁方式获得。从国外经验看，租地农场发展面临两方面的约束，一是租金负担重，增加农场经营成本，影响投入能力；二是租期稳定难，提高了农场经营风险，影响投入积极性。同时，还存在着农村土地承包经营权确权不到位、权能不完善；农村土地流转服务平台不健全、流转信息不畅通；工商资本盲目下乡租地，推动租金过快上涨等问题，这就需要各级政府继续提高土地流转管理和服务水平。从根本上讲，需要赋予家庭农场以更稳定的土地经营权，这也是《关于促进家庭农场发展的指导意见》、2017 年中央 1 号文件及《关于引导土地经营权有序流转发展农业适度规模经营的意见》中的明确要求，即引导和鼓励家庭农场经营者通过实物计租货币结算、租金动态调整、土地经营权入股保底分红等利益分配方式，稳定土地流转关系，形成适度的土地经营规模。值得注意的是，有一种观点认为，只有在自己拥有所有权的土地上才能发展家庭农场。实际上这是一种误读，在许多国家，土地租赁经营才是农场发展壮大的重要基础，并建立了完善的法律制度鼓励农场扩大经营规模。尤其在人多地少的东亚地区，如日本、韩国和我国台湾地区，都是通过引导土地租赁流转，发展较大规模的农业经营主体。在苏格兰，租赁农场主协会代表所有租赁农场主，提出有关土地租赁合同方面的法律主张。在我国江苏、浙江等经济发达地区，许多家庭农场通过租金动态调整、土地经营权入股等方式，稳定与承包农户的土地流转关系，也形成了土地适度规模经营。

（四）注重把握家庭农场在保障国家粮食安全中重要作用的问题

2015 年 1 号文件明确提出，"鼓励发展适度的农户家庭农场，完善对粮食生产规模经营主体的支持服务体系"。由此可见，政府寄希望通过发展多种形式的适度规模经营达到保障国家粮食安全和促进农民增收农业增效的目标。近年来，家庭农场发展呈现快速增长的态势，其在保障国家粮食安全中的骨干作用愈发明显。家庭农场（在此专指种植类家庭农场）在保障国家粮食安全中具有独特的优势。一是家庭农场能够克服农业劳动力不足的问题。分散的农户由于成本收益限制通常不会购置大型农业机械，偶尔用到的机械也仅限于对手工工具的临时替代，因此大多时候需要大量投入人力。家庭农场以家庭经营为主，流转土地虽然多，但由于进行机械耕作，以机械劳动代替人力劳动，对劳动力数量要求并不高。因此通常采用家庭劳动力为主、季节性雇工和少量的长期性雇工为辅的劳动力配置方式，这就解决了农业劳动力不足的问题。二是家庭农场能够解决土地撂荒问题。农民外出打工的一种经济学解释源于小规模经营的农业劳动边际报酬小于务工收入，因此打工就成为农民的一种理性选择。家庭农场通过流转大量土地从而实现规模化经营，能够提高农业劳动的边际报酬最终提高收入总量，而且随着其掌握的农业科技、管理技能、市场信息等水平的提高，农业劳动的边际收益将呈现逐步递增的趋势，又促使其流转更多的耕地。三是家庭农场能够提升粮食经营的集约化程度。相比普通农户，家庭农场具有规模化、专业化、集约化生产的特征，这与其市场主体效能的发挥有密切关系。一方面，为追求更好的土地产出效率和经济效益，家庭农场会特别注重新技术、新方法、新品种等的应用，其有集约化发展的要求；另一方面，家庭农场连片的经营规模，具备了集约化发展的条件，尤其是在农业机械、土地平整改良等方面。

二、家庭农场发展与政策取向的实践偏离

课题组于 2016—2017 年对我国东中西部 10 个典型县（市、区）（黑龙江省肇东市、甘肃省张掖市甘州区、新疆呼图壁县、河南省永城市、山东省滕州市、四川省苍溪县、江西省南昌县、湖北省枣阳市、江苏省泰州市姜堰区、浙江省湖州市吴兴区）家庭农场、农民合作社和涉农企业进行问卷调研和座谈，共取得有效问卷 336 份，其中种粮家庭农场 209 份，种植合作社 90 份，租地涉农企业 37 份。从实践调研情况来看，当前家庭农场经营行为与政策公共目标存在不同程度的偏离趋向和苗头，值得警惕，具体表现在以下几个方面。

（一）土地经营规模偏离适度原则

在规模经营的问题上，政策的导向是兼顾效率与公平、发展与稳定，因地制宜地发展农业适度规模经营。《关于引导农村土地经营权有序流转发展农业适度规模经营的意见》明确提出，"各地要依据自然经济条件、农村劳动力转移情况、农业机械化水平等因素，研究确定本地区土地规模经营的适宜标准。

防止脱离实际、违背农民意愿，片面追求超大规模经营的倾向"。同时意见还提出对符合"两个相当于"要求的重点扶持，即土地经营规模的务农收入相当于当地第二、三产业务工收入的，土地经营规模相当于当地户均承包土地面积10～15倍的，应当给予重点扶持。据了解，各地在发展家庭农场过程中，都提出了发展适度规模经营的要求。如江苏省规定家庭农场适度经营规模为100～200亩。本次调研地区之一山东平度提出重点扶持发展土地规模为100～300亩的家庭农场。

然而，从实践调研情况来看，仍有较高比例的家庭农场经营土地呈现过度规模化的态势，且对未来超大规模经营有较高预期和需求。如表3-1所示，在209个有效样本中，处于300亩以下经营规模的家庭农场不足50%；处于100～300亩适度规模经营区间的家庭农场仅82家，占总样本量的39.23%；超过300亩的家庭农场共106家，占比高达50.72%，其中，300～500亩、500～1 000亩、1 000亩以上的分别有50家、39家、17家，分别占比23.92%、18.66%、8.13%。从样本统计情况来看，土地过度规模化问题较为突出，这将很大可能降低土地产出边际效益、提高土地大规模经营风险，造成规模不经济。

表3-1 样本家庭农场经营规模分组统计情况

经营规模	频数	占比（%）
100 亩以下	21	10.05
100～300 亩	82	39.23
300～500 亩	50	23.92
500～1 000 亩	39	18.66
1 000 亩以上	17	8.13
总计	209	100.00

有意思的是，实践调研中了解到，尽管由于近两年粮价下跌致使多数家庭农场经营收益下滑，甚至出现经营亏损，但仍有一定比例的家庭农场希望继续扩大经营规模。如表3-2和表3-3所示，从整体问卷调研情况来看，样本家庭农场理想经营规模集中于100～300亩、300～500亩、500～1 000亩，分别有59家、55家、61家，分别占比28.23%、26.32%、29.19%，仍有近10%的样本家庭农场理想经营规模超过1 000亩。从预期经营规模与实际经营规模

对比情况来看，有较高比例的家庭农场有继续扩大经营规模的需求和预期。总体上继续扩大经营规模的样本家庭农场占总样本的 59.81%，其中，300 亩以下区间的家庭农场期望扩大经营规模的比例超过 70%，500～1 000 亩、1 000 亩以上区间的家庭农场，倾向于继续扩大规模的比例分别占 43.59%、23.53%。

表 3-2   样本家庭农场最理想经营规模分组统计情况

理想经营规模	频数	占比（%）
100 亩以下	7	3.35
100～300 亩	59	28.23
300～500 亩	55	26.32
500～1 000 亩	61	29.19
1 000 亩以上	27	12.92
总计	209	100.00

表 3-3   预期经营规模与实际经营规模对比统计情况

经营规模分组	实际经营规模频数	预期大于实际		预期等于实际		预期小于实际	
		频数	占比（%）	频数	占比（%）	频数	占比（%）
100 亩以下	21	15	71.43	6	28.57	0	0.00
100～300 亩	82	64	78.05	12	14.63	6	7.32
300～500 亩	50	26	52.00	7	14.00	17	34.00
500～1 000 亩	39	17	43.59	10	25.64	12	30.77
1 000 亩以上	17	4	23.53	2	11.76	11	64.71
总计	209	125	59.81	37	17.70	47	22.49

（二）经营方式呈现明显的"非家庭化"态势

以家庭承包经营为基础、统分结合的双层经营体制是我国农村政策的基石，也是现阶段确保农业发展、农民增收的具有根本性作用的制度基础。随着农业规模化、组织化、集约化、社会化的不断发展，"以家庭承包经营为基础"的制度要求依然是历年农业政策的重要取向。《关于引导农村土地经营权有序流转发展农业适度规模经营的意见》对发挥家庭经营的基础作用作了进一步明确，"在今后相当长时期内，普通农户仍占大多数，要继续重视和扶持其发展农业生产。重点培育以家庭成员为主要劳动力，以农业收入为主要收入来源，从事专业化、集约化农业生产的家庭农场"。2016 年《关于落实发展新理念加快农业现代化实现全面小康目标的若干意见》也明确提出，"坚持以农户家庭经营为基础，支持新型农业经营主体和新型农业服务主体成为建设现代农业的骨干力量，充分发挥多种形式适度规模经营的引领作用"。

然而，从实践情况来看，家庭农场在规模化经营过程中有偏离"以农户家庭经营为基础"的趋向，出现家庭农场生产经营"非家庭化"苗头。表 3 - 4 呈现的是样本种粮家庭农场劳动力结构统计情况，家庭农场常年雇工平均数量为 5.22 个，家庭自有劳动力中常年和季节性参与农场劳动力平均数量分别为 2.47 个和 1.23 个，家庭农场常年雇工平均数量占家庭农场劳动力平均总量的 58.5%。农场常年雇工平均数量比家庭自有劳动力中常年和季节性参与农场劳动力平均数量之和多 1.52 个，是家庭自有劳动力中常年参与农场劳动力平均数量的两倍还多。这种以雇工为主的劳动力结构，不仅容易产生较高的人工成本，还会造成农业生产管理上的"懒农现象"，产生较高的管理和监督成本，显然不符合粮棉油等大宗粮食作物的生产特点，更不符合"以家庭承包经营为基础"的政策要求。

表 3 - 4　样本家庭农场劳动力结构统计情况

| | 自有劳动力数量 | | 常年雇工数量 | 短期雇工数量 |
	常年参与劳动力数量	季节参与劳动力数量		
平均值	2.47	1.23	5.22	18.93
最大值	5.00	5.00	60.00	200.00
最小值	1.00	0.00	0.00	0.00
标准差	0.92	1.15	7.92	24.83
中位数	2.00	1.00	3.00	13.00
众数	2.00	0.00	2.00	20.00

（三）农场种植结构出现严重的"非粮化"现象

全国范围内创办家庭农场之初，农业部印发了《关于促进家庭农场发展的指导意见》，对家庭农场主要特征和功能定位给予了明确。文件提出，家庭农场专门从事规模化、集约化、商品化农业生产，主要进行种养业专业化生产，经营者大都接受过农业教育或技能培训，经营管理水平较高，示范带动能力较强，具有商品农产品生产能力。发展家庭农场要紧紧围绕提高农业综合生产能力、促进粮食生产、农业增效和农民增收来开展，要重点鼓励和扶持家庭农场发展粮食规模化生产。这充分表明了家庭农场对于促进粮食生产、保障农产品商品化有效供给的重要意义。

本次调研选取的家庭农场样本均为种粮型家庭农场。从表3-5样本家庭农场种粮规模统计情况可以看出，即便全部是种粮家庭农场，平均非粮化率也达18.5%，超过20%的家庭农场非粮化率已超50%，且有继续扩大的趋势。如山东省景一家庭农场2014年经营土地2 200亩全部种植小麦和玉米，受粮食价格下跌影响，自2015年开始逐渐调整农业结构改种白菜、中草药等经济作物，至2016年年底已全部改种经济作物，非粮化率达100%。此外，随机访谈的37个租地企业共租种113 095亩粮田，只有79 070亩种植粮食，非粮化率达30.1%；访谈的90家种植业农民合作社中，专业种粮和以种粮为主的只有34家，占37.8%。其他有关资料也表明，当前规模流转农地出现明显的"非粮化"趋势。相关调查数据显示，浙江省宁波市279家种植类家庭农场中，经营经济作物的有242家，经营粮食作物的仅有28家，仅占比10.04%；山东沂水县1 268个种植类家庭农场中，只有2家经营粮食作物，仅占比0.16%，1 268家家庭农场经营粮食作物的总面积为54亩，仅占家庭农场全部种植面积（49 903亩）的0.11%。

表3-5 样本家庭农场种粮规模统计情况

	总经营规模（亩）	粮食经营规模（亩）	非粮化率（%）	种粮收入占比（%）
平均值	406.4	331.3	18.5	70.2
最大值	3 860	3 486	100	100
最小值	24.5	0	0	0
中位数	280	200	28	70

（四）土地流转关系不稳定难以保障长期适度规模经营

通过签订长期土地租赁合同，赋予家庭农场以更稳定的土地经营权，稳定土地流转关系，形成适度的土地经营规模，是三权分置制度框架下的政策取向。然而，从实践调研情况来看，尽管当前土地经营权流转速度明显加快，但农村土地流转关系尚不稳定。主要表现在两个方面：一是土地流转期限较短。调研的 10 个中西部典型县（市、区）336 个规模经营主体平均土地流转期限为 3.62 年，且多集中在 1～5 年，5 年以上的相对较少。其中，209 个家庭农场平均流转期限仅为 2.57 年，90 个农民合作社平均流转期限为 4.76 年，农业企业平均流转期限为 5.71 年。二是土地流转合同违约现象频发。调研中了解到，在很多地区土地流转过程中，普遍存在土地流转过程不规范、流转手续不健全、合同违约频发等问题。多数流转为群众自发形成，流转双方没有遵循一定的程序和履行必要的手续，大多只有口头约定而无书面合同；部分虽有土地流转合同，但合同内容条款不清、权责不明，容易导致双方的权、责、利无法得到有效保障；合同期内，流转双方因土地流转价格等问题产生合同违约的现象也不在少数。

表 3 - 6　样本规模经营主体土地租赁期限统计情况

	家庭农场	合作社	农业企业
样本量	209	90	37
平均数	2.57	4.76	5.71
最大值	15	10	30
最小值	1	1	1
众数	1	5	5

（五）农业支持政策出现明显的"去公共化"倾向

在供给侧结构性改革背景下，农业改革的核心目标是处理好政府和市场的关系，既要发挥市场在资源配置中的决定性作用，又要发挥政府在提供公共产品和服务、加强监管和风险防范、保障国家粮食安全、促进耕地保护、确保农民增收等实现公共目标中的作用。调查了解到，各地围绕推进大规模农地经营，实施了多项财政奖补和项目支持等政策，典型如农地规模流转财政补贴、畜禽规模养殖财政补贴、农业基础设施建设配套财政补贴等。然而，实践调研发现，这些支持政策"效果"却偏离了公共政策目标，出现了"去公共化"倾向。

具体来看，农业支持政策呈现"去公共化"现象主要表现在：除了出现上述"非粮经营"趋势外，一是土地流转奖补虽然能够增加农地转出户土地收益，但由于土地租金过高，规模经营者经营风险加大，各地"跑路""退地"现象频频发生，致使土地租金支付不稳定、不持续，影响社会稳定；二是能够获得土地流转财政奖补政策的只是少数，既与小规模自营农户无关，也与多数专业大户和家庭农场无关：被访谈的 312 个规模经营主体中得到过现金补贴的只有 63 户（平均规模 467.7 亩）；三是围绕支持农地规模化经营主体的项目资金，很多都用于发展本应由市场决定的高效农业，事实上都支持了本来很富裕的群体，难以从根本上惠顾和拓展普通农民的农业增收空间；四是规模导向型农地支持政策，对资源要素规模化投入有激励作用，但从各地新型主体座谈会上深刻感受到，他们更加关注如何通过扩大农地规模争取政策与项目支持，而对自身、进而带动普通农户如何优化要素结构、挖掘集约化经营潜力动力不足。

三、姜堰案例：家庭农场健康发展的支撑条件

2016 年 6 月，调研组①赴江苏省泰州市姜堰区就家庭农场发展情况做专题调查。调查发现，姜堰的家庭农场在政策支持引导下，负责人实现 100% 本土化，经营规模保持适度，土地流转价格相对合理，粮食种植比例高，服务支撑力度大，并且正在朝着区域集中连片的方向发展。姜堰采取的以经济利益为根本、以种养能人为中坚、以风险防控为保障、以区域发展为方向、以社会化服务为支撑的一系列政策措施，有效促进了家庭农场的健康可持续发展。

（一）通过政策引导农地经营规模保持适度

姜堰人均耕地 0.9 亩，在家庭农场大规模发展之前，专业大户的统计标准仅为 50 亩以上，现在 100 亩是中共姜堰区委农村工作办公室认定家庭农场的规模下限，这与大多数地方都规定规模下限的做法相同。但是，值得注意和肯定的是，姜堰区也同时规定了家庭农场的规模上限，即 300 亩，姜堰区主张种植业家庭农场的规模应为 100～300 亩。

需要说明的是，姜堰区不是不允许家庭农场经营土地面积超过 300 亩，而将超过 300 亩的家庭农场排除在扶持政策之外，即政策优惠只针对 100～300

---

① 调研组成员：段晋苑、尚旭东、赵军洁、刘帅。

亩的适度规模的家庭农场。同时，为防范规模经营风险，姜堰区对 300～800 亩的家庭农场实行备案登记制，对 800 亩以上的实行审核制，以便及时了解其经营状况，预防风险形成。目前，全区纯种粮家庭农场的平均规模为 216.4 亩[①]，全区经营规模达 1 000 亩以上的家庭农场只有 4 家，全部签有订单能够保证产品销售，基本实现全程机械化生产、专业植保等公司合作提供专业服务，生产经营效果普遍较好。

（二）坚持综合考察实行家庭农场主招投标制度

姜堰区从 20 世纪 90 年代就开始出现把村集体机动耕地集中发包给农户经营的集体农场和把农民务工弃耕的家庭承包耕地集中发包给种田能手经营的家庭农场，这为目前姜堰区各镇普遍实行的家庭农场主招投标制度积累了丰富的实践经验。姜堰区在家庭农场主招投标制度的严格规范下实现了家庭农场主的 100％本土化[②]，使乐于扩大规模的本地农民的积极性得到尊重和发挥，而那些仅仅投机于土地流转地租收益的食利者或租地弃农、掠夺生产的经营者则被严格遏制。

桥头镇是最早发展家庭农场的乡镇，目前全镇的土地流转率已经达到 97％，发展了 184 家家庭农场，其中 118 家是种植业的，家庭农场经营总面积达到 2.3 万亩，占桥头镇耕地总面积（2.6 万亩）的 88.5％。这些家庭农场的经营者都是通过招投标产生的，经营期限 3～5 年，也有签下 10 年长期的家庭农场。每年都会有经营到期的农场需要重新发包，这些农场土地通常是流转后被划成 100～300 亩的集中地块，在镇农村产权交易中心上市发包，想要经营农场的农民可以报名参加资格审查，审查内容包括种田能力、经营实力（经济实力）、有无负债、个人年龄（65 岁以下）等多个方面，只有各方面都通过审查的农民才能进入投标环节。

作为姜堰区家庭农场发源地的桥头镇，目前已经出现农场地块少、想要经营农场土地的人多的现象，许多有想法、有能力的人不得不向外发展，到其他镇包地经营家庭农场。据当地农经部门统计，桥头镇现有 40 多人在其他乡镇经营农场，极大地带动了其他乡镇家庭农场的发展。兴泰镇就在桥头一位种田

---

① 根据姜堰区报农业部的家庭农场名录中的 654 家纯种粮家庭农场土地经营面积数据计算得出。
② 本土化指全部为姜堰区本地农民。

能手的带动下，目前已发展起了 57 个家庭农场。

（三）推广合理的土地流转定价方法平衡承包经营双方利益

由于现实中多种非经济因素的存在，单一的保护新型主体的土地经营权或原承包户的土地承包权、平衡双方因土地权利的进一步分割而应得的两份收益并不容易。所谓稳定的制度，其实是一种博弈的僵局或者通过相互制衡达到的平衡（曹东勃，2014）。姜堰在这点上有其独特的经验——通过推广使用合理的土地流转定价方法来平衡承包方和经营方的收益。姜堰区各乡镇都有自己成熟的土地流转价格形成机制，具体表现形式存在差异，但目标都是将土地流转价格向中间水平引导，既不会太低损害农民利益，也不会太高影响农场主利润。

例如，桥头镇实行的是明标暗投、价高者得，即投标人分别提出愿意支付的流转价格，出价最高的最先选地，但也有上限控制，最高不得超过 850 斤[*]水稻/亩，即流转价格会控制在 1 200 元/亩以内。又如，兴泰镇工业发达、工厂众多，农民流转土地的价格受工业用地价格影响存在追高现象。兴泰镇农业经济经营管理站认为当地目前土地流转价格已经成为制约农场发展的主要原因。所以，兴泰镇在农场主的选择上，并不以其所能给出的土地租金价格高低为依据，而是把所有农场主的投标价格平均，最接近平均数者中标，可称之为平均价中标政策。同时，还实行了"实物计价＋平均定价"的地租计算方法：即将每年 11 月 1 日、15 日、30 日的米厂收购价和国家收储价格平均得到的价格作为折算货币地租的价格标准。如流转价格为 650 斤水稻/（亩·年），水稻收购的平均价格为 1.4 元，则流转价格为 910 元。

（四）通过整体规划促使家庭农场区域集中连片发展

从调查结果看，典型内生性家庭农场主最希望获得的支持政策就是"政府推动土地流转，为家庭农场提供更多集中连片土地"。这就需要政府以适宜的方式，适时、适度地参与并促进区域整体形成农业规模经营的局面，使土地这一本土性资源得到激活，使本地乐于务农的种田能手不仅能够扩大自己的经营规模，还可以实现规模经营主体的集中连片发展。姜堰区桥头镇目前正在打造这样的"万亩家庭农场"。

＊ 斤为非法定计量单位，1 斤＝0.5 千克。下同。

所谓万亩家庭农场，是在 4 个村 1 万亩左右的土地上集中连片发展的 40 多个家庭农场所构成的一块区域，这些家庭农场的相对集中发展，使这片区域基本实现了土地经营的家庭农场化。原先少数一些没有流转的土地，通过政策宣传和示范带动，现在也完成了土地流转并实现家庭农场经营。2016 年以来，姜堰区在这块区域上集中投入了多类涉农项目，包括基础设施建设，新品种、新技术推广以及经营服务指导等，希望能够整体提升区域内家庭农场的经营水平。如果这一试点取得成功，姜堰区还将把区域集中连片发展家庭农场的规模推广到 10 万亩，而且会重点在目前土地流转和家庭农场发展较慢的上河地区规划发展。

（五）广泛搭建为农服务综合体破解规模经营之忧

规模经营既需要个体经营实力的支撑，也受到社会化服务水平的影响。农业生产的技术可分性与生产性服务的可外包性，使农业经营的土地规模可以转化为服务规模。以机械化为例，如果机械化都以经营主体为单位自我实现，既浪费资源，也遏制了资本条件相对较弱的内生性新型主体的成长，而如果将机械化作业环节都外包给专业服务组织，则个体实力较弱的新型主体也能够分享服务规模化所带来的规模经济效应。

为农服务综合体就是姜堰区为解决单个家庭农场缺少晒场用地、没有烘干设备、没有仓储能力、机械储备不足、育秧困难等问题，统一规划建设的为家庭农场提供产前、产中、产后一条龙服务的专业化、社会化服务组织。按照规划，各镇（村）以 5 000 亩耕地配套 1 个的标准建设为农服务综合体，目前已建成 30 多家，在建 40 多家，计划到 2017 年年底完成 80 家。综合体建设争取到了省级项目的支持，主要由政府出资、依托村集体、以合作社为主体进行经营，每个为农服务综合体总投资约为 200 万元。

建设为农服务综合体较早的桥头镇，2015 年年底已按照"主体多元化、服务专业化、运行市场化"的方向，建立了集农机具存放、粮食烘干、农机植保服务、农资配供等于一体的 2 家为农服务综合体。同时，先后组建了 6 种类型共计 54 家服务型合作组织。此外，还成立了桥头粮油产销协会和粮油产销合作社，推动全镇实现订单农业全覆盖。起步稍晚的兴泰镇则建设了一家以镇为单位的为农服务综合体，将公益性的农技服务也纳入其中，2017 年夏收时仅综合体的 6 台烘干机就实现纯利润 20 多万元。

跟踪服务，服务全程，才能让土地适度规模经营发挥最大的集聚效应，才能让家庭农场建设与发展更有活力和生命力。广泛组建为家庭农场等规模经营主体提供综合服务的专业化、社会化组织，是着力破解规模经营效益提升之忧，保障规模经营发展之需的有效途径。

四、促进家庭农场健康发展的政策优化建议

针对实践中存在的家庭农场生产经营实践与政策导向的偏离，我们认为促进家庭农场发展要更加注重中期和长期目标、结构和质量目标，要更有利于家庭农场健康可持续发展，而不是短期内的数量增长与规模化的表面繁荣。为此，要进一步优化政策、创新机制，以引导家庭农场按照政府导向确定经营规模、调整农业结构、提高生产能力，真正成为保障国家粮食安全和促进农业增效农民增收的主体力量。

（一）优化农业财政扶持政策支持方式

我国家庭农场的发展尚处于摸索、试点和起步阶段，需要强有力的扶持措施助推其发展，使之产生具有说服力的示范效应，吸引更多农户加入家庭农场队伍。更为关键的是，现阶段在要求家庭农场保持适度规模经营、保证土地产出率的同时，如不给予适当的政策扶持，可能无法满足家庭农场收入最大化的经营目标，导致家庭农场朝向更大规模或混合经营发展，降低粮食供给稳定性，威胁国家粮食安全。所以，促进种粮家庭农场发展，不仅要重视发挥市场调配资源的基础性作用，更要有效发挥政府的作用。

近几年针对家庭农场的支持政策不可谓不多，但政策目标的"去公共化"使支持效果大打折扣。所以，必须改变目前财政支农政策"扶大扶优扶强"的倾向，增强财政支持的公共性、普惠性、精准性和有效性。财政支持政策要紧扣公共目标，重点投向农业基础设施、先进技术、资源环境保护和粮食生产等方面。对种粮家庭农场的政策支持应集中于规范发展的主体，应集中在有利于改善设施条件、降低生产成本、提高风险防范能力和改善市场环境等方面，要避免直接补贴或干预流转等可能提高地租或生产成本的政策。

（二）重点支持专业农户和职业农民发展家庭农场

目前纳入农业部门名录的 41 万个家庭农场，80％以上来自本村农户，未

来家庭农场的主要来源也仍然会是不断从本地农户中分化成长起来的专业农户和职业农民。所以要注重在培养专业农户和新型职业农民的基础上培育家庭农场；要更加重视农村地区和在地农民的职业教育和技能培训；尽快建立新型职业农民的在地学习机制和终身学习计划；着重培养具有就业和收入双重依赖农业生产的特征，拥有适合家庭劳动生产能力的土地规模，能够坚持精耕细作，保障土地产出，形成代际传承的专业农户；重点关注和加强农村青少年农业知识与技能的培养；以缓解职业农民后备不足、家庭农场后继乏人的问题。

（三）通过奖补政策引导促使农地经营规模保持适度

经营主体的利润最大化追求和政府出于粮食安全考虑的土地产出率最优目标的差异构成适度规模经营政策的逻辑起点与调控重点，从保障家庭农场收入的视角设计适度规模经营的调控政策更具可行性。建议针对种粮家庭农场出台适度规模经营家庭农场的单产奖励暨收入补偿政策，以保障家庭农场主在保持适度规模经营并取得一定标准以上的单位产量时，能够凭借以奖代补政策获得稳定的财政转移收入，使政府保障粮食安全、维持适度规模的调控目标落到实处。同时，将其他家庭农场支持政策精准投放于适度规模的家庭农场，将超规模的家庭农场排除在扶持政策之外，引导农场经营规模保持适度。

（四）合理制定土地流转定价方法维护承包经营双方利益

家庭农场经营的土地主要来自流转，流转土地的稳定性对家庭农场的投资意愿和长期发展会产生直接影响。流转土地的稳定性主要取决于流转定价机制是否科学合理，是否能够平衡土地承包户和流转经营者双方的利益。为保持家庭农场经营的稳定性，必须创新土地经营权流转定价方法，建立科学合理的定价机制。一是政府部门要按照利益均等、公开透明、公平公正的原则，制定土地流转议价规则，监督产权交易中介机构及时全面发布土地流转信息，引导流转双方在信息透明、地位对等的基础上平等协商定价。二是各地要根据本地农地资源类型、数量、质量和主要农产品种类，综合运用弹性定价、动态定价、实物计价等方法，尽量避免出现长期静态定价或单向递增定价，使农业生产经营利润或风险合理分摊到承包经营双方，避免只有一方得利或受损。三是在人多地少、多方竞争少量流转土地的地方，推广平均价中标政策以及实物计价、平均定价的地租计算方法。

（五）支持农业生产性服务业发展构建社会化大服务格局

社会化"大服务"是农业现代化必经之路，是体制机制建设的重要组成部分。政府可以通过支持农业生产性服务业发展，重点建设农业市场信息服务、农业生产技术推广、劳动力市场建设等公共领域，来降低农业生产边际成本，提高土地产出率和劳动生产率，以及促进适度规模经营。农业生产性服务业领域广阔、层次多元，一要健全公益服务组织、设施和产权交易、融资保险服务平台，优化公益性服务职能，重点开展农技推广、动植物疫病防控、质量安全和市场化服务监管等。二要鼓励和支持农业企业、合作社开展经营性农业社会化服务；推进产学研结合，培育发展新型专业化农业服务组织。三要分品种、分层次制定政府购买公益性服务指导目录，大力开展政府购买公益性服务，促进公益性与经营性服务深度融合。四要推广以社会化服务为核心的农业产业联合体模式，提升生产、加工、服务等经营组织内部化水平，拓展服务功能，提升服务质量。

（六）通过整体规划促使家庭农场朝着区域集聚方向发展

推动家庭农场和其他规模经营主体朝着区域集聚方向发展，有利于政府整合项目资金，进行农田集中连片治理、建设基础设施及提供公共服务。建议政府在发展规划中，针对土地集中、交通便利且家庭农场发展基础较好的地区，统筹规划家庭农场发展集聚区，以 5 000～10 000 亩为一个单元，重点安排土地整理、农田水利等基础设施建设项目，配套建设融农机库（棚）、烘干设备、农资超市、产品展示和销售网店为一体的综合服务机构，优先提供新品种、新技术推广以及经营指导服务等，引导家庭农场在集聚区内集中连片发展，整体提升区域内家庭农场的综合生产能力和经营管理水平。

第二节 农民合作社治理优化①

合作社治理问题非常重要，因为它决定了合作社是否朝着为最贫困人民受

---

① 本节引自 2017 年农业部软科学课题"以规范化发展为导向的农民合作社治理优化研究"，课题主持人：于占海。

益的方向而组织（Global Corporate Governance Forum & Thomas, 2007）。治理问题的核心要义在于合作社围绕着成员大会、理事会和管理层等，在投票、多数原则和法定人数等治理内容上做出的制度化设定与安排（Pozzobon, 2011），也即设计出合理的合作社治理机制，形成优化的治理结构。

中国当前的农民合作社发展，既嵌入于日渐趋于竞争激烈的外部市场环境、面临很大的持续经营挑战，又嵌入于日益异质性的内部成员环境、面临明显的规范运营挑战。在此背景下，中国的农民合作社自发展伊始，就跳跃了欧美国家传统（经典）合作社的发展阶段与类型，呈现出协会型、传统型、股份型合作社等百花齐放的状态，并夹杂有一些所谓"空壳"或"假"合作社问题，以至理论界不得不去努力辨析与研判合作社的"理想类型"与现实图谱。

一、我国农民合作社治理的模式类型

（一）合作社治理结构和模式的内涵特征

1. 关于企业治理结构

关于企业的治理结构，存在着广义和狭义两种观点。广义的观点以威廉姆森（1996）的阐述最为经典，其认为治理结构通常被视为一个交易完整性或相关交易集被决定的制度框架。在威廉姆森看来，不同性质的交易可以分成不同类型的契约，对应于不同类型的治理结构。狭义的观点则可以将治理结构等同于公司治理问题，其核心要义在于公司股东、董事会和管理层等相关主体间权利配置的制度安排，用以保障以股东为核心的利益相关者的合法权益（Shleifer和 Vishny, 1997；Denis 和 McConnell, 2003；吴敬琏, 1994；钱颖一, 1995；李维安, 2001）。

2. 关于合作社治理结构

合作社组织从广义上而言，也被视为一种介于企业和市场架构之间的中间状态的治理结构。不过在 Chaddad（2009）看来，合作社作为一种治理结构，混合了市场和等级特性机制，其在某些维度上像市场，在另外方面像等级制。而基于狭义的视角，合作社的治理结构类似所谓公司治理问题（Shaw, 2007），合作社的治理结构提供了生产者共同决策制定的有效工具，同时可以避免长期的治理结构激励无效率（Townsend, 1995）。并且，合作社治理的特殊性在于，作为成员所有的组织，合作社的基本决策是由全体社员或者他们选举的代表所决策，特别是在小型合作社当中，重要的决策基本由全体社员所决定，合作社采取一人一票的集体决策制度，通过简单多数原则进行决定，合作社容易由此产生决策冲突，治理结构存在某种固有的内在缺陷（Jerker，2001；Logue 和 Yates，2005）。同时，由于合作社的组织特性，其必须得想办法在组织治理过程中尊重合作社的基本原则，否则哪怕组织财务绩效再理想，也会面临社员的认同危机和利益冲突（Paula 和 João，2007）。因而，合作社在治理问题上必须在公平和效率之间谋求某种制度平衡。更具体而言，合作社组织需要进行治理机制的设计，围绕着成员大会、理事会和管理层等，在投票、多数原则和法定人数等治理结构上做出进一步的制度化设定（Pozzobon，2011）。

3. 关于合作社治理模式

由于治理结构一方面说明谁拥有正式的决定权，另一方面也反映了收益和成本是如何分配的（Hansmann，1996）。因此，从"控制权的拥有者是谁"的角度，可以将合作社治理结构分成若干类型。对于我国的农民合作社而言，合作社的萌芽和发展既具有农民主体自下而上的自发发展特征，也具有农业龙头企业和供销社等机构自上而下的组建特征，而且无论是哪种类型的创建形式，大量农村能人在合作社组建和发展过程中都扮演了关键角色（苑鹏和任广吉，2009；彭莹莹，2010；谢安民，2011）。特别是其中的合作社理事长，他们往往既是合作社的法人代表，又是合作社管理者，在合作社的经营管理中发挥着十分重要的作用（刘永建，2009）。基于合作社理事长特征的差异，本研究将农民合作社的治理模式分为农村能人主导型、企业主导型、农场主大户主导型、普通农民主导型四大类型，这其中：

（1）农村能人主导型合作社是指担任村（组）干部的政治精英或从事农业经营（或衍生）活动的经济精英（农村经纪人、个体贩销户等）发起和主导的合作社。这类合作社具有相对明显的外源驱动特征，多数合作社属于精英能人响应国家号召、争取政策支持的产物，也有部分合作社属于精英能人为了改善自身形象、更好实现产品集货的产物。这类合作社具有鲜明的精英治理的特征，合作社的运营相对不规范。

（2）企业主导型合作社主要指专门从事农业营销、加工、服务的企事业单位及其员工发起和主导的合作社。这类合作社主要出于企业稳定农产品原料数量和质量或更好实现企业服务内容对接为目的，同时，也有一些合作社属于供销社等特殊企业单位为完成政府政策目标而创设。这类合作社的发展策略和治理结构更加依附于外来企业单位主体,合作社的农民主体独立性相对较弱。

(3)农场主大户主导型合作社是指工商登记的家庭农场主,以及农业生产经营达到一定规模、以雇工经营为主的专业大户所发起和主导的合作社。这类合作社具有以农业生产经营为主业的精英能人自发组建的特征,所拥有的土地、人才、资本等要素相对丰富,相对具有市场经营的扩展主动性,最具有机会孕育出既具有经营效率又具有民主治理特征的理想型合作社。

(4)普通农民主导型合作社是指由普通的农民成员发起和主导的合作社。这里所说的"普通农民"不具有村组织、企业单位等背景,也不同于在工商部门登记的家庭农场主或者以雇工经营为主的大户,更不是靠倒卖农产品为生的农村经纪人,这类人可以理解为以家庭经营为主、农业仍然是家庭主要经济收入来源的传统小农户。这类合作社具有自发组织的"防御性"特征(以帮助农户成员的农产品销售为己任),合作社也最具有经典的益贫旨趣倾向,但这些合作社由于缺乏能人主体、资本和技术等要素支持,往往规模偏小、实力相对偏弱。

(二)模型构建和变量描述

为更好验证不同的农民合作社治理模式的类型差异,本部分基于之前采集的204家合作社样本,将其进行农村能人主导型、企业主导型、农场主大户主导型、普通农民主导型四大类型的合作社治理模式实证分析。

1. 农民合作社的治理模式

从表3-7可以看出,在204家农民合作社中,分布类型最多的是农场主大户主导型,占36.76%;其次是农村能人主导型和普通农户主导型,分别占28.92%和20.59%;分布最少的是企业主导型,占13.73%。如果将农场主大户主导型和普通农户主导型视为内生型驱动形态,则可以看到,这两类治理模式合计总量占比为57.35%,我国的农民合作社发展仍然以内生型驱动为主。同时,如果将农村能人主导型和农场主大户主导型都视为农村能人带动类型,则可以看出其合计占比为65.68%,我国农民合作社的发展表现出典型的能人牵头特征,这与理论界对农民合作社的驱动模式判断大体一致(张晓山,2004;徐旭初,2005;黄祖辉和徐旭初,2006;林坚和黄胜忠,2007)。

表 3 - 7　样本合作社治理模式

模式类型	合计	比例（%）
农村能人主导型	59	28.92
企业主导型	28	13.73
农场主大户主导型	75	36.76
普通农户主导型	42	20.59
合计	204	100.00

2. 模型设定

本研究中的因变量——合作社治理模式类型划分为：农村能人主导型、企业主导型、农场主大户主导型和普通农民主导型。因为因变量是一系列离散数值且取值超过两个，本文选择 Logit 模型来考察各种因素如何影响合作社的治理结构类型。将 4 种治理模式类型分别计为 $j=1$、2、3、4，合作社根据相关环境条件作出治理模式的选择，这 4 种选择都是合作社效用极大化的结果[1]。假设合作社的间接效用函数为：

$$V_{ij}=V(\Omega_i, \mu_{ij}) \qquad (3-1)$$

其中，V_{ij} 是合作社 I 的第 j 种选择带来的间接效用，$j=1$、2、3、4；Ω_i 是进入合作社间接效用函数中的变量，主要包括理事长特征、成员结构特征、理（监）事会特征、财务规范特征等，这些特征变量理论上影响了合作社的治理模式选择；μ_{ij} 是无法观察到的随机因素。如果满足下面的条件，合作社就选择第 j 种治理结构类型：

$$V(\Omega_i, \mu_{ij})>V(\Omega_i, \mu_{ik})，对于所有 k\neq j \qquad (3-2)$$

对于间接效用函数进行参数化，假设：

$$V_{ij}=\alpha_{j0}+\alpha_{j1}^{\Omega_i+\mu_{ij}} \qquad (3-3)$$

为简化起见，进一步假设 μ_{ij}（$j=1$、2、3、4）相互独立且服从 logistic 分布，即随机扰动项服从 Multinomial Logistic 分布。在这些假设下，则能导

---

① 本部分模式分析过程借鉴了吴彬、徐旭初的有关写作构思。参见吴彬、徐旭初，合作社的状态特性对治理结构类型的影响研究——基于中国 3 省 80 县 266 家农民专业合作社的调查，农业技术经济，2013（1）：107－119。

出合作社 I 选择第 j 种治理模式的概率：

$$P_{ij} = \text{Prob}\{V_{ij} > V_{ik}\} = \exp(\alpha_{j0} + \alpha_{j1}\Omega_i) \Big/ \sum \exp(\alpha_{j0} + \alpha_j\Omega_i)$$

$$(3-4)$$

根据极大似然法，通过对（3-4）式的似然函数最大化，可求得模型参数 α 的解：

$$L = \sum_i \sum_j C_{ij} \log P_{ij} \qquad (3-5)$$

其中，L 是概率函数的对数形式，C_{ij} 是合作社选择哑变量，如果合作社 I 选择第 j 种治理结构类型，则 $C_{ij} = 1$，否则 $C_{ij} = 0$。

α 的估计值说明了合作社的初始环境条件等特征在选择治理结构类型时产生的边际效应，据此运用 logit 模型来估计参数。由于不能提前获知合作社最大化效用之下的正确选择，假设不同合作社的选择行为是相互独立的，治理模式类型的选择是唯一的，这意味着合作社之间的治理模式选择是相互独立、不相关的。

3. 变量说明

表 3-8 给出了拟采用的自变量的定义及描述性统计。

表 3-8 变量定义及描述性统计分析

解释变量		变量定义	描述性统计分析			
			最小值	最大值	均值	标准差
理事长特征	学历水平	小学及以下＝1 初中＝2 高中＝3 大专及以上＝4	1	4	2.61	0.99
	理事长持股占比	理事长持有股金占合作社总股金比例（%）	0	100	35.44	23.22
	理事长农产品交售额占比	理事长农产品交售金额占合作社成员总交售金额比例（%）	0	90	16.10	16.92
成员结构特征	出资成员占比	出资成员人数占合作社成员总数比例（%）	0.3	100	45.82	39.64
	召开成员大会次数	2016 年合作社召开成员大会次数（次）	0	12	2.94	2.34

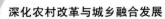

（续）

解释变量		变量定义	描述性统计分析			
			最小值	最大值	均值	标准差
理（监）事会特征	理（监）事会总人数	理事会、监事会成员总人数（位）	4	38	9.84	4.84
	理（监）事会开会次数	2016年合作社召开理事会、监事会总次数（次）	0	33	9.78	6.35
职业化特征	专业经理人员数	合作社专业经理人员数量（位）	0	10	2.57	1.98
	专业营销人员数	合作社专业营销人员数量（位）	0	40	4.09	4.57
	专业财会人员数	合作社专业财会人员数量（位）	0	4	1.65	0.73
财务规范特征	是否60%以上的可分配盈余按交易量返利	大于等于60%=1，小于60%=0	0	1	0.49	0.50
	是否提取公积金	是=1，否=0	0	1	0.61	0.49
	是否财务数据公开	是=1，否=0	0	1	0.93	0.25
	是否设立成员账户	是=1，否=0	0	1	0.88	0.33
控制变量	产业类型 果蔬等劳动密集型产业	是=1，否=0	0	1	0.54	0.50
	养殖等资本密集型产业	是=1，否=0	0	1	0.23	0.42
	粮油等土地密集型产业	是=1，否=0	0	1	0.24	0.43
	地形类型	平原=1 丘陵盆地=2 山区=3	1	3	2.00	0.84
	成立时间	3年及以下=1 4~6年=2 7~9年=3 10年及以上=4	1	4	2.41	0.88
	示范社级别	国家级示范社=1 省级示范社=2 地（市）级示范社=3 县级示范社=4	1	4	2.03	1.12

这些自变量的具体选择情况表述如下：

农民合作社的法定组织机构包括成员（代表）大会、理事会（长）、监事会等。鉴于我国的农民合作社处于发展初期，理事长和理（监）事会特征等对于组织绩效有着非常关键的影响（王军和邵科，2015；Franken等，2015），因此是本研究重点关注的变量。其中：

（1）理事长特征用"受教育程度""理事长持股占比""理事长农产品交售额占比"表征。对尚处于发展初期的农民合作社而言，理事长往往既是大股东也是经营者。但在不同治理模式下，农民合作社理事长具有相对差异，具体而言，这里假设1：相较普通农民主导型，农村能人主导型、企业主导型和农场主大户主导型理事长的受教育程度更高，持股比例更高，但向合作社交售产品比例不一定呈现显著的正向关系。

（2）理（监）事会特征用"理（监）事会总人数""理（监）事会开会次数"表征。考虑到普通农民主导型的合作社更加看重合作社的实际运营价值，成员也更加愿意参与合作社的日常经营决策活动，所以这里假设2：相较普通农民主导型，农村能人主导型、企业主导型和农场主大户主导型的理（监）事会总人数和理（监）事会开会次数相对少些。

（3）成员结构特征用"出资成员占比""召开成员大会次数"表征。考虑到普通农民主导型合作社的经典益贫性，所以这里假设3：相较其他治理模式，普通农民主导型合作社中的农民可能更加愿意入股合作社，也更加愿意举行成员大会讨论合作社的重大决策事项。

（4）职业化特征用"专业经理人员数""专业营销人员数""专业财会人员数"表征。考虑到普通农民主导型合作社的相对规模偏小，具有为解决农户产品卖难而生的"防御性"特征，因此这里假设4：相较其他治理模式，普通农民主导型合作社"专业经理人员数""专业营销人员数"和"专业财会人员数"可能更少。

（5）财务规范特征用"是否60%以上的可分配盈余按交易量返利""是否提取公积金""是否财务数据公开""是否设立成员账户"来表征。考虑到普通农民主导型合作社的益贫性旨趣，因此这里假设5：相较其他治理模式，普通农民主导型合作社更有可能实现60%以上的可分配盈余按交易量返利，提取公积金，进行财务数据公开和设立成员账户。

此外，考虑到农民合作社的治理模式选择可能还会受到外部自然环境、产品特性等因素的影响，因此这里设定几个控制变量，具体包括：

（6）产业类型。不同的产品特性包含着差异化的资本、技术和土地等要素需求，具体将合作社所处的行业分为果蔬等劳动密集型产业、养殖等资本密集型产业、粮油等土地密集型产业三大类，并以粮油等土地密集型产业为参照系。

（7）地形类型。合作社所处的地理环境会影响农业生产经营条件，并间接影响合作社的治理模式选择。本文将合作社所处地形分为平原、丘陵盆地和山区。

（8）成立时间。合作社成立时间的长短会影响合作社的要素积累能力、市场表现和组织结构，本文以工商登记年数来表征合作社的成立时间。

（9）示范社级别。合作社在不同的发展水平上需要差异化的治理结构安排，这也影响合作社的治理模式选择。本文用"国家级示范社""省级示范社""地（市）级示范社""县级示范社"表征合作社的综合发展水平。

（三）实证结果分析

本文使用STATA分析软件对上述模型进行估计，其中以普通农民主导型合作社为参照组，估计结果如表3-9所示。

表3-9　无序Logit模型估计结果（参照组：普通农民主导型）

	自变量	农村能人主导型	企业主导型	农场主大户主导型
理事长特征	学历水平	1.205 *** (0.296)	1.313 *** (0.362)	0.583 * (0.298)
	理事长持股占比	0.036 ** (0.016)	0.035 * (0.018)	0.053 *** (0.017)
	理事长农产品交售额占比	−0.028 (0.029)	−0.076 * (0.041)	0.099 *** (0.028)
成员结构特征	出资成员占比	−1.225 * (0.700)	−1.538 * (0.856)	−0.579 (0.731)
	召开成员大会次数	0.055 (0.121)	−0.037 (0.157)	0.119 (0.129)

（续）

自变量		农村能人主导型	企业主导型	农场主大户主导型
理监事会特征	理（监）事会总人数	−0.006	0.027	−0.095
		(0.048)	(0.057)	(0.061)
	理（监）事会开会次数	0.001	0.018	0.032
		(0.044)	(0.050)	(0.049)
职业化特征	专业经理人员数	0.005	−0.081	0.010
		(0.163)	(0.207)	(0.154)
	专业营销人员数	0.007	−0.059	0.042
		(0.069)	(0.094)	(0.066)
	专业财会人员数	−0.193	0.538	−0.437
		(0.415)	(0.497)	(0.458)
财务规范特征	是否60%以上的可分配盈余按交易量返利	−0.198	−1.365**	0.963*
		(0.516)	(0.675)	(0.555)
	是否提取公积金	−1.056*	−0.919	−0.863
		(0.572)	(0.699)	(0.603)
	是否设立成员账户	−0.826	−0.560	0.444
		(1.001)	(1.165)	(0.999)
	是否财务数据公开	−1.399	0.468	−0.609
		(1.131)	(1.139)	(1.083)
控制变量	"粮油等土地密集型产业"为参照组			
	产业类型 果蔬等劳动密集型产业	0.289	0.297	0.113
		(0.672)	(0.808)	(0.731)
	养殖等资本密集型产业	0.677	1.617*	0.521
		(0.853)	(0.943)	(0.923)
	地形类型	−0.522	−0.737*	0.674*
		(0.342)	(0.414)	(0.358)
	成立时间	−0.082	0.056	0.279
		(0.337)	(0.400)	(0.365)
	示范社级别	−0.349	−.410	0.227
		(0.263)	(0.311)	(0.273)
常数项		2.141	−1.364	−2.612
		(2.679)	(3.019)	(2.855)

Pseudo R^2＝0.328；Log Likelihood＝−181.476 5；Prob＞Chi^2＝0.000；Obs＝204。

注：（1）参照组为普通农民主导型；（2）括号中为标准误差统计量；（3）*** 、** 、* 分别表示0.01、0.05、0.1水平上的显著。

从估计结果看，可以发现以下几方面内容：

（1）不同治理模式下的理事长特征差异显著。在学历水平上，普通农户主导型的合作社理事长受教育程度普遍低于其他三种治理类型，其中农村能人主导型模型、企业主导型模型均在 0.01 水平上正向显著，农场主大户主导型模型在 0.1 水平上显著，这说明非传统农户精英群体的受教育水平要普遍好于从传统农户成长起来的理事长。样本合作社 2.61 学历水平均值，也可以说明，当前理事长已经总体拥有高中学历水平。在持股占比上，普通农户主导型的合作社理事长持股比例普遍低于其他三种治理类型，其中，农村能人主导型模型在 0.05 水平上正向显著，企业主导型模型在 0.1 水平上正向显著，农场主大户主导型模型在 0.01 水平上正向显著。这说明，农村能人主导型和农场主主导型合作社的理事长持股都较多。考虑到样本合作社理事长 35.44% 的股份占比均值，可以看出，理事长的总体持股占比偏高。在农产品交售额占比上，普通农户主导型的合作社理事长农产品交售额占比相较其他治理模式表现出了差异化的特征状态。其中企业主导型模型在 0.1 水平上负向显著，农场主大户主导型模型在 0.01 水平上正向显著，这说明农场主大户主导型合作社理事长最具有专业生产者特征，而企业主导型合作社理事长的专业生产者属性偏低。考虑到样本合作社理事长 16.10% 的交售额占比均值，可以看出理事长还是具有一定的农业生产者属性。

（2）不同治理模式下的成员结构存在一定程度差异。尤其是在出资成员占比上，农村能人主导型模型和企业主导型模型，均在 0.1 水平上负向显著，这说明普通农户主导型的合作社持股情况更加均匀，更加体现合作社的农民主体属性。从样本合作社中持股成员占合作社成员总数比例 45.82% 的数据可以看出，合作社离人人持股还有相当距离。同时，也可以看到不同治理模式下合作社召开成员大会的情况都差不多，年均 2.94 次的合作社成员大会召开次数也说明，这些样本合作社在召开合作社成员大会上，做得比较规范。

（3）不同治理模式下的理（监）事会特征差异不大。无论是在理（监）事会总人数还是在理（监）事会开会次数变量上，农村能人主导型、企业主导型和农场主大户主导型合作社模型都不显著。样本合作社理（监）事会平均 9.84 人数规模和 9.78 次年均开会次数，可以说明不同治理模式下，样本合作社在一些治理特征上做得相对规范。不过这也许是因为模型的变量选择还有改进空间，才使得目前的理（监）事会特征表征得不尽合理。

（4）不同治理模式下组织职业化程度都较好。无论是专业经理人员数、专业营销人员数还是专业财会人员数，农村能人主导型、企业主导型和农场主大户主导型合作社模型都不显著。观察它们 2.57 人、4.09 人和 1.65 人的均值情况，可以看出当前不同治理模式下的合作社在经理人员、营销人员和专业财会人员上都有不错的配备，合作社总体上已经初步实现了职业化发展。

（5）不同治理模式下财务规范化程度有所不同。其中，在"是否 60% 以上的可分配盈余按交易量返利"上，从模型分析结果可以看出，企业主导型合作社在 0.05 水平上负向显著，农场主大户主导型合作社在 0.10 水平上正向显著，从样本合作社 0.49 的均值可以看出，实现 60% 以上的可分配盈余按交易量返利的比例并不高。同时，还可以看出，企业主导型的合作社实现 60% 以上的可分配盈余按交易量返利情况要明显差于普通农户主导型合作社，农场主大户主导型合作社实现 60% 以上的可分配盈余按交易量返利情况要明显好于普通农户主导型合作社。

在"是否提取公积金"上，农村能人主导型模型在 0.1 水平上负向显著，说明农村能人主导型合作社提取公积金情况要明显差异普通农户主导型合作社，其他两个模型在此变量上并不显著。样本合作社 0.61 的均值可以看出，合作社多数提取了公积金。在"是否设立成员账户"和"是否财务数据公开"上，不同模式下的差异并不显著。样本合作社 0.93 和 0.88 的均值可以看出，样本合作社在财务规范性上总体表现不错。

（6）治理模式还受到产业类型和地形特征等影响。合作社治理模式的形成还受到产业类型等其他不同因素影响。其中在产业类型上，以"粮油等土地密集型产业"为参照组的"养殖等资本密集型产业"虚拟变量在企业主导型模型中在 0.1 的水平上显著，说明相较"粮油等土地密集型产业"，"养殖等资本密集型产业"领域的合作社会更加倾向于选择企业主导型模式。在地形类型上，企业主导型模型在 0.1 水平上负向显著，农场主大户主导型模型在 0.1 水平上正向显著，这说明企业主导型更加容易产生于平原地区，农场主大户主导型更加容易产生于山区。在"成立时间"和"示范社级别"变量上，各个模型之间没有显著差异。

（四）实证分析结果的进一步讨论

为了更好地理解上述模型，进一步了解各显著变量对因变量的影响程度和方向，需要进一步计算各显著变量的边际贡献或边际效应（Marginal Effect）①。各显著变量的边际贡献见表3-10。

表3-10　各显著变量的边际贡献计算结果

	解释变量	农村能人主导型	企业主导型	农场主大户主导型
理事长特征	学历水平	0.091 2	0.047 1	−0.029 6
	理事长持股占比	0.000 6	0.000 4	0.003 7
	理事长农产品交售额占比	—	−0.007 2	0.015 9
成员结构特征	出资成员占比	−0.082 3	−0.066 5	
财务规范特征	是否60%以上的可分配盈余按交易量返利		−0.131 1	0.159 5
	是否提取公积金	−0.068 3	—	—
	"粮油等土地密集型产业"为参照组			
产业类型	养殖等资本密集型产业	—	0.103 4	—
	地形类型	—	−0.028 4	−0.037 9

从表3-10可知，以普通农民主导型治理模式为参照，在控制其他变量的情况下，可以发现以下情况：

（1）理事长学历水平相对高的合作社形成农村能人主导型、企业主导型治理模式的概率高9.12%、4.71%。对此可能的解释是，受教育程度较高的理事长有更为丰富的阅历和敏锐的市场洞察力，所以他们很早就可能已经是农村能人，成为村干部、农村经纪人等，也因此容易成为农村能人主导型、企业主导型的合作社治理类型。

（2）理事长持股比例较高的合作社，形成农村能人主导型、企业主导型、农场主大户主导型治理模式的概率高0.06%、0.04%、0.37%。对此，可能的解释是，和普通农户相比，农村能人、企业高管、农场主大户具有充裕的资金优势，也希望通过更多股金获得更多的资金回报率。

（3）理事长交售农产品占比高的合作社，形成农场主大户主导型治理模式的概率高1.59%，但形成企业主导型治理模式的概率低0.72%。对此，可能

---

① 某个变量的边际贡献是指在其他变量取均值时，该变量变动一个单位对某项选择的概率影响程度。

的解释是，农场主大户理事长拥有更大的生产规模，同时，企业主导型下的理事长多为公司高管，他们自身多数并不直接从事农业生产。

（4）出资成员占比较高的合作社，形成农村能人主导型、企业主导型治理模式的概率低 8.23％、6.65％。对此，可能的解释是，农村能人主导型、企业主导型治理模式更加具有少数人控制的特征，其并不愿意使更多普通农户成员入股合作社和参与利润分配。

（5）采取 60％以上可分配盈余按交易量返利的合作社，形成企业主导型治理模式的概率低 13.11％，形成农场主大户主导型治理模式的概率高 15.95％。对此，可能的解释是，企业主导型下，合作社更加不愿意按法律规定进行盈余分配、规范性更差，而农场主大户则因为自身也从事规模化的农业生产，所以在盈余分配上也更加不抵触基于交易额返利方式。

（6）提取公积金的合作社，形成农村能人主导型治理模式的概率低 6.83％。对此，可能的解释是，农村能人主导型下，理事长没有更强的动力去提取公积金；或者也可以认为，普通农户主导型治理模式下，合作社没有其他更好的办法去积累资金，所以更加需要公积金的提取和使用。

（7）养殖等资本密集型产业合作社形成企业主导型治理模式的概率高 10.34％。可能的解释是，相较粮油等土地密集型产业，养殖等产业需要投入大量的资金以及更高标准的养殖技术水平、加工和营销能力等。因此，这个领域更加需要公司主体的支持。

（8）地形类型的复杂，会使合作社选择企业主导型、农场主大户主导型治理模式的概率低 2.84％、3.79％。对此，可能的解释是，合作社所在地区的地形类型在某种程度上决定了合作社处于什么样的自然条件和社会经济环境，这些环境变量对合作社运行会产生较大影响。相比地处高原、丘陵地区，地处平原地区的合作社有区位优势、交通发达，与区域中心之间的联系会更加紧密，商机、信息更多，可获得的资源更多，也更加容易有公司和农场主大户等支持带动。

（五）结论与启示

本文划分了 4 种合作社治理结构类型（普通农民主导型、农村能人主导型、企业主导型、农场主大户主导型），针对合作社的理事长特征、成员结构特征、财务规范特征等对合作社治理模式的影响进行了实证分析。研究结果表明，理事长学历水平、理事长持股占比、理事长农产品交售额占比、出资成员占比、是否 60％以上的可分配盈余按交易量返利、是否提取盈余公积金、产业类型、地形特征等对合作社治理结构类型选择有显著影响。因此，从更好促进合作社规范化发展的角度，可以考虑针对不同的合作社治理模式采取差异化的政策措施引导提升，比如对于企业主导型合作社，要更加注意引导更多普通农户成员出资，同时，也可以加大力度督促其实现 60％以上可分配盈余按交易量返利的法律要求。

二、农民合作社的治理现状评价

（一）农民合作社治理评价问题的提出

治理评价问题不是个新问题，在公司主体上，国内外已经有较为系统严谨的研究，国外以标准普尔公司治理服务系统等为典型，国内以南开大学公司治理研究中心为典型，李维安团队于 2003 年提出"中国上市公司治理评价指标体系（CCGINK）"，至今已成为国内最有影响力的公司治理评价指标（南开大学公司治理研究中心课题组，2003；李维安和张国萍，2005；南开大学公司治理评价课题组、李维安，2007；南开大学公司治理评价课题组、李维安，2010）。相比公司组织，对于合作社这种兼有企业和共同体属性的社会经济组织，理论界一直没有给出有效的治理评价方法，这也正是本部分的研究立意所在。

（二）农民合作社治理评价的原则、思路和方法

1. 农民合作社治理评价的基本原则

课题组认为，评价农民合作社治理必须注意把握以下基本原则：第一，现代经济学认为，企业在本质上是由利益相关者缔结的一组合约，其生命力来自于利益相关者的相互合作。作为合作社治理现状量化显示的治理指数应与合作社治理结构及治理机制相匹配，从系统思维的角度出发，充分考虑合作社治理中各方利益相关者的动态互动关系。因此，指标体系的构建既要全面反映各要素参与治理的状况，又要充分考虑其内在的联系，强调全面性、系统性。

第二，科学的合作社治理评价系统设计包括完善的评价指标体系与科学的评价方法，其中，评价指标体系决定了综合治理指数的实质内容，而合作社治

理评价指标体系的设置，必须考虑我国农民合作社发展所处的制度环境。因此，建立农民合作社治理评价体系，既要注重全面性，也要注意适用于目前我国农民合作社发展的现实，更要具有可操作性。

第三，由于合作社是兼有企业和共同体属性的社会经济组织，因此，农民合作社治理评价体系既要关注其经济治理功能，也要关注其社会治理功能。

2. 农民合作社治理评价的基本思路

第一，作为介于市场与科层之间的制度安排，尽管合作社强调"民主控制"原则，但还是客观存在着核心成员与普通成员之分，其中最关键的核心成员通常是合作社发起者、领导者，多体现为合作社理事长身份，这些人无论在最初的制度订立还是日常的管理决策中都拥有着突出的影响力，因此，理事长的知识水平、股份占比甚至业务参与情况就直接影响到合作社的治理和发展。

第二，合作社经营业绩的好坏取决于合作社是否拥有一套科学的决策制定机制与实施机制，而科学的决策制定机制取决于合理的股权结构和由此而决定的理（监）事会结构及其治理行为。行使合作社治理权利即主要控制权的拥有者是全体成员，但其主要通过两个方式来实现控制权：一是直接掌握控制权，即成员在成员大会上直接对合作社的事务进行表决；二是间接掌握控制权，即成员选举产生合作社的理事会，把控制权委托给理事会成员。同时，成员还可以通过非正式渠道向合作社理监事会以及合作社所设专门部门机构提出个人意见与建议等方式，影响合作社日常经营管理活动，它实际上说明了合作社成员除了依托成员（代表）大会通过投票等方式参与重大事项决策，还可以通过非正式的渠道以异议的方式来表达个人意见。因此，理事会、监事会和成员（代表）大会等"三会"是合作社治理评价的核心内容。此外，还需要指出的是，由于合作社缺乏股权交易的外部市场，成员不可能在公开市场上通过出售股权而退出合作社。事实上，合作社成员的大量投资在加入合作社以后很大程度上已经成为专用性资产，成员退出合作社是要付出代价的。当面临管理者的糟糕表现时，成员可以选择退出合作社来威慑管理者，"入社自愿，退社自由"也是合作社普遍遵循的原则。很大程度上，退出也是一种控制权，它是成员实现对合作社治理监督的一项常常被忽视的重要途径。

第三，正如黄祖辉和徐旭初（2006）指出的，在我国合作社组建和发展的过程中，拥有市场能力和社会关系优势的农村能人发挥了至关重要的作用，合作社形成了关键性生产要素所有者主导的治理结构状态①。同时，由于我国合作社的发展时间尚短，经营规模不大，盈利能力较弱，绝大多数合作社并没有聘请经理人，合作社治理具有理事会和经理层职能合一的特征，合作社理事长更是"董事长—总经理"合一的典型代表。因此，包括经理人员、专业营销人员和行政人员等合作社内部职业化情况也是测量和评价合作社治理水平的重要因素。

另外，在实际操作中，财务管理工作是农民合作社各项管理工作（尤其是分配）的基础和核心，抓好合作社财务管理才能保障合作社成员充分享有合作社利益和参与合作社治理的民主权利。而大多数合作社自身的组织机构与管理制度不完善，也集中体现为财务管理制度的不规范。作为内部治理机制的重要组成，通常情况下，定期召开成员（代表）大会和监事会是合作社普遍采用的内部监督机制之一；同时，设置合理的可分配盈余额返利比例和公积金提留比例，并定期公布财务信息也可以让成员对管理者进行监督以敦促管理者努力工作。

第四，农民合作社治理水平反映的是对降低治理成本的效果，是合作社治理成本与治理收益的比值。合作社治理成本包括合作社交易前的搜寻成本、谈判成本、确保交易发生所付出的成本和交易达成后的监督成本、履约成本。就合作社生产经营环节而言，其收益主要表现为"统购统销"带来的交易费用减少、风险降低及规模经济带来的利润增加。

3. 农民合作社治理评价的基本方法

首先，根据对农民合作社治理的基本认识，提出农民合作社治理评价指标。如上所述，农民合作社治理评价指标应该能够反映农民合作社在理事长、理事会、监事会、成员结构、职业化、财务规范和生产经营等7个方面的效果和功能发挥。其次，对农民合作社治理评价指标进行赋权并进行计算，从而得出农民合作社的综合治理指数。再次，还可根据具体需要，依据农民合作社的综合治理指数对农民合作社进行治理排序。

（三）农民合作社治理评价体系的设计

1. 农民合作社的治理评价指标

本研究认为，根据以上基本原则、思路和方法，农民合作社的治理评价指

---

① 黄祖辉，徐旭初，基于能力和关系的合作治理——对浙江省农民专业合作社治理结构的解释，浙江社会科学，2006（1）：60－66。

标主要应包括以下 7 个维度的 27 项指标：

（1）合作社理事长维度。

① 理事长文化程度。指该合作社理事长的最后学历，包括了小学及以下、初中、高中、大专及以上 4 个学历水平。

② 理事长出资占比。指该合作社理事长现金出资占合作社总出资额的比例。

③ 理事长农产品交售额占比。指该合作社理事长本年度向合作社交售农产品的金额占合作社成员总交售额的比例。

（2）合作社理事会维度。

① 理事会成员数。指该合作社全体理事会成员人数。

② 理事会成员出资占比。指该合作社全体理事会成员现金出资占合作社总出资额的比例。

③ 理事会成员农产品交售额占比。指该合作社全体理事会成员本年度向合作社交售农产品的金额占合作社全体成员总交售额的比例。

④ 召开理事会次数。指该合作社本年度召开理事会会议的总次数。

（3）合作社监事会维度。

① 监事会成员数。指该合作社监事会成员的总人数。

② 监事会成员出资占比。指该合作社全体监事会成员现金出资占合作社总出资额的比例。

③ 监事会成员农产品交售额占比。指该合作社全体监事会成员本年度向合作社交售农产品的金额占合作社全体成员总交售额的比例。

④ 召开监事会次数。指该合作社本年度召开监事会会议的总次数。

（4）合作社成员结构维度。

① 合作社出资成员数占比。指该合作社现金出资成员人数占全体成员人数的比例。

② 成员大会召开次数。指该合作社本年度召开全体成员大会的总次数。

③ 是否有成员代表大会。指该合作社是否设立成员代表大会。

④ 向合作社提意见建议成员数。指本年度向合作社理事会或理事长口头（书面）提意见或建议的成员人数。

⑤ 退社成员数。指该合作社本年度正式申请并退出合作社的成员人数。

（5）合作社职业化维度。

① 经理人员数。指该合作社聘请的从事合作社经营管理的经理人员人数。

② 专业营销人员数。指该合作社内部从事农产品营销的专业人员人数。

③ 其他行政人员数。指该合作社内部专门从事行政事务工作的人员人数。

（6）合作社财务规范维度。

① 合作社专业财会人数。指该合作社内部从事财务会计工作的专业人员人数。

② 成员账户情况。指该合作社是否依据法律规定为每一位成员设立成员账户。

③ 财务数据信息公开情况。指该合作社是否定期向成员公开合作社的财务数据相关信息。

④ 可分配盈余额按交易量返利比例。指该合作社本年度可分配盈余中按成员与合作社交易额的比例返还给成员的总金额占可分配盈余额的比例。

⑤ 提取公积金比例。指该合作社本年度从可分配盈余中提取公积金的比例。

（7）合作社生产经营维度。

① 统一销售农产品比例。指该合作社本年度为成员统一销售农产品占成员销售农产品总额的比例。

② 产品销售渠道多元化程度。指该合作社销售主营产品时所使用渠道的数量情况。

③ 统一采购生产资料比例。指该合作社本年度为成员统一采购生产资料占成员采购生产资料总量（额）的比例。

显而易见，这 27 项指标主要从理事长、理事会、监事会、成员结构、职业化、生产经营 7 个方面进行测量，既有数量指标，也有比例指标；既有单项指标，也有复合指标。同时，为确保测量指标的合理性和可比性，所有指标均为客观性指标。因此，通过这一指标体系对合作社治理情况进行测评，能够较为全面地、科学地反映合作社治理的基本现状。

2. 农民合作社治理评价指标的权重

我们赋予这些指标以下权重（见表 3 - 11）。

表 3 - 11　农民合作社治理评价指标的权重[①]

一级指标	二级指标
理事长维度 （0.1）	理事长文化程度（0.04） 理事长出资占比（％）（0.03） 理事长农产品交售额占比（％）（0.03）
理事会维度 （0.2）	理事会成员数（人）（0.06） 理事会成员出资占比（％）（0.06） 理事会成员农产品交售额占比（％）（0.04） 召开理事会次数（次）（0.04）
监事会维度 （0.20）	监事会成员数（人）（0.06） 监事会成员出资占比（％）（0.06） 监事会成员农产品交售额占比（％）（0.04） 召开监事会次数（次）（0.04）
成员结构维度 （0.15）	出资成员数占比（％）（0.04） 成员大会召开次数（次）（0.04） 是否设立成员代表大会（0.02） 向合作社提意见建议成员数（人）（0.03） 退社成员数（人）（0.02）
职业化维度 （0.1）	经理人员数（人）（0.04） 专业营销人员数（人）（0.03） 其他行政人员数（人）（0.03）
财务规范维度 （0.15）	专业财会人数（人）（0.02） 是否设立成员账户（0.02） 是否向成员公开财务数据信息（0.02） 按交易量向成员返还盈余的比例（％）（0.05） 提取公积金比例（％）（0.04）
生产经营维度 （0.1）	统一销售农产品比例（％）（0.04） 产品销售渠道多元化程度（％）（0.02） 统一采购生产资料比例（％）（0.04）

---

① 对于各指标的权重，本研究采用德尔菲法（Delphi Method）得出，具体不再详细表述。

3. 农民合作社综合治理指数的计算方法

我们可以根据分层赋权逐层汇总的方法计算农民合作社的综合治理指数。

农民合作社综合治理指数的具体计算方法大致如下：首先，对各指标进行规格化处理。由于各个指标的物理量及数量级相差较大，计量单位不同，必须进行规格化处理，即必须采用具备统计学合理性的方法来计算各指标的规格化指数。我们主要使用"功效系数法"[①]。经过处理的规格化指数居于 $50 \sim 100$，而且该指标各合作社的位次没有发生变化。其次，根据预先确定的各项指标的权重，利用各项指标的规格化指数计算各合作社的综合治理指数，按照综合治理指数的大小对所测评的所有合作社排出基本顺序。

（四）我国农民合作社治理现状

1. 农民合作社综合治理指数基本统计

建立农民合作社治理评价体系，目的在于应用。为此，本研究于 2017 年 3 月至 7 月对全国东中西部 10 余个省份的 252 家农民合作社进行了问卷调查，以此考量我国农民合作社在 2016 年度的实际治理现状。样本数据来源及构成如下（表 3-12）。

表 3-12 调查样本的来源及构成

调查区域	回收有效调查问卷数（份）	有效调查问卷数占比（%）
东部地区	109	43.3
中部地区	63	25.0
西部地区	80	31.7
总 计	252	100.0

由上表可知，本次抽样调查覆盖了我国东中西部，最终回收有效问卷 252 份，力求最大限度地反映全国农民合作社治理的面上情况。

在上述 252 家农民合作社中，有效样本的治理评价指标的基本统计如下（表 3-13、表 3-14）：

---

① 功效系数法是指消除不同指标量纲的影响并计算分值。计算公式如下：

$$A_{ij} = \frac{X_{ij} - X_{sj}}{X_{mj} - X_{sj}} \times 50 + 50$$

表 3-13　合作社治理评价指标的基本统计

合作社治理评价指标	最大值	最小值	平均值	标准差
1. 理事长文化程度①	4	1	2.62	0.97
2. 理事长出资占比（%）	100	0	37.44	24.07
3. 理事长农产品交售额占比（%）	90	0	17.13	16.90
4. 理事会成员数（人）	40	1	6.44	4.03
5. 理事会成员出资占比（%）	100	0	62.97	26.77
6. 理事会成员农产品交售额占比（%）	95	0.5	39.36	22.77
7. 召开理事会次数（次）	16	0	5.44	3.65
8. 监事会成员数（人）	26	1	3.53	2.47
9. 监事会成员出资占比（%）	50	0	12.31	9.89
10. 监事会成员农产品交售额占比（%）	60	0	13.80	10.11
11. 召开监事会次数（次）	17	0	4.10	3.30
12. 出资成员数占比（%）	100	0.26	46.97	39.65
13. 成员大会召开次数（次）	12	0	3.22	2.56
14. 是否设立成员代表大会②	1	0	0.33	0.47
15. 向合作社提意见建议成员数（人）	300	0	19.40	35.50
16. 退社成员数（人）	10	0	1.23	1.99
17. 经理人员数（人）	10	0	2.56	1.93
18. 专业营销人员数（人）	40	0	4.00	4.44
19. 其他行政人员数（人）	20	0	3.21	3.34
20. 专业财会人数（人）	4	0	1.63	0.71
21. 是否设立成员账户②	1	0	0.83	0.37
22. 是否向成员公开财务数据信息②	1	0	0.94	0.24
23. 按交易量向成员返还盈余比例（%）	100	0	42.36	25.96
24. 提取公积金比例（%）	30	0	5.73	6.48
25. 统一销售农产品比例（%）	100	0	74.52	26.79
26. 产品销售渠道多元化程度（%）	100	25	52.98	23.11
27. 统一采购生产资料比例（%）	100	0	69.61	32.94

注：①1-小学及以下，2-初中，3-高中，4-大专及以上。

　　②1-是，0-否。

表 3-14 样本合作社综合治理指数的基本统计

指数	最大值	最小值	平均值	标准差
综合治理指数	75.49	57.71	67.22	2.89
理事长维度指数	9.16	5.06	6.92	0.83
理事会维度指数	16.48	10.68	13.78	1.11
监事会维度指数	17.30	10.17	11.98	1.03
成员结构维度指数	13.63	7.70	9.53	0.97
职业化维度指数	8.85	5.00	5.90	0.60
财务规范维度指数	12.20	7.75	10.85	0.94
生产经营维度指数	10.00	5.00	8.25	1.12

从表 3-14 可知，样本合作社的综合治理指数平均得分为 67.22，分布较为集中，最大值仅为 74.24 分，最小值为 57.71 分，差值不到 17 分。这表明，就本次抽样而言，我国农民合作社的治理水平较为平均，整体水平尚有待提高。具体而言，理事长维度平均指数 6.92 分（满分为 10 分，及格为 6 分）、理事会维度平均指数 13.78 分（满分为 20 分，及格为 12 分）、监事会维度平均指数 11.98 分（满分为 20 分，及格为 12 分）、成员结构维度平均指数 9.53 分（满分为 15 分，及格为 9 分）、职业化维度平均指数 5.9 分（满分为 10 分，及格为 6 分）、财务规范维度平均指数 10.85 分（满分为 15 分，及格为 9 分）、生产经营维度平均指数 8.25 分（满分为 10 分，及格为 6 分），其中，监事会维度和职业化维度平均指数得分略低于及格分。

2. 合作社综合治理指数排序情况（表 3-15）

表 3-15 合作社综合治理指数排序情况（前 30 位）

排序	合作社名称	所在地区	综合治理指数
1	临潭县中药材种植农民专业合作社	甘肃	74.24
2	栏葛产品专业合作社	湖北	73.40
3	公主岭范家乾程农民专业合作社	吉林	72.58
4	天号市打的农业专业联合社	安徽	72.50
5	维西品贵中药材专业合作社	云南	72.45
6	平泉县平东食用菌专业合作社	河北	72.30

（续）

排序	合作社名称	所在地区	综合治理指数
7	平泉市民丰食用菌专业合作社	河北	72.08
8	富阳富农展品专业合作社	山西	71.97
9	湟源沐园种植专业合作社	青海	71.92
10	春静水稻种植专业合作社	湖南	71.90
11	嘉兴市天笃禽畜养殖专业合作社	浙江	71.60
12	丹东长山板栗专业合作社	辽宁	71.55
13	白朗县青稞产业专业合作社	西藏	71.45
14	合作市其乃合雌牛养殖农民合作社	甘肃	71.17
15	富县富红果业专业合作社	陕西	71.11
16	庆云县泰山米粮棉油种植专业合作社	山东	71.05
17	宁海县金富源果蔬专业合作社	浙江	71.04
18	长岭县农民种植专业合作社	吉林	70.96
19	黄梅县谦益生态农业专业合作社	湖北	70.89
20	广元市天下鲜合作社	四川	70.86
21	绿野特种养殖合作社	四川	70.84
22	舟山市普陀区展矛果木专业合作社	浙江	70.84
23	海安县华辉蔬菜专业合作社	江苏	70.78
24	易县封顺食用菌农民专业合作社	河北	70.73
25	曲阳县西旦沟种植农民专业合作社	河北	70.68
26	有天长市益民新型农业专业合作社	安徽	70.66
27	廉江市良桐日升荔枝专业合作社	广东	70.66
28	砀山万泉福水果专业合作社	安徽	70.65
29	张家口填农马铃薯专业合作社	河北	70.49
30	北京益农绿合作社	北京	70.43

（五）结论与启示

本研究基于我国农民合作社的发展现实，尝试建构客观评价农民合作社治理水平的指标体系，而对于合作社的治理评价在一定意义上可以等同于规范化评价。通过以上样本数据的分析，可以发现样本合作社的平均综合治理指数并不高，监事会维度和职业化维度平均指数得分低于及格分的情况更是说明了我国农民合作社的总体治理水平还有较大的提升空间，提示我们应进一步完善农民合作社的治理结构和机制，促进农民合作社规范发展。

三、合作社治理规范面临的困难与问题

正如前文所言，当前农民合作社形成了4个差异化的治理模式，但是在治理结构和机制上都表现得不尽如人意，面临着不少共性问题，亟须解决。

（一）准入低门槛和退出难落地导致合作社参差不齐

一是成员身份资格认定简单。根据《农民专业合作社法》有关规定，5名以上成员就可以申请成立合作社，只要80％以上的成员是农民，且成员均为"具有民事行为能力的公民，以及从事与农民专业合作社业务直接有关的生产经营活动的企业、事业单位或者社会团体，能够利用农民专业合作社提供的服务，承认并遵守农民专业合作社章程，履行章程规定的入社手续"者即可。同时，按照《农民专业合作社登记管理条例》规定，农民专业合作社的成员为农民的，登记时成员身份证明为农业人口户口簿；无农业人口户口簿的，成员身份证明为居民身份证和土地承包经营权证或者村民委员会（居民委员会）出具的身份证明也可以。实践中，这一规定的执行进一步放宽，不少地区的合作社最初成立时凭借5张身份证就能到工商部门办理登记。这一规定设立之初是为了降低合作社成立的制度障碍，鼓励更多农民简便易行地加入合作社，但实践中导致了"一家子"合作社比比皆是。

二是成员出资要求过于宽松。根据法律规定，合作社成员可以用货币出资，也可以用实物、知识产权等能够用货币估价并可以依法转让的非货币财产作价出资。法律对于成员出资并无硬性规定，成员可以出资亦可以不出资。但在合作社治理结构中，成员的资本参与和收益共享是体现合作社价值的一个重要考量，而大量的不出资成员必然难以真正关心和参与合作社的运营，继而影响合作社价值的反映。

三是存续管理缺乏监督。现行法律对于合作社经营情况的监督管理尚没有硬性规定，对于合作社破产和注销亦缺少操作规程。随着合作社数量不断激增，大量小、弱、散甚至假、大、空的合作社也引起了管理部门的关注和社会各界的争议。近年来，合作社年检工作逐步启动，对于合作社日常经营管理有了初步的监督手段，但随之而来的是退出机制缺位的问题凸现出来。合作社法中对于合作社终止和注销已经有操作性说明，但操作程序相对复杂，且地方登记管理部门对合作社注销程序大多不清楚，不知如何具体操作，导致"空壳

社""僵尸社"长期在系统中存续，无法及时退出。

（二）扶持政策的诱导加剧合作社主体的鱼龙混杂

自合作社法颁布实施以来，各级政府为合作社发展营造了良好环境，大量的扶持政策不断向合作社倾斜，这是合作社发展的大好机遇。但同时也不可避免地出现了不恰当的扶持手段带偏合作社发展方向的问题。实践中，一些地方将合作社发展数量列入绩效考核指标，倒逼政府主管部门直接干预合作社的注册成立（包括曾出台注册补贴政策），只管"扶上马"，忽略"送一程"，导致合作社大量成立但缺乏发展动力。

同时，越来越多的产业项目将合作社纳入扶持主体，吸引农业企业、技术协会等各种非农主体进入合作社争夺财政资源。我国合作社法允许团体成员加入合作社，成员总数 20 人以下的，可以有一个企业、事业单位或者社会团体成员；成员总数超过 20 人的，企业、事业单位和社会团体成员不得超过成员总数的 5%。实践中，各类企业特别是农业企业将过去"企业＋农户"的合作关系顺势改为合作社，以企业与农户共同加入一个合作社的方式继续维持原有业务；各类协会加挂合作社牌子，村干部领办合作社在村委会加挂合作社牌子等"挂牌社"比比皆是。客观地说，这类合作社也发挥了带领农户发展生产、增加收入的功能，但其中有一部分不仅业务类型毫无变化，利益分配也并未遵循合作社原则，内部治理更谈不上按照合作社的组织特点进行相应设计和推行，明显影响了合作社的社会声誉。

（三）理事长等能人控制导致合作社治理机制变异

合作社的发展离不开拥有资金、技术等稀缺要素的能人支持。但现实情况是，合作社理事长多数为村干部、专业大户等传统乡村精英，尤其是村干部和农村经纪人等农村能人主导型的合作社，他们在带领合作社初始发展的同时，也因为其持有过多的合作社股金比例（252 家样本合作社的理事长持股均值为37.44%），控制合作社的农产品销路等原因，掌握合作社日常经营决策中的核心话语权，最终导致合作社偏重按股份分配、按照交易量返利比例不高（农村能人主导型合作社样本中只有 43.59% 的合作社按交易额返利比例超过 60%），合作社容易为理事长等少数人所控制，监督、决策等机制出现变异，偏离合作社的民治、民享等属性。

同时，成员异质性叠加普通农户的能力意识不足，使合作社治理优化面临构建内部民主管理监督机制的能力弱。多数小规模农户加入合作社看重的是顺利销售农产品，获得即时的价格改进，但这种业务参与并不稳定，更像市场买卖关系；很多农民成员不愿现金入股、进行资本参与，认为入股合作社风险大于机会；多数成员的管理参与流于形式，对合作社重大事项决策的影响力可以忽略不计。再考虑到传统农户专业知识技能普遍不足，最多就是围绕个人的生产经营活动向合作社发发牢骚、提点意见，很难助力专业化的重大事项决策。最终更加使少数能人在合作社中拥有优势话语权、民主治理特征弱化，组织趋向公司化。

（四）核心团队现代经营能力不足导致治理绩效不佳

合作社内虽然有传统乡村精英，但是受到身体、年龄、观念思维、学习理解能力等多方面因素影响，这些传统乡村精英在现代市场营销、电子商务、品牌建设等方面的能力相对较弱，对如何构建适应新时代市场经济要求的合作社治理结构（经营管理团队）存在能力和认识不足。特别是在合作社发展到一定程度，需要转型升级、寻求突破时，往往容易出现无所适从的情况，或容易选择单打独斗，不喜欢和能人协作共赢。

同时，近年来农业产业领域尤其是农产品零售端，在互联网技术革新和风投资本的大规模进入下，正在发生着空前巨变，农产品销售市场竞争愈发激烈。在农民合作社起步较晚、能人欠缺、品牌营造和渠道推广等方面能力偏弱、缺乏产品定价权和利润空间的情况下，农民合作社治理优化急迫性也容易让位于农产品销售渠道开拓等生存问题，这也会进一步削弱合作社内部治理优化的自觉性。在此意义上，合作社迫切需要寻求解决职业化发展问题的路径，找到能够兼顾合作社原则和现代企业管理制度的一种新模式。

四、优化农民合作社治理的方法途径与政策建议

（一）优化农民合作社治理的方法途径

要实现农民合作社治理优化，既需要构建以权力制衡为核心的静态治理结构，也需要建立以科学决策为导向的动态治理机制，还需要引导成员进行业务、资本和管理3个维度的全面组织参与。

（1）在惠顾结构上，通过订单收购和优质服务增加成员业务参与稳定性。合作社需设法通过订单收购、保底价格、年底分红等方式，稳定农户和成员间的交易关系；为增加农户对合作社的惠顾黏性，合作社还应力所能及地为农户提供优惠农资供应，为其提供土地代耕、代种、代收、打药施肥等方面的专业化服务，用优质的服务去赢得农户成员对合作社的好感，提高成员对合作社的组织承诺和业务参与稳定性。

（2）在股份结构上，通过人人持股和限定上限增加成员资本参与均衡性。要想维护合作社的人合属性，防止资本和能人对合作社的过度控制，需要通过强化成员人人入股（每位成员都要出资入股合作社），限定单个成员持股上限（如20％）等方式，确保资本参与的均衡性。

（3）在民主管理上，通过保障成员大会和允许异议增加成员管理参与积极性。要想真正让合作社成为成员民主管理的机构，需要强化一户一人（每个家庭只允许有一名代表参加同一合作社），提高合作社最低注册成员数量（如最低20户成员），推动和鼓励普通成员进行管理参与，还可以考虑通过完善成员代表制度，消除规模扩大带来的普通成员管理参与难度提高的问题。

（4）在治理结构上，通过完善理（监）事会和经理层，构建权力静态制衡状态。治理结构的制衡机制建立，需要做实理（监）事会和经营管理层。应着力在合作社中培养出一批核心业务骨干，协助理事长做好重大事项决策；也需要在成员中或当地社区中寻找到德高望重又有责任心的能人牵头组织监事会，监督合作社的日常工作和重大决策；还需要聘请有闯劲、有创意的年轻人与合作社内的传统精英一起担当起日常业务运营的工作。

（5）在治理机制上，通过建构决策、激励、监督规则，增强动态治理的科学性。科学的动态治理机制的建构，既需要一整套的规则制定，又需要合作社持续的自我实践。对于前者而言，政府可以通过发布决策、激励、监督规则的示范性规定，帮助合作社少走弯路；对于后者而言，则可以通过阶段性的典型案例讲解示范，以及年度性的先进典型总结评选等方式，为合作社提供现实模板参考。

（二）优化农民合作社治理的政策建议

必须认识到，合作社在组织治理问题上需要在公平和效率之间谋求某种制度平衡，设计出更为合理的治理机制，形成优化的治理结构，这就需要政府部门进一步创新有关政策举措。

（1）抓紧修订法律条文，完善合作社治理优化制度框架。在成员入股、一户一人、最低发起人数、合作社内部信用合作、联合社等内容上做出明确规定，为合作社治理优化提供法律依据和保障。

（2）完善工商登记办法，合理设置合作社治理优化门槛条件。支持工商部门借力互联网信息化的技术红利，探索便捷化的成员变更登记手续；允许合作社在驻地远程申报和提交一些基础性登记、备案、变更等方面的证明材料，提高合作社依法报备简便性。

（3）开发财务管理系统，创造合作社治理优化数据基础。支持各地政府和财务软件领域的专业公司合作，探索开发推广更加适合合作社特点的财务管理云端软件。鼓励合作社填报形成的财务数据，既转化为政府部门监测合作社治理状态的基础数据，又成为金融保险公司开发相关产品的支撑数据。

（4）强化财政资金审计，用好合作社治理优化外部抓手。建议财政、发改、农业等项目支持部门，以及政府审计部门，强化对合作社使用的财政资金的专项审计，形成稳定有序的审计作业流程和审计结果通报处理机制，通过强化外部监管督促合作社加强内部治理规范。

（5）创新培训教育方式，奠定合作社治理优化群众基础。建议农业、教育等部门，拓宽受训群体，如可围绕财会人员、营销人员等展开专题性知识技能培训，还可面向普通成员展开专题培训，提高全体成员的民主参与意识。同时，创新方式开展（移动）互联网在线教育，现场示范教学；还可形成专家团队不定期去一些典型合作社现场指导服务，提高教育培训的实效性。

第三节　合作社与普通农户连接机制[①]

近年来，我国农户分化出现了新的特点，农村劳动力非农化程度加快，纯农户逐渐减少，而兼业农户和非农户逐渐增加。其中，纯农户和兼业农户等传统农户在农业生产上面临的劳动力短缺以及生产成本的增加导致的"小农户如何对接大市场的问题"受到了政界和学界很大的关注。如何通过新型农业经营

---

① 本节引自 2017 年农业部软科学课题"新型经营主体与普通农户的利益连接机制研究——以合作社为例"，课题主持人：易中懿。

主体的培育来促进纯农户、兼业农户等普通农户生产效率和收入的提高，是目前我国农业及农村发展中面临的主要问题。

2007 年农民专业合作社法颁布以来，农民合作社得到了蓬勃发展，截至 2017 年 7 月底，在工商部门登记的农民合作社达到 193.3 万家，年均增长 60％，实有入社农户超过 1 亿户，占全国农户总数的 46.8％。随着经济发展和外部环境的不断变化，合作社出现了一些新的特征，如在专业合作的基础上出现了股份合作、信用合作等新的合作类型；成员类型也发生了变化，成员构成从过去的农村能人＋小户等类型，逐渐演变成型职业农民、兼业户、纯非农户和传统农户等类型交互合作的新特征。普通农户成员在农民合作社中占 82.2％，囊括 198 万个专业大户和家庭农场以及 54 万家农业企业和社会团体，不同主体在同一个合作社中的合作变得越来越常见（张红宇，2017）[①]。

改革开放以来，我国推行家庭承包经营制度，并逐步放开对农村劳动力流动的限制，农村家庭中的剩余劳动力开始向城市流动。20 世纪 90 年代，农户兼业现象首先在发达地区出现，随后逐步向其他地区扩展。传统的纯农户逐渐转变为兼业户，并且比例不断提高。随着工业化和城市化的进程加快，农户兼业逐渐取代以农业生产收入为主要来源的农户，成为农户生产经营的主要方式。随着我国城市化和工业化的速度加快，我国农户主要形成了纯农户、兼业农户和纯非农户等 3 种类型，其中，学界又以农业收入是否占家庭收入一半以上，将兼业农户分为以农业收入为主的Ⅰ兼户和以非农收入为主的Ⅱ兼户。探讨新型经营主体与农户之间的利益连接关系，这里的农户主要指普通农户，包括纯农户、Ⅰ兼户以及Ⅱ兼户，其涵义如表 3-16 所示。

表 3-16 普通农户的类型与内涵

类型	内涵
纯农户	
普通种植户	农业收入达 90％以上的普通种植户和弱户
专业户	农业收入达 90％以上的农户，规模和资本不及大户和家庭农场的种植户
Ⅰ兼户	同时从事农业生产和非农就业，但收入一半以上依赖于农业收入
Ⅱ兼户	同时从事农业生产和非农就业，但收入一半以上依赖于非农收入

① 张红宇，促进农民合作社跨越式发展，农民日报，2017-10-10。

不同形式的合作社和不同类型的农户的组合，可能会产生不同的利益连接机制创新，其中具有典型意义的连接机制有 4 种：一是基于专业化分工和纵向协作的合作社与大学生职业农民之间的利益连接模式；二是基于内部信用互助的合作社与专业户之间的利益连接模式；三是基于土地要素股份合作的合作社与非农兼业户之间的利益连接模式；四是基于产业扶贫的合作社与贫困户之间的利益连接模式。

一、基于专业化分工与纵向协作的合作社与大学生职业农民的利益连接——以华成蔬菜合作社为例

华成蔬菜合作社成立于 2009 年，位于南京市"1115"工程现代农业示范园——溧水区和凤镇万亩蔬菜产业园内。目前，合作社种植面积 2 000 余亩，核心基地有 730 亩。为方便运营，合作社理事长还同时管理着荟萃销售公司，该公司负责合作社农产品的销售。合作社理事长从事了多年的农资销售和农产品销售，并与政府、科研院所建立了良好的合作关系，有丰富的社会资本、企业家管理才能和个人声誉和人格魅力。2011 年，合作社开始引进大学生职业农民，采用类似于"职业经理人"的方式对合作社的生产进行"单元式管理"。华成合作社与大学生职业农民之间的利益连接主要有 3 种机制，一是基于专业化分工和纵向协作的生产经营管理模式，是基于不同生产经营环节要素集聚和规模效应而形成的；二是基于互补性资产的要素配置机制，是基于理事长和大学生的资源禀赋差异而形成的；三是基于绩效和贡献的激励机制，是基于农产品销售的差异化定价和不同角色成员的差异化贡献的报酬而形成的。

（1）基于生产要素集聚的专业化分工的横向利益连接。首先体现在生产环节通过生产单元模式，最大限度地实现标准化。生产单元由大学生职业经理人承包，不同生产单元按照专业化分工，生产不同品种的蔬菜，并在年际间进行轮作。蔬菜作为劳动密集型农产品，在田间管理上需要付出大量的劳动时间。为了让生产单元专注于田间管理过程并且保证农产品质量，合作社统一提供种子、肥料、农药，供应价格则参照市场批发价零利润提供，并在种植过程中提供技术指导，按照无公害蔬菜生产规程进行统防统治，尽可能实现了蔬菜生产的专业化和标准化。其次体现在产品销售实行销售单元运作模式，最大限度地实现销售环节专业化。销售单元由与合作社具有利益关联的荟萃公司负责，仍

属于合作社蔬菜生产专业化分工的下游单元。销售单元的设立具有 3 个明显的优势，一是多样化的销售渠道最大程度地降低了市场风险，保证了蔬菜的常年畅销，而且也保证不同品质、档次的蔬菜都有自己的目标市场。二是销售单元与生产单元无缝对接，显著减少了产品营销的中间环节，有效地降低了市场交易成本。三是合作社在批发市场销售蔬菜产品的同时，也负责采购食堂配送所需的肉类及其他食品，也有效地降低了交易成本。在育苗环节探索育苗单元运作模式。随着合作社内部蔬菜种植规模的扩大，合作社将在育苗环节进一步进行专业化分工。目前已有大学生职业经理人向合作社提出要承包育苗单元，为合作社内部以及周边农户提供种苗。可见，专业化分工一方面可以促进组织的规模化生产，另一方面规模化生产同样会引致专业化分工。

（2）基于互补性专用性资产投资的纵向连接，建立在只有当交易双方均进行了专用性资产投资且专用性资产互补性较高时，才能减少交易不确定性，增加交易频率，最终提高交易效率和稳定性。合作社具备生产性专用资产和销售渠道专用资产，即通过流转周边农户的土地，建造的温室大棚，以及与溧水区各企事业单位建立的长期稳定的供应关系，缺乏的是人力资本和管理才能这样的互补性专用资产。大学生管理人员一般都具有较为先进的管理理念，愿意投身到农业生产中，可塑性非常强。合作社积极引入大学生管理温室大棚，并形成不同的生产单元，使合作社前期投资的温室大棚与具有管理才能和先进理念的生产管理者相结合，实现较高的生产效率和效益。合作社还对大学生从两方面进行了专用性投资，一是农业知识和技能的人力资本投资；二是以每年每亩1 000 元的价格租用合作社的温室大棚。通常一个生产单元的占地面积为 15 亩左右，这就意味着大学生需要投入 15 000～20 000 元的租金成本，是一种专用性投资。合作社具有的生产性专用资产和销售性专用渠道，大学生职业农民是高质量的管理人才，并且愿意通过租用合作社的温室大棚的形式，实现生产的专用性投资，正好与合作社形成了互补性资产，从而实现了紧密的纵向协作和合作社的正常运作。

（3）基于绩效与贡献的激励机制。首先是合作社以市场细分和差异化定价策略激励倒逼生产实现优质优价，提升绩效。华成合作社充分利用市场细分策略，以消费者需求差异为基础，对不同质量的农产品实现差异化定价。将产品的销售渠道区分为礼品蔬菜、食堂配送、电商销售、批发市场等，并对不同渠道进行差异化定价，礼品蔬菜的定价最高。其次是食堂配送和电商销售。最后是批发市场。同时，在市场细分基础上采用相应的产品分级收购策略。对于质量较差的农产品，按照批发市场价格进行收购，对于质量较高的礼品蔬菜，相对于批发市场价格加价 50%进行出售；质量中等的蔬菜，相对于批发市场加价 20%进行收购并进行食堂配送和电商销售。优质优价的策略激励了生产单元采用更精细的田间管理方式来生产农产品，有效保证了蔬菜生产的品质。其次，基于个人贡献的差异化利益分配激励生产管理和销售管理的积极性。利益分配机制充分考虑了生产单元之间的专业化分工和大学生职业农民在管理中的作用。一方面，合作社的盈余来自于生产环节和销售环节专业化分工后所形成的差价，盈余分配考虑了生产单元和销售单元各自的贡献；另一方面，作为生产单元和销售单元的管理者，大学生职业农民的贡献在盈余分配中得到了重要的体现。基于以上两个方面的考虑，合作社的盈余分配着重体现在生产环节和大学生职业农民的利益分配。盈余分配过程分为 4 个阶段。一是在合作社与荟萃公司之间分配。合作社的盈余是由荟萃公司下属的销售单元出售合作社农产品所获得的，因此销售额扣除销售成本和生产成本之后获得盈余之后，盈余在公司和合作社之间各占一半。公司再对销售单元进行提成。二是合作社内部的初次分配阶段。这一阶段实质上是按生产要素报酬进行分配。20%分给理事长，是理事长企业家才能的报酬；50%分给生产单元，是生产单元中管理者和雇工的劳动报酬；30%留存，和合作社租入和出租土地的租金差额一起，用于再分配。三是合作社内部再分配阶段。再分配阶段实质上是合作社成员的利益分配。由于理事长占有 75%的股份，因此股份分红主要给予理事长。剩下的 25%是作为土地入股成员的分红。但为了使大学生作为管理者获得最大的收益，理事长将自己获得的 75%的股份收益又作为大学生和雇工的奖金进行发放，其中大学生奖金占比 50%，雇工奖金占比 25%，此举进一步促使大学生职业农民与合作社之间的合作关系更加紧密。四是生产单元内的分配。生产单元内按照 50%、20%、30%的比例进行分配，50%为管理层提成，20%为雇工工资，30%为风险金。

二、基于内部信用合作的合作社与普通种植户之间的利益连接——以鑫源蔬菜合作社为例

鑫源蔬菜合作社位于安徽省金寨县，成立于 2004 年，目前成员有 110 人。理事长朱余伟是村支部书记，同时经营餐厅、健身房和小额贷款公司。合作社

本身除了借助县农技部门的力量提供少量技术服务之外，并不提供其他服务。2016 年，在金寨县农业部门的支持下，合作社开始开展信用合作业务。2016 年共有 43 户入股，股金 87 万元，由理事长和理事会共同决定贷款的发放事宜。农民入社有地域限制，必须是本村和邻村两个村的村民。农民单人入股金额也有限制，单人入股不能超过合作社入股资金总额的 5％。

合作社与普通农户的利益连接主要就体现在合作社与普通农户之间的资金往来。其内部信用互助运行取得成功，主要得益于合作社合理的资金来源渠道、通过非正式治理和正式制度进行风险控制，简化操作程序的内部治理和利益连接过程。

（1）合理设定合作社的资金来源。农民合作社信用合作资金来源于以下几方面：入股资金、内部社员闲散资金暂时存放在农民合作社的合作资金、农民合作社提取的公积金和上级拨给的专项资金。单个社员入股资金一般不低于 1 万元，最高不超过入股资金总额的 5％。合作社入股总资金额度不超过 500 万元。社员入社入股后，发给"股金证"。社员平时的闲散资金可以作为合作资金暂时存放到合作社，单笔存放最高额度不得高于合作社入股资金总额的 4％，社员存放合作资金由合作社出具"合作资金存放凭证"。

（2）正式制度和非正式制度相结合，进行风险控制。从正式制度来看，为了减少内部信用合作的风险，合作社对贷款规模进行了适度规定。按照"小额、分散、短期"的投放原则，向全体社员分散发放，向各农业产业分散发放。农民合作社对内部成员贷款，严格执行"九禁止"规定，分别是非本社社员禁止贷款；超过 5 万元限额的禁止贷款；超过 1 年期的禁止贷款；前期贷款未还清者禁止贷款；有不良记录者禁止贷款；有不孝、赌博、违法者禁止贷款；没有社员担保者禁止贷款；没有夫妻双方签字的禁止贷款；请客送礼者禁止贷款。2016 年规定单笔贷款最高限额为 5 万元，2017 年单笔贷款最高限额为 10 万元，贷款利息为 10.7％。2016 年，共有 21 人获得贷款。2017 年，共有股金 89 万元，有 28 人贷款，其中 4 户贷款为 10 万元，其中两人养猪，另两人种地。

从非正式制度来看，合作社的风险防控手段包括，利用熟人社会中的社会信任，由理事长和理事会社员判断贷款人是否有还款；社员贷款时必须由同合作社的股民进行担保；县级农业部门会不定期到合作社来视察运营情况。基于社会网络和社会信任的内部信用互助可能会导致合作社的资金互助规模受到限制，但是对于农村地区的小规模借贷需求的普通种植户来说，是一个合情合理的选择。对于合作社负责人来说，也有"船小好调头"的优势。

（3）简化操作程序，为种植专业户成员的资金需求提供便利。社员贷款"以信誉担保为主，以经济担保为辅"的方式；贷款审批由合作社理事会决定；贷款担保由合作社内部成员联保、农村房屋权证担保、土地承包经营权担保、信誉担保等多种形式。贷款担保主要实行合作社内部社员联保，借款人需找同一合作社的股民提供担保，签订担保合同和贷款合同并提交。通常早上签订，下午即可放款。在贷款金额没超过股金金额或者存放金金额的，理事长可自行决定是否贷款。贷款超过 5 万元的，需要理事会开会决定，开会也并非一定正式，打电话沟通的情况占多数。

三、基于土地要素整合的合作社与非农兼业户之间的利益连接——以国全蔬菜合作社为例

重庆市涪陵区国全蔬菜种植股份合作社成立于 2010 年 8 月，位于重庆市涪陵区马武镇石朝门村，该村属涪陵后山地区，交通运输不便，地理位置偏僻，加之一半以上的村民外出务工，土地撂荒严重，是典型的贫困村。合作社注册资金 330 万元，主要从事蔬菜、水果种植和销售，现有成员 254 户，由土地入股农户、种植大户、微型农业企业及现金入股农户四类构成。合作社成员种植基地规模达 2 223 亩，2016 年生产经营收入 953 万元，销售收入 495 万元，可分配盈余 192 万元。

合作社注册资金 330 万元，资金主要来源于土地承包经营权折资和货币资金，根据股权结构设置，共折股 4 714.29 股。一是土地承包经营权折股。合作社参照当地承包地经营权租赁的收益标准，分别按田、土分类作价量化承包地经营权。入股合作社的田每亩每年作价 700 元、土每亩每年作价 350 元，按入股承包地的第二轮承包剩余期限计算折股。村民入股合作社土地面积 549.7 亩（其中：田 6 亩、土 543.7 亩），折资 295.61 万元，折股 3 611.5 股（田一亩 1 股、土一亩 0.5 股）。土地承包经营权折资总额占合作社成员出资总额的 89.6%。二是货币资金折股。货币资金由核心成员 15 户出资 34.39 万元，现金资金 700 元/股，共折股 1 102.79 股。其中理事长何国全出资 6.39 万元，占合作社成员出资总额的 1.94%，其余 14 户每户平均出资 2 万元。货币资金占合作社成员出资总额的 10.4%。利益分配方面，合作社严格实行盈余分配

制度，每年按成员入股股权和交易额（量）进行盈余返还，年返还社员的合作经营盈余达 80%～90%。

通过建立"产业基地＋分户"经营的模式，形成差序格局，促进不同类型农户与合作社之间建立紧密的利益连接关系。国全合作社首先实行"产业基地"的规模经营模式，引进、培育专业大户、微型企业、家庭农场等家庭型土地经营主体，推行农业适度规模经营。同年 10 月何国全夫妇承租合作社的 150 亩土地，创办了全区首个在工商登记注册的家庭农场——昌兰家庭农场，种植马铃薯、紫薯、番茄、糯玉米等高附加值特色农产品，农场每年收入 45 万元左右。在昌兰家庭农场的示范带动下和合作社服务支持下，微型农业企业、家庭农场、专业大户等规模型经营主体快速发展。2015 年，石朝门村被评为"重庆市十强特色微企村"。目前，国全合作社产业基地培育、发展的蔬菜专业大户 30 户，注册登记微型农业企业 25 户，家庭农场 3 户。

土地要素合作促使合作社与非农兼业户之间建立利益连接关系。在与大户形成合作的同时，合作社还积极与非农兼业户和新型职业农民两类普通农户进行合作。首先，实现土地经营权入股合作社，促进合作社与非农兼业户的合作。2011 年 12 月，在涪陵区农业、工商部门的指导下，在确保农村土地村民家庭承包权不变的前提下，由村民自愿以自家承包地的经营权（或使用权）折价作为加入合作社的股份，将自家承包地的经营权入股合作社，由合作社实行规模化经营、保底分红，最初的蔬菜专业合作社也转变为以土地经营权等要素合作与种植专业合作相结合的新型股份合作社。石朝门村一组唐建常年在外务工，承包地常年荒芜无人耕种，他为此城乡两头分忧，受合作社土地入股分红的影响，他果断将全家的 6 亩承包地入股合作社成为股东，放心地将全家迁入涪陵城区落户成市民。其次，在土地流转的过程中，实现部分专业户的迁移，使专业户转身成为新型职业农民或者经营乡村旅游项目。国全合作社通过承接转户进城务工农民的土地，发展高效产业，走出了一条农民专业合作社增收致富的新路子——"国全模式"。2012 年，石朝门村四组全部 102 户 285 人自愿将承包地经营权入股给合作社。其中：有 54 户 154 人放心地举家迁入涪陵城区、重庆主城落户，在城市稳定居住、务工或经商，融入城市生活；有 48 户 131 人，高兴地迁入石朝门村村民新村集中居住，就近从事特色农产品种植或经营乡村旅游项目，成为新型职业农民。

在国全合作社，大户、家庭农场为主的核心成员、通过土地入股带动的非农兼业户、在土地流转中实现资源整合的纯农户和新型职业农民，都与合作社建立了不同层次的利益连接机制。但合作社与土地入股农民之间的利益连接关系如果不进行进一步的维护和创新，很可能会演变为土地租赁关系，从而失去农民土地入股合作社的最根本的意义。

四、基于产业扶贫的合作社与贫困农户之间的利益连接——以牧星肉羊养殖合作社为例

牧星肉羊养殖农民专业合作社成立于 2013 年，注册资金 500 万元，建设羊舍占地面积 10 万平方米，2016 年总资产达 924.3 万元，其中流动资产 63.6 万元，牲畜资产 647.4 万元，固定资产 172.1 万元，有成员 106 人，基本辐射带动周边所有村。目前能繁母羊存栏 2 000 只，年出栏肉羊 3 000 只以上，全年实现经营收入 323.84 万元，利润 116.5 万元。按照合作社章程规定，每年利润中的 20% 作为法定公积金、20% 作为机动储备金，主要用于亏损年度支付社员股息，设备、圈舍的维修以及新品种羊的引进等。剩余部分按社员向合作社供应种羊、商品羊和购买生产资料的数额进行分配。

服务始终切实贯穿生产经营过程，保证了合作社与贫困农户之间的利益连接。一是设计"扶贫羊"理念，以养殖助力扶贫。合作社为充分发挥自身养殖方面的特色和优势，精心设计了"扶贫羊"计划，即用低于市场价格的带孕生产母羊，发放给残疾和贫困户，发放的生产母羊必须是 8 至 1 周龄杜泊或萨福克配上种的带孕生产母羊，而且保证健康无疾病。同时，对发放的带孕母羊实行"六个统一"。即：统一购进空胎生产健康母羊，统一试情配种，统一对发放的生产母羊进行建档并跟踪服务两年，统一免费对贫困户进行养殖技术及防疫培训，统一成本价供应精饲料及羔羊代乳颗粒或全价颗粒饲料，统一将向贫困户发放的生产母羊所生产的公羔羊进行回收屠宰，包装销往内地，母羔羊进行扩群建档。还专门聘用了双语技术师 1 名，兽医师 2 名，为所扶持的残疾贫困户进行技术跟踪服务和技术指导，让贫困户毫无成本和顾虑地开展养殖，脱贫增收。二是坚持关注残疾养殖户，以技术服务助增收。为提高残疾贫困户的经济收入，合作社对残疾贫困户所繁殖的母羔羊长期免费配种，提高品种比价值。在不到一年的时间里，合作社扶持带动残疾户 77 人，均积极主动地发展畜牧养殖业，有了固定收入。

"建档立制"的管理模式确保贫困户积极参与生产经营。为确保扶贫工作

不流于形式，合作社设置了"建档立制"的管理模式，确保扶贫工作不流于形式。为了避免领到羊的贫困户将所发放的带孕生产母羊吃掉、卖掉，由合作社专门负责登记建档，一户一档，对残疾贫困户所生产的公羊羔进行市场价回收，而母羊羔则继续留在残疾贫困户家里进行扩群繁殖，残疾贫困户所养殖的羊如果生病，可拨打合作社服务电话，合作社将速派专人，上门对病羊进行治疗、鉴定，如无医治价值，将由合作社鉴定后，方可予以残疾贫困户宰杀食用，否则将按违约处理。

牧星肉羊合作社之所以能够与贫困农户建立紧密的利益连接关系，主要原因为理事长具有开拓意识和风险精神，将合作社的服务与贫困农户的生产经营过程进行紧密连接，并且采用切实可行的制度安排保证贫困农户能够积极参与生产经营。但是该合作社中，合作社理事长占股比例较大、贫困农户的主观能动性不够可能也会成为合作社未来发展中的阻碍。

以上 4 个典型案例，分别分析了合作社与职业农民、合作社与专业种植户、合作社与非农兼业户、合作社与贫困农户之间的利益连接机制。案例分析结果表明，合作社中普通成员的角色越来越多元化，合作社与普通成员的利益连接机制形式也日趋多元化，如表 3-17 所示。利益连接紧密程度与成员对合作成本的分摊有重要的关系，即使没有显性成本，也有隐性成本，在普通成员无法分摊合作社成本时，如果合作社与普通农户之间要建立紧密的利益连接关系，仍然离不开政府对合作社的支持。

表 3-17　不同类型农户与合作社的利益连接机制比较

	名称	华成蔬菜合作社	鑫源蔬菜种植专业合作社	国权蔬菜种植股份合作社	牧星肉羊养殖合作社
基本特征	成立时间	2009 年	2004 年	2010 年	2013 年
	理事长及身份	路晓华，从事多年农产品和农资经营	朱余伟，村书记，同时经营餐厅、健身房，县小贷公司主要股东	何国权，退伍军人，在上海务工多年	朱国营，农资经营、企业家
	注册资金	500 万元	87 万元	330 万元	500 万元
	业务内容	蔬菜的生产、销售，技术服务	信用合作	蔬菜的生产、销售，技术服务	肉羊生产、销售和技术服务

（续）

	名称	华成蔬菜合作社	鑫源蔬菜种植专业合作社	国权蔬菜种植股份合作社	牧星肉羊养殖合作社
基本特征	股权结构	普通成员土地入股、理事长占有75%的股份，大学生职业农民因身份问题无法入股	资金入股，普通成员占有股份90%以上	土地入股和资金入股，土地入股占比89.6%	理事长占有100%的股份
运作机制	成员结构	核心成员为路晓华，普通成员包括大学生职业农民、土地入股农户和雇工	核心成员为理事长，普通成员为入股的蔬菜种植户	核心成员为理事长、附近家庭农场、大户等，普通成员为土地入股农户、蔬菜种植户	核心成员为理事长，普通成员为肉羊养殖户、贫困农户和残疾户
	利益连接机制模式	基于专业化分工与纵向协作的利益连接	基于内部信用合作的利益连接	基于土地资源整合的利益连接	基于产业扶贫的利益连接
	利益连接中的关键因素	专业化分工、互补性资产与双重激励机制	贷款规模控制、程序简化、关系治理和正式制度的风险控制	理事长企业家才能、产业基地模式和土地资源整合	理事长奉献精神、服务的切实到位和创新管理模式
	政府支持	项目资金支持、成员账户量化	县级农业部门牵头、监督	政府部门牵头、引导	精准扶贫资金支持
	制约因素	大学生农民的身份问题、雇工老龄化问题、合作社与公司的关系问题	资金不足，农户参与积极性不高，风险控制问题	管理水平较低、融资困难，合作社与土地入股农民更类似于土地租赁关系	理事长占股过高，同时贫困农户给合作社带来的负担较重

首先，合作社中普通成员的角色和利益连接机制越来越多元化。普通成员角色多元化主要体现在有的合作社并不是只存在某一种类型的农户。华成蔬菜

合作社的特点在于它与大学生职业农民建立了较为紧密的利益连接关系，但同时合作社中也有土地入股成员和雇工成员。国权蔬菜合作社通过土地资源整合和土地入股与非农兼业户建立了紧密的利益连接关系，但同时也存在着大户、家庭农场和普通种植户等成员角色；利益连接机制的多元化体现在，即使是合作社与同一类农户之间的利益连接关系，也呈现出多元化的特点。华成合作社与大学生职业农民之间的利益连接机制建立在专业化分工、互补性资产和绩效、贡献的双重激励上；鑫源蔬菜合作社与普通种植户之间的利益连接机制建立在贷款规模控制、贷款程序简化和正式制度、关系治理的风险控制等关键要素上；国权蔬菜种植合作社与土地入股成员之间的关系则建立在理事长的企业家才能、产业基地的模式和土地资源的整合等关键因素上；牧星肉羊养殖合作社与贫困农户之间的利益连接与理事长的风险精神、切实的服务过程和管理模式的创新密切相关，同时也得到政府扶贫资金的支持。不同的合作社与不同类型的普通成员的利益连接机制各有差异，但最终都促进了普通农户福利的改善。

其次，利益连接紧密程度与普通成员对合作成本的分摊有重要的关系。从4个典型案例中可以看出，利益连接紧密的合作社，普通成员都会承担一定的资金成本或者时间成本，即使没有显性成本，也有隐性成本。在普通成员无法分摊合作社成本时，如果合作社与普通农户之间要建立紧密的利益连接关系，仍然离不开政府对合作社的支持。华成蔬菜合作社中，大学生职业农民虽然不是正式的成员，但是通过互补性专用资产投资承担了设施成本，同时，大学生职业农民还扮演了生产单元和销售单元的管理角色，承担了管理的时间成本；鑫源蔬菜合作社中的资金主要来自普通种植户；国权蔬菜合作社中，土地入股成员并未承担成本，因此与合作社之间的利益连接关系更类似于租赁契约，并不是特别紧密。牧星肉羊合作社是承担了政府的精准扶贫项目中的产业扶贫工作，政府给予了扶贫资金支持，扶贫资金支持在某种程度上即是代替贫困农户承担合作社的运营成本。

最后，合作社与普通农户利益连接机制的建立仍然存在着一定的制约因素。尽管合作社通过各种方式的创新与成员建立利益连接关系，但由于我国合作社面临的内外部环境不完善，合作社的发展仍存在一些制约因素。总体来说体现在以下几方面：一是在产业化程度比较高的合作社中，存在大学生农民的身份问题、雇工老龄化问题以及合作社与公司边界模糊等问题；二是在开展信用合作的合作社中，可能存在资金不足，农户参与积极性不高，风险控制问题；三是在规模较大的、依赖于土地资源整合的合作社中，可能存在管理水平较低、融资困难，合作社与土地入股农民之间类似于土地租赁关系的问题；四是合作社内部管理人员水平较低、融资困难，合作社与土地入股农民更类似于土地租赁关系；五是在产业扶贫合作社中理事长占股过高，同时贫困农户给合作社带来的负担较重，从长期来看可能无法兼顾效率与公平。

第四章

发展多种形式规模经营

第一节　日韩农业适度规模经营及对我国的启示[①]

一、日本农业适度规模经营及对我国的启示

（一）日本农业适度规模经营发展历程和政策分析

1. 农业家族经营模式的确立

1945—1955 年日本处于战后复兴时期，日本实施了一系列农地改革，日本零细化的家族经营模式的形成，可以追溯到第二次世界大战后的土地改革。战后，日本政府在农村推进了民主化运动，特别是农地改革政策，废除了半封建的地主制，确立了自耕农制度。据日本农林水产省调查，改革前的 1945 年 11 月，全国农地面积中出租耕地占了 46％，改革以后的 1950 年，出租耕地下降到了只有 9.9％。经过这个改革，佃农数量大幅度减少，而自耕农家数量大幅度增加。自耕农的比例由 1941 年的 30.6％增加到 1955 年的 69.5％。自耕农加上半自耕农（包括自耕兼佃耕的农户和佃耕兼自耕的农户）的比例由 1941 年的 51.4％增加到 1955 年的 91.1％。农地改革确立的自耕农制度，在当时极大地调动了农民生产积极性，日本农业的生产能力迅速提高，缓解了战后粮食供给严重不足的局面。日本前首相吉田茂曾称这场农地改革制度为"非共产主义世界进行得最彻底的土地改革"。为了巩固战后土地改革的成果，日

---

① 本节引自 2013 年农业部软科学课题"日韩农业适度规模经营及对我国的启示"，课题主持人：周应恒。

本于 1952 年制定了《农地法》，以法律的形式将自耕农体制固定下来。自此，日本形成了以小规模土地私有，以家族为单位、以家族劳动力为主要劳动力、以维持小农再生产为主要经营目标的家族经营形态。但从 20 世纪中期开始，日本经济由战后复兴期进入高速成长期，家族经营随之发生了很大变化。

2. 自立经营农户的培育

随着日本经济的高速增长，农业内在的矛盾突显出来。这些矛盾主要表现为农村与城市之间收入和生活水平差距的扩大。1960 年日本农户家庭的人均收入仅相当于城市职工家庭收入的 70%，日本农村家庭的人均生活消费支出也只有城市家庭人均生活消费支出的 75%。当时日本各界共识地认为小规模的家庭经营方式是日本农业最根本的弱点，其阻碍了农业生产率的提高和农业收入的增长，是日本农业内在矛盾的根源。小规模的家庭经营得以长期维系的主要原因是农业领域滞留的大量剩余就业。但随着工业化的深入发展，非农就业机会增加，大量农业劳动力外流，农村劳动力过剩的问题就会解决。这样一来，农业经营规模可以不断扩大，生产效率得到提高，就能够克服农业经营规模细小的问题。农业基本法制定者基于以上的逻辑，设想以日本经济高速成长为契机，通过推进农业结构改革，改造零细化家庭经营形态主导的传统农业，使农业能够作为一个产业而独立存在。

在这种背景下，经工农商政各界参与制定，日本政府于 1961 年公布实施了指导新时期农业发展的《农业基本法》，确定了今后农业政策的基本目标，即谋求农业的发展和提高农业从业者的地位，以便缩小农业与其他产业在生产率上的差距，增加农业从业者的收入，使农业从业者达到和其他产业从业者相当的生活水平。为实现该目标，《农业基本法》确立了三大政策措施，即生产政策、价格与流通政策、结构政策，其中最为关键的便是结构政策。结构政策的重点是促进土地合理流动，扩大农业经营规模，实施农地集团化，并通过这种方式培育一批适于担负起日本农业现代化经营的自立经营农户①。在其他小规模农户流转自由土地，逐渐离开农业的情况下，让这批自立经营农户成为日本农业的主体。

---

① 自立经营农户类似我们常说的经营大户，是指拥有能使家庭中从事农业生产的成员能够正常发挥其经营能力的土地面积，在达到充分就业的状态下能够获得与其他产业劳动者相近的收入，并享受城市家庭同等生活水准的农户或经营实体。

《农业基本法》是宣言立法，以赋予农业及农政方向为目的，对有关问题，虽有明确的原则规定，但不像一般法律那样有实质性的事项规定和具体的措施规定。因此，为了实施农业基本法，日本还修改了有关法律，并制定新的有关法律，废除一些已不适应的制度，建立一些必要的新的制度。如1962年修订《农地法》，放宽了农地拥有面积的上限限制。1970年再次修改《农地法》，放宽了土地租借期限和有关地租的规定。还有，为便于在农村地区有计划地利用土地，1969年国会通过《农业振兴地域整备法》。此外，作为鼓励农民离开土地的对策之一，日本于1970年制定了《农业者年金制度》（农业者养老金制度）。

虽然日本不遗余力地推进农业规模化经营，培育自立经营农户，但结果并没有达到预期的效果。从1960年到1997年，自立经营农户的比例不仅没有增加，反而从8.6%下降到5%；同期，耕地总面积中由自立经营农户经营的比例也从24%下降到18%[①]。1990年与1960年相比，日本农业就业人数减少幅度超过2/3，但农户的数量却只减少了37%，户均耕地面积仅从1公顷增加到1.36公顷，以小规模农户为主的农业生产经营结构并没有根本改变。

究其原因，主要因为大量的农村劳动力转移主要采取离乡不离土的方式，并未如预期设想放弃农业，而是普遍兼业化经营。如表4-1所示，日本农地基本法及其配套政策实施以后，专业农户和第一种兼业农户分别从1960年占总农户数的34.3%和33.6%下降到1990年的12.3%和13.6%，而第二种兼业农户所占比重却显著增加，从32.1%上升到51.5%。这种大量零散农户不离开农业的所谓第二种兼业农户滞留现象，被认为是自立经营农户形成和发展以及农业结构改革的最大障碍。因为难以通过扩大经营规模和提高生产效率的方式，改善农工间的收入差距，日本政府选择了提高农产品价格的生产保护方式。这样做法的结果是，进一步巩固了农业兼业化的形态，使日本扩大农业经营规模，培育自立经营农户的设想更加难以实现。

在农户间通过土地买卖和租借方式扩大家族经营规模进展缓慢的同时，以法人经营体为代表的生产组织和经营组织却逐渐发展起来。首先，由于日本经济的高速增长，日本的劳动力由供大于求向供不应求逆转，在农村劳动力大量涌入城市的情况下，以提高劳动生产率为出发点的农业法人经营体在此时出现

---

① 数据来源于2010年日本《食料·农业·农村白皮书》"附录"部分。

表 4 - 1 日本农户的构成（1950—2010 年）

单位：万户，%

年份	总农户数	贩卖农户					自给农户
		专业农户	兼业农户				
			总数	第一种兼业农户	第二种兼业农户		
1950	617.6	308.6 (50.0)	309.0 (50.0)	175.3 (28.4)	133.7 (21.6)		—
1955	604.3	210.5 (34.8)	393.8 (65.2)	227.5 (37.6)	166.3 (27.5)		—
1960	605.7	207.8 (34.3)	397.9 (65.7)	203.6 (33.6)	194.2 (32.1)		—
1965	566.5	121.9 (21.5)	444.6 (78.5)	208.1 (36.7)	236.5 (41.8)		—
1970	540.2	84.5 (15.6)	455.7 (84.4)	181.4 (33.6)	274.3 (50.8)		—
1980	495.3	61.6 (12.4)	433.7 (87.6)	125.9 (25.4)	307.8 (62.1)		—
1985	466.1	62.3 (13.4)	403.8 (86.6)	100.2 (21.5)	303.6 (65.1)		—
1990	383.5	47.3 (12.3)	249.7 (65.1)	52.1 (13.6)	197.7 (51.5)		86.4 (22.5)
1995	344.4	42.8 (12.4)	222.4 (64.6)	49.8 (14.5)	172.5 (50.0)		79.2 (23.0)
2000	312.0	42.6 (13.7)	191.1 (61.2)	35.0 (11.2)	156.1 (50.0)		78.3 (25.1)
2005	284.8	44.3 (15.6)	152.0 (53.4)	30.8 (10.8)	121.2 (42.6)		88.5 (31.1)
2010	252.8	45.1 (17.9)	118.0 (46.7)	22.5 (8.9)	95.5 (37.8)		89.7 (35.5)

资料来源：日本农林水产省《农林水产统计》。

注：1.（）内为构成比（%）；2. 贩卖农户是指经营耕地面积 30 亩以上或是农产品销售额 50 万日元以上的家庭；自给农户是指经营耕地面积 30 亩以下或是农产品销售额 50 万日元以下的家庭；专业农户是指家庭成员中没有从事兼业的家庭；兼业农户是指家庭成员中有 1 人以上从事兼业的家庭；第一种兼业农户是指以农业收入为主的兼业农户；第二种兼业农户是指以农业收入为副的兼业农户。

显然不是偶然的。但更为主要的原因是，日本政府对新型经营组织的认可与扶持。1952 年日本制定的《农地法》严格限制农地买卖，规定买方必须为农民且拥有一定面积以上的土地（北海道为 2 公顷，其他地区为 0.5 公顷）时，农地才被允许出售并必须继续用于耕种。其他经营组织从事农业生产与经营活动是不被允许的。1962 年，日本对《农地法》进行修改，设立"农业生产法人"，包括经营与农业相关产业的农事组合法人、股份公司等，并赋予其获得土地的权利。据此，农村以外的外部资本得以介入农地流转，具有法人性质的组织也获得了参与农业生产经营活动的权利。1970 年对《农地法》又进行了修改，大幅度地放宽了法人注册登记的条件限制，如取消了法人获取土地数额和雇工人数的限制等。

以法人经营体为代表的农户以外的农业经营组织的数量从 20 世纪 70 年代开始总体上是呈上升态势的。1990 年农业经营组织已达到 11 620 个，其中具有企业法人性质的经营体为 7 474 个，但其平均经营规模仍相对较小（表 4－2），1990 年农家以外的农业经营组织经营耕地面积也只占全部耕地的 4%左右。

表 4－2　1970—1990 年农家以外的农业经营组织情况

年份	总数（个）	法人经营体（个）	经营耕地（公顷）	占总耕地的比重（%）
1970	12 230	7 370	119 506	2.06
1975	12 521	7 932	204 132	3.66
1980	12 601	8 092	201 231	3.68
1985	12 227	7 539	209 542	3.90
1990	11 620	7 474	220 567	4.21

资料来源：根据日本农林水产省《农林业统计调查》估算。

3. 多样化经营形态的形成

随着国际农产品贸易的扩大，日本国境高关税水平和国内高生产补贴，承受着越来越大的来自国际社会要求削减的压力。在国际化进程中，提高农业生产效率，使农业能够自立经营，仍然是日本农业和农业政策的根本，而且比过去更加紧迫。

面对新形势，日本政府于 1992 年发表了名为《新食料·农业·农村政策的方向》的报告书，人们称之为《新政策》。报告书中指出，今后日本农业的承担者是经营体而不是农户，各种相关政策也将相应地集中于培育与扶持农业经营体发展。农业经营体包括"个别经营体"和"组织经营体"。"个别经营体"是指由个人或一个家庭从事农业经营；"组织经营体"是指由几个人或几个家庭共同从事农业经营。虽然称呼上有所改动，显然"个别经营体"相当于具备一定规模的自立经营农户，而"组织经营体"则是以法人经营体为代表的生产和经营组织。新时期的日本农业政策仍然坚持稳定农业家族经营的基础上，促进以法人经营体为代表的生产经营组织的发展。但需要注意的一点是，《新政策》对"个别经营体"的概念做出了这样的解释和说明，即以往的农户既是生产单位同时也是家庭生活的单位，而新的个别农业经营体，是与家庭生活相分离的经营单位。较之家族经营，新的个别经营体更加强调法人化经营。

新政策描绘了未来理想的农业构造。以水稻生产为例，10 年后，生产的 80％由 15 万个左右的"个别经营体"和 2 万个左右的"组织经营体"承担。"个别经营体"的耕作规模为 10～20 公顷，"组织经营体"的规模扩大到 1 个村落或者数个村落的规模。生产成本降低到目前生产成本的 50％～60％。

随后，1999 年日本政府出台了《新粮食·农业·农村基本法》（以下简称新基本法），将新时期农业政策的基本理念法制化了。与旧的《农业基本法》相比，虽然新基本法增加了提高粮食自给率，重视农业多功能作用等政策目标，但在推进农业结构改革，扩大农业经营规模，培育"有效率且稳定的农业经营体"等核心问题上，还是一脉相承的。

为实现新政策和新基本法的发展理念，2005 年日本出台了《跨产品经营安定政策》，这项政策是近年来日本农业政策上最重大的改革[①]。新政策一改过去对包括小规模兼业农户在内的所有农户给予补贴的做法，只对政府欲扶持的有一定规模的骨干农户和有一定规模而且比较规范的生产经营组织进行收入直接补贴。具体来说，在北海道地区拥有 10 公顷以上的农户和在都府县地区拥有 4 公顷以上的农户才可以享受政府的农业收入直接补贴政策。对于生产经营组织，新政策要求必须在 20 公顷以上的规模才可以享受农业收入直接补贴，而且要求生产经营组织内部实行统一销售，统一核算和统一分配。很显然，该政策的目的是要通过补贴的诱导加速长期以来进展缓慢的农业结构改革，迫使小规模经营农户放弃土地，以促进由骨干农户和农业经营组织承担的规模化农业经营。

日本政府一系列的农业经营政策对日本农业经营形态的发展变化发挥了重要的导航作用，促进了日本农业经营形态的多样性变化。

（二）土地利用型农业规模化进展缓慢的原因

日本通过各种农业政策的引入与实施，不遗余力地推进农业规模化经营，培育新型农业经营主体，土地非利用型的畜产业等领域以及北海道地区出现规模化趋势，大规模农业经营格局得以实现，但北海道以外地区的土地利用型农业如水稻生产，仍然没有摆脱小规模农户为主的格局。那么究竟是什么原因阻

---

① 由于这项政策触动了农业团体的既得利益，推进实施该政策的自民党在 2009 年的大选中惨败于民主党，随后民主党用覆盖小规模农户的《户别所得补偿制度》取代了这一政策。

碍了经营规模的扩大，笔者认为，主要有以下几个方面。

1. 自然因素

农业小规模经营格局同资源禀赋条件相吻合，日本是一个多山岛国，山丘起伏，河谷交错，人多地少，自然条件复杂多样，土地总面积 37.78 万平方千米，76％为丘陵和山地。2000 年日本人口比 1950 年增加 4 281.1 万人，而人均耕地则从 1950 年的约 0.069 公顷减少至 2000 年的 0.039 公顷，呈现小规模、分散化，因此，耕地面积狭小等自然因素成为阻碍土地经营规模扩大的一个重要原因。

2. 社会经济因素

（1）农地价格上涨过快，阻碍了专业农户通过购买土地来扩大经营规模。推行和倡导的高地价、高地租，造成农业地租居高不下，特别是城市附近，地价上涨极快。根据日本全国农业会议所调查的数据，1960—1980 年，日本农用地价格从每 1 000 平方米 19.8 万日元上涨到 363 万日元，上涨了 17.3 倍。从同时期的农业经营利润来看，购买这么高价格的农地来经营农业显然是不合算的。农用土地价格如此高涨并不是农业内部经济条件变化所引起的，而是农业外部对土地的需求和对农业用地转为非农业用地收益预期所引起的。正是看到这种巨大的增值空间，一些离城市较近的农户期待着这种转用的机会，把耕地作为保值增值的重要手段。因此，即使经营农业收益不高，这些农户也不会轻易放弃自己的土地。

（2）农业机械化的实现使大量的小规模农户并没有像预期的那样放弃农业，而是普遍兼业化。日本农业机械化始于 20 世纪 50 年代后期，1960 年普及使用土地翻耕机，70 年代开始推广使用收割机、播种机和小型拖拉机，70 年代后期水稻种植的机械化体系已经完全建成。农业机械化的使用极大地提高了日本农业劳动生产率，以水稻生产为例，1955 年每 10 亩稻田平均劳动时间为 190 个小时，80 年代则下降到 64 个小时，2000 年更是下降到 34 个小时。农业生产不再像过去那样繁重，况且农协还能提供产前、产后的各种服务，委托代耕也比较普遍，即使家庭里的老人和妇女也能完成自家土地的经营。因此对于兼业农户来说，没有必要完全放弃自己小块土地的经营。

在 1960 年，专业农户、第一类兼业农户和第二类兼业农户基本上各占 1/3，而到了 2010 年，专业农户仅占总农户数的 17.9％，而第二类兼业农户反而增加了，如果把自给农户算入第二类兼业农户，兼业农户占总农户数的 73％。

与专业农户相比，兼业农户都有着可观的非农就业收入，经营农业所获得的收入仅仅是家庭收入很小的补充。

（3）政府对农产品价格的干预措施也妨碍了规模经营扩大。就大米而言，在世界贸易组织（WTO）协定生效之前，日本政府一直采取生产成本和收入补偿的方式制定大米的收购价格，借此来提高农民的收入水平，这直接导致大米价格不断攀升。政府这种干预价格的措施不仅扭曲了供需关系，还使那些小规模的兼业农户有了喘息的机会，不愿意放弃手中的土地，而平均分摊限制种植面积的措施则直接损害了大规模经营农户的利益。

（4）水稻种植收益低以及规模扩大的界限。日本水田不连片，地块小、分散，因此通过扩大经营规模来降低生产成本是有限度的，根据最新的测算（横山等，2013[1]），当经营面积超过 5～7 公顷以上，生产费用不再随着规模的扩大而下降，反而略微上升。进一步，水稻种植的劳动时间有季节性，仅仅依靠水稻种植获得的收益对于农户来说是不够的[2]，必须采用种植其他作物或是饲养家畜等复合经营的方式，但由于日本大量进口农产品，除水稻以外其他农产品的收益也不理想，水稻种植的收益不高，农户扩大经营规模的动机不足。因此，水稻种植难以实现规模化，仍然保持着小规模零散经营格局。

（三）日本农业规模经营对我国的启示

包括日本在内的东亚各国（地区）的农地制度变迁大多经历了两个阶段：耕者有其田阶段和农地规模经营阶段。在第一阶段，主要通过平均地权，将土地进行均分化，形成小规模、分散化的自耕农阶段，这一时期的农地制度缓和了农村矛盾，提高了农民种植的积极性和创造性，改善了农民、农村的经济状况。在第二阶段，伴随经济发展，农业结构和农业生产要素都发生了重要变化，传统的小规模零散农业已不再适应新的农业经营环境，而扩大经营规模是传统农业向现代农业过渡的重要途径。

日本于 20 世纪 60 年代推进实施农业结构调整，意图改造小规模零细化家庭经营形态主导的传统农业，使农业能够不依附于第二、三产业的反哺，作为一个产业而独立存在。经过数十年的努力，农户间通过土地买卖和租借方式扩

---

① 横山等 2013 年发表于《食农资源经济论集》（日文）第 64 卷第 1 号的论文。
② 日本大米的销售价格低于生产费用，算入来自政府的补助金勉强维持生产。

大家族经营规模进展缓慢，农业经济结构未能按预期实现扩大家族经营规模的目标。但分区域来看，如北海道地区已形成大规模为主的农业格局，2010年经营规模10公顷以上农户占该地区农户总数接近60％，50公顷以上的农户也超过了总农户数的10％，北海道农业已基本完成从传统农业到农业现代化的过渡。另外，畜产业等非土地利用型农业规模化进展很快，其中奶牛和肉牛的户均饲养规模已经达到了欧盟的饲养水平，2010年户均饲养头数分别达到68头和39头。此外，以零细化的家族经营为主体的日本农业生产经营结构也已发生了很大的变化。在日本政府的培植下，以法人经营体为代表的多种形态的、家族经营的补充性生产组织和经营组织迅速发展，并逐渐成长为日本农业生产和经营的重要组成部分。

日本在农业结构调整、扩大农业经营规模上的实践与经验，对于正在着力实施农业现代化建设的中国来说，可以从中获得诸多的有益启示。除明晰土地产权、促进农业剩余劳动力的转移、建立农地社会保障替代体系等常见于各类文献的政策建议以外，通过对日本农业规模经营的历程和实践的总结分析，我们针对中国发展农业规模经营提出以下几点建议。

1. 分区域实施农业规模经营

中国地区差异很大，各地区适度规模经营条件具备程度各不相同。因此，在推行土地适度规模经营的过程中，各地区之间绝不能搞"一刀切"，而应实行分区域的土地适度规模经营模式，即依据不同地区现有各项条件的差异，确定当地适度规模"度"的标准，分步骤地逐渐实现农业经营方式的转变。例如我国西南地区农村土地分散严重，且多为丘陵和山地等低产田，即使通过政策引导或干预等手段能够将零散的土地集中起来，但西南地区复杂的地形使得农业生产的机械化程度和农田水利设施建设受到限制，规模化经营带来的规模效应并不会明显。而又如黑龙江等东北地区先天的自然条件完全具备发展土地规模经营的基础条件。近年来，随着客观条件的成熟，土地适度规模经营的发展速度已有加快的趋势。黑龙江农村土地承包经营权流转面积达到2 808万亩，占全省农村耕地总面积的21.3％，全省流转出土地的农户达93.46万户，占农业总户数的10.71％[①]。如在该区域积极引导促进土地规模经营的推进，引

---

① 何宏莲，韩学平，黑龙江省农村土地流转与规模经营保障机制研究，东北农业大学学报（社会科学版），2010（8）。

导农民逐步实现土地从松散型流转向紧密型流转，从土地无序流转向有序流转，将会增加土地集中流转后的产出效益，促进土地的规模集约经营。

2. 非土地利用型农业产业的优先规模化经营

由于土地承载了经济效用、社会保障效用、就业保障效用等多种功效，在农业生产要素中是农民最不愿割舍的，也是最难于集中形成规模的，而相应的劳动和资本的流动性就大得多。这也是日本整体仍是小规模经营的格局下，非土地利用型的畜牧业优先实现规模化经营的原因所在。因此，可以在政策上引导和扶持劳动密集型和资本密集型的农业领域先行实施规模化经营。比如吸引和扶持工商资本进入适合企业化经营的种植养殖业，主要包括设施农业、规模化养殖业等。这样既可带来规模经济效应，又优化了农业生产要素关系，有利于提高农业生产效率。

3. 农业规模经营应强调适度规模经营，不可盲目追求规模扩大

政府在建设现代化农业、推进规模化经营过程中，不能一味地强调土地集中的规模经营，追求规模的大型化。许多实地调查证明，在种植粮食作物的前提下，经营规模并非越大越好。中共湖北省委农办课题组对湖北省土地经营规模效益的调查表明，经营规模为 50～100 亩的亩均纯收入最高达 565 元，超过 100 亩后亩均效益会大幅下降。政府应该注意强调农业适度规模经营。适度规模经营是在一定的适合的环境和适合的社会经济条件下，各生产要素（土地、劳动力、资金等）的最优组合和有效运行，取得最佳的经济效益。因此合理的规模化经营应该是把适度规模经营与规模扩大二者结合起来，以达到资源的合理利用和最佳的经济效益。

二、韩国农业适度规模经营及对我国的启示

（一）韩国农业规模经营的历程

韩国在 20 世纪 20～30 年代，农民负担逐步加重，越来越多的农民沦为佃农。到 1945 年，全国耕地面积的 63% 是佃耕地，约 200 万户农户中自耕农仅占 13.8%，自耕农兼佃农占 34.6%，佃农占 48.9%。二战后，韩国首先将接收的日本官、民所占土地（占农地面积的 13.4%）分配给本国无地农民，接着在 1949 年 2 月制定了《农地改革案》，开始了以本国人占有的农地为对象的改革。韩国政府以低廉的价格收购农户超过 3 公顷以上的土地，以更低的价格

卖给佃农，使之成为自耕农，消灭了佃耕制度。1950年3月，国会通过了《农地改革法》，确认了政府的改革方案。在此期间，有很多地主在土改政策的威慑下私下进行了土地所有权的转移，加上在政府的主持下实现的土地收购和出售，都实现了土地从原有的地主手中分散到广大的农民手中的目的。到了20世纪50年代后期，韩国基本消除了寄生地主制度，建立了自耕农经营体制，通过限制农户拥有土地的最高数额，实现了土地的小规模家庭占有和经营。

韩国自20世纪70年代以来，基本完成了工业化的转变，随着经济的快速发展，农业结构和农业生产要素都发生了重要变化。传统的小规模零散农户经营已不再适应新的环境，与之相对应的扩大经营规模是传统农业向现代农业过渡的重要途径。因此，韩国政府在围绕农地所有权制度和农地经营管理制度方面进行了一系列变革，大力发展农协组织，鼓励农户合作经营，有效推进了本国农业规模化经营。根据韩国农业适度规模经营的发展历史以及工业化发展、农产品贸易自由化进程，现将韩国划分为1960—1970年、1970—1990年、1990年至今3个阶段来具体阐述。

1. 战后复兴期的规模经营状况

朝鲜战争使韩国1/4的财产遭到破坏，5%的平民在战争中丧生，大约300万名北方难民涌入南方[①]，经济遭受灾难性的打击，几乎崩溃，只能依靠美国的援助来渡过难关。二战和朝鲜战争之后，解决人们生存的粮食问题成为韩国政府工作中的重中之重。朴正熙当权后采取了非均衡发展的战略，积极发展劳动密集型的外向型企业，扩大出口，赚取外汇。虽然韩国经济发展的重心在于工业，但农业也得到了一定程度的发展，为20世纪70年代的转型打下了基础。

韩国1949年颁布的《土地改革法》，解决了殖民时期遗留下来的土地问题，实现了耕者有其田，法律禁止土地租赁，形成了小农经济体制，影响了土地经营的规模效益，农村存在大量的富余劳动力。20世纪60年代，随着工业经济和城市化速度的加快，社会中逐渐出现了一部分富有阶层；另外，政治气氛也相对自由了，韩国农地出租现象悄然出现。虽然法律禁止农地自由出租转让，但实际上没有相应的惩罚措施，以至这一现象愈来愈普遍。60年代一部

---

① Irma Adelman，Social Development in Korea，1953-1993.

分农民已经开始放弃土地流入城市，他们把土地出租或者卖给附近农民，城市中的少数富人也买进一部分农地再转手出租来保值，因此这个时期土地租赁形式开始向聚集的方向发展。

1961 年 7 月新的《农协法》颁布，农业银行和农协正式合并。在政府政策倾斜下，农协的贷款有了大幅增加。政府对各级农协的贷款从 1961 年的 89 亿韩元增加到 1970 年的 485 亿韩元。同时，合作社对农民的贷款也大幅增加，从 1961 年的 167 亿韩元扩大到 1970 年的 1 053 亿韩元。农民可获得性贷款的增加为土地间的租赁交易提供了资金支持。

1967 年韩国政府颁布了《农业基本法》，对农业部门投资与贷款预算大大增加，农业投资是"一五"时期（1961—1965 年）336 亿韩元的 3.8 倍，农业贷款总额占该时期政府对经济各部门投资与贷款总额的 19.82%。其中，1967—1971 年，韩国政府注意到农业劳动力大量向城市转移的情况，农业劳动力出现短缺，政府前瞻性地增加了对农业机械化的投资。在这一时期，对农业机械化的投资比"一五"时期的 2.3% 高出了 3.5 个百分点，政府在推进农业机械化的同时也在一定程度上鼓励了土地的规模化经营。

通过对 1965 年与 1970 年韩国农业经营规模的比较可知（图 4-1），韩国农业主要是以零散的自作农经营为主，经营规模集中在 1.0 公顷以下。1960—1970 年，不足 0.5 公顷经营规模的农户数量明显减少，0.5～1.5 公顷经营规

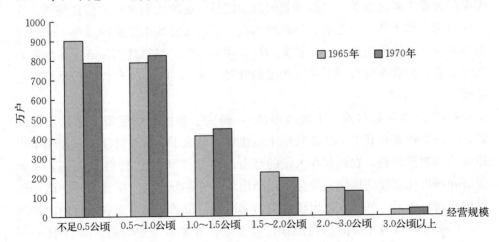

图 4-1　1965 年与 1970 年韩国农业经营规模对比情况

数据来源：农水产食品统计（2013）

模的农户数量开始增加，1.5~3.0公顷经营规模的农户数量略有减少，而3.0公顷以上经营规模的农户数量略有增加，反映出该时期土地租赁现象的兴起以及土地集聚的发展。

总体来看，韩国在工农业非均衡发展时期，面对农地出租转让法律较为宽松的背景，随着农村劳动力向城市的不断转移，政府对农民信贷政策的放松、对农业机械化投资的加大，农地实现规模化经营成为可能。

2. 经济腾飞期的规模经营状况

随着韩国现代化工业的迅速崛起，城市职工工资收入大幅度提高，而农民的收入水平却相对下降，导致了城乡差距的扩大与工农间的对立。有研究显示，韩国在第一个五年计划中工业发展速度为7.8%，而农业发展速度仅为5.3%；第二个五年发展计划中工业发展速度为10.5%，而农业发展速度只有2.5%，工农业发展速度之差，从2.5个百分点扩大到8个百分点。与此同时，城市居民和农民年均收入差距也在同步拉大。其中，1962年农户年均收入水平是城市居民的71%，而1970年已降到61%。当时，在全国农村人口中，经营不足1公顷耕地的农户占67%，而他们年均收入水平还不到城市居民的50%。在这种情况下，韩国各界形成共识，认为小规模的家庭经营方式已经阻碍了农业生产率的提高和农业收入的增长，是韩国农业最根本的弱点。因此，实现农业生产的机械化与现代化、扩大农业生产经营规模成为韩国农业进步与发展的唯一出路。

另外，自20世纪60年代后，韩国一直实行农业市场的自由化政策。虽然20世纪60年代韩国为了消除对美国支援的依赖，由积极的进口政策转向了消极方面，但随着出口贸易额的增加，进口自由政策重新得到了加强。与之对应的，伴随着市场的不断开放，农户之间的相互竞争日趋激烈，从而导致了以0.5~2.0公顷经营规模为特征的中农阶层的扩大，而且这一趋势一直持续到80年代初（图4-2、图4-3）。由于农业生产效益较低，0.5公顷以下经营规模的农户逐渐被淘汰（由1970年的78.7万户下降到1980年的61.2万户，降幅达到22.24%）；而2.0公顷以上经营规模的农户也通过土地租借的方式减少农地的经营面积，以实现最优经营规模（由1970年的16.1万户下降到1980年的14.0万户，降幅达到13.04%）。至1980年，中农阶层占韩国农户总量的比重达到了63.87%。

随着1984年引进自由进口公示制度（Import Pre-Notification），1988年

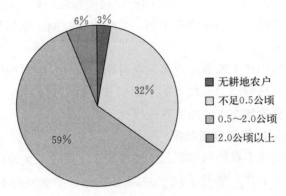

图 4-2　1970 年韩国农业经营规模构成情况

数据来源：农水产食品统计（2013）

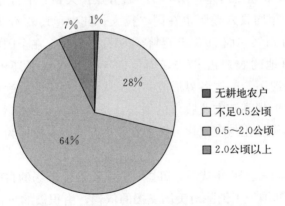

图 4-3　1980 年韩国农业经营规模构成情况

数据来源：农水产食品统计（2013）

与美国签署贸易磋商协议，1989 年关贸总协定条款终止，韩国市场自由程度进一步加大。特别是在 20 世纪 80 年代，市场自由化成为农产品贸易的主要目标，废除或淡化农业贸易中各项进出口推荐制度、进出口关联制度、真正需求制度等的呼声越来越高。考虑到小农经营的局限性，韩国政府采取了一系列扩大土地经营规模的政策措施，具体包括借助农协组织将小规模农户组织起来进行规模化生产经营以及鼓励土地流转。在 20 世纪 70 年代末，韩国废除了 3 公顷的土地最高限制和对租赁的限制。1980 年通过修改宪法，在法律的基础上允许农地的租借和委托经营。1986 年制定了《农地租借管理法》，把保护租地人为主的农地租借政策制度化。很明显，在 20 世纪 80 年代，不足 0.5 公顷经营规模的农户数量仍在持续性下降，同时，0.5～1.0 公顷经营规模的农户数量也出现了明显的下降趋势。另外，1980—1985 年，无耕地农户数量有了一定程度的增加，反映出该时期土地买卖交易的频繁度。因此，至 1990 年，1.5 公顷以下经营规模的农户数量下降到 137.9 万户，占总农户数的 78.04％，相比 1985 年的 161.0 万户下降了 14.35％。与此相对应，1.5 公顷以上经营规模的农户数量在该政策制定之后出现了质的飞跃，尤其是 3.0 公顷以上规模的农户数量在这一年之中增长了 51.72％，达到了 4.4 万户。由此可见，政府放开 3 公顷土地最高限制的政策措施确实有了显著成效。总体来看，在政府积极推进农地规模化经营的初期，韩国虽仍以 1.0 公顷以下规模经营为主要特征，但已逐步呈现出向 1.5 公顷以上规模发展的趋势。

究其原因，小规模的家族经营得以长期维系的主要原因是农业领域滞留的大量剩余劳动力。韩国实施了以轻工业为起点的工业发展战略，优先发展面向出口的轻工业品，如水产品、纤维制品和纺织品、通信机械、木材和胶合板等，这类劳动密集型产业对劳动力的需求大。同时，批发零售、餐饮等服务业也在不同程度上得到了发展，成为农村剩余劳动力的重要流向。这样一来，就为农业经营规模的扩大、生产效率的提高、克服农业经营规模细小问题提供了可能。1970—1989 年，虽然农户的兼业化程度有所扩大，从 1971 年的 36.8 万户增加到了 1989 年的 44.1 万户，增长了 19.84％，专业农户的数量基本处于平稳下降的趋势，但其所占比重依然很高，基本在 80％左右，反映出大量农村劳动力主要采取的是离土又离乡的转移方式，如预期那样放弃了农业。考虑到韩国在工业化推进过程中并没有像日本那样将工业企业的选址广泛分布在农村，大量的零散农户不得不离开农村从事非农生产活动，这就造成了兼业农户所占比重增加不明显的结果，尤其是第 2 类兼业农户的数量在这 20 年中仅增长了 23.26％，到 1989 年，其所占比重只有 14.95％。这一关键性因素也促进了韩国农地间的流转、农业经营规模的扩大。

另外，进入 20 世纪 80 年代，由于工业化的飞速发展，农业人口急剧下降，韩国开始促进农作物种植加工"流水线机械化"，以村为单位，设立"机械化农业经营团体"，在政府支援下由经营团体统一购置播种到收割的"流水线农业机械"，农户共同使用，耕地面积较多的村庄可设立 2 个以上团体。这种农业经营团体其实就是目前所谓的农事组合法人的一种形式，通过该方式，大型灌溉设施、播种机、拖拉机等农机械迅速得到普及。同时，农业的生产效率也得到了提高，有利于实现经营规模的扩大。

总体来看，在国际农产品市场的冲击下，伴随着农村劳动力向城市转移规模的扩大，韩国充分认识到了小农经营的局限性，通过工业反哺农业，采取了一系列扩大土地经营规模的政策措施，如出台政策鼓励土地流转、组建农业经营团体将小规模农户组织起来进行规模化生产经营等，在推进农地规模化经营过程中初见成效，虽仍以 1.0 公顷以下规模经营为主要特征，但已逐步呈现出向 1.5 公顷以上规模发展的趋势。

3. 贸易自由化期的规模经营状况

进入 20 世纪 90 年代，由于全球经济一体化的影响，韩国出口政策也开始多样化，同时取消了农产品出口的补贴制度，国际优质低价的农产品对本地农产品市场造成了很大冲击。为此，1990 年韩国开始通过由政府全额拨款的"农渔村振兴公社"对以水田为主的生产用地进行政策性收购，同时推出土地购买融资计划：在年龄、种植经验、生产能力等方面满足一定条件的专业农户，可以以比较优惠的条件（年利率 3%，还款期 20 年）获得贷款购买土地从而形成专业化大规模生产。1994 年，韩国政府进一步制定了《农地基本法规》，取消了农场获得、出售、租赁农地的限制；同时允许建立农业法人，放宽了土地买卖与租赁限制，鼓励土地集中和规模化经营。另外，韩国政府也在大力扶持培养专业农户。1989 年，政府制定了专业农户培养项目，并在 1994 年正式实施，以求提高农业生产性从而实现农业结构政策的转换。1995 年，农渔村振兴公社又推出"长期土地租赁方式"：承租方农户与农渔村振兴公社签订土地租赁融资协议，按租期从该机构取得相应金额的无息贷款作为租金。当租金一次足额支付给出租方农户后，承租方拥有一定期限内的土地经营权，并按照承租年限定额向农渔村振兴公社偿还贷款本金。这一方式既扩大了专业农户的种植规模，也满足了小规模农户保留土地所有权的愿望。为了推动土地顺利流转，1997 年韩国政府还推出了"农民退休支付计划"，即对于年龄超过65 周岁的农民，如果他们愿意将土地出售给专业农民或者出租 5 年以上，就可以按每公顷 2 580 美元的标准获得一次性补贴。在以上政策措施综合作用下，3.0 公顷以上经营规模的农户数量至 2000 年年末达到了 8.5 万户，相较1990 年的 4.4 万户几乎翻了一番，年均增速 19.32%；0.5～1.5 公顷经营规模的农户数量大幅下降，降幅达到了 33.26%。

韩国农地制度中政策推动立法的最典型事例是对农田拥有上限制度的修改。制定于 1950 年的《农田法》，为了防止少数地主独占农田，特别规定"农村每个家庭拥有的农田不得超过 5 公顷"。这就是韩国长达 52 年之久的所谓"农田拥有上限制度"。这项制度当年在缓和社会矛盾方面确实起到了一定作用。但是，随着时代的发展，这项制度越来越成为韩国农业发展的障碍。它严重阻碍了农业生产的规模化，使小规模、低效率成为韩国农业发展最为突出的问题之一。根据当时的一项统计数字，在韩国，种植旱田在 5 公顷以上的农户仅有 5 000 家，占全部旱田作业农户的比例仅为 0.4%。修改农田拥有制度，克服规模"瓶颈"是韩国农业势在必行的一项改革。此项农业改革措施一共分为三个实施阶段。第一阶段，1993 年，韩国政府首先将"农业振兴区域"（大多为水田）内的农田拥有上限提高到 20 公顷。第二阶段，1996 年，政府彻底取消了"农业振兴区域"内的农田拥有上限。据韩国农林部的评估，1996 年农业振兴区域内"上限制度"的取消在推动水田种植的规模化方面已经取得了一定效果。第三阶段，2002 年 4 月 3 日，韩国农林部公布了一项题为《农田制度修改案》的法案。这是针对"上限制度"的第三次大手术，主要对象是"农业振兴区域"以外的旱地农田。根据该法案，在韩国实行了 52 年的"农田拥有上限制度"被全面废除。

在取消"农田拥有上限制度"的同时，韩国农林部还废除了有关禁止城市居民拥有农田的规定。《农田制度修改案》允许城市居民取得 1 000 平方米以下的农田，以作为周末农场或进行委托农业经营。另外，修改法案还规定，股份公司形式的农业经营法人也可以拥有农田，而此前只有农民合资或合作法人才有这种权利。据此间专家分析，这两项措施的实行，将会促进城市资本向农村流动，对于帮助解决农村面临的劳动力不足、资金匮乏以及经营规模难以扩大的问题会有一定作用。

大量文献表明，从 2000 年开始，韩国的农业高龄化问题越来越突出，由此造成了农业生产效率的逐渐下降。为此，韩国政府采取了一系列措施来促进农用地的规模化经营和专业化。尤其是在 2002 年，农林部提出了有关《土地法》的修正案，放松了农用土地所有面积的上限，允许每个农民家庭拥有的耕地面积扩大到 20 公顷（以前是 10 公顷）；对于划定的"农业振兴区"，其耕种的土地面积也不再受到任何限制。同时，政府也相应放宽了土地买卖和租赁限制。因此，韩国的户均耕地面积有了一定程度的提高，2012 年达到了 1.503

公顷，相比 1965 年的 0.90 公顷增长了 67%。而且 3.0 公顷以上经营规模的农户数量也有了显著提升，至 2012 年，其所占比重已经达到了 8.51%。但另一方面，不足 0.5 公顷经营面积的农户数量依然呈现出上涨的趋势，其所占比重至 2012 年达到了 41.27%，已成为韩国农户经营规模中最主要的成分。此外，韩国政府在农田整治和基础设施建设方面的投入力度也在不断加大，虽然韩国农业依然属于小农体制下的家庭农业，但其农业规模经营和机械化程度正在不断提高。

结合图 4-4 可知，总体来看，韩国农户经营规模的变化轨迹可以概括为无耕地农户比重在逐渐下降直至低于 1.10%；受农业高龄化影响，不足 0.5 公顷的农户比重在 20 世纪 80 年代末期开始由原来的下降趋势发生逆转，直至成为韩国最主要的农业经营规模主体（2012 年占 41.27%）；而 0.5~1.5 公顷经营规模的农户比重恰恰与不足 0.5 公顷的农户比重变化趋势相反，自 1985 年之后由原来的上升趋势转为逐步下降，直至占比 35.53%（2012 年）；1.5~3.0 公顷经营规模的农户比重虽有波动，但基本维持在 14.6% 左右；3.0 公顷以上经营规模的农户比重自 1990 年开始显著提高，至 2012 年达到了 8.51%，比 1990 年增加了 2.42 倍。由此可见，以不足 0.5 公顷经营规模为代表的分散小农集团与以 3.0 公顷以上经营规模为代表的规模化农户集团的比重增加，中间阶层比重减少，显现出典型的两极化现象。

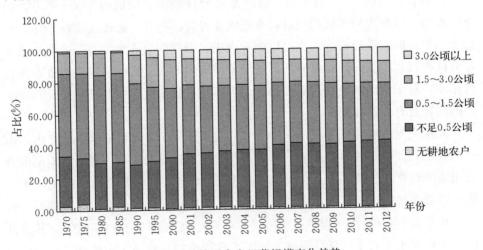

图 4-4 韩国农户经营规模变化趋势

数据来源：农水产食品统计（2013）

　　另外，自 1990 年之后，专业农户的数量出现大幅度下降，虽然兼业农户规模并没有像预期的那样随着农村劳动力的不断转移有所扩张，但第 2 类兼业农户的比重也已增加到 31.02％，涨幅达到 68.13％。究其原因，主要是因为政府在新形势下集中培育并扶持农业经营体的发展，专业农户数量的下降正是由于农业形态的多样性造成的。农业经营体包括"个别经营体"和"组织经营体"。"个别经营体"是由个人或一个家庭从事农业经营，"组织经营体"是指由几个人或几个家庭共同从事农业经营的组织。显然"个别经营体"相当于具备一定规模的自立经营农户，可以理解为专业农户，而"组织经营体"则是以法人经营体为代表的生产和经营组织。新时期，韩国农业政策主要是在坚持稳定农业家族经营的基础上，促进以法人经营体为代表的生产经营组织的发展。正如前文所提到的，就目前而言，韩国农业的经营主体大致可分为三类，分别为：营农（渔）组合法人、农（渔）业会社法人和自作农。此外，农业会社法人和营农组合法人的规模都有了很大程度的提高，从 1997 年的 5 809 个增加到 2011 年的 10 417 个，在这近 15 年中增长了 79.33％。其中营农组合法人的增长速度最为突出，从 1997 年的 4 214 个增加到 2011 年的 8 274 个，增长速度达到了 96.35％，而农业会社法人仅增长了 34.36％。很显然，韩国通过对农业结构中经营主体的改革，迫使小规模经营农户放弃土地，以促进由骨干农户和农业经营组织承担规模化农业经营。在这其中，农事组合法人也发挥了非常重要的作用。

　　总体来看，在全球经济一体化的背景下，韩国政府为了提高本国农产品的竞争力，解决小规模农业经营的低效率问题，通过一系列农业经营政策的推行，在农地制度、农业经营形态的培育等方面进行了变革，有效地推动了农地经营规模的扩大。但受到农业老龄化影响，韩国出现了以不足 0.5 公顷经营规模为代表的分散小农集团与以 3.0 公顷以上经营规模为代表的规模化农户集团两极分化现象。

（二）韩国农业规模经营的成效

　　韩国自 20 世纪 70 年代以来，基本完成了工业化的转变，随着经济的快速发展，农业结构和农业生产要素都发生了重要变化。传统的小规模零散农户经营已不再适应新的环境，与之相对应的扩大经营规模是传统农业向现代农业过渡的重要途径。因此，韩国政府在围绕农地所有权制度和农地经营管理制度方面进行了一系列变革，有效推进了本国农业规模化经营。通过以上分析可以看出，韩国正在逐步走出农业零细化经营的困境，尽管这个进程较为缓慢，但是其趋向还是十分明显的。

1. 农地经营规模稳步扩张

同 1965 年相比，2012 年韩国农场的平均面积增长了 67％，户均耕地面积达到了 1.503 公顷。2012 年有 40.05％的农户经营规模为 0.1～0.5 公顷，23.89％的农户经营规模为 0.5～1.0 公顷，11.64％的农户经营规模为 1.0～1.5 公顷，8.51％的农户农场面积超过 3 公顷，且有继续扩张的趋势。虽然不足 0.5 公顷经营规模的农户比重约占 41.27％，但这些农家的耕作面积仅占全部农地的不到 9％，而 3.0 公顷以上经营规模的农家户数虽仅有 8.51％，但其耕作面积却已占到总耕地面积的 40％以上，由此可见，韩国农业的构造正在快速向规模化经营变化着。

2. 畜牧业部分实现了规模化经营

对于非土地制约型农业，如畜牧养殖已经实现了规模化经营。其中奶牛的户均养殖规模在 2005 年就已经超过了 50 头，到 2012 年达到了户均 70 头；猪和鸡的户均养殖规模分别达到了 1 653 头和 47 366 只（表 4 - 3）。而且在奶牛养殖户中，有 2/3 的农户养殖规模在 50 头以上；49.18％的养猪户养殖规模在 1 000 头以上；绝大多数的养鸡户都形成了规模经营（90％以上的养鸡户养殖规模在 10 000 只以上）。

表 4 - 3　韩国主要畜产品户均养殖情况

单位：头、只

年份	韩牛	奶牛	猪	鸡
1965	1.14	7.00	1.28	9.01
1970	1.15	8.00	1.27	17.66
1975	1.22	9.56	1.91	27.37
1980	1.44	10.00	3.55	57.99
1985	2.44	8.86	11.37	168.58
1990	2.62	15.27	34.05	462.50
1995	5.00	23.04	140.46	422.66
2000	5.48	41.85	342.25	488.32

（续）

年份	韩牛	奶牛	猪	鸡
2005	9.47	53.22	746.83	806.09
2010	16.99	71.67	1 411.57	41 444.44
2011	18.10	67.33	1 361.83	43 973.82
2012	20.81	70.00	1 652.67	47 366.45

数据来源：农水产食品统计（2013）。

3. 园艺类种植规模有所扩大

由于韩国历届政府都强调"生产有竞争力的农产品"，因此，特作、蔬菜、水果以及其他作物的经营面积呈现出较快的增长态势，2012 年相比 1965 年增长幅度分别达到 31.15％、49.67％、269.77％和 363.93％，分别达到 8.0 万公顷、22.6 万公顷、15.9 万公顷及 28.3 万公顷。其中接近一半的蔬菜种植采用的是设施农业，大棚蔬菜种植面积 4.79 万公顷，占 21.19％；设施栽培面积 6.29 万公顷，占 27.83％。

（三）韩国农业规模经营成败分析

客观来说，韩国在推进农业规模化经营的实践中既有成功也有失败，究其原因主要有以下几点：

1. 自然条件的制约

韩国国土的 2/3 是山岳地带，平原地区只占总面积的 30％。虽然在开展新村运动时对土地进行了平整，但依然无法改变农地分散、地势不平的现状。受地理条件的制约，无法实现欧美式的大规模经营，只能采取精耕细作的小农经营。

2. 农地价格的上涨

韩国土地资源稀缺，随着工业化和城市化的不断推进，土地价格涨势迅猛，农户无意转让地价看涨的土地；另外，农民对土地的眷恋心态加上各种与土地挂钩的农业补助金政策使得农地流转非常缓慢。农用地价格的高涨并不是农业内部经济条件变化所引起的，而是农业外部对土地的需求和对农业用地转为非农业用地收益预期所引起的。正是看到这种巨大的增值空间，一些离城市较近的农户期待着这种转用的机会。因此，即使经营农业收益不高，这些农户也不会轻易放弃自己的土地。即使在法律层面批准且鼓励农地自由流转，但实际效果并不明显。这也同时解释了1997年韩国政府推出的"农民退休支付计划"效果并不显著的原因。

3. 农产品价格的扭曲

由于政府通过提高进口关税、限制耕种面积、增加补贴额等一系列措施对农产品价格进行过度保护，以求提高农民的收入水平，但同时也导致了农产品价格的不断攀升。政府的这种做法确实缓解了城乡之间的收入差距，但更严重的是扭曲了供求关系，使小规模经营农户更有理由不放弃手中的土地，阻碍了农地的顺利流转。

4. 农民的兼业化

农户兼业化是增加农民收入的重要途径之一，但其对农地流转具有双向作用。一方面，零散的兼业农户受到高收入非农就业机会的吸引放弃土地，选择离农，即所谓的离土又离乡模式，这样专业农户就可以集中土地，由此扩大经营规模；另一方面，考虑到韩国农业机械化普及程度较高，又加以农协产前产后的各项服务和农事组合法人在农业生产的活跃度不断增加，兼业化农户可以在不影响其他生产生活的同时打理自家的农事，也就降低了他们完全放弃土地经营的意愿。就韩国而言，农民的兼业化程度仅达到中等水平（2012年兼业化农民占比为45.70%），远不及日本，而且大量的零散农户不得不离开农村从事非农生产活动，这种离土又离乡的模式为农地的顺利流转提供了可能。

5. 农业的高龄化

韩国自2000年以来，农业老龄化问题日趋严重。虽然韩国一直强调把提高农业竞争力作为农业发展的重点，但面对农业高龄化现象，实现营农的规模化、推广扩散新品种和营农技术等一系列举措显得举步维艰。同时，研究还发现，年龄越大的农户越是小规模生产经营活动的主体。他们已经把农活当作休闲，并不怎么追求产量，而且完全可以借助农事组合法人等农业经营组织从事机械化等农业生产劳动。再加上浓厚的乡土情结，高龄农户群体构成了土地流转的障碍。

（四）韩国农业规模经营对中国的启示

与欧美农业相比，韩国农业与我国比较相似，都是在小规模分散的土地上开展家庭经营活动。目前中国也处在农业现代化进程之中，面临城乡收入差距不断扩大、农村劳动力向城市大量转移、农村劳动力素质参差不齐以及农业老龄化等一系列问题。而这些问题与韩国高速经济成长期所发生的问题相类似，其背后实质是传统小农经济阻碍了农业生产率的进一步提高。所以中国政府在解决"三农"问题，推进中国新农村建设的过程中也在积极推进土地的适度规模经营。因此，从上文分析可以得到以下几点启示：

1. 农业适度规模经营是地域性、产业性的适度

农业规模化经营并不仅仅是指土地经营规模的扩大，而是各种投入要素的组合能适应现代社会经济发展的需要即是适度规模。而且在不同产业和不同地域，适度的范围也是不同的。正如韩国在农地经营规模扩大方面成效不是很显著，但在畜产品及高附加价值园艺作物方面实现了规模化经营。农业经营规模的适度化是规模经济的核心，片面追求土地集中规模经营是不可取的，唯有根据国家及地区的不同情况选择多样化的农业规模经营，才是符合客观经济规模的理性选择。因此，只要是与农业生产相匹配的，在劳力、资本、技术、组织形式等角度实现经营效率提高的均可视为适度规模。

我国人多地少、各地经济、资源情况存在差异，各地农地规模经营的内在要求不同，短期内在大多数地区靠扩大土地规模来实现农业规模经营是不现实的，在经济相对发达地区，可以因地制宜，采取种粮大户、家庭农场、合作农场、村办农场和股份合作制农场等多种形式推动规模经营。

2. 充分发挥农民的主体性

无论是新村运动还是农协的运行，韩国都是一种自下而上的模式，能充分发挥农民的主体性，政府只是通过制定政策，从资金、法律等方面来辅助推动、规范农业的规模化经营，真正执行的依然是农民个体。农民作为利益的直接受众会积极参与到规模化经营中来，而不是在行政化推动下被动接受，甚至产生排斥心理。

3. 促进农业经营主体的多样化

韩国在发展农业规模经营的过程中非常重视对农业经营主体的培育，自1994年正式批准成立农业法人后又陆续放松了法人对农田的交易限制，对促进城市资本向农村流动、解决农村劳动力不足、资金匮乏以及经营规模难以扩大的问题起到了很大作用。另外，政府在政策制定中总是偏向专业农户及农业经营法人，鼓励小农将土地转给这些组织，从而有效地提高了农业经营效率。我国应大力培育一批专业从事农业并有竞争力的农业经营主体，这对于提高农业收入和农产品竞争力会有很大好处。

4. 培育和发展中介管理组织和社会化服务组织

多样化的中介组织和社会化服务组织对韩国农业适度规模经营成绩的取得功不可没。韩国农协在改善个体农户生产经营环境，从物质技术基础上克服小农的局限性发挥了很大作用。另外，随着农业老龄化问题的不断深化，农事组合法人的诞生有效地缓解了这一矛盾，在推进农业机械化、良种的推广、农药化肥的合理施用等方面有着重要意义，进而也实现了生产效率的提高与农业经营的适度规模化。事实表明，中介管理组织和社会服务组织功能的发挥克服了小农户分散经营的弱点，规模越小的农户对这类组织的依存度越高，因此中介管理组织和社会化服务组织可能是解决社会化大生产与小农户分散经营矛盾的最佳途径。

第二节　农业共营制的组织创新与制度局限[①]

农业共营制是通过创设土地股份合作社推动农业适度规模经营，实现"藏粮于地"，通过完善现代农业服务体系提升农业社会化服务水平，实现"藏粮于技"，通过培育现代农业职业经理人推进农业专业化生产，实现多元主体"共建、共营、共享、多赢"的一种实现规模经营的组织创新。农业共营制的优势在于能够带来生产要素集聚和先进要素引入、交易成本节约、隐性劳动生产率保障、流动性及利息成本节省等优势。同时，农业共营制也具有某些特殊性与局限性，表现为典型地域特殊性、推广局限性和成效挤出性（对其他主体的"挤出效应"），同时面临财政补贴减少甚至逐渐被取消的"生存压力"。

一、农业共营制的缘起与形成

农业共营制最早产生于四川崇州市。崇州市是成都市下辖的县级市，位于成都平原西部，素有"西蜀粮仓"美誉。

（一）传统农业经营体系面临新挑战

随着工业化与城镇化深入推进、农村土地与劳动力快速流动，崇州农业

---

① 本节引自 2017 年农业部软科学课题"农业共营制的组织创新、生存压力与政策目标长效兼顾研究"，课题主持人：尚旭东。

经营同全国其他地方一样，农业经营格局正在发生重大变化，"弱者种地""差地种粮"等问题越来越突出，农业发展面临日益严峻的问题和挑战。主要表现：

（1）"土地细碎""服务缺失"问题。崇州市户均耕地 3.5 亩左右，平均分散 5～7 块，最大田块面积不超过 2 亩，经营规模小、土地细碎等难以适应现代农业发展需要，一家一户的传统分散经营，很难实现规模集约经营，极大制约了农业现代装备水平的提高和新技术的推广。

（2）"无农愿耕""种粮断代"冲击。随着经济快速深入的发展，大多数农民选择外出打工，越来越多的农民从传统的土地转移到城镇，在推进城镇化的同时，也减少了农村的劳动力总量，给农村经济特别是种植业的持续发展带来重大影响。崇州市农业人口 46.2 万人，从事农业生产的劳动力 14.9 万人，转移就业 13.6 万人，分别占农业人口的 32.3％和 29.4％。尤其值得注意的是，"70"后不愿种地、"80"后不会种地、"90"后不谈种地，农村务农大多都是 60 岁以上的"高龄农民"。农村"谁来种地"、农业"谁来经营""谁来服务"的问题日益突出，特别是农村"无农愿耕""种粮断代"等严峻问题，实实在在地摆在崇州市委、市政府面前。

（3）面临"传统经营""懒人农业"困境。随着工业化与城镇化的深入推进和农村土地与劳动力的快速流动，农业经营格局正面临着一系列的挑战，农户兼业化、劳动力弱质化、农业副业化、生产非粮化的趋势日益明显，尤其是农民举家进城居住，农民放弃种田（未放弃承包权），精耕细作逐渐被"懒人农业"所取代（过去种田绿肥铺底，农家肥当家，如今绿肥不见，省时省力的化肥当了家，田地越来越瘦），农业生产进度和产量时常受到影响，农业劳动力素质、农业经营规模等已不能满足现代农业发展的底线需求，与之相关的农业现代设施装备、科技应用、产品质量、务农收益与从农热情等，就可能越来越难以为继，最终将危及粮食安全乃至整个农业现代化建设，这些都成为崇州市委、市政府的当务之急。

（4）面临两个"天花板"和两道"紧箍咒"制约。这些年，崇州与全国一样，农业连续增产，提高价格、增加补贴这两个政策工具发挥了关键作用。但目前国内主要农产品价格已高于进口价格，继续提价遇到"天花板"；农业补贴中有的属于"黄箱"政策范畴，受到世贸组织规则限制，部分补贴继续增加也遇到"天花板"。农业生产成本还处在上升通道，"地板"在抬升，包括人工、农机作业、土地流转等费用上涨很快，种子、化肥、农药等价格也不便宜。除了两个"天花板"外，生态环境和资源条件这两道"紧箍咒"也严重束缚着农业生产的长远发展，生态环境严重受损、承载能力越来越接近极限，资源开发利用强度过大，农业资源约束日益增强。面对农产品价格"天花板"封顶，生产成本"地板"抬升，资源环境"硬约束"加剧等多重挑战，崇州市委、市政府进行了一系列深入思考。

（二）推进土地股份合作经营，破解农业"谁来经营"难题

2010年5月，崇州市运用农村产权制度改革成果，引导隆兴镇黎坝村15组30户农民以101.27亩土地承包经营权入股，率先在全国探索成立第一个土地承包经营权股份合作社——杨柳土地股份合作社，聘请懂技术、会经营的种田能手担任农业职业经理人，负责合作社土地的生产经营管理，当年探索实践取得成功，受到入社农户的欢迎。从2011年起，土地股份合作社在全市25个乡镇（街道）得到迅速推广。土地股份合作社发展带动了农业职业经理人和农业综合服务的迅猛发展。

随着土地股份合作社、农业职业经理人以及农业综合服务等规模化、专业化与组织化运行机制的不断完善，得到越来越多高层领导、专家学者和新闻媒体的肯定与认可。2014年4月，国务院发展研究中心、华南农业大学、四川省社会科学院有关专家，把崇州市发展粮食适度规模经营的方式，提炼总结提升为"土地股份合作社＋农业职业经理人＋农业综合服务""三位一体"的"农业共营制"，即：以农户为主体自愿自主组建土地股份合作社推进农业规模化经营，以培育农业职业经理人队伍推进农业专业化生产，以强化现代农业服务体系推进农业专业化服务。

（三）构建农业职业经理人培育体系，破解"谁来种地"难题

为解决"不愿种地、不会种地、低效种地"等问题，崇州市以培育高素质农民和提高农业技能为核心，建立教育培训、认定管理、政策扶持"三个体系"，培养了一支以农业职业经理人为骨干的高素质农民队伍，有效解决了"谁来种地"问题。

（1）建立职业农民遴选机制。一是选择有志于农业的大中专毕业生、返乡农民工、种养能手等作为培育对象，吸引多层次人才到农村创业兴业。二是采

取自愿报名与乡镇推荐相结合，农业行政主管部门进行资格审查，把符合培训条件、有意愿从事农业生产经营管理的人员纳入培育名单。

（2）建立资格等级评定制度。一是成立农业职业经理人评定委员会，负责农业职业经理人的评定，做好相关政策的解读。二是建立农业职业经理人初、中、高"三级贯通"证书等级评定制度，根据其经营规模、生产技能、管理能力和经营水平等，每年评定一次，对符合条件的颁发相应等级农业职业经理人证书。目前，全市已评定初级、中级、高级农业职业经理人分别达 342 人、116 人、19 人。

（3）建立绩效考核和退出制度。一是成立崇州市农业职业经理人管理服务中心，开展政策咨询、报名申报、组织培训等服务。二是建立农业职业经理人人才资源信息库和分类管理服务平台，采取实名登记，建立个人档案，及时公开农业职业经理人特长、绩效、诚信等动态信息。三是建立农业职业经理人考核机制，对农业职业经理人的职业素养、经营规模、工作业绩和诚信等情况进行考核，每两年考核一次，根据考核结果给予维持、提升或降低农业职业经理人等级。四是建立退出机制，凡出现农产品质量安全、违法违规和诚信等问题，取消农业职业经理人资格，退出人才资源信息库。五是建立奖励激励机制，根据年度测评结果，对贡献突出、成效显著、表现优秀的农业职业经理人予以表彰。

（4）建立人才交流制度。分乡镇或区域组建农业职业经理人之家，开展现场示范、观摩交流、专题研讨等，提升生产经营管理水平。采取优先推荐、公开竞聘等方式，鼓励农业职业经理人不受地域限制，在全市区域内自由流动，实现规模经营主体与农业职业经理人双向选择，通过市场机制优化农业职业经理人才资源的配置和使用。

（四）推进农业专业化社会化服务，破解农业"谁来服务"难题

（1）搭建"一站式"服务平台。坚持主体多元化、服务专业化、运行市场化的原则，引导社会资金参与组建综合性农业社会化服务公司 3 家。农业公司通过优化农业公益性服务资源，依托基层农业综合服务站，根据产业布局和服务半径，以片区建立农业服务超市作为公司的经营门市，搭建"一站式"农业社会化服务平台。农业服务超市依托基层农业综合服务站，提供技术支撑，为服务对象制定农技服务计划，基层农业综合服务站对农业服务超市提供的服务实行登记备案制度，开展农业技术培训、技术指导、服务质量监督等，形成"农业技术人员＋农业服务超市＋服务对象"上下互通的农业科技服务体系。

（2）开展"一条龙"服务。运用市场机制，筛选服务质量好、服务能力强、服务价格优的经营性服务主体，作为公司的合作伙伴，接受农业部门监管，从源头上确保农业投入品的质量安全，提供农业技术咨询（免费）、农业劳务、农业机械化、农资配送、专业育秧（苗）、病虫统治、田间运输、粮食代烘代储、粮食银行、金融服务等全程农业生产"一条龙"社会化经营性服务，满足土地适度规模经营、粮食适度规模经营对耕、种、管、收、卖等环节多样化的服务需求，将分散的经营性服务资源纳入社会化大生产体系中，延伸农业产业链，培养一批从事农机、植保、育秧等生产活动的农村实用人才，推动农民就业就地化、职业化、产业化、组织化，实现素质和收入"双提升"。

（3）建立服务价格协商机制。农业公司结合适度规模经营主体的需求，在每年大小春农业生产开始之前，邀请经营性服务主体、适度规模经营业主、市农发局技术人员等代表，召开需方、供方、技术人员三方参加的服务价格协商会议，根据当年农业生产实际，汇集各方意见和建议，达成共识后形成当年的服务价格。从服务对象反馈的情况来看，以全年种植粮食为例，种子、肥料、农药、机耕、机收通过农业服务超市"订单"服务，每亩每年直接节约生产成本 150 元以上。

（4）实行"菜单式"管理服务模式。服务价格协商完成后，将服务项目、内容、质量、价格等在农业服务超市公开公示、明码标价，服务对象根据农业生产的实际需要进行"点菜"，签订全程或者单项服务协议，实行"菜单化"农业社会化服务模式。农业公司对经营性服务主体提供的服务内容、服务质量进行全程指导监督，建立信息反馈渠道，对出现的问题及时予以纠正和反馈，确保服务质量不走样，凡是因服务质量问题被服务对象投诉三次以上的，农业公司将取消与该经营性服务主体的合作。农业公司根据服务的回访结果，结合农业技术人员的建议，制定下一季服务计划和服务内容，提升服务水平。

（5）探索农业社会化"O2O"服务模式。在开展农业服务超市线下服务的基础上，引进四川空中农人科技有限公司等企业，按照"覆盖全程、综合配套、便捷高效"的服务理念，利用互联网便捷优势，开发"空中农人""植物医院"等手机 App 平台，通过网络竞价，开展农业全产业链线上线下服务，实现足不出户即可满足农业适度规模经营对耕、种、管、收、卖等环节多样化服务的需求。

（6）建设农业社会化综合服务总部基地。建设集现代农业产业科技创新、农业投入品溯源、农业创新创业、农业品牌培育等为一体的农业社会化综合服务总部基地，基地占地面积 240 亩，推进农业服务功能园区化、产业链条化、规模集群化发展，发挥技术集成、产业融合、创业平台、核心辐射等功能作用。

二、农业共营制的政策绩效

（一）实现经营主体的"共建共营"

"农业共营制"组织创新过程中，土地股份合作社的组建，应运而生的农业专业服务组织，不仅培育了新型农业经营主体，稳定了农村土地承包关系，促进了土地经营权流转，发展了适度规模经营，提高了农民的组织化程度，而且构建了以农户家庭经营为基础、合作与联合为纽带、社会化服务为支撑的立体式复合型现代农业经营体系。"农业共营制"培育了农业职业经理人与农业专业服务组织，前者培育了农业企业家与高素质农民群体，让农民实现了职业化，提高了农业经营效率；后者培育了农业专业化服务组织，让农业服务实现了产业化，提高了农业生产效率。2016 年，全市都市型现代农业产业工人达 4.2 万人，占全市从事农林牧渔业劳动力 16.11 万人的 26％，农业产业工人收入达 7.56 亿元，延伸了农业产业链，创造了新的生产力，促进了农业信息、金融信贷、生产资料以及现代农业物流业发展，推动了农业服务手段现代化，实现了整体规模经营和效益提升。

（二）实现经营收益的"共营共享"

"农业共营制"模式下的土地集中、现代生产力要素聚集及其能人（职业经理人）的共同经营，优化了农业资源配置，破解了家庭经营应用先进科技和生产手段的瓶颈，实现了现代物质技术装备、企业家能力等先进生产要素与经营方式的高效对接，提高了土地产出率、资源利用率、劳动生产率，促进了现代农业经营的集约化、专业化、组织化和社会化，极大地改善了农业的规模经济、分工经济与合作剩余机制，形成了"共营共享"的利益共同体与分享机制。2016 年全市土地股份合作社水稻单产达 583 千克，比农户未入社前水稻每亩增产 52 千克。特别是广大农民，不仅土地股权能分红，也可以在土地股份合作社打工挣钱，能够从对小规模分散经营的依附中解脱出来，进一步加快农业人口的流动，促进了农民向职业农民与产业工人的转化。

（三）实现经营目标的"共营多赢"

"农业共营制"从农村基本经营制度出发，落实了土地集体所有权、稳定了农户承包权、放活了土地经营权，实现了所有权、承包权、经营权的"三权分置"，保证了各个参与主体的权益，调动了各方面的积极性，入社社员实现了稳定增收，农业职业经理人实现了创业增收，专业化服务组织实现了服务增收，政府实现了保护耕地、推进土地适度规模经营、保障粮食安全的社会责任。因此，"农业共营制"兼顾了农户、专业组织、集体与国家等各方面的利益，各方权益得到有效保障，农业生产力水平及可持续发展能力显著增强，实现了微观主体经营目标与国家宏观政策目标的"激励相容"与"多赢"局面。

三、农业共营制的组织创新成效

（一）专业化生产由"要素集聚＋企业家才能＋有效分配机制"组织形式实现

专业化生产实现的载体是土地股份合作社，当地政府通过引导承包户以农地经营权入股，设立土地股份合作社，并聘请善经营、精技术、懂政策的种田能手担任职业经理人，负责土地股份合作社的经营与管理，然后通过一整套既能保障社员合理预期收入、又能满足职业经理人诉求的利益分配机制，兼顾了合作社两大主体的利益诉求。

（二）专业化服务由"社会化服务超市＋备案竞争制度"竞购模式实现

分工能够带来高效的专业化服务，如果加上政府有效的"备案竞争制度"（在全市范围内公示社会化服务主体名称、服务内容、服务标价等）规制，则可以避免因信息不对称导致的社会化服务"柠檬市场"的形成，确保社会化服务的内容可追查、质量可监管、价格可比较，其积极作用在于营造了社会化服务市场的竞争有序，使合作社可以获得"质优价适"的社会化服务。

（三）政府扶持由"多项目政策优惠＋多部门协调配合"组合实现

组织成效离不开"多项目政策优惠＋多部门协调配合"的政府扶持。首先是一系列围绕粮食规模经营、共营制经营体系、经理人队伍建设、经理人担保贷款、经理人资格评定等 10 余项扶持政策的出台和落地。单就种粮规模而言，社员以农地入股设立土地股份合作社开展"大春＋小春"（籼稻＋小麦）规模经营，规模超过 500 亩的，可享受"四川省种粮大户 100 元/（亩·年）规模补贴＋成都市 400 元/（亩·年）（两季）规模奖励＋崇州市 70 元/（亩·年）配套规模奖励＝570 元/（亩·年）"的种粮补贴，如果合作社被评为示范社还会享受 50 元/（亩·年）的额外奖励。这与当地土地股份合作社每亩 600 余元的年均收益基本相当，保障了合作社可以没有后顾之忧地从事粮食生产。其次是多部门协调配合，为推进农业共营制的普及与发展，崇州市党委和政府通过统筹协调工商、农业、人社、民政、金融等部门，为土地股份合作社登记、经营所需贷款、经理人培育、经理人社保缴纳等事宜的手续简便营造协调配合的良好环境，"扶持资金＋配套项目＋部门联动"的要素组合推动了农业共营制的发展壮大。

四、农业共营制的制度局限

（一）合作社创设与利益分配模式选择有待商榷

作为组织创新，土地股份合作社自诞生之日起，便天生带有某些争议。如土地股份合作社的股权属性、合作社设立和登记的合法合规性、收入分配方式等。

（1）土地股份合作社创设登记缺少法律支撑。社员以农地经营权作价折资、折股入社，由于农地所有权归属集体，承包权属于社员，社员入股的仅是经营权，属于非实物资产，尽管经营权从承包经营权天然分离出来，并被认为天生具有物权范畴，但按照物权法定原则，物权不能由当事人通过合同任意设定，在"物权设定"问题上，法律规定要优于合同约定；而合作社集聚的农地是基于股份合同产生的，权利内容由当事人自主约定。以此为依据组建的土地股份合作社显然不属于"专业合作社"范畴，其设立与《物权法》《农民专业合作社法》等有关法律规定尚有出入，在设立条件与法律规定不一致的情况下，对土地股份合作社进行登记使得工商部门很难有法可依。对此，崇州市政府采取了自上而下统筹协调工商、农业、法律等部门，最终推动了土地股份合作社在工商部门的登记。应该看到，在缺少法律支撑、有关条件尚需明确的前提下，土地股份合作社的成立得益于政府行政力量的强势推动。

（2）分配模式难以套用经典设计解释。农业共营制利益分配方式有三种形式：除本按比例分红（一次性分配）、"保底＋二次分红""佣金＋超奖短赔"。实际操作中，应用最广泛、最为社员所接受的是第二种，但该模式很难套用土地股份合作社利益分配的经典设计——"按劳分配＋按股分红"，无论是"保底分红"还是"二次分红"均与"劳动贡献"无关，股份合作制的"按劳分配＋按股分红"也不能解释"保底分红"的设计逻辑。且多数以经营权入股的社员不参与生产经营的情况，更谈不上所谓的"二次分红"（"按股分红"）。

（二）社员劳动获得工资难掩双方雇佣关系

一般而言，粮食等大宗作物生产端的联合，农户间有效需求并不充分，现实中农民粮食生产领域的合作也较多发生在社会化服务、流通、初加工等产业链中后端环节，产业链前端即深度合作的，特别是社员入股并直接参与生产劳动的情况相对少见。而土地股份合作社中，参与劳动的社员既是股东，其身份还可以理解为"不签订合同的长期雇工"，这可以理解为合作社经营的"内部家庭化"，但按"内部家庭化"（即家庭经营）的有关界定，内部家庭化是不需要为其成员支付工资的，共同分享最终劳动成果的销售所得才是其收益分配的终极目标。而农业共营制中，社员（股东）劳动取得相应报酬，尽管该报酬不能充分体现劳动者（社员）的要素价值，即合作社给予社员的劳务报酬不完全以当时当地的要素市场价格作为标的，但这种实际间发生的劳务费用支付，其实质更多体现了社员（股东）与合作社间的劳务交易行为，即劳务雇佣关系。

（三）经理人考核机制加剧"非粮化"

一年一聘的用人制度使得职业经理人不得不将保障社员收益作为其"职业声誉"的首要任务，否则，第二年很难续聘。作为股份合作组织，保证股东（社员）收益理所应当是其运营的第一选择，但通过用人制度强化这一保障的结果，必然使合作社所担负的保障地区粮食安全宏观目标让步于微观主体诉求，落实保障社员当年收入不低于上一年甚至有所增加任务的代价必然带来经营行为的改变，而实现行为改变的最直接、最有效途径是种植结构的调整，即提高能够带来更多利润的经济作物种植比重、压缩利润率较低的粮食种植规模（面积）。从调研情况看，尽管这一过程呈现渐进式调整，但该调整表现出极大的不可逆，同时又带有某些无奈，这是由于脱胎于政府扶持的农业共营制，无论经营形式如何创新，入股社员年终收益不低于自行流转农地的租金收益是底线，否则组织形式创新的价值便无从谈起，这一点上满足个体私利永远优先于服务公众公益。但是，这样就背离了政府推动组织创新以实现"未来谁来种粮""保障粮食安全"的政策逻辑。显然，以考核职业经理人绩效保障社员收益、维系组织运行的机制正逐步使合作社经营行为偏离政府的政策目标，"非粮化"在所难免。

（四）对组织创新的扶持易形成对其他主体的"挤出效应"

从调研情况看，农业共营制已被当地政府作为创新农业经营方式、培育新型经营体系的典型代表在更多乡镇推广示范，其发展形势大有"舍我其谁""一家独大"之势。有些乡镇为贯彻落实政府决定，甚至主动请缨，力争超额完成上级政府下达的指标和任务。但政府行为具有"挤出效应"，对土地股份合作社的过分扶持，使得原本由市场力量自发形成的各类主体受政策诱使主动转变组织内涵或组织形式表面称谓，其结果必然带来要素的不合理流动与非自然集聚，这样的流动属于要素受外力干扰下的短期错配，很难保证其流动的长期有效性和稳定性，必然影响要素流出方的配置效率和机会成本。这一点可以从当地农业经管部门负责同志和其他新型经营主体对"谁能享受更多政策资源"的调查反馈中得到佐证，超过78%的新型经营主体认为当前扶持政策主要流向土地股份合作社。

（五）合作社与社会化服务组织间未构筑起紧密的契约关系

农业共营制体系下，土地股份合作社与社会化服务组织之间是普通的购买关系。尽管政府对社会化服务组织有着较为严格的监管与扶持，然而，双方不稳定的供需关系还是难以实现两方面保障：一是合作社常年难有以较低价格使用的有保障、可信赖、随叫随到的社会化服务；二是社会化服务组织难有稳定的客户群体，不连贯、多变化的客户群很难保障农机具的使用效率，受此影响服务收益并不稳定。调研发现，双方之间亟须构筑起一种稳定的"合作共营、互利共赢"契约关系。

第三节 粮食生产型家庭农场发展的
规模状况与扶持政策[①]

一、粮食生产型家庭农场发展现状及形势

（一）地方政府重视发展家庭农场，工作进展总体较快

大多数县（县级市）在 2013 年上半年诞生了所在地的第一户家庭农场，在此后的一年时间内，经认定或登记注册的家庭农场数量不断增加。

（1）粮食供求紧张但经济发达的城市化地区，家庭农场推进力度大，粮食生产型家庭农场发展较快。上海市各郊区县均十分重视扶持家庭农场等新型农业经营主体发展。截至 2014 年 6 月底，上海市粮食家庭农场达 2 303 户，粮食种植面积达 28.66 万亩，同比分别增长 21.7％和 25.8％。其中，松江区自 2007 年即探索依托家庭农场生产粮食的模式，2013 年全区家庭农场已发展至 1 267 户，经营面积 15.02 万亩，占粮田总面积的 88.8％。在 2013 年中央鼓励发展家庭农场之前，崇明县受自身条件所限，家庭农场还十分少见。但在中央及上海市政府的政策推动下，发展较快，截至 2014 年 6 月 17 日，全县共认定家庭农场 175 家，其中经营水稻种植的家庭农场有 47 家，规模 8 877.91 亩，约占全县水稻种植面积的 3％，也呈现快速发展的势头。

（2）粮食主产区受经济条件的限制，粮食生产型家庭农场的认证登记势头相对不足。在粮食主产区，粮食生产型家庭农场的进展反而相对较慢。如湖北省 2012 年共有种植业家庭农场 14 068 个，养殖业家庭农场 25 204 个，综合类家庭农场 4 098 个。湖北省产粮大县当阳市耕地面积 66 万亩，与上海市崇明县接近、是松江区的 3 倍，但截至 2014 年 6 月底，仅登记认定家庭农场 91 户，其中种植业 37 家。江苏省盐城市阜宁县 130 万亩耕地，截至 2014 年 7 月底仅登记家庭农场 260 户，其中以生产粮食为主业的家庭农场不多，从事养殖

---

① 本节引自 2014 年农业部软科学课题"粮食生产型家庭农场的临界经营规模及扶持政策研究"，课题主持人：祝华军。

业（鱼虾、禽类）和种植蔬菜的占绝大多数。这与上海市郊区县大力发展粮食生产型家庭农场形成明显反差。

（3）受发达城市辐射的农业县市，家庭农场"非粮化"现象更加明显。本次调研选择广东省化州市。据报道该市家庭农场已达 2.97 万户。由于此次调研恰逢台风"威马逊"过境，地方政府部门忙于救灾，调研组只得选择了效率低下但更接地气的农户走访调研。调研结果表明，化州市经认证或注册登记的家庭农场数远低于新闻报道的数据，且化州市家庭农场主要是养殖业（生猪和罗非鱼养殖）和蔬菜种植，从事粮食生产的家庭农场很少。

此外，部分地区家庭农场有发展推进过快、发展目标过高的倾向。如浙江省西部山区某地级市 2013 年有各类家庭农场 600 个，计划 2015 年发展到 3 000 家。

（二）家庭农场经营规模跨度大，呈现出哑铃型分布

（1）家庭农场经营的耕地面积跨度大。农业部开展的首次家庭农场调查对家庭农场规模的界定为：种植粮食作物的，租期或承包期在 5 年以上，土地经营面积达到 50 亩（一年两熟制地区）或 100 亩（一年一熟制地区）以上。在本调研中，规模小的种养结合型家庭农场耕地面积仅 12 亩，而规模大的达到 1 480 亩，与合作社合一的达到 3 000 亩。

（2）经营土地规模呈两头大中间小的哑铃型分布。从有关新闻报道和文献材料看，一些地方政府热衷于树立超大经营规模的典型，并辅以一大批小规模的家庭农场，而对于具有"中流砥柱"性质的中等规模的家庭农场关注不够。在湖北省宜昌市的 37 份调研样本中，经营规模在 50 亩以下的有 17 户（种养结合型家庭农场），50（含）～100 亩的有 6 户，100（含）～200 亩的仅 5 户，而 200 亩以上的家庭农场有 9 户。呈两头大中间小的哑铃型分布，而不是相对比较健康的橄榄型分布。

（3）家庭农场和其他农业经营主体的边界不清。本次调研发现，各类农业经营主体的边界不清是一个比较突出的问题，既是合作社骨干，又是家庭农场主。有些受访者属于无意为之，有些则属于故意为之，期望获得双重支持。另外，在农业主管部门认证和工商部门注册时，把关不严也是重要原因。按照农业部和大多数地方的家庭农场认定标准，均有"主要依靠家庭成员从事农业生产劳动"一款规定，但一些面积过大的农户，明显主要依靠雇工劳动，同样得到了认证或注册。江苏省苏州市明确规定由合作社、基地、农业龙头企业等组

织、实体翻牌或重复注册成立的"家庭农场"，一律不予认定；而上海和山东规定，家庭农场也是农户，按照合作社相关法规，也可以由 5 户以上的家庭农场组建合作社。

（三）影响粮食生产型家庭农场效益的因素较多，经营效果喜中存忧

气候、农田基础设施条件、生产投入物价格、粮食价格等因素对广大小农户和各类新型经营主体的粮食生产效益均有影响。除此之外，对于粮食生产型家庭农场而言，影响经营效益的其他重要因素还包括土地流转和收储损失。

（1）家庭农场从事粮食生产需要以期限稳定和价格适宜的土地流转为前提。在土地流转规范、流转价格适宜、流转期限较长的地区，如上海市松江区，土地流转因素相对可控，粮食生产型家庭农场的经营效果较好，不仅单产增加，家庭农场主的收入水平也有保障；而在其他地区，土地流转的时间长短、价格高低则成为影响家庭农场种粮收益的主要因素。如上海市崇明县，由于土地流转价格高于松江区，粮食生产型家庭农场的经营效益远低于松江区，同样经营 100 亩稻田，松江区家庭农场能够获得 10 万元左右的净收益，而崇明县家庭农场主仅能获得 3 万元左右的净收益，低于当地种菜种瓜等非粮化经营的收益。此外，还有一个土地流转的稳定性问题，不得不承认，一部分农民缺乏契约精神，嫉妒他人丰硕的劳动成果，继而对土地流转合同单方反悔甚至蓄意破坏，影响家庭农场的持续经营。

（2）减少收储损失是保障粮食生产型家庭农场收益的重要一环。影响粮食生产型家庭农场收益的另一个问题是粮食收获后的收储损失。在潮湿的南方粮食产区，这个问题更突出一些。由于缺少足够的晾晒场地，也缺乏烘干设备，粮食收获后往往被迫低价出售（粮食收购商压级压价的程度超过了除杂除湿的合理比例），在雨季甚至低价也无法完成出售。在湖北省宜昌市调研时了解到，一家庭农场主 2013 年 60 多吨水稻无条件干燥，当地粮站不收购，被迫以 2.54 元/千克（比最低保护收购价低 0.16 元）卖给粮商，卖粮收入减少 1 万余元。因而家庭农场主希望，无论是晾晒场地，还是烘干设备，都能在扶持政策上有所体现。

（四）农户存在观望情绪，期待实际扶持措施

以粮食生产为主的农户，未及时认证或注册的主要考量因素是当地目前的

· 210 ·

扶持力度同农户的期望值有巨大差距，且一旦到工商局注册还要担心征税。上海市松江区区政府对粮食生产型家庭农场的扶持力度大，每亩合计补贴约600元，农户争当家庭农场主的意愿强烈。而在其他一些扶持力度不够大的地区，尽管受访农户大多数认为国家政策是扶持发展家庭农场的，但相当一部分潜在种植大户认为要等到出台实质性的扶持政策后，才会考虑认定或登记。

如本课题重点调研的湖北省宜昌市某镇，共有耕地105 864亩，16 332户村民中有104户的种养规模达到农业部和宜昌市认定标准，但实际只有21户到工商局注册，尚有80%的达标者未认证或注册。21户注册的家庭农场中，主要从事粮食生产的仅5户。又如四川省南充市认证登记的各类家庭农场总数有30个，其中农业部门认定的29个，工商部门注册的1个。南充市共有5 876个村，各个村大都有1个以上的达标种养户，保守估计，未认定的家庭农场可达6 000个以上。

二、规模经营面临的问题和挑战

（一）土地流转价格不断攀升，需防范在经营压力下的非粮化现象

在现行的家庭承包经营制度下，土地流转是家庭农场实现集中连片规模经营的主要渠道。经过十来年的法规政策引导，土地流转程序日益规范，流转面积也不断增加。然而，土地流转的价格和用途却成为新的焦点。

如在上海市，由于菜粮争地，设施菜地的流转价格高达8 000元/亩，引致一般农田的流转价格已经达到1 500元/亩，这对粮食生产而言是难以接受的。家庭农场主种粮难以保障净收益，非粮化的隐忧始终存在。即使在粮食主产区，土地流转价格高企，同样成为发展粮食生产的不利因素。如湖北省荆门市一种粮大户2012年按照每亩300千克稻谷折价流转土地，带动邻近的当阳市土地流转价格从每亩50千克稻谷迅速涨至200～250千克稻谷（约600元/亩），导致经营规模在100亩以下的家庭农场主种粮净收益显著下降。部分种粮大户主动要求中止土地流转协议，个别大户将粮田改种蔬菜后加入蔬菜合作社。

（二）农业补贴政策效率递减，需要健全完善

国家为鼓励广大农户种粮而出台的粮食直补、良种补贴及农资综合补贴等

政策，已经实行了 10 余年，对我国粮食产量"十一连增"功不可没。然而，还存在两方面的不足，需要加以改进。一是补贴标准基本没有提高，相对于不断增加的农业生产成本和非农收入水平，补贴对抵消农业生产成本的作用在下降，在农民收入中的比例也不断下降，其对农业生产的激励作用和对农户收入的支持作用均呈现效率递减态势。若要扭转这一局面，提高补贴标准是重要选项。二是多数地区的补贴发放方式是与种植面积挂钩，直接发放给耕地承包人，而非耕地经营者。家庭农场主流转土地种粮，但通常不是种粮补贴的受益人，这种名不符实的种粮补贴确实到了需要改变的时候，改革补贴发放方式也是重要选项。

（三）农业金融保险仍然滞后，亟须试点提升

农业金融保险对农业发展的支持不足是由来已久的问题，经过农业系统不断呼吁，虽有所进展，但仍然不能满足农业发展的需求。在本次对家庭农场主的调研访谈中，家庭农场对金融和保险服务的现状不满，主要体现在以下方面：（1）家庭农场缺乏抵押担保物，土地经营权和农业机械均不能抵押，因而贷款难；（2）部分地区通过家庭农场联户担保的方式可以得到银行贷款，但是贷款额度小，利率高，且要将贷款额的 20％作为保证金存入贷款行；（3）农业保险不能覆盖主要粮食作物，如湖北省和广东省只有水稻农业险，家庭农场种植小麦、玉米等其他作物不能参加农业保险；（4）农业保险理赔额偏低，如湖北省水稻农业保险，即使绝收也只有 200 元/亩的赔偿；（5）农业保险缴费和理赔成本均较高，有受访农户反映 2013 年受台风灾害的绝收田到 2014 年 7 月仍然未得到理赔，需简化手续。因此，家庭农场渴望能够打开信贷通道，简化手续，提高赔偿额度。

（四）社会化服务"双刃剑"初显，有待政策引导

相对于大农场依靠自身拥有的农业机械装备实现规模化经营，通过农业社会化服务组织为广大小农户提供生产作业服务，被认为是另一种形式的农业规模经营。在我国人多地少的基本国情之下，农业社会化服务在近年得到大力发展，如 10 年前火热的农机跨区作业，近期兴起的农业代耕和托管服务，缓解了农村青壮年劳动力流出区的农业劳动力短缺问题，在一定程度上解决了谁种地的问题。然而，通过调研发现，在农业社会化服务发展滞后的地区，农户流

转土地的意愿较高，有利于扩大家庭农场的耕地规模，但这些地区往往缺乏有足够资金转入土地并购置农机具的农户，已有的种粮大户也不愿意扩大经营规模；但在农业社会化服务发展好的地区，农户流转土地的意愿越低，这又不利于形成家庭农场。因此，在推进农业社会化服务组织进一步发展的过程中，需要采取一些引导型的措施，如农业社会化服务组织为家庭农场提供服务可以优先得到资金扶持。

三、不同规模的家庭农场对扶持政策的诉求有差异

粮食生产型家庭农场，除了前面提及的对土地流转和收储减损的关注，还有对于社会化服务、农村金融、保险等方面的政策期待。综合在各省份的调研，主要有以下政策诉求：

（1）真正依靠家庭成员（2～4个劳动力）进行粮食生产的家庭农场，其经营规模在100亩左右，不包括土地流转费（土地流转费通常是收获后支付）的粮食生产投入在3万元左右，农户家庭自有资金足够承受，对金融信贷支持的要求不高；但对农机作业、病虫害防治等社会化服务的要求很高。

（2）超过200亩的家庭农场，通常需要长期雇工进行日常田间管理，由于人工成本高企，且农业生产投入资金总量也较大，对金融信贷支持的需求大。其中部分农场主购置了较多农机具或是农机合作社成员，对社会化服务的需求不强烈，但对病虫害防治需求高。

（3）无论经营规模大小，家庭农场主都期望在不损害原耕地承包人享受的农业补贴的前提下，能够新增一些与土地无关的补贴或奖励，切实降低种粮成本。经过10多年的土地流转实践，家庭农场主们已经默认了，与土地面积挂钩的各类补贴，最终都会体现在土地流转价格中转移到土地承包人手中。

（4）农业综合开发、农田水利基础设施建设、土地整治等农业项目，主体工程由项目方统一规划建设，地方政府只有协调的权限，希望分支工程最好由土地经营者自建，政府提供补贴或验收后奖励，使农田建设项目切实发挥作用。

（5）农业保险虽然有意义，但缴费和理赔均过于复杂，希望政府能够发挥更大作用。家庭农场等新型农业经营主体由于农业生产经营的规模较大，农业生产经营风险的集中化程度也要高得多，难以像普通农户那样通过农业生产经营的多样化或外出务工经商有效分散农业生产经营风险。

（6）对于农业新品种、新技术、新装备以及其他农业技能培训等工作，希望能够紧密贴合农业生产实际，适时组织（现场）学习。

（7）家庭农场主们争议较大的是，中小型家庭农场认为政府对家庭农场的补贴和支持应按户设立封顶值，而大型土地经营规模的家庭农场认为应按经营土地面积设定比例但不封顶。

四、支持粮食型家庭农场规模化发展的政策建议

（一）明确扶持政策目标

一些地方政府虽然积极发展家庭农场，提出了家庭农场的发展数量目标，但对于为什么要发展家庭农场或许不够清楚。按照中央精神和农业部的有关文件，发展家庭农场是为了解决"谁来种地、怎样种好地"的问题。"谁来种地"这个问题已经很明确，古今中外都是以农户家庭为内核，中国必须坚持农户家庭经营的基础性地位。"怎样种好地"有很多评价标准，但在"确保饭碗牢牢端在自己手里，饭碗里装自己的粮食"的粮食安全战略下，单位土地面积的产量是最主要的评价指标。因此，应该明确，家庭农场的政策扶持目标是鼓励农户依靠家庭成员，形成与家庭成员的劳动生产能力和经营管理能力相适应的经营规模，实现较高的土地产出率，保障粮食安全，进而获得与当地城镇居民水平相当的收入。

（1）对于农户选择兼业，但其耕地并未抛荒或减产的，地方政府无须引导其转出土地发展家庭农场；对于农户选择兼业，但其耕地出现抛荒或减产的，地方政府则需要引导其转出土地，用于发展家庭农场或其他新型农业经营主体。

（2）对于专心务农的农户家庭，政府应引导其向适度土地规模经营靠拢，即单产出现下降趋势的大规模家庭农场减少土地面积，而家庭劳动力未充分利用的小规模家庭农场可增加土地面积。

（3）为避免背离人多地少的基本国情，推进土地向少数人集中，不鼓励地方政府扶持过大土地经营规模的家庭农场。一年两熟制地区经营面积超过200亩，一年一熟制地区超过300亩的家庭农场，所享受的补贴分别以200亩和300亩为限，超过部分不予补贴；凡长期雇工人数超过家庭务农人数的，因其不再符合家庭农场的认定标准，不得认证或登记为家庭农场。

（4）为防止地方政府冒进，违背农民意愿流转土地，不鼓励地方政府将家庭农场的发展数量目标设置得过高，对于户均耕地面积低于 10 亩的地区，粮食生产型家庭农场占所在地农户总数的比例不得高于 10%。

（二）加强对粮田流转的规范和引导

坚定落实国家关于土地流转的法规政策，坚持依法自愿有偿的原则，建立健全土地流转市场和服务平台，加强土地流转合同管理，规范土地流转行为。建议开展以下两项试点工作：

（1）规范产粮大县粮田流转用途和价格。针对土地流转价格上涨过快给种植粮食带来的成本压力，以及可能出现的非粮化现象，有必要通过部门规章的形式，对粮田流转用途和价格加以规范。农业部门有高标准粮田、永久粮田等工程，国土部门有基本农田保护区，这些概念有交叉。为了确保用于生产粮食的耕地不改变用途，并保障耕地经营者种植粮食获得适当的收益，建议在 800 个产粮大县中选择试点，对粮田流转用途作出硬性规定，并给出对应的土地流转指导价格，不得突破上限。

（2）探索"以地养老"的土地流转方式。借鉴部分城市"以房养老"试点的做法，在特定地区开展"以地养老"的土地流转试点，逐步恢复乃至适当加强"统分结合"中"统"的成分，进而使土地经营权稳定地流向家庭农场等新型农业经营主体，促进适度规模经营。

（三）改进资金扶持方式，提高种粮补贴力度和精准度

我国的粮食直补、良种补贴、农资综合补贴等一系列政策措施，为粮食产量连年增长、农民收入持续增加发挥了重要而关键的作用。在当前种粮成本不断走高、种粮比较效益持续下降的背景下，由于补贴目标不够精准，真正种粮的人得不到补贴，种粮积极性下降，既有可能导致耕地非粮化的倾向愈发严重，也不利于粮食生产型家庭农场等新型农业经营主体的培育和发展。这些都迫切需要提高农业补贴政策的精准度。总的原则是原有补贴不减少，新增补贴重实效，切实扶持家庭农场种植粮食。

（1）现有的种粮补贴已经更多的具备收入支持的性质，不宜贸然取消，可借鉴欧盟共同农业政策，将其与耕地面积脱钩，转化为对全体农户的收入支持计划。

（2）通过新增资金扶持的形式，强化对粮食生产型家庭农场的扶持。为了避免土地流出吞食新增扶持资金，使新增资金切实用于粮食生产，建议新增扶持资金不以补贴形式出现，而以对家庭农场经营绩效考核奖励的形式发放。

（3）通过政府购买第三方农业生产服务或对农业社会化服务补贴的方式，既降低粮食生产成本，有效调动农民生产积极性，又抑制成本推动下的粮价上涨趋势，使粮食价格形成与政府补贴脱钩，减少市场扭曲。

（4）增加对粮食生产型家庭农场的农机购置补贴力度。在农机购置补贴方面，家庭农场被视为普通农户，补贴机具数量和总金额均难以满足适度规模经营的需要，建议适当增加补贴额度。

（四）加强财政引导，破解金融支农困局

作为市场竞争主体，金融机构遵循效益和资金安全原则，由于农业信贷存在无抵押、交易成本高、风险大等问题，金融机构大多持审慎态度。在推进农村土地抵押贷款试点工作的同时，通过财政资金引导金融机构增加农村金融供给，在短期内可能更容易见效。

（1）鼓励地方财政建立一套评价程序，为信用良好、绩效考核优良的家庭农场提供贷款贴息支持。

（2）有条件的地方政府，会同保险机构设计理赔额足以补偿物质投入成本的农业保险险种，增加农业保险保费补贴并设立代赔基金，提高保险机构的积极性和家庭农场主投保的主动性。

（3）鼓励地方政府出资并吸纳民间资金，组建政府参与的混合所有制融资性担保机构，开展农业信贷担保业务，为家庭农场等新型农业经营主体提供贷款担保服务。

第五章

建立新型农业社会化服务体系

第一节 农业供给侧结构性改革催生
新型农业社会化服务[①]

一、农业社会化服务在推进农业供给侧结构性改革中的功能作用

我国农业现代化发展仍处于由低、小、散、弱的传统农业向现代农业大跨越、大转型的过程中。农业供给侧结构性改革是我国传统农业改造发展的必然要求，是提高农业竞争力的重要发展方向，是农业现代化建设的重要路径。农业供给侧结构性改革，本质上是建立起充满活力与效率、市场竞争力强的新型农业产业体系、生产体系、经营体系。农业社会化服务在根本上来说就是要顺应新型农业产业体系、生产体系、经营体系的要求，发挥农业社会化服务的规模经济效应、现代要素聚合效应、资源配置效率效应、产业化组织化提升效应、政府服务职能转变效应的五大促进功能，为加快农业供给侧结构性改革提供重要支撑。

（一）促进规模经济功能

总体上讲，我国小农户小规模分散经营的格局没有改变，实现多种形式规模经济非常必要和迫切。农业社会化服务能促进规模经济形成，主要表现：一是农业社会化服务能起到支持保障规模农户产生和发展的作用。一方面土地流转服务中心、村集体经济组织等提供的土地流转社会化服务是促进土地规模经

---

① 本节引自 2017 年农业部软科学课题"加快农业现代化的服务问题研究"，课题主持人：赵兴泉、潘伟光。

营的重要力量。通过形式多样的土地流转服务,家庭农场、专业大户、合作社等农业生产经营主体的土地规模得以扩大。另一方面,土地规模农户的增加,对社会化专业服务的需求也在同步增加。根据课题组对浙江水稻规模农户与生产性环节采用社会化服务的实证研究表明,规模农户与采用社会化服务程度呈现正向关系,反映出农户对社会化服务的需求随着规模扩大而在上升。由于规模扩大,单个家庭难以对生产所有环节进行自我服务,市场上的服务供给替代自身服务反而有利于提高效率、降低自身的生产成本。规模农户的发展,形成了育插秧、病虫害防治、收割、烘干等环节规模化的需求,这是不同于传统小农的需求,一定程度上必须靠外部的社会化服务力量来解决。规模化农户一般能采用机械化服务降低生产成本,缓解劳动力成本上升的压力,又提高农业生产效率,促进农业效益和竞争力提升。二是发展农业社会化服务产生了服务规模化,形成服务的规模经济。近年来,在我国一些地方产生了新型农业服务主体开展代耕代种、联耕联种、土地托管、机械化收割等专业化规模化服务。即使在原有小农户没有扩大规模的情况下,农业服务主体通过单环节或多环节的规模化服务,降低生产经营主体各环节的成本,提高农业的生产效率和经营效益。根据山东省土地托管服务的调研,土地托管服务可以让每亩粮食作物提产节支增效 400~800 元,经济作物每亩可达千元以上,这是让托管方和受托方达到双赢的基础。

(二)促进现代要素聚合功能

发展农业社会化服务能产生现代要素的集聚和聚合效应,促进全要素生产率提高和农业转型升级。传统小农容易陷入规模小、投入小、收益低的贫困生产的恶性循环,在农业家庭经营规模细小化、劳力老龄化、经营粗放化的背景下,单靠小农户自身难以进行现代农业要素的引入与改造,也难以加快农业发展方式转变和劳动生产率的提高。发展社会化服务可以有效地把各种先进现代生产要素注入农业产业体系、生产体系、经营体系中,通过生产环节机械化服务,可以提高分散农户的物质技术装备水平;通过新技术、新品种、新业态的社会化服务,提高农户种养结构的调整、优化;通过互联网营销、品牌服务、农产品加工等服务,可以提高农产品的附加值;通过深化金融保险等社会化服务,提高农业的活力和效益。可以说,社会化服务能克服传统农户生产经营体系的不足,通过服务来弥补传统农业要素的短板,加快形成科技、人才、管理等现代生产要素在农业的快速集聚和聚合效应，产生农业新业态、新模式、新活力，促进全要素生产率提高，进而加快我国农业供给侧结构性改革的步伐。据测算，浙江"丽水山耕"区域品牌创立两年来，该区域农产品平均溢价30%；杭州市临安区实施"互联网＋农业"，推动山核桃网上销售，当地收购价格比过去提高了30%，有效地促进了当地农民增收和农业转型。

（三）促进资源有效配置功能

发展农业社会化服务能形成社会化分工的资源配置效应，提升农业供给质量和效率。亚当·斯密在《国富论》中揭示了经济发展的基本手段之一就是分工，"劳动生产力上最大的增进，以及运用劳动时所表现的更大的熟练、技巧和判断力，似乎都是分工的结果。"在市场经济条件下有效地分工安排无疑可以提高农业综合效率，这也是农业供给侧结构性改革的目的之一。我国传统农业低、小、散、弱的一个重要原因就是分工不足，长期以来是以家庭自我服务为主的小生产方式，农业生产性环节基本由农户自己承担。由于农业生产分工不足，必然导致劳动效率低下。随着现代农业产业的发展以及市场机制的形成，产业链各环节的专业化服务也越来越细分，这也是社会化分工和农业市场化发展要求的结果。同时，农业社会化服务产业的发展将进一步产生就业的创造效应和转移效应。由于服务产业的发展，会吸纳一部分人从事服务业，也能转移一部分生产性农户从事农业服务业，这将进一步有效配置农业劳动力资源，提高农业生产效率。

（四）促进产业化组织化功能

发展农业社会化服务能产生农业产业化、组织化提升效应，有利于完善新型农业双层经营体制的基本经营制度。我国在 20 世纪 80 年代初建立起以家庭承包经营为基础、统分结合的双层经营体制，但是随着农村经济社会的快速发展，统一服务的功能明显滞后，农户小生产与大市场脱节的问题尤为突出。要构建新型农业双层经营体制，不仅要促进小规模的传统家庭经营朝着适度规模的现代家庭经营转变，又要加快新型农业社会化服务体系建设，才能真正实现有统有分、统分结合的农业基本经营制度。农业社会化服务通过村社集体统一服务、农民专业合作服务、产业化经营服务和社会化组织服务，为农民提供多元化、多层次、多形式、全产业链经营服务，提高了农业组织化、产业化程度，弥补了农业基本经营制度的短板，有利于农业供给侧结构性改革中的新型农业经营体系的形成和完善。

（五）促进政府职能转变功能

发展农业社会化服务可以形成政府服务职能转变效应，有利于完善农业支持保护政策。农业是正外部性强的产业，因而农业的产业服务供给不少也具有公益性质，这既容易造成市场失灵，又存在政府过度干预的问题。在市场化条件下发展农业社会化服务在很大程度上能够让政府看清市场失灵和市场有效率的各自领域、范围，进而转变服务职能，完善农业支持保护政策，提高服务效率。当前，政府管理服务农业效率不高的一个重要原因，就是由于农业社会化服务体系建设不到位、直接面对千家万户农业生产经营主体，因缺少社会服务组织来承接和传导服务而导致政府经常"越位"，又因政府服务资源有限致使管理服务"缺位"现象并存。农业社会化服务发展有利于政府通过市场主体购买农业公益性服务，也有利于农业社会化服务市场的加速形成，有利于提高政府公共服务供给效率，也有利于新型农业服务经营主体的成长。

二、健全完善新型社会化服务体系建设机制的对策建议

农业社会化服务体系的完善与否是衡量一个国家农业现代化发展水平的重要标志。长期以来，我国农业社会化服务与发达国家相比，在内容、形式、机制等方面都存在明显差距。习近平总书记指出，"推进农业供给侧结构性改革，提高农业综合效益和竞争力，是当前和今后一个时期我国农业政策改革和完善的主要方向"。农业供给侧结构性改革，本质上是建立起充满活力与效率、市场竞争力强的新型农业产业体系、生产体系、经营体系。农业社会化服务在根本上来说就是要顺应新型农业产业体系、生产体系、经营体系的要求，发挥农业社会化服务的规模经济效应、现代要素聚合效应、资源配置效率效应、产业化组织化提升效应、政府服务职能转变效应的五大促进功能，为加快农业供给侧结构性改革提供重要支撑。

但要充分发挥上述五大功能，农业社会化服务中还存在不少短板。在发挥规模经济功能上，存在土地长期流转服务与规模化服务不足；在发挥现代要素聚合效应的作用上，存在科技、人才支撑的不足；在资源配置效率效应的作用上，存在一些市场化发育不够而政府相对支持少的农业服务短缺的问题；在产

业化组织化提升效应的发挥上，存在主体服务带动能力不够和利益机制不协调等短板；在促进政府服务职能转变的功能上，存在购买服务机制不足、支持保护体系不完善等短板。

为加快补齐社会化服务短板，更好发挥服务体系在农业供给侧结构性改革各项功能作用，提出如下建议：

（一）创新新型农业服务主体培育和成长机制

要积极培育各类农业经营性服务组织。推动新型农业经营主体发育成长为新型农业经营和服务主体，成为农业生产性作业服务的主要供给主体。增强农民专业合作社的经营实力和社会化服务能力，提升农业合作化规模经营和服务规模经营的水平。要加快农民专业合作社的整合和联合，积极组建农民合作社联合社，增强合作社的生产服务功能、农产品加工营销功能、资金互助功能。鼓励有条件的合作社兴办农产品加工、物流企业和农产品电子商务。

培育一批高投入、高产出、高科技、高效益、高品位的现代农业企业公司。同时积极引导从事农产品加工营销的农业龙头企业与农民专业合作社、家庭农场、农户结成股份合作的利益共同体，构建起共创共荣、合作共赢的产业化合作经营的新机制。

进一步发育培养农业专业服务公司。市场化农业专业服务公司是发挥市场在农业社会化服务领域资源配置的决定性作用的表现形式。要鼓励各类组织、企业和个人利用自身资本技术优势成立农机、植保等专业服务公司，为农业生产经营提供全程服务。

创新家庭农场服务联盟、产业化联合体等新服务主体。要鼓励推广家庭农场联盟、产业化联合体等新型服务组织形式，为农业主体提供农机作业、统防统治、烘干、配方施肥、农机修理等综合性服务。

进一步发挥村集体经济组织的统一服务功能。发挥村级集体经济组织统一经营服务功能是集体经济本质属性的必然要求，是完善农村双层经营体制的内在需要，是把小农引入现代农业发展轨道的重要路径。进一步加强村集体经济组织自身或创办的农民专业合作社和农民合作社联合社的服务能力建设，积极拓展合作社为小农的生产服务功能、农产品加工营销功能、资金互助、技术培训等多种功能。要提升设施装备水平和服务能力，拓展农业服务范围和领域，兴办农产品加工、物流企业和农产品电子商务等产业化经营形态，通过农民合作社入股或兴办龙头企业，形成产业链综合体、联合体，或以集体经济组织与企业等各类经营主体以资金、土地等要素入股来组建产权明晰的利益共同体，推动土地股份合作农场等多种形式，实现小农户土地集约化规模经营；发展土地托管服务、代耕代种等服务规模化形式，促进服务规模化经营。

（二）创新生产、供销、信用新型"三位一体"服务机制

2017年中央1号文件明确提出"积极发展生产、供销、信用'三位一体'综合合作"。合作经济组织的灵魂在于合作，生命力在于服务。把多元主体、多条路径、多种模式作为新型合作服务体系的实现形式。习近平总书记指出："由于现阶段各地农业发展水平参差不齐，供销社和农村信用社经济实力、发展状况等基础条件差异较大，决定了'三位一体'起步阶段的方式、规模、内容和深度的多样性。"因此要积极鼓励多元主体、多种路径、多种模式的"三位一体"农民合作经济组织形式的实践探索。在政府主导的综合型的"三位一体"农民合作经济联合模式的发展和完善上，要注重为农服务体系的组织联合和功能整合，形成能够覆盖农业全产业链和农民生产生活综合服务功能的合作经济联合组织体系。在专业合作社功能拓展型的组织模式的发展和完善上，要以做大做强专业合作社和专业合作社的联合服务组织为基础，提高专业合作社的联合发展水平，注重拓展专业合作社的供销、信用合作功能，增强产前、产中、产后的服务能力。在供销合作社服务拓展型组织模式的发展和完善上，要努力成为服务农民生产生活的生力军和综合平台，把强化生产、供销、信用服务的功能作为深化供销社改革的方向，加强与农民专业合作社和村经济合作社等各类农村合作组织的联合和合作。

把强化农业全产业链服务功能作为新型合作服务体系的核心任务。习近平总书记明确指出，"要按照市场经济的要求，发挥'三位一体'的合力优势，推进合作社的标准化生产、品牌化营销，组建农民社员的融资平台，延伸产业链条，推进合作社的再联合、再合作，打造营销网络，开拓销售市场"。因此，在构建"三位一体"的合作服务体系中要坚持把强化全产业链的合作服务功能作为核心任务。既要充分发挥和强化各类专业合作、供销合作、信用合作组织的服务功能，又要通过改革形成纵向与横向紧密联合的农民合作经济联合组织，使之成为能覆盖现代农业的产前、产中、产后全产业链的具备系统提供生产、供销、信用等功能服务的合作服务综合平台。

发挥农民主体能动性和政府主导作用作为"三位一体"新型合作服务体系的动力保障。从当前"三位一体"的构建以及推进过程中，既要充分发挥农民在"三位一体"合作经济组织中的主体作用，又要尊重农民的首创精神，尊重农民在实践中创造出来的多种形式的"三位一体"农民合作服务组织。同时各级政府要大力支持"三位一体"合作服务组织体系的发展，在税收减免、资金互助合作、合作保险等政策上给予支持，发挥好主导和引导作用。同时坚持把合作制和市场化运行相统一作为运作原则，不能把"三位一体"的合作组织办成官办的机构，要办成按合作制原则实行民主管理和红利分配的组织，同时要坚持按市场化运行，致力于增强这一合作组织的经营活力和市场竞争力。

（三）创新农业科技成果的加快转化机制

要着力打通科技服务链，完善"技术创新—成果推广—生产应用"转化链。整合涉农创新资源，提高协同创新能力。整合涉农高校、科研院所、技术推广站等创新与成果转化资源，推进协同创新，提升农业基础创新与应用技术创新能力。组建重点实验室创新联盟、打造产业协同创新中心，大力发展新型组织形态，形成更强大的科技创新力量。

构建农技推广联盟和推广各类有效科技推广形式，增强成果转化能力。以全程化社会化来服务农业发展，多元构建新型农业服务体系，是实现科技兴农的不可或缺的重要举措。要通过强化政府公共服务、农民合作组织服务、企业市场化服务、行业、高校和科研机构社会化服务的分工与合作机制，构建多元化和多功能的现代农业服务体系。推广浙江校地合作创立的主导产业"1＋1＋N"的农科教、产学研一体化的新型农技推广模式，以及江苏"首创专家＋创新团队＋推广单位＋示范户"模式，推广实施农业科技特派员、农业专家大院等科技支持的经验模式，这些创新举措加快了科技要素与产业、经营主体的聚合。

围绕培育农业高新技术产业为增长点、扶持企业大众技术创新、促进农业科技与金融结合，优化政府购买中介服务的流程与方式，提高农业社会化服务的效率。优化农业科技成果转化政策支持体系，强化机制保障能力。要优化人才支持。依托涉农高校、科研院所，搭建高层次创新平台，促进高校、院所之间的人才有序流动，柔性引进一批创新创业人才。完善农业科技成果转化推广评价体系，激发基层农技推广人员的积极性。完善涉农高校、科研院所等单位的绩效评价、职称晋升等相关支持政策，激发创新潜力，激活创业动能。依托现有政府设立的成果转化引导基金，引导风投基金、天使基金等社会资本进入，做大基金规模；改革资金资助模式，探索构建成果转化绩效为导向的资金后补助模式；加快推进科技经费分类管理，建立符合科技成果转化实际的经费预算管理方式。

（四）创新政府购买农业公益性服务的机制

政府购买农业公益性服务能有效促进社会化服务市场的发育和成熟，是推动农业供给侧结构性改革、促进小农户与现代农业有机衔接的内在要求，是提高和改善政府公益性服务供给效率的重要路径。做好政府购买农业公益性服务工作，必须解决好"购买什么、向谁购买、怎么购买"三个基本问题。

在"购买什么"问题上，要明确政府购买服务的原则，凡市场供给效率不高、正外部性效益明显而当地公益性服务没有覆盖的领域，原则上属于应该积极介入的领域；要顶层设计购买服务目录指引，抓紧制定购买农业公益性服务目录指引，突出公共产品、公共资源、公共环境和公共安全领域，梳理购买公益性服务的重点内容，明确政府购买农业公益性服务的优先序；对农业服务公共品的不同公益性强度进行分类，并对应不同的购买力度。一般来说，公益强度越大，支持补贴力度相对要大，公益强度越小，补贴力度越小。

在"向谁购买"问题上，要积极培育各类农业经营性服务组织，选择有设施装备、有服务能力的农民专业合作社、农业龙头企业和规模家庭农场，提升服务水平，推动新型农业经营主体发育成长为新型农业经营和服务主体，成为农业生产性作业服务的主要供给主体；要多元发展"三位一体"农民合作经济组织和多元发展农业产业化联合体，让农民在三产融合和全产业链发展上更多分享增值利益；要努力提升村集体统一服务能力。提升设施装备水平和服务能力，拓展农业服务范围和领域，让集体经济组织在服务中壮大，成为政府购买公益性服务的新主体。要积极发展农业服务业，为农业全产业链经营提供全程化社会化服务。

在"怎么购买"问题上，必须加强标准化建设，完善政府购买公益性服务的制度保障。要加快农业服务标准化制定，指导购买主体和服务主体双方制定合理化、规范化合同，制定购买服务的技术质量标准、程序要求、价格确定与指导，避免纠纷协调，便于操作考核；严格政府购买服务资金管理和科学购买程序，强化服务项目的审计和监督管理；要采取灵活多样的购买方式，根据不同的服务内容确定多种方式购买服务；要进一步发挥市场机制在购买价格中的指导作用，让市场来决定政府购买公益性服务的价格；要探索政府购买公益性服务的退出机制。对于一些公益性服务，若市场发育完善，企业和服务组织供给积极而充分，可以在适当时机进行退出；要构建县市农业部门、乡镇政府、服务供给主体和服务对象等"多方"相关利益主体参与的农业社会化服务质量评价机制，并建立购买服务纠纷的调处机制。

（五）进一步完善政府的社会化服务政策支持体系

顺应互联网时代的新特点，线上线下（O2O）积极打造各类农业公共服务平台。通过构建如农业科技咨询平台、农业人才服务网络平台、生产资料平台、农产品市场信息服务、农业政策信息等平台，可以有效地集中资源，提高资源的利用率。各类服务平台建设要注重发挥市场机制作用，引导更多的社会资本投向公共服务平台建设。

加大政府支农资金对农业服务业的支持力度。加快落实农业部、国家发展和改革委员会、财政部联合印发的《关于加快发展农业生产性服务业的指导意见》，大力发展多元化、多层次、多类型的农业生产性服务。灵活采用政府购买服务、以奖代补、先服务后补助等多种方式，加大对集中育秧、粮食烘干、农机作业、预冷贮藏等配套服务设施建设，农业物联网、大数据等信息化设施建设，以及对集体经济组织、产业化联合体等农业服务主体进行财政资金支持，提高我国农业生产性服务业的发展水平。

创新金融、保险对农业的支持，提高支持效率。进一步创新信贷工具，加快各地农业产业担保基金公司设立，有序发展农村资金互助组织；在农村普惠金融、农产品抵押、动产抵押、订单质押、土地经营权综合贷款、大型农机具抵押等方面进一步取得突破。鼓励农村信用社、商业银行、小额贷款公司对农业的信贷支持。加大农业保险对农业的支持，积极创新价格保险、收入保险、天气保险等险种，扩大政策性农业保险对区域主导产业、特色产品的覆盖面和赔付率，用市场机制有效化解农业自然风险和市场风险。

第二节　农业知识服务业的发展与创新^①

一、我国农业知识服务业发展现状

受数据可获得性的限制，在分析研究这些产业的发展现状时，数据来源于我国相关统计年鉴，信息服务业对应"信息传输、计算机服务和软件业"，金融服务业对应"金融业"，科技服务业对应"科学研究、技术服务和地质勘查业"，商务服务业对应"租赁和商务服务业"，社会服务业对应"教育""文化、体育和娱乐业"。因统计分类的缘故，有时无法将地质勘查业和租赁业、体育和娱乐业从科技服务业和商务服务业、社会服务业中剥离。不过，我国的地质勘查业和租赁业、体育和娱乐业规模较小，对数据分析结果影响不大。

（一）农业知识服务业发展历程

纵向看我国农业知识服务业的发展过程，总体上呈现出缓慢曲折的态势，以改革开放为界，大体可以将农业知识服务业的发展历程划分为以下几个阶段：

1. 改革开放前农业知识服务业的发展历程

这一阶段我国农业知识服务业发展几乎处于停滞状态。自中华人民共和国成立开始，我国就一直效仿苏联模式，选择了重重工业、轻轻工业和农业的发展道路，因而造成了产业结构严重畸形。在这种畸形的产业结构中，服务业在国民经济中的地位一直受到漠视甚至遭到排挤和质疑。1949 年我国服务业就业比重仅为 9.1%。与其他产业相比，服务业的发展水平非常低，更谈不上农业知识服务业；与发达国家相比更是相差甚远，据有关数据显示，1960 年美国、英国、法国、德国、日本产业结构服务业所占比重分别为 58%、54%、50%、41%、42%，而我国在 1978 年时服务业所占比重仅为 24%。

2. 改革开放后农业知识服务业的发展历程

随着我国社会主义市场经济体制的确立，服务业不仅获得了迅速发展，其

---

① 本节引自 2014 年农业部软科学课题"知识服务业在农业产业结构优化升级中的作用研究"，课题主持人：秦德智。

在国民经济中的地位和作用也开始日益上升和凸显。改革开放后的 30 多年来，我国农业知识服务业发展可大体划分为以下三个阶段：

（1）1978—1991 年阶段。这一阶段是我国农业知识服务业的萌芽阶段。党的十一届三中全会以来，我国探索和开辟了建设有中国特色社会主义事业的新道路，确立了公有制为主体、多种所有制经济共同发展的社会主义初级阶段的基本经济制度，实行按劳分配为主体、多种分配方式并存的分配制度。同时社会主义市场经济体制初步建立，市场在资源配置中的基础性作用增强，新的宏观调控体系框架初步形成。农村和城市的各项改革取得重大进展。经济增长方式正在由粗放型向集约型转变。特别是在 1982—1986 年连续 5 年发布以农业、农村和农民为主题的中央 1 号文件，对农村改革和农业发展做出具体部署，中央 1 号文件的发布促进了农业知识服务业的初步发展。

（2）1992—2003 年阶段。这一阶段是我国农业知识服务业体系起步阶段。农业知识服务业是服务业的一个子系统，是从属于服务业的，服务业的整体发展会对每个子目的发展起到促进作用。从 1992 年，我国政府开始重视服务业的发展，相继发布了《关于加快发展第三产业的决定》《关于发展第三产业扩大就业的指导意见》等。在我国政府的政策方针下，我国服务业进入了正常的发展轨道。这一阶段在继续发展传统服务业的同时，还对保险、金融等行业进行规范并促进其发展；此外还通过管理体制的改革，建立竞争机制等方式为服务业的发展创造良好的环境。因此在这一阶段，我国农业知识服务业不仅总体规模扩大，同时期内部结构也得到了优化，体系基本成型。

（3）2004 年至今。我国农业知识服务业快速发展阶段真正始于 2004 年。加入 WTO 后，我国实行对外开放的领域和规模不断扩大，已形成全方位、多层次、宽领域的对外开放格局。进出口贸易、国家外汇储备大幅度上升。利用外资为我国建设开辟了广阔的资金来源。经济大踏步地走上世界经济舞台。改革开放不仅使中国的经济实力和综合国力不断增强，人民的生活水平和国民福利也得到了实质性的提高，然而农民却出现了"增产不增收"的现象。2004年 10 月，中央首次明确提出工业反哺农业、城市支持农村，并从 2004—2014年连续 11 年发布以"三农"（农业、农村、农民）为主题的中央 1 号文件，强调了"三农"问题在中国的社会主义现代化时期"重中之重"的地位，并加大对"三农"的扶持力度，同时我国的农业知识服务业在此宏观环境下快速发展起来。

（二）农业知识服务业增长速度分析

1. 农业知识服务业在第三产业中的比重变化

我国农业知识服务业整体发展水平不高，农业知识服务业还没有成为第三产业的主体，但是，农业知识服务业的增长速度较快（图5-1）。2004年农业知识服务业增加值为19 952.1亿元，2011年增加到65 540.9亿元，年均增长率为32.21%。但从图中我们可以看到农业知识服务业的增长在2008年时出现了一次低谷，2004—2007年增长速度较快，使其在第三产业内部的份额不断加大，增加值比重从2004年的30.90%提高到2007年的33.51%，年均增长高于32.64%。农业知识服务业内部的比重不断上升意味着其增长快于第三产业平均增长，对第三产业增长起到了积极的拉动作用，并且有效地优化了第三产业内部结构，有利于促进农业产业结构优化升级。这一阶段农业知识服务业的快速增长取决于上文提到的政府对"三农"的重视，然而2008年国际金融危机，对我国农业知识服务业产生了一定影响，导致2008年增加值比重跌到32.38%，此后农业知识服务业平稳发展，2008—2011年均增长32.79%。

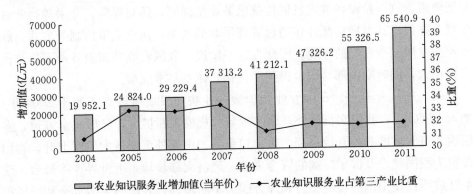

图5-1　2004—2011年农业知识服务业在第三产业中的比重

资料来源：根据《中国第三产业统计年鉴2013》《中国统计年鉴2013》整理得到

2. 农业知识服务业细分行业增长情况

分行业来看，农业知识服务业内部各行业增长差异较大。如图5-2、表5-1所示，我国科技服务业在农业知识服务业中增长最为迅速，增加值从2008年的3 993.4亿元增加到2011年6 965.8亿元，年均增长率高达

20.38%,大大超过在此期间第三产业增加值的年均增长率16.04%。

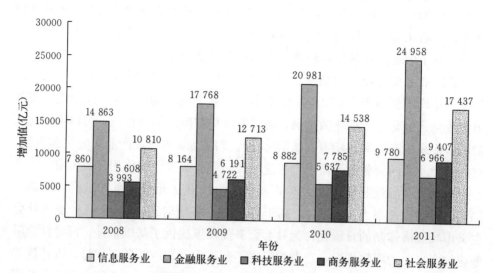

图 5-2 2008—2011年农业知识服务业细分行业增长变化

资料来源:《中国第三产业统计年鉴2013》

表 5-1 2008—2011年农业知识服务业细分行业增长变动情况

单位:亿元

行业	2008年	2009年	2010年	2011年	年均增长率
信息服务业	7 860	8 164	8 882	9 780	7.56%
金融服务业	14 863	17 768	20 981	24 958	18.86%
科技服务业	3 993	4 722	5 637	6 966	20.38%
商务服务业	5 608	6 191	7 785	9 407	18.82%
社会服务业	10 810	12 713	14 538	17 437	17.28%

资料来源:《中国第三产业统计年鉴2013》《中国统计年鉴2013》。

科技服务业越发达,科技对产业的提升或者促进作用越大。近年来,党和国家以及广大群众对科技的重视,尤其是投资规模的加大,为科技服务业的增长带来了需求和动力。随着研发规模的扩大,科技服务业在经济增长和社会发展中的作用越来越重要。

我国金融服务业增加值从2008年的14 863.34亿元增加到2011年24 958.3亿元,年均增长率为18.86%,高于第三产业平均增速2.82个百分点。金融服务业的快速增长反映了金融业在调节农业经济运行、服务农业经济社会方面的功能不断增强。银行业、保险业努力开发适应"三农"需求的金融产品，不断拓宽服务领域，促进农业经济总量平衡和物价总水平基本稳定，有力地支持了农业经济的平稳较快增长和社会的全面发展。

我国商务服务业增加值从 2008 年的 5 608.2 亿元增加到 2011 年 9 407.1 亿元，年均增长率为 18.82%，高于第三产业平均增速 2.78 个百分点。商务服务业是社会化分工深化的结果，通过专业化程度的不断提高，可以降低交易费用，提高生产效率。随着我国国际化程度的提高和农业产业化的快速发展，对各类专业化的商务服务需求也快速增长，商务服务业的作用日益突出。

我国社会服务业增加值从 2008 年的 10 809.9 亿元增加到 2011 年 17 436.5 亿元，年均增长率为 17.28%，高于第三产业平均增速 1.24 个百分点。社会主义市场经济体制的日臻完善为社会服务业发展提供了基础条件，同时社会服务业的资本实力明显增强，产业规模也不断扩大，相应的资源优势、人才优势的潜力开始释放出来，然而社会服务业态发展空间很大，社会服务业经营范围广，涉及行业多，教育、文化等领域的社会服务业对经济社会发展的贡献尚待进一步提高。

我国信息服务业增加值从 2008 年的 7 859.7 亿元增加到 2011 年 9 780.3 亿元，年均增长率为 7.56%，明显低于第三产业平均增长速度。相对于农业知识服务业中的其他行业来说，信息服务业增长速度相对较慢。究其原因主要有法律体系相对滞后；信息服务业高层次人才的短缺；缺乏良好的融资环境以及行业组织等协调政府与企业的中介机构，信息市场的运作机制和管理体制不够完善等。除此之外，还有一个比较现实的原因，那就是虽然最近几年信息服务的数量在不断增长，对农业生产和生活的渗透越陷越深，但信息服务的相对价格却大大下降，从而在一定程度上抵消了增加值的增长速度。

（三）农业知识服务业就业结构分析

随着经济的发展，我国农业知识服务业在吸纳劳动力就业方面的作用日益显著。统计数据显示，2003 年以来我国服务业吸纳就业人员由 5 885.1 万人上升到 2012 年的 7 649.49 万人，增加了 1 764.39 万人。自 1995 年我国服务业就业比重首次超过第二产业，一直以来其就业比重都在第二产业之上，且差距有逐年拉大的趋势，第三产业对劳动力的吸纳能力日益增强。然而从我国农业知识服务业就业人员数量变化来看，虽然我国农业知识服务业从业人员数量也在不断增加，从 2003 年的 2 446.1 万人增加到 2012 年的 3 164.6 万人，增加了 718.5 万人，但从农业知识服务业从业人员占服务业从业人员的比重来看总体上呈先上升后下降趋势，从 2003 年的 41.6% 上升到 2010 年的 43.1%，上升了 1.5 个百分点，但从 2010 年的 43.1% 开始，已经连续两年下降，2012 年下降到 41.4%。为什么会出现这种情况，接下来就要求我们分析各行业就业人数变化情况。

从图 5-3 和表 5-2 可以看出，2003—2012 年农业知识服务业就业人数呈绝对上升趋势。

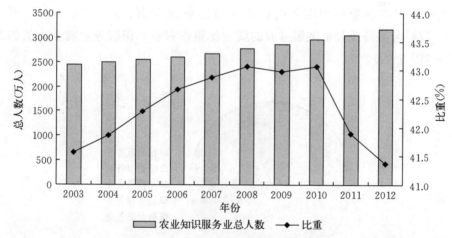

图 5-3 2003—2012 年农业知识服务业就业人数占第三产业就业人数比重变动图

表 5-2 2003—2012 年第三产业及其细分行业就业人员变动情况

单位：万人

行业	2003 年	2004 年	2005 年	2006 年	2007 年	2008 年	2009 年	2010 年	2011 年	2012 年
信息服务业	116.8	123.7	130.1	138.2	150.2	159.5	173.8	185.8	212.8	222.8
金融服务业	353.3	356.0	359.3	367.4	389.7	417.6	449.0	470.1	505.3	527.8
科技服务业	221.9	222.1	227.7	235.5	243.4	257.0	272.6	292.3	298.5	330.7
商务服务业	183.5	194.4	218.5	236.7	247.2	274.7	290.5	310.1	286.6	292.3
社会服务业	1 570.6	1 590.2	1 605.8	1 626.8	1 645.9	1 659.9	1 679.9	1 713.1	1 752.8	1 791.1

（续）

行业	2003 年	2004 年	2005 年	2006 年	2007 年	2008 年	2009 年	2010 年	2011 年	2012 年
农业知识服务业总人数	2 446.1	2 486.5	2 541.4	2 604.6	2 676.5	2 768.7	2 865.8	2 971.3	3 055.9	3 164.6
第三产业总人数	5 885.1	5 939.7	6 011.1	6 105.4	6 243.5	6 428.7	6 668.6	6 898.6	7 294.4	7 649.5

资料来源：《中国第三产业统计年鉴2013》，包含了私营和个体企业的就业数据。

2012 年我国农业知识服务业各行业中就业人数，比重从大到小依次是社会服务业、金融服务业、科技服务业、商务服务业和信息服务业，其就业人员比重分别占农业知识服务业就业人员比重的 57%、17.0%、10%、9%、7%。仅社会服务业和金融服务业的就业比重占农业知识服务业就业人员的近75%（图 5-4）。

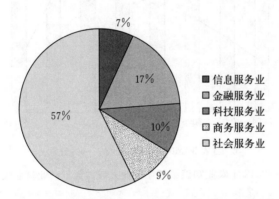

图 5-4　2012 年农业知识服务业就业人数行业分布

从我国农业知识服务业分行业就业人员比重的变化状况来看，2003—2012年，我国农业知识服务业各行业就业结构中（图 5-5），除了社会服务业总体呈下降趋势，商务服务业 2011 年后呈下降趋势之外，其他行业占农业知识服务业的就业比重总体呈上升趋势，信息服务业、金融服务业、科技服务业、商务服务业的就业比重分别上升了 2.27 个、2.23 个、1.38 个、1.73 个百分点。其中上升幅度最大的是信息服务业，从 4.77% 上升到 7.04%，上升了 2.27 个百分点。同期社会服务业的比重则呈下降趋势，且下降幅度较大，从 64.21%下降到 56.60%，下降了 7.61 个百分点。在此要特别注意商务服务业，虽然商务服务业 10 年平均涨幅大于 0，然而从 2011 年开始出现下降趋势，这里也很好地解释了为何从 2010 年开始农业知识服务业就业人数占第三产业就业人数比重开始下降。

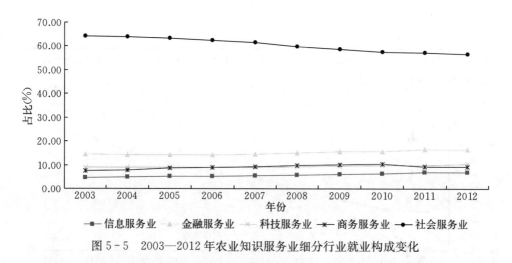

图 5-5　2003—2012 年农业知识服务业细分行业就业构成变化

（四）农业知识服务业劳动生产率分析

如果用人均增加值来衡量某行业的劳动生产率，则有：

　　某行业生产率＝该行业产业增加值/该产业就业人数

我国农业知识服务业与其他产业部门的生产率见表 5-3、图 5-6。

表 5-3　2003—2012 年我国各产业劳动生产率变化情况

单位：万元/人

年份	第一产业生产率	第二产业生产率	第三产业生产率	农业知识服务业生产率
2003	0.48	3.92	2.59	7.71
2004	0.61	4.42	2.84	8.02
2005	0.67	4.93	3.20	9.77
2006	0.75	5.49	3.67	11.22
2007	0.93	6.23	4.56	13.94
2008	1.13	7.25	5.24	14.88
2009	1.22	7.48	5.73	16.51

（续）

年份	第一产业生产率	第二产业生产率	第三产业生产率	农业知识服务业生产率
2010	1.45	8.58	6.59	18.62
2011	1.79	9.78	7.52	21.45
2012	2.03	10.12	8.36	

注：《中国第三产业2013统计年鉴》第三产业分行业增加值只统计到2011年，故农业知识服务业的增加值也只能计算到2011年。

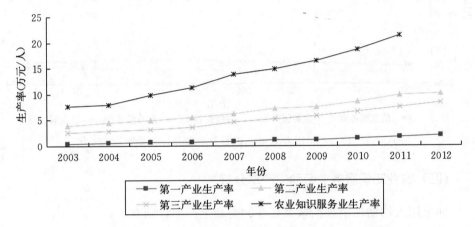

图5-6　2003—2012年我国各产业劳动生产率变化情况

资料来源：根据表5-3绘制

　　2012年，我国三次产业的劳动生产率分别是：第一产业2.03万元/人；第二产业10.12万元/人；第三产业8.36万元/人。我国三次产业中生产率最低的是第一产业，生产率最高的是第二产业，第三产业居中。而我国农业知识服务业的生产率2011年为21.45万元/人，是我国第二产业当年生产率的近2.2倍，第三产业当年生产率的近2.85倍，第一产业当年生产率的近12倍。

　　可见，以人均增加值来衡量的劳动生产率，其在各次产业与农业知识服务业之间差距较大。而且从各产业劳动生产率的变化可以看到，第一产业的生产率增值最快，且增长幅度较大，遥遥领先于其他产业，从2003年的0.48万元/人增加到2011年的1.79万元/人，增加了2.73倍。第二产业增加了1.49倍，第三产业增加了1.90倍，而农业知识服务业增加了1.78倍。各产业生产率增长幅度从小到大排列顺序：第二产业＜农业知识服务业＜第三产业＜第一产业

（2011年）。这一方面反映了我国农业知识服务业生产率与第三产业、第一产业相比增幅相对较低，但其生产率的绝对数却是最大的，一直高于其他产业。这一方面反映了我国农业知识服务业生产率，在三次中处在价值增值链的高端，具有较高的投资回报率和生产率，所以其生产率要比第三产业高出很多，是我国未来经济发展的支柱产业。

分行业来看，农业知识服务业内部各行业劳动生产率差异较大。如图5-7和表5-4所示，金融服务业在农业知识服务业中劳动生产率增长最为迅速，劳动生产率从2008年的35.59万元/人增长到2011年49.39万元/人，年均增长率高达40.40％，其次是商务服务业、科技服务业、社会服务业。信息服务业最近几年的年均增长率呈负值，这一结果与上文所提到的信息服务价格下降原因相对应。2011年金融服务业的生产率超过信息服务业成为行业第一，到目前为止，农业知识服务业按细分行业劳动生产率从小到大顺序：社会服务业＜科技服务业＜商务服务业＜信息服务业＜金融服务业。

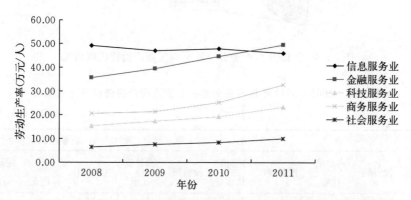

图5-7　2008—2011年农业知识服务业细分行业劳动生产率情况

表5-4　2008—2011年农业知识服务业细分行业劳动生产率情况

单位：万元/人

年份	信息服务业	金融服务业	科技服务业	商务服务业	社会服务业
2008	49.28	35.59	15.54	20.41	6.51
2009	46.97	39.57	17.32	21.31	7.57
2010	47.80	44.63	19.28	25.10	8.49
2011	45.96	49.39	23.34	32.82	9.95

资料来源：《中国第三产业统计年鉴2013》《中国年鉴2013》。

（五）农业知识服务业的投资状况分析

从我国三次产业的资本投入结构来看（图5-8和表5-5），2012年三次产业中固定资产投入额最大的是第二产业，为278 262.5亿元，占总投资额的比重为56.2%；其次是第三产业，为205 435.8亿元，占总投资额的比重为41.5%；第一产业最低，为10 996.40亿元，比重为2.2%。而第三产业中农业知识服务业的投资额为19 676.3亿元，占第三产业投资总额的9.6%，占总投资额的4.0%。

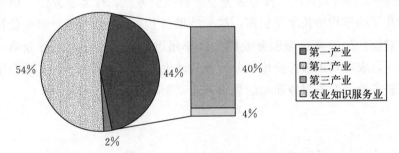

图5-8　2012年按产业分全社会固定资产投资比例情况

表5-5　2003—2012年按产业分全社会固定资产投资额及比重情况

单位：亿元、%

年份	第一产业		第二产业		第三产业		农业知识服务业		
	投资额	占总值比重	投资额	占总值比重	投资额	占总值比重	投资额	占第三产业比重	占总值比重
2003	1 652.3	3.0	21 351.5	38.4	32 562.7	58.6	4 614.8	14.2	8.3
2004	1 890.7	2.7	28 740.5	40.8	39 846.2	56.5	5 345.8	13.4	7.6
2005	2 323.7	2.6	38 836.8	43.7	47 613.2	53.6	5 742.2	12.1	6.5
2006	2 749.9	2.5	48 479.1	44.1	58 769.2	53.4	6 443.9	11.0	5.9
2007	3 403.5	2.5	61 153.8	44.5	72 766.7	53.0	7 133.9	9.8	5.2
2008	5 064.5	2.9	76 961.3	44.5	90 802.7	52.5	8 674.7	9.6	5.0
2009	6 894.9	3.1	96 250.8	42.9	121 453.1	54.1	12 090.7	10.0	5.4
2010	7 923.1	2.8	118 102.0	42.5	152 096.7	54.7	14 008.7	9.2	5.0
2011	8 757.8	2.8	132 476.7	42.5	170 250.6	54.7	14 932.3	8.8	4.8
2012	10 996.4	2.2	278 262.5	56.2	205 435.8	41.5	19 676.3	9.6	4.0

资料来源：《中国第三产业统计年鉴2013》《中国年鉴2013》。

从我国社会固定资产投资额的变化状况来看，2003—2012 年，我国三次产业的固定资产投资额都呈上升趋势，其中上升数额最大为第二产业，从 2003 年的 21 351.5 亿元上升到 2012 年的 278 262.5 亿元，上升了 256 911.0 亿元；其次是第三产业，从 32 562.7 亿元上升到 205 435.8 亿元，上升了 172 873.1 亿元；第一产业上升额度最小，仅从 1 652.3 亿元上升到 10 996.4 亿元，上升了 9 344.1 亿元；农业知识服务业从 4 614.8 亿元上升到 19 671.3 亿元，上升了 15 061.5 亿元；总投资额从 55 566.5 亿元上升到 494 694.7 亿元，上升了 439 128.2 亿元。固定资产投资额增加倍数，第一产业、第二产业、第三产业、农业知识服务业、总投资额分别为 5.66 倍、12.03 倍、5.31 倍、3.26 倍、7.9 倍。

从三次产业投资额的比重变化状况来看，我国三次产业固定资产投资额的比重始终处于波动状态。2003—2011 年，第三产业一直是三个产业中投资比重最大的产业，其比重一直在 52%～59%波动，而 2012 年第三产业首次被第二产业超过。10 年期间第二产业变化总体呈上升趋势，其比重从 38.4%上升到 56.2%，上升了 17.8 个百分点；而第一产业和第三产业都呈下降趋势，其中第三产业下降幅度最大，从 58.6%下降到 41.5%，下降了 17.1 个百分点；第一产业仅从 3.0%下降到 2.2%，下降了 0.8 个百分点。可见，2003 年以来我国第三产业固定资产投入一直是三个产业中最高的，其比重一直在 50%以上，处于领先地位，但从 2012 年开始有所下滑（图 5-9）。从我国农业知识服务业的投资额来看，虽然其增速较快，但其占第三产业投资总额的比重却一

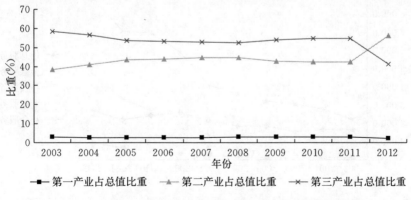

图 5-9　2003—2012 年三次产业固定资产投资比重变化情况

直不高，在 10％上下波动。从变化趋势上看，这一比重总体呈下降趋势，从 14.2％下降到 9.6％，下降了 4.6 个百分点（图 5－10）。

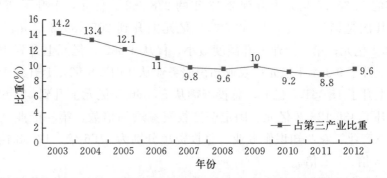

图 5－10　2003—2012 年农业知识服务业固定资产投资占第三产业比重变化

由此可见，我国第三产业固定资产投资额及其比重的变化趋势与服务业投资比重随着人均收入水平的提高而上升的普遍规律是一致的。虽然我国服务业进入快速投入期，但我国服务业投资总体特点是传统服务业投资多，农业知识服务业投资较少。不仅农业知识服务业投入仅占第三产业总投入额的 10％左右，而且还有逐年下降的趋势。

分行业来看，农业知识服务业内部各行业固定资产投资差异较大。如图 5－11、图 5－12 和表 5－6 所示，近 10 年来，社会服务业的投资额最大，且一直呈上升趋势，投资额从 2003 年的 2 202.6 亿元增加到 2012 年 8 884.3

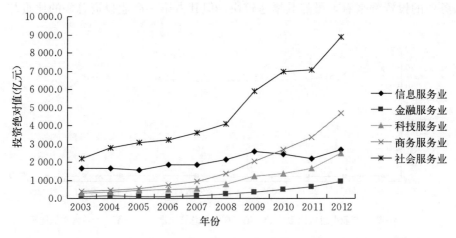

图 5－11　2003—2012 年农业知识服务业细分行业全社会固定资产投资走势

亿元，年均投资额高达 4 786.4 亿元，大大超过同期其他行业的平均投资额。信息服务业与商务服务业 10 年间此消彼长，2011 年商务服务业的投资额超过信息服务业，成为第二大投资行业。近年来，随着国家和人民对科技的重视其投资规模也不断加大，且呈上升趋势。投资额处于最低的是金融服务业，然而其投资额总体仍呈增加态势，只是其增速略缓。从农业知识服务业内部各行业固定资产投资比重来看，总体发展趋势与农业知识服务业细分行业全社会固定资产投资走势图相近，唯一不同点在于社会服务业的变化。在图 5-11 中，社会服务业的投资总额呈上升走势，而图 5-12 的比重却呈下降走势。

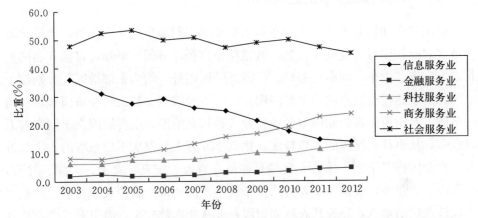

图 5-12　2003—2012 年农业知识服务业细分行业全社会固定该资产投资比重走势

表 5-6　2003—2012 年农业知识服务业细分行业全社会固定资产投资状况

单位：亿元、%

年份	信息服务业		金融服务业		科技服务业		商务服务业		社会服务业	
	投资额	比重	投资额	比重	投资额	比重	投资额	比重	投资额	比重
2003	1 660.7	36.0	90.2	2.0	285.8	6.2	375.5	8.1	2 202.6	47.7
2004	1 657.7	31.0	136.0	2.5	333.1	6.2	420.8	7.9	2 798.2	52.3
2005	1 581.8	27.5	109.5	1.9	435.1	7.6	549.6	9.6	3 066.2	53.4
2006	1 875.9	29.1	121.4	1.9	495.3	7.7	725.6	11.3	3 225.7	50.1
2007	1 848.1	25.9	157.6	2.2	560.0	7.8	949.3	13.3	3 618.9	50.7
2008	2 162.6	24.9	260.6	3.0	782.0	9.0	1 355.9	15.6	4 113.7	47.4
2009	2 589.0	21.4	360.2	3.0	1 200.8	9.9	2 036.2	16.8	5 904.6	48.8

（续）

年份	信息服务业		金融服务业		科技服务业		商务服务业		社会服务业	
	投资额	比重	投资额	比重	投资额	比重	投资额	比重	投资额	比重
2010	2 454.5	17.5	489.4	3.5	1 379.3	9.8	2 692.6	19.2	6 993.0	49.9
2011	2 174.4	14.6	638.7	4.3	1 679.8	11.2	3 382.8	22.7	7 056.6	47.3
2012	2 692.0	13.7	923.9	4.7	2 475.8	12.6	4 700.4	23.9	8 884.3	45.2

资料来源：《中国第三产业统计年鉴 2013》《中国年鉴 2013》。

（六）农业知识服务业的区域分布

中国农业知识服务业在产业布局上呈现出空间集聚的发展态势，通过比较各地区农业知识服务业就业人数（城镇单位口径，下同）可知，排前 6 名的是北京、广东、山东、河南、浙江、江苏，除河南外，均为东部地区，分别位于中国经济发达程度最高的三个经济圈：环渤海经济圈、长三角经济圈和珠三角经济圈。其中河南农业知识服务业就业人数排名第四，主要原因在于河南省人口众多，从事社会服务的人数较多，达到 126 万人，仅次于广东省的 127.2 万人，在全国排名第二。排后 6 名的是西藏、青海、宁夏、海南、天津、甘肃，除海南、天津外，其他 4 个省份均位于我国西部地区。其中天津将第二产业列为经济发展的重点，导致其农业知识服务业从业人数较少；海南第二产业比其他省份相对落后，主要以旅游业为经济支柱。这表明，农业知识服务业高度集聚于东部地区（表 5-7）。

表 5-7 2012 年农业知识服务业分地区就业人数及比重

单位：万人、%

地区	农业知识服务业		第三产业就业人数	占第三产业比重
	就业人数	内部比重		
全国	3 164.6		7 649.5	41.4
北京	267.1	8.4	548.3	48.7
天津	43.0	8.0	125.9	34.2
河北	143.9	5.8	337.6	42.6
山西	86.7	5.7	222.7	38.9
内蒙古	61.3	5.4	151.4	40.5

（续）

地区	农业知识服务业		第三产业就业人数	占第三产业比重
	就业人数	内部比重		
辽宁	120.4	5.1	295.3	40.8
吉林	69.0	4.6	161.8	42.6
黑龙江	90.1	4.5	221.7	40.6
上海	100.6	3.9	281.0	35.8
江苏	160.2	3.8	367.5	43.6
浙江	170.1	3.8	388.1	43.8
安徽	100.1	3.3	226.1	44.3
福建	82.9	3.2	204.2	40.6
江西	71.4	3.2	184.9	38.6
山东	182.5	3.1	475.7	38.4
河南	180.1	2.8	446.0	40.4
湖北	119.8	2.7	300.5	39.9
湖南	123.0	2.7	311.4	39.5
广东	251.6	2.6	624.7	40.3
广西	98.5	2.3	218.6	45.1
海南	20.9	2.2	59.6	35.0
重庆	68.4	2.2	166.6	41.1
四川	144.3	2.0	334.2	43.2
贵州	64.0	1.9	158.8	40.3
云南	86.4	1.9	214.5	40.3
西藏	7.4	1.8	22.5	33.1
陕西	103.2	1.4	239.0	43.2
甘肃	55.9	0.7	132.1	42.4
青海	15.1	0.5	36.5	41.3
宁夏	15.7	0.5	39.2	40.1
新疆	61.1	0.2	153.2	39.9

资料来源：《中国第三产业统计年鉴 2013》《中国年鉴 2013》。

　　我国农业知识服务业具有的空间集聚特征与制造业在空间分布上出现的高度集聚特征是一致的。这是因为制造业和服务业在空间分布上具有协同效应。

农业知识服务业 6 个区域集中度高达 38.2%，即北京、广东、山东、河南、浙江、江苏 6 个省份农业知识服务业就业份额高达 38.2%。从东、中、西部地区三大区域来看，东部地区农业知识服务业就业人数占全国农业知识服务业的 56.24%，远远高于中部的 24.1% 和西部的 19.6%。这进一步表明农业知识服务业主要集中于我国东部地区，与我国经济的区域差异也是相符的。

分行业来看，在 6 个区域中商务服务业集中度最高，为 55.7%，其他行业 6 个区域的集中度也均高于 33%，依次为信息服务业 50%、科学服务业 39.6%、金融服务业 39.2%、社会服务业 33.5%。农业知识服务业各行业也主要集中于东部地区，其中以商务服务业为甚，该行业在东部地区的就业份额高达 70.6%，北京、上海的商务服务业就业份额高达 26.9%，体现出商务服务业在大都市集聚的特征。其他几个行业在东部地区的排名依次为信息服务业 64.3%、金融服务业 64.3%、科学服务业 55.7%、社会服务业 45.2%，这和农业知识服务业的空间集聚特征是一致的。在我国东部地区，制造业和服务业均较为发达，能够为农业知识服务业的发展提供更好的发展前景（表 5-9）。

此外，我国中西部地区个别省份在一些农业知识服务行业上也具有较高的就业份额。例如陕西省在信息服务业的就业份额为 3.5%，全国排名第八；河南省、四川省金融服务业的就业份额分别为 4.4%、4.35%，全国排名分别为第八、第九；河南省商务服务业就业份额为 3.9%，全国排名第七；四川省、陕西省、河南省在科学服务业的就业份额分别为 4.9%、4.4%、4.0%，全国排名分别为第四、第六、第八（表 5-8）。

表 5-8 2012 年农业知识服务分地区分行业就业人数地区分布

单位：万人、%

地区	信息服务业		金融服务业		商务服务业		科学服务业		社会服务业	
	就业人数	比重	就业人数	比重	就业人数	比重	就业人数	比重	就业人数	比重
全国	222.8	100.0	527.8	100.0	292.3	100.0	330.7	100.0	1 791.1	100.0
北京	52.6	23.6	37.6	7.1	61.4	21.0	54.0	16.3	61.4	3.4
天津	3.3	1.5	7.8	1.5	5.4	1.8	8.3	2.5	18.2	1.0
河北	6.5	2.9	24.7	4.7	5.2	1.8	12.5	3.8	95.1	5.3
山西	5.3	2.4	15.8	3.0	5.3	1.8	5.9	1.8	54.4	3.0
内蒙古	4.4	2.0	10.8	2.0	3.2	1.1	4.9	1.5	38.1	2.1

（续）

地区	信息服务业		金融服务业		商务服务业		科学服务业		社会服务业	
	就业人数	比重	就业人数	比重	就业人数	比重	就业人数	比重	就业人数	比重
辽宁	9.0	4.0	22.5	4.3	10.2	3.5	15.8	4.8	62.8	3.5
吉林	4.7	2.1	10.9	2.1	4.9	1.7	7.6	2.3	40.8	2.3
黑龙江	6.1	2.7	16.0	3.0	4.9	1.7	11.9	3.6	51.2	2.9
上海	8.6	3.9	29.5	5.6	17.2	5.9	12.2	3.7	33.1	1.8
江苏	10.8	4.8	29.4	5.6	12.3	4.2	12.8	3.9	94.9	5.3
浙江	14.1	6.3	36.4	6.9	29.2	10.0	17.5	5.3	73.0	4.1
安徽	4.5	2.0	16.8	3.2	3.7	1.3	8.2	2.5	66.8	3.7
福建	5.3	2.4	14.8	2.8	6.0	2.1	6.5	2.0	50.2	2.8
江西	4.3	1.9	10.6	2.0	2.9	1.0	5.4	1.6	48.1	2.7
山东	9.1	4.1	32.7	6.2	11.5	3.9	12.4	3.8	116.7	6.5
河南	6.3	2.8	23.3	4.4	11.3	3.9	13.1	4.0	126.0	7.0
湖北	5.6	2.5	16.3	3.1	6.2	2.1	13.4	4.1	78.2	4.4
湖南	7.1	3.2	20.7	3.9	8.8	3.0	9.5	2.9	76.9	4.3
广东	18.6	8.3	47.6	9.0	37.0	12.7	21.3	6.4	127.2	7.1
广西	4.4	2.0	11.7	2.2	8.9	3.0	9.3	2.8	64.1	3.6
海南	1.0	0.4	2.8	0.5	2.0	0.7	1.7	0.5	13.4	0.7
重庆	3.9	1.8	13.0	2.5	6.1	2.1	5.7	1.7	39.7	2.2
四川	6.0	2.7	23.0	4.4	5.2	1.8	16.2	4.9	93.9	5.2
贵州	2.5	1.1	7.4	1.4	3.0	1.0	5.4	1.6	45.8	2.6
云南	4.3	1.9	9.8	1.9	6.2	2.1	7.8	2.4	58.3	3.3
西藏	0.3	0.1	0.8	0.2	0.2	0.1	1.1	0.3	5.0	0.3
陕西	7.8	3.5	14.6	2.8	4.5	1.5	14.4	4.4	61.9	3.5
甘肃	2.0	0.9	7.2	1.4	1.7	0.6	5.6	1.7	39.4	2.2
青海	0.9	0.4	2.2	0.4	0.8	0.3	2.8	0.8	8.4	0.5
宁夏	0.6	0.3	2.9	0.6	0.8	0.6	1.4	0.4	9.2	0.5
新疆	2.6	1.2	8.1	1.5	5.4	1.8	6.1	1.8	38.9	2.2

资料来源：《中国第三产业统计年鉴 2013》各地区按第三产业行业门类分城镇单位就业人员数（截至 2012 年年底）。

表 5 - 9   2012 年农业知识服务业分区域分行业就业人数

单位：万人

地区	信息服务业	金融服务业	商务服务业	科学服务业	社会服务业	总和
东部	143.3	297.5	206.3	184.3	810.1	1 641.5
中部	48.3	141.2	51.2	80.0	580.5	901.2
西部	31.2	89.1	34.8	66.4	400.5	622.0
6 个区域	111.5	207.0	162.7	131.1	599.2	1 211.5
全国	222.8	527.8	292.3	330.7	1 791.1	3 164.7

资料来源：根据表 5 - 8 计算得来。

二、国外农业知识服务业的发展状况

进入 21 世纪，农业知识服务业在世界范围内得到了迅猛发展，但各国的水平相当不平衡。由于其本身的特点，决定了现阶段农业知识服务业主要在发达国家发展，而发展中国家的农业知识型服务业发展相对滞后。本节主要以美国、法国、日本及印度的农业知识服务业为研究对象，以期对我国的农业知识型服务业的发展起到借鉴作用。

（一）美国农业知识服务业发展状况

虽然农业占美国经济的比重很低，2012 年美国农业总产值占其国内生产总值（GDP）比重仅为 1.2％，但对美国经济却具有十分重要的作用。目前，美国是世界上农业劳动生产效率最高、农产品出口最多的国家，也是典型的现代农业国家，取得以上成就与美国农业知识服务业的发展是分不开的。20 世纪 50 年代后，美国农村率先普及广播、电话和电视，随着现代信息媒体的广泛使用，美国信息服务业也进入新阶段。1968 年美国农村居民的电话普及率由 1954 年的 49％提高到 83％。1962 年美国开始建立针对农村的教育电视台。通过信息服务业为农民便捷地传递了大量廉价农产品的市场信息和科技信息，这对美国农业的进一步发展和稳定农产品的市场价格发挥了重要作用。20 世纪 70～80 年代，以计算机的发明和使用为标志之一的第三次科技革命，为美国农业发展提供了科技保障，特别是在为农业生产、管理和科研等领域服务上取得了巨大成功。美国在 1985 年前后建立了世界上最先进、最完备的农业数据库，并实现对世界上已发表的 428 个电子化的农业数据库进行编目和资料信息搜索等功能，如美国国家农业图书馆和农业部共同开发的 A－GRＩCOLA 数据库，存有 10 万份以上的农业科技参考资料。到 1985 年，美国已有 8％的农场主使用计算机处理农业生产，一些大农场则已实现了计算机化。1991 年美国开始在全国建立信息高速公路。随后，互联网的加速发展使美国农业信息化进入自动控制技术开发及网络技术应用阶段，为美国农业提供了前所未有的信息技术平台。

在农业生产领域，科技一直为美国改造传统农业、实现农业现代化承担了至关重要的使命。除美国农民自身文化素质高和政府对农业科研、教育的重视外，更为重要的是美国建立了政教企有机结合的科技服农体系。体系强调农业科学技术的公益性，一般情况下，一半的农业技术方面研究是由具有政府背景的公共研究机构进行的，而另一半则由私人企业进行。这种由大学、政府、私人研究机构和农民共同参与的农业科学研究、开发和推广体系，真正做到了政教企有机结合，真正做到了理论研究、创新与实践领域应用相结合。美国农业知识服务业是随着传统农业向现代农业的演进而逐步形成和发展起来的，目前已经形成覆盖农业产前、产中和产后各个环节的完善的农业知识服务体系。据相关数据统计，美国从事农业产前、产中、产后服务的劳动力大大高于真正从事农业生产领域的劳动力。农户基本上只从事专业生产，各种专业化组织围绕生产提供全程的专业化服务。

（二）日本农业知识服务业发展状况

日本农业经济的客观条件与中国存在许多相似之处：一是人多地少。日本耕地面积约占世界耕地面积总数的 0.4％，人口却占世界人口的 2.2％，人均耕地 0.6 亩；中国耕地面积只相当于全球耕地面积的 10％，人口占全球人口的 20％以上，人均耕地面积 1.4 亩。二是山地较多。日本山地、丘陵较多，中国土地资源中山地占 33％，丘陵占 10％，高原占 26％，盆地占 19％，而平原仅占 12％。三是长期的封建小农经济和小规模的家庭经营模式。中日两国农业生产条件相差无几，但是最大的不同是在相同条件下，日本用了 30 多年就实现了农业现代化，而中国用了 60 多年仍处在传统农业向现代农业艰难转型阶段。因此，在借鉴日本农业发展的经验之前，我们有必要先了解一下日本农业知识服务业发展状况。

日本早在 1947 年 11 月就颁布了《农业协同组合法》，大力扶持农协发展。农协是一个群众性的经济组织，拥有强大的经济力量，从中央到地方有一套完整的遍布全国的农民经济团体组织，它为日本农业的发展立下了汗马功劳。除了农协外，日本还有另外两个重要组织——农业生产合作组织和地区农业集团。这两个组织虽然规模小、涉及农户数量少，但实际上它们发挥着小农户与大农协的沟通和协调功能，是大农协和小农户实现服务和被服务的桥梁。

目前，日本的农业知识型服务业已经相当发达，日本的文化产业、咨询服务产业、商业设计产业都处于世界领先水平。日本农业知识型服务业同美国的一样，都全面发展，持续创新。日本的农业知识型服务业发达主要得益于其国内一流的基础设施建设，包括硬件和软件两个方面。日本的信息网络非常发达且覆盖全面，这大大促进了日本信息服务业的发展；另外，日本社会对于农业知识服务业的认识较为充分，相应的产业政策和法制法规较为健全，具有发展农业知识服务业的良好氛围。日本也相当重视教育，在高等教育体系内，提供一种结合经济学等社会学科，以及理工学等自然学科的跨领域知识教育形态，以培育跨领域人才，提供日本发展农业知识服务产业所需的人力资源。此外，通过产学合作机制，强化工业高中、高等专门学校、专门职业研究所的实务教育，建构完整的服务业专业人才培养体系。同时，设置"亚洲人才资金"，以引进亚洲优秀人才进入日本国内服务。这为日本农业知识型服务业的持续发展打下了良好的基础。

（三）法国农业知识服务业发展状况

对于农业，法国既重视农业机械化的改造，也重视农业科技化和生产组织管理现代化。高劳动生产率和高土地利用率是法国发展农业的目标，由此可以看出对农业知识服务业的要求也较高。同日本一样，为解决农业机械设备价格较高的问题，法国成立了共同使用农业机械的合作社，法文缩写为"CUMA"，音译为"居马"。"居马"属于农业合作性质的经济组织，由农民自发组织形成。法国为鼓励合作社的发展，出台了相关扶持政策，除免交33.3％的企业所得税外，在初始成立时还可获得一笔占最初投资 15％左右的补贴，在山区和困难地区，这项补贴甚至可高达 40％～50％。在购进新设备时，根据各地实际情况，可获得 20％～40％的支持。"居马"的存在不仅因为农民获得补贴而减少了农业设备成本的支出，而且因为集体谈判减少了中间商对农户利益的侵占。另外，以"居马"为代表的合作社是法国农业社会化服务的主要载体，但实际上，法国农业知识服务的性质多样，既有政府提供包括发展农业科研与教育推广业、农业信贷等公共服务，也有包括农业供销合作社和服务合作社及其联社等集体合作社性质服务，还有私人企业组织的有偿农业服务。农业合作社不仅为农业生产提供技术服务，而且还为农业生产提供例如农产品收购、分包、储藏和销售等流通领域的服务。

在农业技术的研发和推广领域，法国建立了国家农业研究院、大学农学院和民间研究机构（企业）等各种类型的农业科研机构，拥有规模庞大的农业科技研究和推广人才。例如，据研究，国家农业研究院每花费 1 欧元，可给农业部门增加 100 欧元的效益。另外，国家和地方政府、农业行业组织和工业企业都从各自不同的角度共同参与农业技术的推广和普及，全国形成了一个农机、化肥、良种和先进农艺的立体推广网络。1997 年，法国启动了政府信息社会项目行动，并将社会信息化的发展放在优先战略地位，信息服务业得到了充分发展，取得了不错的成绩。经过 10 多年的发展，法国已经形成了以国家农业部、农业商会、研究与教学系统、行业组织和专业技术协会、民间信息媒体、农产品生产合作社和互助社等农业多元化信息服务体系。

（四）印度农业知识型服务业的发展状况及趋势

中国与印度这两个国家有着同样的经历，有一样久远的历史，一样古老的传说，一样丰富的人文，一样灿烂的文化。同中国一样，印度在摆脱殖民统治以后，走上了独立发展民族经济的道路，而且两国的经济发展速度都十分快，因而同为发展中国家的两国经常被拿来比较。20 世纪 80 年代以前，印度的服务业发展基本平稳。80 年代之后，服务业开始起飞，印度开始启动经济自由化改革进程。90 年代以后，印度政府推行了更加全面的，具有"新自由主义"特色的经济改革，印度服务业的大门开始向私人投资者和外国人敞开。1997年，印度通过了《保险监管和发展局法案》，取得监管局颁发的许可证后，外资可以拥有 26％的股份；在银行业，私营银行的发展十分迅速，外资可以获得 74％的股份，还可以每年开设一定数量的分行；电信业于 1994 年后开始允许私人和外资参与移动电话的基本业务和增值业务。总之，正是由于政府不断放松对服务业的管制，唤起了私人和外商的投资热情，从而使得这些服务业部门迅速增长，进而推动整个服务业的发展。

但是，像其他部门一样，印度的服务业内部发展也不平衡。根据 2006 年的统计数据，印度服务业的所有子产业的发展速度都高于所有产业的平均发展速度，增长最快的部门：商务服务（19.8%）、通信（13.6%）、银行服务（12.7%）等。其他一些服务部门，如个人服务（5.0%）、法律服务（5.8%）等增长比较缓慢。还有一些部门，如保险（6.7%）、公共管理（6.0%）、社区服务（8.4%）等保持着中等的增长势头。值得指出的是，印度的 IT 部门是世界闻名的"明星行业"，是农业知识服务业发展的典型代表，也是出口创汇的"主力军"之一，并且呈现出强势的发展势头和广阔的发展前景。2011 财年，印度 IT-BPO（信息业和商务流程外包服务业）部门创造的直接就业岗位达到 250 万个，比上财年增加 24 万个，而间接创造的就业岗位达 830 万个。印度 IT-BPO 部门收入占国内生产总值的比重达 6.4%，比 1998 财年的 1.2%提高 5.2 个百分点；出口收入占印度出口总额（货物加服务）的比重从 1998 财年的不足 4%增长到 26%。出口收入（包括硬件）达 594 亿美元，国内收入（包括硬件）为 288 亿美元。软件产品和服务收入（不含硬件）达 761 亿美元，占全部行业收入的 86%，比 2010 财年增长 19.1%。2012 年印度第一产业总产值 8 049 亿美元，占全球的 16.9%，排名仅次于中国；第三产业总产值 30 777.5 亿美元，占全球的 5.9%，排名第四。印度的农业知识服务业的特点在于其专业性，主要集中在信息服务产业，然而这种过于专业化的局限性也特别明显，印度的农业知识型服务业面临着突破瓶颈、全面发展的任务。

三、发展农业知识服务业的对策建议

（一）完善农业知识服务产业体系

为促进农业产业结构优化升级，需构建和完善覆盖农业产业全过程、全方位的农业知识服务产业体系，以延长农业产业链，增加农业产业的附加价值。完整的农业知识服务业应当包括农业科技服务业、农业金融服务业、农业社会服务业、农业信息服务业以及农业商务服务业等内容，在农业科技、金融、信息、农机、良种、农资、物流、培训、认证、展销、合作中介、质量安全、旅游观光、农业保险、创意农业等方面为农业产业各主体提供涉农性知识密集服务，提升农业产业链的价值。

在构建农业知识服务业产业体系的过程中，需要将与农业相关的工业、服务业嵌入农业活动中。农业知识服务业是一个复杂的有机系统，包含了科技服务业、信息服务业、生产性服务业以及其他现代涉农服务业在内的产业体系，与农业、涉农制造业高度融合。农业知识服务业不直接参与农产品生产，而是通过高新技术、信息、知识、管理为农产品生产提供服务，从而实现农产品生产乃至整个农业产业链的价值增值。

制定农业知识服务业的标准体系。标准化是农业知识服务业快速、有序、健康发展的前提条件，对于推动农业知识服务业的形成发展，增强服务农业产业结构优化升级有着重要的意义。行业标准是推动农业知识服务业专业化、产业化、职业化发展的技术支撑，也是这一产业成熟的标志。通过产业标准体系的制定，既可以推动农业知识服务业规模的快速增长，也可以提高产业进入壁垒，促进农业知识服务的生产和交易。

培育农业知识服务产业，为形成多元化的农业知识服务提供主体，引导社会力量参与提供农业知识服务，成为农业知识服务业的投资主体、经营主体和市场主体。发挥政府部门的主导作用，制定农业知识服务业产业标准，完善相关产业政策体系，使农业知识服务业成为现代服务业的重要组成部分，为推动农业产业结构优化升级创造条件。

完善政府部门面向农业的公共服务体系。继续推进农技推广体制改革，提升农技、农机、动植物疫病防控等农业生产性活动的服务水平，开展针对农业经营、市场营销、品牌策划、物流配送等经营性活动的公共服务，提升农业从业人员的知识水平，促进农业知识服务业的发展。

（二）建立农业知识服务业创新驱动机制

提高农业知识服务业自主创新能力。重点建设一批农业知识服务创新基地，扶持一批龙头企业使之成为农业知识服务创新主体，推动农业知识服务业自主创新能力的提高，推动农业知识服务业小微企业的集群发展，发挥中小企业的规模效应和集聚效应。优化市场环境，完善市场机制，发挥市场对农业知识服务业整个产业创新链的拉动作用。

建立面向农业产业结构优化升级的农业知识服务产业知识库，推动农业服务知识的生产和传播，促进农业知识创新，进而推动整个农业产业链和创新链的发展，为农业知识服务业提供良好的生存环境。通过农业知识服务业知识库的建立，促进农业服务知识更加高效地进行生产、加工、存储、访问、共享和转移。增强农业知识服务自身的规模和质量，增强农业知识服务于农业产业结构的能力和效益。

推进农业知识服务业"产、学、研"一体化建设。政府推动建立高校、企业以及科研机构的一体化合作平台，构建利益共享、优势互补、共同发展的协同创新机制，推动农业科技成果转化和农业知识服务业创新成果商业化进程。推动产学研的一体化，需要政府完善政策平台，构建合作联盟，建立有效的合作创新激励机制和分配机制，充分调动合作各方的积极性。作为技术的需求方，企业的技术需求必须得到高度的重视。加强企业的创新主体地位，鼓励企业建立技术创新联盟。高校应当更加密切关注农业发展的实际，培养农业专门人才，加大对产业发展的基础性、关键性技术创新。加强产学研中介机构的作用，构建信息交流平台，促进信息在产学研之间的流动，促进科技成果的转化和应用。

农业知识服务业是知识密集型的产业，要制定农业知识产权管理和保护制度，保护知识所有者的合法权益，促进农业知识服务领域的技术创新，维护农业知识服务企业的品牌和无形资产。政府相关部门要建立健全知识产权工作机构，制定相应的规章制度和管理办法，把农业知识产权保护工作纳入农业知识服务创新的全过程。由于农业知识服务业的专有性、无形性，必然要求通过完善的知识产权保护和管理制度来优化市场环境，从而促进知识产权的创造、保护和应用。

（三）建立农业知识保护和交易机制

建立完善的农业知识产权保护制度。完善相关法律法规保护农业知识服务业的相关知识产权，维护企业的合法权利。鼓励农业知识服务业企业创造自主知识产权，加强对服务模式、服务内容等创新的保护；加大对侵犯知识产权和制售假冒伪劣产品的打击力度。

建立和完善农业知识产权交易平台，鼓励发展农业知识服务中介，促进农业知识服务的生产和流动。建立农业知识产权交易市场，促进农业知识服务创新成果的有效流通和成果转化。培育农业知识服务品牌，推进农业产业化经营、农产品深加工，延长产业链。大力发展生态农业、观光农业、创意农业、休闲农业，将知识服务嵌入农业产业，实现农业产业增值。

（四）建立知识服务业与现代农业融合发展机制

要加快农业知识服务业与传统农业转型升级的结合。将知识广泛应用于传统农业产业，扩大农业知识性服务业的影响力。在农业科技研发、生产、销售的各环节引入知识服务，延长农业产业价值链，促使农业生产活动逐步由劳动密集型向知识密集型扩展，从而推动农业产业结构调整和优化升级，实现知识服务与传统农业的无缝对接和耦合发展，实现第一产业和第三产业的融合发展。

拓宽农业知识服务业市场规模。通过与传统农业的深入对接，在农业生产的各个方面全方位引入知识服务，实现知识服务与农业生产活动的动态互动。建立农业知识服务创新示范基地，选择部分农业企业或者农产品开展创新示范，将知识服务业逐渐推广到各种农产品生产和加工企业。在市场方面，同样按照区域示范、逐步推广的原则，分阶段、有步骤地拓宽农业知识服务业的服务范围和市场规模。

增加农业产业链的附加价值。加强农业产前和产后知识服务业，拓展服务内容。努力把服务领域向产前、产后延伸，向农业信息、金融保险和市场营销等领域拓展，建立完善的农业信息支撑体系、农业生产金融支持体系和农产品物流保障体系。提升农业产业链的附加值，促进农业知识服务业由粗放式向内涵式发展。通过农业知识创新，延长和深化农业产业链和价值链，实现由传统农业只关注结果增值向现代农业关注过程增值的转变。从育种、生产、物流、销售各个环节增加产业价值，并通过发展金融服务、信息服务、社会服务等相关农业知识服务拓展产业价值链，将传统农业、科技服务业、农业旅游等知识结合起来，逐步实现将信息管理、产品设计及金融管理、法律服务等方面向专业社会服务机构转移。

（五）优化农业知识服务业发展的政策环境

农业知识服务相对于农业生产活动，具有更大的无形性、异质性、动态性和不可分割性，因此，农业知识服务的提供和交易也就面临更大的不确定性风险。为此，农业知识服务业的发展必然要求政府打造良好的制度环境，优化农业知识服务业发展的软环境。鉴于农业知识服务业中的技术、信息、金融等产业形式具有无形性、伴生性的特点，这就需要政府建立和完善相关的法律法规，构建完善的产业政策体系，以保护和促进农业服务知识的生产和流通，从而服务于农业产业结构的调整和优化升级。

作为新兴的产业类型，国家产业政策的设计和实施对于农业知识服务业的发展及其与其他产业的融合有着极其重要的意义。尽管不同的服务部门在吸纳就业人口，推动农业产业结构优化方面的作用不同，但是同样需要得到培育和扶持的政策措施。政府应在财税、金融、价格、知识产权保护、人才培养及流动等方面加大政策扶持力度，建立和完善农业知识服务业发展的政策体系。促进农业知识服务业的发展，政府应该在税收政策和农业补贴政策上给予一定的扶持。在加强公共服务和公益性服务的同时，强化对市场化农业知识服务业，特别是农业知识服务业创新的引导支持政策。在农业产业化和区域专业化程度较高的地区采取税费优惠、财政补贴或以奖代补等方式，鼓励加强农产品产地批发市场的改造和信息化建设；鼓励创办农业生产性服务企业或非营利机构；鼓励按照企业化或非营利机构的方式，兴办综合性或专业性的区域农业技术服务中心、区域农业服务中心等农业公共知识服务平台。

（六）完善农业知识服务业统计指标与统计办法

农业知识服务业是现代服务业的重要组成部分，是推动农业产业优化升级的一个新的驱动因素。目前，我国尚未形成针对农业知识服务业的统计指标体系。因此，政府相关部门无法准确掌握农业知识服务业发展的现状，从而不能有针对性地制定相应的产业发展政策。

从推动农业知识服务业发展的角度看，应当尽快形成农业知识服务业统计标准、统计办法及统计指标体系，形成统一的统计口径。对于农业知识服务业行业规模及其构成、吸收的就业人口数量、对农业产值提升和经济发展的贡献度等相关统计信息，应当及时、准确地进行统计，并根据相关管理办法向社会公布。

加强对农业知识服务业统计的组织领导工作，制定针对农业知识服务业的统计制度及其相关统计办法。作为一个新兴产业，应当明确统计原则和目标、界定统计范围和统计内容，完善统计方法和统计指标，提升统计工作质量。通过对农业知识服务业的统计分析，并对统计结果进行公布和运用，有针对性地制定农业知识服务业的产业政策和相关管理办法。根据农业知识服务业的内涵和分类，科学界定农业知识服务业的统计范围。农业知识服务业的基本统计范围应当包括农业科技服务、农业金融服务、农业社会服务、农业信息服务、农业商业服务等内容。

（七）建立和完善农业知识服务人才培养和流动政策

农业产业结构优化升级需要知识服务业的支撑，也就有赖于大量懂农业、懂科技、懂经营的复合型人才。

要通过高等院校和职业学校，加大人才培养力度。一方面，要通过财政补贴和其他相关扶持政策，继续在农林院校培养农业科技人才，为农业生产提供坚实的科技知识服务支撑。此外，还应根据农业产业优化升级的需要，调整专业设置，在经济、管理、法律、金融等其他"非农"专业培养具备农业生产和经营的交叉型复合人才。

建立农业知识服务人才培训体系。根据市场需求，建立包括政府、企业、职业学校以及培训机构在内的多主体的人才培训体系，对相关从业人员进行定期和不定期的专项培训，为农业知识服务业的发展提供源源不断的人才储备。加强与发达国家和地区的农业合作交流，建立国际化培训基地，加快农业知识服务业相关专业实训基地规划建设。条件具备时，全面推进农业知识服务职业资格证书制度，使人才培养培训体系制度化、规范化。

建立健全农业知识服务人才流动机制。加强政府引导，及时发布各类人才需求导向等信息。建立人才信息库和人才评价体系，重点引进高素质专业人才和领军人才。完善农业知识服务人才流动市场，促进人才在各地区、各部门的有序流动。对于具备特定农业服务知识的高端人才，通过建立"人才联盟"等相关机制，充分发挥高端人才的作用，提高知识服务于农业产业升级的效率。

（八）加强农业知识服务业的国际交流与合作

政府搭建平台，帮助农业知识服务业的国内外同行相互交流以及与高校、科研机构的密切合作。鼓励和支持我国农业知识服务企业走出国门，在海外设立研发机构或基地。加大招商引资力度，着重引进发展的重点领域和薄弱领域。在推进农业知识服务体系建设过程中，注重市场化的农业知识服务业发展。建立和完善符合国情和地区特点，多层次、多功能、上下配套、左右贯通、高覆盖率、全方位服务并与国际农业服务业接轨的农业服务网络，以新型农业服务业为切入点，逐步形成适应市场经济发展要求的现代农业服务业框架和运行机制。

(九) 积极培育农民专业合作社

农业知识服务业涵盖农业产前、产中和产后全过程，包括良种服务、新型农技服务、农资连锁经营、农机作业服务、信息服务、金融服务和农产品加工、物流等诸多方面。因此，必须多主体参与、多要素投入、多形式发展，利用多种渠道和手段吸引产业要素投向为农业提供服务的现代服务部门，推动传统农业向现代农业升级。农业产业结构所需要的知识服务涉及农业产业链的全过程，无法也不必由政府部门来提供相关服务。必须重视各种类型的农业知识服务中介机构的建设和发展，加强行业协会建设，促进各市场主体之间的联系和合作，促进信息、技术、资金、法律、营销、管理等各种知识在产业内的流通。可以重点扶持有一定规模、效益的，机制健全，管理规范的专业合作社，提高其综合服务能力，充分发挥示范引导作用；引导农民专业合作社制订规范化章程，建立健全各项规章制度。

(十) 加快农业知识服务业基础设施建设

基础设施是指农业知识服务业为各个经济部门供应服务而必需的网络、信息处理和存储设备等硬性设施。从发达国家促进农业知识服务业发展的经验看，基础设施建设是其健康、快速发展的重要支撑。国家可以通过例如加强计算机及外围设备建设、加强网络化建设以及加快智能软件的开发和应用等予以扶持。

(十一) 发挥市场主导作用

处理好政府和市场的关系，使市场在资源配置中起决定性作用。为了提高农业知识提供服务的数量和质量，必须充分激发市场主体的积极性，发挥市场的活力与作用。政府通过优化市场环境，出台相关优惠政策，鼓励和引导各种所有制的市场主体参与到农业知识服务的生产活动中，并为相关产业活动提供直接或间接的支持服务。

引导社会力量参与、培育多元市场主体。鼓励和支持各种所有制企业根据市场需求，积极参与农业知识服务业发展。

形成科学合理的农业知识服务主体结构，构建农业知识服务生态系统。既要鼓励引导农业龙头企业集中化、集团化发展，充分发挥其对农业知识创新的带动作用，也要积极培育家庭农场、农业专业合作社、农业信息平台等中小市场主体，促进农业知识服务主体集约化、集聚化发展，提升产业生态系统的活力。

第三节　社会资源介入农村养老服务的机制创新[①]

农村养老服务制度的完善对提高农村老年人社会福利水平、减轻老年人家庭负担、提高农村社会服务效果、完善农村社会治理机制等具有重要的现实意义。自 2013 年 9 月《国务院关于加快发展养老服务业的若干意见》印发以来，农村养老服务在机构建设、自制养老功能的发展、资金筹集渠道的拓宽、养老协作机制的建立等方面取得了较好的效果。但受传统观念、区域经济发展、人口流动等多重因素的影响，农村养老服务制度在发展过程中也会遇到许多阻碍。

一、农村养老服务的现状

（一）享受养老服务基本情况

1. 养老服务主体

以现实观之，家庭养老、社区养老、机构养老、居家养老的主体不尽相同，从认识程度（了解程度）看，排在第一位的是家庭养老（选择人数为 2 388 人，总体选择人数 2 832 人，占比 84.3%），排在第二位的是机构养老（选择人数为 1 628 人，总体选择人数 2 832 人，占比 57.5%），排在第三位的是社区养老（选择人数为 1 557 人，总体选择人数 2 832 人，占比 55%），排在第四位的是居家养老（选择人数为 1 992 人，总体选择人数 2 832 人，占比 70.3%）。由以上数据可看出，家庭养老和机构养老是农民较为熟悉的养老方式，今后应当继续完善。居家养老的熟悉程度虽然排在最后，但其选择比例却

[①]　本节引自 2015 年农业部软科学课题"社会资源介入农村养老服务机制创新"，课题主持人：曲绍旭。

较高，应该考虑这一养老方式的介入。

在问及家人养老的责任主体时（表5－10），大部分被调查者认为家庭应当成为养老服务的责任主体，这说明今后还应发挥家庭的主导地位，但要进一步创新及完善家庭的养老功能，避免出现养老服务单一化、资金来源渠道窄等问题。

表5－10　家人养老由谁负责

责任主体	人数（人）	百分比（%）	有效百分比（%）	累积百分比（%）
政府	420	14.8	14.8	14.8
家庭	2 231	78.8	78.8	93.6
社会	124	4.4	4.4	98.0
养老院	47	1.7	1.7	99.6
其他	10	0.3	0.3	100.0
合计	2 832	100.0	100.0	

2. 养老方式的选择

目前，我国农村居民享受的养老服务主要包括家庭养老、居家养老、社区养老与机构养老等几种模式。家庭养老是最为传统的养老服务模式，主要以子女、亲属养老为主，这种养老模式在农村依然占据统治地位，机构养老在农村发展历史较为久远，也逐渐被许多老年人所接受，而社区养老和居家养老则是新兴的养老服务模式，在农村发展较晚。

实际调查也反映了这一问题，从结果来看（有关养老方式选择的题目为多选题），家庭养老人数最多，选择人数为2 429人，其次为机构养老，选择人数为410人，第三位为社区养老，选择人数为248人，居家养老的人数仅为107人。以上说明我国农村现有的养老方式还是以家庭养老为主。

3. 养老服务评价

养老服务评价受性别、年龄、区域、享受服务的内容等多种因素影响，如果逐个分析，不仅不符合实际，而且得出的结果也不具代表性，因此本报告将总体评价作为衡量的依据（表5－11）。从表5－11可看出，被调查者对养老服务的评价相对较好，但没有达到非常满意的效果。

表 5 - 11　养老服务总体评价

满意程度	人数（人）	百分比（%）	有效百分比（%）	累积百分比（%）
非常满意	158	5.5	5.5	5.6
满意	1 252	44.2	44.2	49.8
一般	1 214	42.9	42.9	92.7
不满意	192	6.8	6.8	99.4
非常不满意	16	0.6	0.6	100.0
合计	2 832	100.0	100.0	

通过访谈可看出，大部分被访谈者对养老服务的评价持满意态度，主要原因：其一，许多农民把养老服务等同于家庭服务，许多被访谈者认为只要子女在身边就能得到很好的照顾，而对大部分与子女一起居住（或子女与老年人一起居住）的人来说，养老服务评价的满意度自然较高；其二，农民生活水平相对较低，养老服务满意度的边际效益较高。

（二）养老服务现有资源

1. 硬件资源

整体上看，农村养老服务资源主要分为硬件资源和软件资源，硬件资源包括养老服务的设施、人员配备、资金分配等方面。由调查情况可知，农村中有许多优势养老资源没有利用起来。如表 5 - 12，大部分农民（2 322 人，占比为 82%）愿意将农村的土地资源利用起来建立养老院，这说明今后应吸取部分农村地区（如吉林地区）的养老经验，在闲置土地上建立养老院或者养老大院，用于老人的互助式或专业化的养老。

表 5 - 12　是否愿意将闲置土地建成养老院

意愿	人数（人）	百分比（%）	有效百分比（%）	累积百分比（%）
愿意	2 322	82.0	82.0	82.0
不愿意	510	18.0	18.0	100.0
合计	2 832	100.0	100.0	

2. 软件资源

软件资源对养老服务的发展与完善也起到重要的作用。农村养老服务的软件资源主要包括养老观念、意识、文化等。由于我国地域发展不均衡，养老观念也不尽一致，东部较发达地区的养老观念更新较快，更加容易接受现代化的养老服务方式，相关养老活动开展较多。从本次调查的结果可以看出（表5-13），被调查者总体上参加娱乐活动的积极性不高（没有参加过的人数为1 976人，占比为69.8%），但江苏省的参加情况略好于安徽省与辽宁省，这可能是由于江苏省农村社区文化发展较为成熟的原因所致。

表5-13 参加娱乐活动状况

单位：人

调查省份	是否参加过娱乐活动		合计
	参加过	没有参加过	
安徽省	254	738	992
辽宁省	250	638	888
江苏省	352	600	952
合计	855	1 976	2 832

在享受免费医疗服务方面，总体上看（如表5-14），农民享受医疗服务的情况要好于其他服务。江苏省农民享受医疗服务的状况要好于其他地区，说明医疗服务的开展与地方经济的发展联系较为密切。

表5-14 免费医疗服务状况

单位：人

调查省份	免费医疗服务		合计
	有	没有	
安徽省	459	533	992
辽宁省	412	476	888
江苏省	512	440	952
合计	1 383	1 449	2 832

在志愿服务方面（表5-15），农民享受志愿服务的情况不够理想，没有享受到志愿服务的农村居民较多，志愿者服务在农村的开展还有待进一步提高。此外，江苏省农民享受志愿者服务的人数要远远多于其他两个省份，这得益于江苏省农村社会化养老服务的开展。

表 5－15　志愿者服务状况

单位：人

调查省份	志愿者服务		合计
	有	没有	
安徽省	153	839	992
辽宁省	100	788	888
江苏省	250	702	952
合计	503	2 329	2 832

除以上因素外，农村居民的邻里关系对养老服务的发展也有一定的促进作用（作用主要集中于互助式养老等方面）。从调查的结果看，多数被调查者对邻里关系持肯定态度，认为邻里关系好的人数为 1 093 人，占比 38.6％，这说明今后应该围绕邻里关系发展互助式或帮扶式养老。

（三）养老服务资源的评价

被调查者对农村老年人活动和养老设施的评价不高（表 5－16），持有满意评价的人数仅为 663 人，占比为 23.4％。这一方面说明现有的农村养老硬件与软件设施不足，难以满足老年人或其家庭的养老需求，另一方面也说明农村老年人活动安排和养老设施有较大的上升空间，未来应成为农村老年人社会福利提升的重要组成部分。

表 5－16　老年人活动或有关设施评价

满意程度	人数（人）	百分比（％）	有效百分比（％）	累积百分比（％）
非常满意	93	3.3	3.3	3.3
满意	663	23.4	23.4	26.7
一般	1 285	45.4	45.4	72.1
不满意	667	23.6	23.6	95.6
非常不满意	124	4.3	4.3	100.0
合计	2 832	100.0	100.0	

二、农村养老服务机制存在的问题及原因

（一）服务管理机制存在的问题及原因

1. 管理主体优势体现不明显

农村养老服务管理的主体主要集中于乡一级政府，该管理主体在政策颁布、实施、监督等方面起到主导作用，但从调查及访谈情况看，农村养老服务管理主体的优势并没有体现出来。许多被调查者认为养老服务的管理主体为村一级（选择人数为932人，占比32.9%，排在第一位），而村委会并非行政机构，不具备政策执行的效力，这说明农民对养老服务管理主体的概念较为模糊。此外，大部分被调查者认为当地没有养老服务管理优势（表5-17），选择人数为996人，占比为35.2%。在实地访谈中，很多农民甚至难以说清乡一级民政部门的工作内容。以上均说明现有农村养老服务政策的优势并没有体现出来，需要进一步完善并优化。

表 5-17　养老服务管理优势

优势	人数（人）	百分比（%）	有效百分比（%）	累积百分比（%）
管理人员认真负责	549	19.4	19.4	19.4
有关养老的资金比较多	441	15.6	15.6	35.0
政策颁布与实施得好	752	26.6	26.6	61.5
其他	94	3.3	3.3	64.8
没有优势	996	35.1	35.1	100.0
合计	2 832	100.0	100.0	

农村养老服务管理主体之所以没有完全发挥其优势，主要原因还在于家庭养老的优势地位所致，家庭养老的主体地位会使得许多农民忽视了政府在养老服务当中的作用。此外，部分管理人员也认为家庭应该是养老服务的主体[①]，这会阻碍其他养老服务方式的跟进。因此，在当前情况下，应该打破村与村、村与乡之间的养老服务管理界限，进一步融合服务资源，提高服务效果。

---

① 如在访谈时发现，部分管理人员仍然将养老责任放在家庭成员上，而相关工作也围绕着家庭养老开展。

2. 服务信息传递渠道不畅

从调查结果来看，有接触过养老服务信息的人数为 1 252 人，占比为 44.2%，这说明随着网络化、信息化的普及，农民掌握养老服务信息的程度较之以往有了较大幅度的提高。

但进一步分析发现，被调查者接触养老服务信息的途径却较为单一（表 5 - 18）。被调查者接触养老服务信息途径排在第一位的是电视机（选择人数为 1 056 人，占比 37.3%），排在第二位的是报纸、杂志（人数为 531 人，占比为 18.8%），其人数远远落后于第一位，而利用现代化工具获得养老服务信息的人数则较少，如选择手机获取养老服务信息的人数仅为 284 人（占比为 10%），上网获取信息的人数仅为 336 人（占比为 11.9%）。以上说明农村养老服务信息的传递效果并不尽如人意。

表 5 - 18　接触养老信息的途径

接触信息的途径	电视机	报纸杂志	广播	上网	手机信息	宣传栏	其他
人数（人）	1 056	531	225	336	284	183	1 948
百分比（%）	37.3	18.8	7.9	11.9	10.0	6.5	68.8

此外，被调查者接触的养老服务信息多集中于政策和医疗信息方面（表 5 - 19），而对在农村养老服务中发挥越来越大作用的老年活动、养老院、法律法规等信息的掌握却较少，这无形中对社会化养老服务资源在农村地区的推广与应用造成阻碍。

表 5 - 19　接触养老信息情况

接触信息	政策	法律法规	医疗信息	养老院	老年活动	其他
人数（人）	779	551	731	382	150	1 923
百分比（%）	27.5	19.5	25.8	13.5	5.3	67.9

以上问题的出现受主客观因素影响。在主观方面，农民现有的观念（尤其是养老服务观念）较为保守，许多农民并不愿意接受家庭养老之外的养老方式，如课题组在辽宁省本溪市部分农村访谈时发现，农民法律意识较为淡薄，当被问及"如果家里老年人权益受到侵害时如何应对"等问题时，多数访谈对象认为应选择同族人共同商议解决，息事宁人，而没有选择走正常法律途

径①。在客观方面，受传统二元社会体制的影响，农村步入现代化的时间较晚，这间接影响了现代化养老观念在农村的传播。此外，虽然许多农民家庭已经配置了现代化的工具（如手机、电脑等），但多用于简单的沟通交流，较少涉及信息查阅、资料下载等方面。因此，应发挥当前通信工具的作用，大力发展农村养老服务的信息化建设。

3. 管理方式较为单一

从调查的结果看，许多农村地区的养老服务多集中于节假日慰问、孤寡老人帮扶等方面，服务方式较为单一，流于表面形式的养老服务难以达到预想的效果，从长远来看也难以提高被服务对象的社会福利。

单一服务管理方式的产生是由于随意性而致，农村养老的管理对象最初多集中于五保户，制度化不甚明显，随着低保制度在农村的普遍开展，低保群体逐渐成为农村养老服务的主要对象，而面对服务对象的改变，农村养老服务的管理却没有发生较大变化，依然围绕着传统的弱势群体开展，这种管理方式的政策性较强，使得灵活性管理机制没有发挥出来，进而造成了管理方式单一这一弊端。这不仅不利于服务对象整体福利水平的提升，而且使得管理机制愈加僵化，阻碍其他服务资源的进入。因此，课题组建议应根据不同的管理对象，设置不同的管理方式，这不仅能明确管理对象的需求，提高其服务水平，而且能使管理方式进一步灵活。

（二）服务运行机制存在的问题及原因

1. 社会参与度不高

从实地调查的情况来看（表 5 - 20），被调查者（或被访谈者）较少接触到社会化的养老服务。如接触到"社会组织"的人数仅有 292 人，占比 10.3%，而接触过保险公司的人数则更少（156 人，占比 5.5%），这说明社会化、商业化的养老服务在农村开展的情况不够理想。

这一问题的出现是由于诸如社会组织、商业化保险等社会养老资源在农村介入较晚，并没有被广大农民所认可、接受，但课题组在江苏调研时发现，部分地区的农民已经欣然接受了社会养老服务资源，并且对商业化的养老保险以及社工服务等提出了自己的想法，这说明社会养老服务资源介入农村养老服务

---

① 根据调研活动"访谈提纲 18"的观点整理而成。

的条件正在逐步形成。

表 5 - 20　接触养老服务情况

接触养老 服务情况	集中养老	大家一起 供养老年人	发放 补助金	物质支持	服务社会 组织	保险公司	没接触过
人数（人）	400	631	1 453	824	292	156	671
百分比（%）	14.1	22.3	51.3	29.1	10.3	5.5	23.7

2. 指令性服务方式明显

被调查者对养老服务便利性的评价不高（表 5 - 21），从调查结果来看，持有一般评价的人数最多（1 556 人，占比为 54.9%），这说明现有的养老服务并没有给服务对象带来更多的便利。此外，从表 5 - 20 所反映的数据来看，选择接触到"发放补助金"政策的人数最多（1 453 人，占比为 51.3%），这说明政策性养老服务在农村还较为普遍，而这一方式较难发挥灵活性与便利性。因此，应发挥社会资源介入的优势，提高农村养老服务的便利性，优化服务过程。

表 5 - 21　养老服务便利性评价

满意程度	人数（人）	百分比（%）	有效百分比（%）	累积百分比（%）
非常满意	99	3.5	3.5	3.5
满意	880	31.1	31.1	34.6
一般	1 556	54.9	54.9	89.5
不满意	264	9.3	9.3	98.8
非常不满意	33	1.2	1.2	100.0
合计	2 832	100.0	100.0	

3. 新兴服务方式运行效果不理想

目前，新型的农村养老服务方式主要集中于互助式养老与养老大院等。从实际调研的结果来看，以上两种养老方式在农村运行的效果并不理想。根据表5 - 20 所反映的数据，接触"大家一起供养老年人"这种养老服务形式的人数仅有 631 人，占比为 22.3%。此外，养老大院的服务方式也没有被广泛认知，许多被访谈者认为养老大院没有起到真正的养老作用。

新兴的养老方式被农村居民接受是一个较为长期的过程，而互助式养老和养老大院并没有形成制度化，服务效果没有"黏性"，难以把服务对象聚集在一起，因此初期运行效果不尽如人意实属必然。课题组在辽宁省某地进行调查时发现，当地管理人员和农村居民对新兴的养老服务方式持较为肯定的态度，但认为应让更多的资源介入互助式养老，使互助式养老发挥更大的作用。因此，建议继续完善互助式养老等新兴的养老方式，同时加大社会资源的引进力度，完善农村养老服务运行机制。

（三）市场化、社会化机制运行存在的问题及原因

1. 市场化机制存在的问题和原因

（1）商业性养老保险运作存在的问题及原因。市场化的养老服务内容主要包括商业性养老保险和收费性养老服务项目，从调研情况来看，商业性养老保险并不能被大多数农民所接受，许多被访谈者并不知情商业性养老保险，甚至认同商业性养老保险的营利性而忽视其保障性，从问卷调查的结果看（表5-22），只有976人（占比为34.5％）接触到商业性养老保险（并非享有商业性养老保险）。

表5-22　商业养老保险接触情况

接触情况	人数（人）	百分比（％）	有效百分比（％）	累积百分比（％）
是	976	34.5	34.5	34.5
否	1 856	65.5	65.5	100.0
合计	2 832	100.0	100.0	

此外，从现有经验看，商业性养老保险应该在护理保险、特殊老年人保险等方面有所突破（表5-23），但实证调研结果反馈并非如此，从问卷调查的结果看，认同意外保险和储蓄保险的人数较多，占比分别为45％和30.8％，而与养老服务息息相关的护理保险的认同率却较低，只有3.2％；从访谈的结果看，许多农村居民并不认同商业性养老保险的作用，认为其回报缓慢、风险大、难以达到预期效果。

表 5 - 23　认同哪些养老产品

养老产品	人数（人）	百分比（%）	有效百分比（%）	累积百分比（%）
护理保险	92	3.2	9.0	9.0
意外保险	463	16.3	45.0	54.0
失独老人保险	68	2.4	6.6	60.6
储蓄保险	317	11.2	30.8	91.4
其他	88	3.1	8.6	100.0
合计	1 028	36.3	100.0	
系统	1 804	63.7		
合计	2 832	100.0		

　　商业性养老保险在农村认同度较低的主要原因还在于商业性保险公司并没有完全打开农村的保险市场，即使打开了部分市场，其保险的运作方式也较为保守，在短期内难以形成规模效应。因此，商业性养老保险若想在农村得到有效发展，不仅需要改变人们的保障意识，而且还要进一步加大宣传力度，改变现有的颓势。同时，商业性养老保险在农村应该改变销售策略，并增加信息的透明度，以使得农村居民对其优势有全面了解。

　　（2）收费性养老服务项目存在的问题及原因分析。收费性养老服务项目主要包括收费性的养老院、养老服务站、医养结合部门等，考虑到农村现有的实际，本课题将集中于养老院方面的讨论。

　　从调查结果看，有 1 581 人（占比为 55.8%）想了解养老院信息，这说明机构养老的认可度正在逐渐提高，也客观表明机构养老（或类似于机构养老）应成为农村养老服务的发展方向。有 1 223 人（占比为 43.2%）身边有老年人住进养老院，而住进养老院的原因（该题为多选题）多集中于儿女没办法养老（893 人，占比为 31.5%）。此外，被调查者所在区域养老院的服务优势没有完全体现出来，认为养老院环境好（284 人，占比为 10%）、效果好（119 人，占比为 4.2%）、服务态度好（120 人，占比为 4.2%）的人数较少。以上说明，大部分农民进入养老院养老并非本意，而是万不得已的客观原因所致，养老院的服务优势并不能吸引农村居民。

　　从访谈结果看，部分农民对养老院的态度不尽一致，如课题组在安徽农村调研时，儿女在身边的老年人对养老院多持否定态度，而儿女外出打工或定居于外地的老年人对养老院持肯定态度。以上说明农村的养老院若想真正发挥其功能，需要在服务环境、服务项目、服务效果等方面进一步优化，吸引更多的农民入住养老，以减轻社会的养老负担。

2. 社会化机制存在的问题和原因

社会化养老服务机制主要涉及社会组织、社区养老等方面。目前，我国农村社会化养老服务存在区域间发展不均衡的问题，东部经济较发达地区社会化养老起步较早，部分农村地区已经开展了项目化养老、社区养老等服务项目，而中部、北部地区受经济、文化、观念等因素影响，社会化养老服务相对滞后。从表 5 - 24 也可看出，江苏省对养老服务社会团体了解的人数要远远高于其他省份。但总体上看，养老服务社会团体发展的情况并不良好。

表 5 - 24　是否知晓养老服务社会团体

单位：人

调查省份	有无社会团体			合计
	有	没有	不清楚	
安徽省	167	494	331	992
辽宁省	75	513	300	888
江苏省	325	389	238	952
合计	562	1 387	869	2 832

对社区养老来说，社区养老服务中心（或类似于服务中心的养老站等）是必不可少的设施。但调查结果显示，农村现有养老活动设施却较少，从表 5 - 25 可以看出，被调查者了解最多的是卫生室、老年活动站等机构，而对机构日间照料中心、托老所、农家书屋等对提高服务水准具有重要帮助的机构却了解甚少。

表 5 - 25　对社区养老机构的了解程度

社区养老机构 了解程度	机构日间 照料中心	机构托老所	机构老年 活动站	机构卫生室	机构农 家书屋	以上都没有
频率（是）	91	301	659	2 012	208	338
百分比（%）	3.2	10.6	23.3	71.0	7.3	11.9

由于养老服务社会组织、社区养老等属于新兴事物，当前并不被农民所看好实属必然，但由于社会组织和社区养老具有公益性、灵活性、全面性等优

势，将来应成为农村社会资源介入的重点。

三、社会资源介入下农村养老服务机制的创新

由以上分析可知，农村养老服务的管理机制、运行机制、市场化机制、社会化机制等方面的运行效果并不理想，但随着农村社会结构与人口结构的转变，加之社会化服务理念的引入、传统养老观念的转变等因素的综合影响，农村养老服务的机制正在悄然发生变化。中共中央办公厅、国务院办公厅在印发的《深化农村改革综合性实施方案》中规定："规范基本公共服务标准体系，促进城乡区域标准水平统一衔接可持续，完善综合监测评估制度。鼓励地方开展统筹城乡的基本公共服务制度改革试点。"这表明在当前农村引入社会服务资源不仅是农村发展的必需，而且对完善社会治理具有非常重要的意义。具体来说，社会资源介入农村养老服务的有利条件包括：

其一，社会组织的影响。社会组织（自愿性团体）是社会化养老服务的重要资源，社会组织在城市地区开展较快，城市居民对其认可度不断提高，随着城市化进程的加快，社会组织介入农村区域应是大势所趋。从表5-26可看出，在城市化进程较快的江苏省，农民居民对社会组织和自愿性团体的认可度要高于其他省份，这一方面说明社会组织在江苏省农村地区的影响正逐步体现，另一方面也预示着社会资源介入农村具有可行性。

表5-26 愿意哪种资源介入

调查省份		愿意哪种资源介入				合计
		社会组织	自愿性团体	个人慈善	企业慈善	
安徽省	计数	432	318	133	109	992
	愿意哪种资源介入（%）	33.1	38.3	39.7	30.3	35.0
辽宁省	计数	357	250	122	159	888
	愿意哪种资源介入（%）	27.3	30.1	36.4	44.2	31.4
江苏省	计数	518	262	80	92	952
	愿意哪种资源介入（%）	39.6	31.6	23.9	25.6	33.6
合计	计数	1 307	830	335	360	2 832
	愿意哪种资源介入（%）	100.0	100.0	100.0	100.0	100.0

其二，政府购买服务的跟进。随着多元化管理理念的深入发展，政府对社

会参与主体不再实施管控的政策，而是通过购买服务的方式与社会参与主体合作，并进一步发挥社会参与主体的主动性，政府与社会合作共同完善社会治理已是大势所趋。目前，政府购买服务机制日趋成熟，积极效果正在逐步显现，民众对其接受程度也愈加提高。随着政府购买范围的扩大化，农村也会逐渐成为购买服务的主要区域，因此，社会资源介入农村应是发展的必然趋势。

其三，社会服务的积极效果。社会服务具有公益性、灵活性等特点，能在较大程度上满足服务对象生理和心理方面的需求。如若在农村开展相关的社会服务，其积极效果必然能在短期内被农村居民所认知，进而认可其服务价值。在此次调查中，虽然有 1 024 人（占比 36.2%）人对社会组织的了解程度为"一般"，但当问及社会组织对养老服务的作用时，有 2 122 人（占比为74.9%）承认其存在的必要性。

综上所述，社会资源介入农村养老服务机制不仅适时，而且适势。结合前期调查成果、农村现有的实际、各地成功的经验，社会资源应采取以下几种方式介入农村养老服务机制：

（一）社会资源介入下农村养老管理机制的创新

在新形势下，农村养老服务管理需要摈弃以往单一的管理模式，通过社会资源的引入或者自身资源的整合，创新出新的养老服务模式，以此提高农村老年人的服务水平。受传统制度惯性的影响，农村养老服务管理机制的创新应遵循本土资源相互介入为主、社会资源介入为辅的发展原则，注重服务资源交换机制的完善以及服务信息网络的建立，并在此基础上通过部分社会资源的介入，实施分类式的管理，具体来说，主要包括以下几方面：

1. 完善资源相互介入机制

由以上分析可知，被调查者对农村养老服务主体的认识较为模糊，并错误地认为村一级应成为养老服务的主体，因此要打破区域间的界限，完善服务资源相互介入机制。

第一，对社会养老服务资源进行分类。对农村现有家庭养老资源、政府养老资源、机构养老资源、社区养老资源、邻里养老资源、社会养老资源、市场养老资源进行归类整理，明确各类养老服务资源的优势与劣势。

第二，探讨优势资源转移的方法。以政府为主导，寻求养老服务资源在地区间转移的方式。地区间不仅局限于城乡之间，而且有可能会集中于村一村或村—乡之间（之所以采取这种观点，原因在于被调查者对村、乡、县的养老管理主体的态度较为均衡，详见表 5-27 数据）。可采取政府主导、社会引入、地方支持等方式，要体现出多元化、灵活性的特征。

表 5-27　养老服务管理应与哪一级合作

	人数（人）	百分比（%）	有效百分比（%）	累积百分比（%）
村一级	867	30.6	30.6	30.6
乡一级	853	30.1	30.1	60.7
县一级	755	26.7	26.7	87.4
市一级	211	7.5	7.5	94.8
省一级	146	5.2	5.2	100.0
合计	2 832	100.0	100.0	

第三，区域间养老服务资源转移的实施。资源转移可以采取多种方式，如利用购买服务的方式引进城市的社会组织介入农村养老服务、以政策引导的方式加强村—村之间互助养老资源的交接、以优惠政策的方式完善金融保险机构在农村养老服务产品的推广等。

2. 建立信息管理网络

信息也是重要的社会服务资源，通过建立广泛的信息服务网络，可以弥补农村居民获取养老服务信息渠道狭窄的弊端。在服务资源相互介入机制形成的基础上，需要采取发挥本土资源或引进社会资源等方式，进一步完善现有服务管理网络，主要包括以下几种方法：

其一，建立（或完善）农村医疗服务网络。以农村卫生室（医疗服务站）为基础，采集农村居民的医疗信息（或者在原有医疗档案基础上进行完善），并以之为基础建立农民医疗服务档案。通过医疗服务档案的建立，在农村实行动态的医疗管护机制，为今后有可能实施的医养结合政策（或在养老院内增设医疗服务机构）奠定制度基础。

其二，建立居家养老服务网络。从先前调研情况看，农村居家养老服务是未来最有可能全面开展的服务项目，因此需要在前期建立居家养老服务信息库。建议对农村实施居家养老服务需求进行普查，确定居家养老服务需求的方式等内容，并以之为基础建立完整的信息库，结合大数据的方法，对所在地区的老年人实施全面的居家养老服务。

其三，建立多元需求服务网络。建立以招聘或行政安排的方式，在有条件的农村地区设置"养老管理—协调员"岗位，由专业管理人员专职（兼职）。定期对有心理需求、精神需求等老年人开展服务。同时，建立区域"养老管理—协调员"沟通机制，为养老服务资源的传递提供制度保障。

3. 实施分类式管理

弥补养老服务管理方式单一的弊端，需要在农村实施多元化的管理方式。因此，本报告建议实施分类的管理方式，并在灵活运用社会资源的基础上完善服务转移机制。

首先，对老年人服务进行分类。对老年人的年龄、健康程度、子女数量、经济状况、劳动能力等进行权重赋值（或采用大数据分析的方法），计算出老年人需求程度的数据，之后按照该数据的大小匹配老年人需求养老服务的种类。

其次，按照需求实施不同的服务。按照先前对老年人服务的分类，可对农村老年人实施居家、互助式、购买服务等不同模式的养老服务。同时根据老年人需求要素的变化，转化不同的养老服务模式，尤其注重服务内容的多样性（表5-28）。

表5-28　自发（互助式）养老服务关注的重点

关注重点	人数（人）	百分比（%）	有效百分比（%）	累积百分比（%）
大家是否是熟人	584	20.6	20.6	20.6
服务内容多样	1 222	43.1	43.1	63.8
政府指导	847	29.9	29.9	93.7
都是老年人	170	6.0	6.0	99.7
其他	9	0.3	0.3	100.0
合计	2 832	100.0	100.0	

最后，实施养老服务的转移机制。如若条件成熟，可在农村区域实施养老服务的转移机制。先实施"家庭养老和居家养老为托底，以社区养老为补充"的养老服务模式，这种模式如果因客观原因难以进行，可直接转移到专业化较强的机构和社会组织接受养老服务，为使这种机制得以有效实施，必须以政策性的方式加强各主体之间的交流。

（二）社会资源介入下农村养老服务运行机制的完善

运行机制是农村养老服务机制的重要组成部分，从课题组实践调查所得的经验来看，社会资源最有可能介入农村养老服务的运行机制中。目前，农村养老服务运行机制的完善应该遵循先易后难、模式多样等原则。利用社会资源的介入，实施农村老年人较为认可的居家养老服务模式，并以之为基础，创新现有的服务模式。

1. 推进居家养老服务模式

为解决农村养老服务社会化参与度不高的问题，需要引入新兴的养老服务模式，居家养老服务模式在农村具有较高的认可度。其一，部分较发达地区（如江苏省）已然进行了农村居家养老服务模式的探索，并取得较好的效果，如 2013 年"江苏省已建成农村社区居家养老服务中心 6 863 个，占全省农村社区总数的 45％"[1]；其二，从本次调查的结果看，被调查者对居家养老的认可度较高，达到了 70.3％，此外，大部分被访谈者对居家养老服务模式在农村的开展持肯定态度。

考虑到我国城乡区域发展的因素，居家养老服务模式在农村的开展不能一蹴而就，首先，应吸取城市居家养老服务与部分农村居家养老服务的成功经验，并将之结合到农村的具体实际。其次，考虑到政策的边际效益[2]，农村居家养老服务要先在生活不能自理、孤寡老人、因老致残等群体中开展。再次，农村居家养老服务在财政的支持方面要采取渐进方式，应遵循从完全财政支持—部分财政支持—服务单位（组织或康复机构）的税收优惠—引导性开发的路径。

2. 实施子女购买养老的服务模式

由以上分析可知，农村养老服务政策主要体现在补助金的发放方面，这种服务方式能在短期内提高老年人的社会福利，但从长远角度来看却增加了被动性等不利因素，因此，应将这种"消极性福利"转变为"积极性福利"的方式。考虑到农村以家庭养老（子女养老）为主，且子女将来应当成为重要的社

---

① 数据来源：中华人民共和国民政部官方网站，"兜住'底'，保好'面'，可持续，江苏加快推进农村社会养老服务体系建设"，http://www.mca.gov.cn/article/zwgk/dfxx/ttxx/201312/20131200567453.shtml，2013-12-25。

② 即服务最弱势的群体，得到的效应最为明显。

会养老资源，结合部分访谈资料，建议在农村中实施子女购买养老服务的模式。

首先，确定农村养老服务购买的项目。城市养老服务购买的项目多集中于生活照料、康复医疗、心理安慰等，但这些项目并非完全适合于农村，要结合农村的实际、农民的经济实力、观念意识等要素来确定购买服务的项目。以前期调查及访谈结果看，现有农民较支持生活照料和康复服务等服务项目的购买，因此可考虑以上项目在农村的先行实施。

其次，与子女建立购买服务关系。建立政府—服务机构—子女三方合作机制，政府作为主管方，服务机构（养老院或服务组织）作为服务提供方，子女作为购买方，通过签订协议的方式确立购买服务关系，确定服务项目、服务期限以及服务效果。在此基础上实施服务，并在服务过程中建立完善的监督机制（由政府监督或者第三方来完成）。

3. 完善互助养老和养老大院模式

以先期调查结果看，农村新兴的养老服务方式（互助式养老、养老大院）运行效果不甚理想，因此要实施多元化的创新理念，引导社会资源介入等发展路径，继续完善这种对农民有利的服务模式。

其一，培育小组互助模式。以村委会牵头，在农村需要帮助的老年人中间形成互助小组（或者引导社会资源帮助形成互助小组），该小组定期组织老年人的集体活动。此外，为了加强该互助模式的长期效果，并在老年人群体中形成固定的服务模式，需要定期改变小组的领导者，这样才能有效调动小组成员的积极性与创造性。

其二，养老大院（养老服务站）的社会资源介入。课题组通过前期调查发现，养老大院（养老服务站）服务的随机性较强，没有形成定期的服务模式，老年人对其评价的依据主要来自近期享受到养老服务的效果。为解决以上问题，建议以购买服务的方式（由村民集体购买或政府购买）引进社会资源介入农村养老大院（养老服务站），并使其结合现有资源，形成多元化的服务模式。

（三）市场资源与社会服务资源介入的创新

从调查结果看，市场资源及社会服务资源介入农村养老服务在东部地区（江苏省）具有较好的发展前景，因此将来需要大力推广。考虑到市场、社会等主体在服务介入方面的弊端，应当遵循项目推送为主、资源建设为辅的原则，重点考虑以下几方面：

1. 有效开展商业性养老保险业务

从商业性养老保险在农村开展的制约因素看，当前应着手解决两方面问题：其一，保险公司应推出收益较快的保险项目。部分农村居民往往忽视了保险的长期收益优势，而多选择短期的保险项目。因此，保险公司应根据这一需求，推出在短期内收益效果明显的养老保险项目，以此有效占据农村养老保险市场。其二，加强商业性养老保险的宣传与引导。利用现代化工具（如手机、电脑等）进行宣传，扩大商业性养老保险影响的广度和深度。此外，要形成定期、固定化的宣传模式，以此改变诸多农村居民的养老保障意识，既加强了商业性养老保险的介入力度，又减轻了农村养老资源的压力。

2. 专业化服务机构等社会资源介入

在农村若想利用社会资源的介入来完善农村现有的养老服务机制，需要采取渐进性的方式，即是说，应尝试在现有专业化服务机构中社会资源的介入，以此逐步改变其服务模式，在此基础上不断完善其他服务方式的介入，丰富服务资源，以此形成完整的介入模式。目前，农村较为成熟的服务机构主要涉及养老院，可在农村的养老院中安排专业的社工，开展康复、心理慰藉、知识普及、教育等方面的服务，同时通过开展多样化的活动来丰富院内老年人的精神生活。

第六章

创新乡村治理体系

乡村治理是社会治理的基础和关键，是国家治理体系和治理能力现代化的重要组成部分。党的十九大提出乡村振兴战略，并强调要健全自治、法治、德治相结合的乡村治理体系，这是我们党在新的历史方位，对乡村治理提出的重要要求。在乡村振兴背景下，从乡村社会所处发展阶段的实际出发，遵循乡村社会发展的规律，着力构建以党的基层组织为核心，以村民自治组织为主体，以乡村法治为准绳，以德治为基础的乡村治理体系十分重要①。

第一节　村民自治试点改革②

在城镇化的深入推进中，税费改革后村民自治新探索的一个方面是按公共服务最低人口范围不断"合村并组"，扩大行政村边界，在扩大的行政村或新社区层级实行自治。但城镇化土地增值收益和集体资产增值收益在不同村组之间的分配问题引发的纠纷日益增多。城镇化背景下，行政村公共服务去功能化后，在那些以村民小组为土地发包方的地方，村民小组的资产管理和分配功能被强化，村民小组一级的自治需求凸现出来。2015 年中央 1 号文件要求创新和完善乡村治理机制，提出"在有实际需要的地方，扩大以村民小组为基本单元的村民自治试点，继续搞好以社区为基本单元的村民自治试点，探索符合各地实际的村民自治有效实现形式"。2015 年 11 月，中共中央办公厅、国务院办公厅联合印发《深化农村改革综合性实施方案》，其中规定，"在有实际需要

---

① 郑会霞，构建新时代乡村治理体系，学习时报，2018－08－31。

② 本节引自 2017 年农业部软科学课题"以村民小组或自然村为单元开展村民自治试点改革经验总结和跟踪研究"，课题主持人：刘红岩。

的地方，依托土地等集体资产所有权关系和乡村传统社会治理资源，开展以村民小组或自然村为基本单元的村民自治试点；在已经建立新型农村社区的地方，开展以农村社区为基本单元的村民自治试点"。随着国家文件的出台，村民小组自治由个别地方探索转变为全国性的普遍行动，村民小组的权力强化，自治程度加深，村民自治由原来的村委会（行政村）治理深化到村民小组治理。

一、村民自治问题的分析逻辑框架

关于治理层级下移的内在逻辑的探讨，已有的学术研究成果和政策调研报告基本沿着以下三个轨迹开展。一是治理层级下移本质上是要处理好国家与农民的关系，治理层级下移同样也要处理好国家与农民的关系（国家与社会的关系），即处理好自上而下的国家资源与自下而上的农民需求之间的关系，这是治理层级是否适合下移、在哪些事务维度上适宜下移的逻辑起点（贺雪峰，2017）。二是治理层级下移要在治理单位与产权单位①、利益单位之间的对称与适应关系中讨论，即在自治组织（村民委员会）与村集体经济组织之间的关系框架内讨论，认为二者是否对称、是否一体化是决定治理效率高低的关键变量（徐勇和赵德健，2014；邓大才，2014、2015；李松有，2016；项继权和王明为，2017）。三是治理层级下移的讨论关涉政府与社会之间关系的处理，即基层政府与村民自治组织之间的关系处理，也即在公共事务和公益事业方面事权的关系处理，包括：基层政府（乡镇政府）与建制村村委会之间的关系处理，如委托关系；建制村村委会与村民小组（自然村）之间的关系处理，尤其是事权如何划分；村民小组（自然村）的法律定位问题。

在政治分析范畴中，国家与社会的关系本质上也是政府与社会的关系。因此，治理层级下移的内在逻辑机理可在两个方向上探求：一是国家与社会的关系（政府与社会的关系）；二是产权单位与治理单位的关系。在国家与社会的

---

① 所谓治理单位，是指对一定空间或范围的公共事务进行管理、协调和处理的单位。在农村最基层的社会治理单位中，治理内容包括经济管理、收入核算、利益分配、社会协调、政治组织、公共服务和民众自治，因而其治理单位也可分为管理单位、核算单位、分配单位、协调单位、组织单位、服务单位和自治单位等。所谓产权单位，是指围绕某一物而形成的权利关系、利益关系的范围和空间，主要包括两个方面：一是围绕产权进行组织、协调、分配、核算的单位；二是产权所有、占有、经营、使用、收益、分配的单位，如分配承包地的村庄、分配份地的农村村庄、分配草场的部落等。

关系中，一方面涉及基层政府、建制村村委会、村民小组（自然村）之间的关系与定位问题，另一方面涉及自上而下的国家资源供给与自下而上的农民需求之间的关系问题，也即在农村公共事务治理和公共服务提供中，怎样的制度安排、组织安排、治理安排（科学性的治理理念、制度性的治理安排、汇融性的治理工具），能够适应并有效回应治理需求和农民需求，从而激发更加良好的制度绩效和治理绩效。在产权单位与治理单位的关系中，本质上是产权制度安排、治理制度安排以及两者之间的契合性问题，实践中是农村集体经济组织与村民自治组织的关系问题，一方面，两者的一致性能够促进村民自治的更好落实，并且，民主与自治的发展并不必然要求建立在共有产权的基础上，并不必然要求"产权"与"治权"的统一；另一方面，两者的统一性遏制了集体经济的健康发展，并且，在"政经合一"的体制下，村民自治仅仅是拥有村集体产权的"村民"自治，城镇化过程中流动的人口资源被排斥于"管理真空"中。因而，在推行"政经分离"的集体经济产权改革中，"产权"与"治权"的对称性、统一性和适应性不是决定治理层级和治理绩效的决定性核心变量。

汇融性地理解上述两个逻辑路径，将治理层级下移到村民小组（自然村）的内在逻辑问题就是：怎样的治理单位（制度安排），适宜于并能够更加有效地回应治理功能对于组织结构设置的需求和农民对于自下而上的公共事务治理和公共产品、公共服务的需求，从而激发更加良好的治理绩效和制度绩效。本质上仍是关乎国家与农民（政府与社会）的关系处理，实践中具体涉及基层党组织、乡镇政府、建制村、村民小组（自然村）、社会组织、农民之间的关系处理。具体包括：第一，涉及国家基层组织体制和治理单位的统一性和规范性，涉及农村村民自治组织（治理单位）及基层治理体制的组织建制、权力关系、功能结构、财政投入、公共建设等诸多法律、政策及体制性问题，存在与现行法律、政策和体制相违背或不能有效衔接的问题。第二，涉及进一步激发和充分利用社会资源以充实、发展村民自治的问题。第三，本质上涉及治理单元与产权单位、治理体制、治理结构、其他组织、农民需求、功能发挥等之间的契合性。这些问题的解决是本研究的逻辑起点。

就自治需求和自治实践来看，当前农村公共事务和公共产品/公共服务可分为两个大类：一是基础民生类事务，涉及经济发展和民生保障，其特点是事情小，量大，难以指标化、数量化和技术化考核；二是政治行政类事务，涉及社会发展和稳定，其特点是事情大，量小，易于指标化、数量化和技术化考核。基础民生类事务包括宅基地分配，集体土地流转，承包地发包及调整，集体收益分配，征地及收益分配，发展集体经济和管理集体资产，农业生产服务，合作社等经济组织建设，村民贷款的协调和信用监督，公共设施修建，新农保等社会保障，村庄环境卫生整治和维护，村民纠纷调解，村庄治安维护等。政治行政类事务包括党务工作，计划生育，代理村民到政府部门办事，民兵、共青团、妇联事务，殡葬事宜，完成上级交办任务等。

据上理论分析和调研成果，得出以下关于治理层级下移的逻辑机理和基本假设。一是基础民生类事务。更加关涉农民的切身利益和眼前利益，更加贴近农民的生活，更为农民关心，农民也更乐于参与，是一种自下而上地体现农民对于生产和生活需求的事务，属于最为贴近于问题和需求的事务。为了对农民的生产生活需求形成有效回应，适宜配置于村民小组（自然村）。二是政治行政类事务。相对于基础民生类事务，它距离农民的生产和生活稍远，主要是上级下达的政策要求，是自上而下的具有较强政治性、行政性、规范性和国家主导性的事务。承接此类事务的治理单元应是治理体制中的"微单元"，承担国家农村基层社会组织、管理和服务功能。因要与行政体制机制有效衔接，与上级行政机构和管理机构有效对接，它又涉及国家基层组织体制和治理单元的统一性和规范性，根据协同政府和"去碎片化"的治理原则，这类事务适宜配置于建制村。以村民小组或自然村为单元开展村民自治的内在逻辑机理见图6-1。

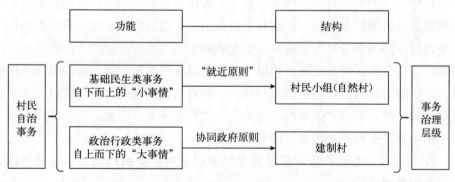

图6-1 治理层级下移的"功能—结构"逻辑

二、村民自治实践的经验启示与局限剖析

以村民小组（自然村）为单元开展村民自治试点改革无疑是对20世纪80

年代以来形成的村民自治体制及治理体系的重大突破。改革达到了初始设定目标，提高了治理绩效和产权绩效，具有探索性和创新性，并贡献如下经验启示。

1. 村民间一致行动的达成是村民自治的本质需求，村民的最大化参与是集体行动的实现路径

现代国家的基层治理问题是国家如何为社会订立规则并获取服从的问题。为了实现这一目标，现代国家的基层治理需要解决两个方面的问题，一是国家如何获得其代理人的服从，从而确保其代理人对于国家订立之规则的执行；二是国家如何获得社会的服从，从而确保社会对于国家规则的遵从。村民自治实际上也要同时实现上述两重目标，即一方面要承接国家机构及其人员和公共资源的下沉，另一方面要满足本区域村民对于公共事务、公益事业和公共服务的供给需求。因此，村民自治本质上是要在村民间达成集体行动的一致（公共事务的治理之道），解决本区域范围内的公共事务和公益事业问题，同时使其"恰如其分"地落入政府（国家）治理的框架目标内，协调好国家与农民、政府与社会（政府管理与村民自治）、行政事务与自治事务、党的领导与自治组织之间的关系，协调好自上而下的资源配置与自下而上的农民需求之间的关系。

那么，如何在一定区域范围内的公共事务和公益事业领域达成一致行动，使得"村里的事在村里办成"。本区域范围内村民的广泛和深度参与，不仅有利于具体事项的充分讨论、协商，提高决策质量和治理绩效，提高自治组织在公共物品供给中的自主权，提高自治组织组织农民的能力，提高自治组织作为一个共同体的内部凝聚力，恢复并优化农村的内生性供给机制[①]；还有利于达成农民间的合作，提升乡村治理精英的参与激励和参与程度，提高村庄承接外来供给的能力；从而有利于国家与社会、政府与农民在此自治组织这一平台达成合作和一致，形成"强政府、强社会"的善治局面。因此，功能需求基础上的结构调整要有利于村民参与的最大化。

2. 村民自治功能有效发挥的需求要求相应的组织结构调整，这是各地试点改革的逻辑缘起

各地（如广东清远、云南大理）试点改革的缘起：一是因为行政事务与自

---

① 董磊明在《农村公共品供给中的内生性机制分析》中将内生性供给机制的优点概括为：农民易于表达需求偏好，供给效率较高，供给成本较低，有利于增强社会资本、维护村庄共同体等。

治事务的冲突，村民委员会因忙于上级下达的行政事务而使得自治功能受到削弱；二是村民自治功能未能充分发挥，更多地表现为民主选举、民主决策、民主管理、民主监督等方面的实施效果，有待于进一步改进和完善；三是虽然村民委员会下设村民小组（自然村），但因缺乏法律上的身份定位而没有开展自治相关工作的正当性和积极性。村民自治功能效用发挥受阻和功能发挥的内在需求两者之间的内在张力要求进行相应的组织结构的调整，即试点改革是功能需求带来的结构调整。

3. 地域相近与规模适度、利益相关与体系等同、村民自愿及其广泛参与是在村民小组（自然村）一级实现自治的基本条件

（1）地域相近与规模适度关涉到自治规模问题，涉及自治单位与社会单位的关系处理问题。人口和空间是构成一个治理单元的基本要素，也是村民自治的基础。以村民小组或自然村为单元开展村民自治，具有地缘优势。以地缘为基础的利益共同体的形成，一般经历了一个长期的过程。在共同体内部，对于公共事务和公益事业的办理，村民之间因公共事务而协商和行动，其交易成本相对较低。这是通过行政力量而形成的由若干个村民小组或自然村组成的村落共同体所不具备的优势。自治重心下移到村民小组（自然村），自治组织从政府建构的建制村回归到由社会自发形成的村民小组或自然村，达到自治单位与社会单位的高度契合，实现了乡村共同体的重构，从根本上夯实了村民自治的社会基础，有利于激发广大村民和农村社会精英参与自治的主动性和积极性，以提高自治绩效。

（2）利益相关与体系等同是指处于等同的公共事务和公益事业供给体系中。试点改革在"利益相关"这一层面上的原因是，在目前的《村民委员会组织法》框架内，存在村民会议或村民代表与村民小组之间的冲突，存在村民委员会决策与村民小组实际需求之间的冲突。在包含了若干村民小组或自然村的自治组织内，某一村民小组（自然村）的某项或某几项公共事务或公益事业，对该村民小组（自然村）来说意义重大，但对该自治组织内的其他村民小组（自然村）来说可能没什么意义，或者说与他们无关。如此，在自治组织框架内，涉及村民利益的一些重要事项，由村民会议决定的强制性规定，其实施效果与实践中的做法相比较，有时候不尽如人意。支持村民委员会自治组织的基本规则是村民自治章程、村规民约以及村民会议或村民代表会议的决定。当自治章程和村规民约不能有效实施和执行时，其后果便是"自治不能"。因自治组织内不同的村民小组（自然村）因自然条件、社会结构和风俗习惯等差异而使得村民委员会的村规民约不能有效实施和适用时，应当由村民小组（自然村）根据其不同情形制定并适用不同的村规民约，使得村规民约名副其实，这才是村民自治的题中之意。

（3）村民自愿及其广泛参与是实现有效的村民自治的前提和基础。例如，在云南大理，试点改革之前，在村民小组（自然村）层级，已有自治传统和自治的非正式制度安排（如大理郑家庄的治安联防队、村民议事中心、中青年联谊协会，打竹村的户长会议制度、一事一议制度、山林管护制度、财务管理制度、困难救助制度），突出表现为村规民约的约束性安排。如此，在本区域范围内农民的广泛参与、协商甚至争吵下，在村民之间、在村民小组之间能够达成一致行动，达成自然村一级内部公共事务规则的统一，以及规则的可执行和可操作，从而使公共事务和公益事业得到有效解决，也能使自治目标与政府目标在此自治框架和机制内同时实现，有效处理了政府与农民（国家与社会）之间的关系。江西分宜"村民小组建党支部＋村民理事会"模式村庄中，决策层级向村民小组的事实性下移，也充分证明了这一点。

4. 自治绩效和自治能力提高的决定性变量是治理功能与治理结构的有效匹配

试点改革各地自治绩效的提高，得益于有效协调了治理功能与治理结构、产权单位与治权单位、国家与社会（国家与农民、政府与社会）、党的领导与自治实现之间的关系。在自治绩效和自治能力的提高中，治理功能与治理结构的有效匹配是核心和关键，是决定性的自变量；国家与社会的有效委托关系，党的领导与自治实现之间的领导与被领导关系（政府与社会、政府管理与村民自治、行政事务与自治事务之间的关系），是处于第二层级的关系，是次一级的结果性因变量；它们共同构成了治理绩效提高的自变量。治理层级下移激发了村庄内生治理活力，是对乡村治理行政化的有效回应，是对村民自治行政化实践中存在的政府责任无限扩大以及村庄治理活力下降的治理困境的回应。治理层级下移到村民小组（自然村）后，调动了村民和乡村精英参与村级事务的积极性和主动性，他们广泛参与到资源分配和使用的决策中，克服了村级治理行政化的困境，提高了村庄社会内部的自主治理能力，同时达到了村民自治与政府治理的双重目标。产权单位与治权单位的统一，有利于自治绩效和自治能力的提高，但却并不是必然条件，且有悖于当前"政经分离"的现实要求、发展趋势、发展方向。

5. 基础民生类事务适宜下沉到村民小组（自然村），政治行政类事务适宜放置于建制村（村民委员会）

这是试点改革得出的基本结论，也是对本研究逻辑框架的验证。村民小组（自然村）可以成为农村公共产品和服务的内生性供给者、协助供给者。"自家的事情自家办"，农民作为治理主体的积极性被激发出来后，既能解决自筹困难的问题，也能解决有效监督问题，提升"四个民主"的实施效果。如在江西分宜，试点改革前，村庄资源、资金、资产等"三资"的分配决策大多在村民小组，其中，宅基地分配、承包地发包及调整、集体土地流转、征地及收益分配、集体收益分配的占比最高。村民小组建"党支部＋村民理事会"的试点改革后，村道路修建、村环境整治、公共设施修建等公共事务在村民小组的决策比重上升了7~22个百分点。在广东清远，调整后的村委会完全成为村民自我管理、自我服务、自我教育和自我监督的自治组织，主要办理本村的生产发展、村庄规划、矛盾调解、政务协助、民意表达、村容整治等村民自治事务，引导村民依法依规制定村规民约，提高自治水平。因此，基础民生类事务和政治行政类事务分别在村民小组（自然村）和建制村的划分是有合理性的。

以村民小组或自然村为单元开展村民自治试点改革无疑是对20世纪80年代以来形成的村民自治体制及治理体系的重大突破。改革达到了初始设定的改革目标，实现了党的建设、村民自治、公共服务的"三下沉"，提高了治理绩效和产权绩效，具有探索性和创新性。然而，具有探索性和创新性甚至成功的地方性改革未必具有普适性，有选择性却未必有方向性。试点改革本身在实践中也面临诸多困难和问题，改革在制度、组织、人才、财政等方面存在诸多局限。这些也是需要进一步关注和讨论的问题。

6. 制度衔接困难

（1）基层治理单元与全国性组织体制之间关系的衔接困难。从法律上讲，"村民委员会是村民自我管理、自我教育、自我服务的基层群众性自治组织。"根据《村民委员会组织法》（2010年），"村民委员会根据村民居住状况、人口多少，按照便于群众自治，有利于经济发展和社会管理的原则设立。村民委员会的设立、撤销、范围调整，由乡、民族乡、镇的人民政府提出，经村民会议讨论同意，报县级人民政府批准。"试点改革的各地（如广东清远），根据本地需要撤销现有的村民委员会，并在村民小组基础上设立新的村民委员会本身并不违法。但由于我国现行的村民委员会并不是村民自发组织的群众性自治组织或社会自治团体，而是由我国地方和基层政府设立的地域性村民自治组织。村民委员会不仅是农村群众性自治组织，办理本村的公共事务和公益事业，"也协助乡、民族乡、镇的人民政府开展工作"，是农村基层组织和治理单元，承担国家农村基层社会组织、管理和服务功能，具有较强的政治性、行政性、规范性和国家主导性。村民委员会的撤并组建事关国家农村基层组织与治理单元的变动，不可避免地涉及国家基层组织体制和治理单元的统一性和规范性。一个省份或区域村民委员会组织的下移直接导致全国村级组织和治理单元的失衡，并出现制度衔接的困难。如在现行的组织、行政及财政体制中，村民委员会不仅是我国农业、农村和农民的基本统计单元，也是国家和地方公共设施建设、公共财政投入及诸多惠农政策的基本单元。国家有关部门对农业和农村的统计和投入大都是以村民委员会为单位进行统计和实施，村民委员会建制的改变及数量的剧增会造成国家现行按照村委会为单位的惠农政策和财政投入难以落实，也难以承受。

（2）基层政府与村民自治组织之间体制关系的调整与衔接难题。该试点改革在诸多方面直接影响农村基层现行体制，并涉及相关法律和政策问题。如清远村民委员会下移以及片区公共服务站的设立不仅改变了现行村委会的组织建制，也增加了一个行政层级，改变了乡镇基层组织管理体制，改变了原有的乡镇与村民委员会的组织、权力和功能关系，也违背了乡镇作为基层政府面向民众以及精简层级的要求。依据《村民委员会组织法》（2010），"对村民委员会成员，根据工作情况，给予适当补贴"。从中央精神及各地实践来看，当前村委会运转经费及村干部报酬基本已纳入财政保障。然而，清远以村民小组组建村民委员会，村民委员会数量以及村级组织运转经费、村干部补贴以及村级公共设施和建设需求急剧增加，不仅给国家相关投入带来困难，清远自身财政也难以承受。为此，清远规定财政不再负担村委会运作经费和村干部报酬，"所需经费由村民会议通过筹资酬劳解决"，这推卸了政府对村级组织的财政责任，违背了中央精神，加重了农民及农民集体的负担。此外，随着片区服务站的建立，村民委员会原有的一些公共管理和公共服务职能转移到片区服务站，新的村民委员会不再承担，村民委员会的功能和责任也相应发生了变化。显然，村民委员会组织下沉及治理体系重构涉及农村村民自治组织及基层治理体制的组织建制、权力关系、功能结构以及财政投入和公共建设等诸多法律、政策及体制性问题，存在与现行法律、政策和体制相违背或不能有效衔接的问题。

当前村民自治中的行政化观点得到了广泛认同。从村民自治组织需要完成基层政府下达的行政任务的角度来说，此观点成立。基层政府基于法律规定进行乡村治理，也是职责所在。城乡公共服务均等化使得政府与村民自治组织之间的关系发生了根本性变化，有时基层政府容易出现不作为现象。但村民自治并不意味着政府的退出。基层政府有实现治理的需要，村民自治也需要适当的空间和范围以保障村民自治的发育和成长。但政府公共服务与村民自治之间的关系不是对立的，是互相需要、协同共进的。村民的"地方性知识"是解决公共事务的重要基础，是村民共同体在长期实践和相互交往中积累的方法和经验。这种"地方性知识"不仅是村民自我管理和自我服务的基础，也为政府的公共服务提供了地方性的非正式制度安排。两者之间可能存在不同程度的紧张关系，但这种紧张关系可以通过事权划分来解决。而事权的精确划分本身就是难题，而且涉及"权随责走""费随事转"的复杂问题。

（3）不同村民自治组织之间关系的调整与衔接难题。由于村民委员会与其分设的村民小组或自然村之间在公共事务方面的矛盾和冲突日益显现，在完善村民委员会制度的同时，需要进一步调整它与村民小组之间的关系。两者之间在公共事务上既可能是重合的，也可能存在差异。在同一村民委员会自治组织范围内，不同的村民小组或自然村需要处理的公共事务或举办的公益事业会有所不同；在一个自然村包含两个或两个以上村民小组的情形下，不同的村民小组所关注的事项也可能有所差异。村民委员会与村民小组（自然村）之间、不同的村民小组（自然村）之间的关系（比如隶属关系、指导关系、并列关系等），需要进一步厘清。

7. 治理人才匮乏

（1）当前治理人才短缺。伴随着城镇化进程加快，农村剩余劳动力不断向城镇转移，乡村精英人才大量流失。农村精英人才流失直接导致治理人才资源匮乏，仍留在农村的多是老人、妇女和孩子。一些地方出现现有班子年龄老化，村级党组织发展党员难，党组织及村民自治组织出现"没人选""选人难"的状况，农村治理主体后继乏人。试点改革以来，随着农村劳动力大量流入城市，农村党员也大量流动，一些青壮年的外流也造成党员数量减少、年龄老化、青黄不接以及能力弱化现象。例如在广东清远，由于在原村民小组基础上建立村委会，村民小组现有党员人数更少，甚至有的没有党员。改革之前清远市西牛镇下辖 12 个村民委员会和 1 个社区居民委员会，有 302 个村民小组，共有农村党员 1 133 名，其中无党员的村组有 54 个，不足 3 名党员的村组有 83 个，而党员较多的竹径村党支部有党员 33 名①。随着基层党组织的同时下沉，这势必对村级党组织建设带来巨大困难。"数量不足、基层能人不够、党员老化的问题还没能在根本上得到彻底改善，这对于下一步基层党建方面提出了相应的要求和挑战。"清远市委农办主任鲁小鹏如是说。

这在全国是一个普遍现象。如湖北省大冶市下辖村委会 332 个，下设村民小组 3 943 个，共有农村党员 12 547 人，外出流动党员 994 名，平均一个村民小组党员不足 3 人，还有 22 个村近 3 年没有发展党员，有 7 个村近 5 年没有发展党员②。

（2）当前人才素质不高。随着农村"空心化"，基层党员老龄化突出，农村能人也越来越短缺，治理人才能力方面也出现弱化趋势。在试点改革背景下，随着村委会数量增加，一些地方出现了村干部短缺和班子配备整体素质不高的问题。如清远市西牛镇新一届村"两委"班子成员中，初中及以下学历的约占 90%。农村党员比例不高，也使得选举产生的村干部中党员比例下降。

这也是一个全国范围内的普遍现象。2015 年清华大学中国农村研究院百村调查的数据显示，农村党员中外出务工党员占比 16.9%，40 岁以下的党员比重仅为 26.7%，50 岁以上的党员占比高达 71.8%。山东省利津县有农村党员 10 522 人，50 岁以上党员有 5 875 人，占 56.0%。其中，50～59 岁的有 2 354 人，占 22.4%；60～69 岁的有 2 333 人，占 22.1%；70 岁以上的有 1 188 人，占 11.3%。从年轻党员情况来看，40 岁以下党员有 2 085 人，占 20.0%。其中，30 岁以下的有 897 人，占 9.0%，比 70 岁以上党员总数还低 2 个百分点，且有 192 人是外地转入的学生和退伍军人③。

（3）下移后人才供需矛盾加重。按照《村民委员会组织法》，"村民委员会由主任、副主任、委员共三至七人组成。"从实际来看，2015 年全国有村民委

① 项继权，王明为，村民小组自治的困难与局限——广东清远村民小组（自然村）为基本单元实行村民自治的调查与思考，华中师范大学政治与国际关系学院、中国农村综合改革协同创新研究中心，2017 - 08 - 08。

② 同上。

③ 魏宪朝，刘子平，创新党员发展机制，助推农村基层党组织功能的实现——以山东省利津县"三步公推"为例，探索，2016（1），100 - 104。

员会 58.1 万个，村委会成员 229.7 万个，平均每村有村委会成员 3.95 人。如果分别由一个、两个、三个村民小组单独或联合设立一个村委会，则下移后的村委会成员数量将分别增至 1 853.4 万人、926.7 万人和 617.8 万人。村委会成员数量的急剧增加，不仅将造成财政上的压力和困难，也对村党员和干部的选拔及村级组织建设带来困难。

8. 运行成本增加

（1）自治组织运行成本增加。主要体现在村委会的运转经费、建设经费和村干部的补贴。随着村民自治下移，村委会数量急剧增加。仅在广东省清远市 3 个试点镇，村委会数量就增加了 8 倍。一旦全市全面铺开，村委会数量将数倍增加，政府财政难以按照现行的做法，负担起数量庞大的村委会人员补贴开支和运行管理费用。如何维持村委会的运转，对于农村集体经济并不发达的清远市来说，成为实行自治下移的关键问题。

不仅如此，村委会下移还涉及村级办公与活动场所的新建或维修，参照近年来部分地区建设村级活动场所的地方财政投入，尽管受制于各地经济发展程度的不同，地方财政投入呈现出区域性的差异化，但总体来看，新建村级组织活动场所一般是 10 万元。也就是说，新建办公场地将分别需要近 4 692 亿元、2 346 亿元、1 564 亿元。如此，村委会的运转经费、建设经费及村干部的津贴都将数倍增加，这笔巨额投入将成为各级政府难以承受之重。

（2）财政投入供需矛盾加重。长期以来，如何保障村民委员会的运转经费一直是农村工作的难点。将村民委员会下移到村民小组（自然村）后，组织运转经费呈倍数级增长，进一步加剧村级财政投入上的供需矛盾。目前在清远，政府不为新的村委会干部提供补贴，新设立的村委会不再列入村级组织运转经费保障范围，所需经费由村级集体经济承担或是由村民会议通过筹资筹劳的方式解决。这不仅引起了一些村干部的不满，还损害了村级集体经济发展。将村级组织运转经费转嫁到村级经济组织，不仅加重了村集体经济的负担，损害了村集体经济独立产权主体的权益，对于一些集体经济薄弱村，也勉为其难，难以保障。虽然通过权随则走、费随事转以及购买服务的方式获得一些收益，但这种收益具有不稳定性。

从全国来看，由村级集体经济承担村级组织运转经费也缺乏现实支撑。虽然村级集体经济组织一直是村民自治和基层治理的重要收入来源，也是农村公益事业和公共服务的支持者，但长期以来集体经济产权模糊、政经不分、负担沉重、效率低下。有学者对农村集体经济组织收益评估发现，全国村级集体经济组织平均资产收益率仅为5％，低于大部分行业社会平均利润率7％～8％的水平。除少数发达农村外，绝大多数村是"集体经济空白村"，村级组织入不敷出，有的甚至负债累累，难以为继，难以为基层组织提供更多的财政支持，无力为农村提供公共服务。

9. 宗族影响扩大

（1）宗族势力正向的辅助治理作用凸显。在广东清远，宗族成为治理层级下移与自然村一级资金整合成功的重要辅助力量。清远市农村之所以能够在自然村一级顺利地整合资金，与清远市自然村一级的宗族组织密不可分。清远市几乎所有自然村都是宗族性的单姓村，宗族有着极强的内部认同、组织能力和行动能力。1949年以前，所有宗族都建有宗祠，都有宗族公产尤其是土地；改革开放后，清远市绝大多数自然村都重建或维修了宗祠，而重建或维修宗祠都要成立由各房代表组成的建祠委员会，向村庄男丁收钱建宗祠，几乎不会有村民拒交建祠丁费。正是宗族的这种内部认同、组织能力和行动能力，清远市才得以在自然村一级顺利整合涉农资金，并以整合的资金为基础调动农民投资投劳建设村庄，最大限度发挥了整合资金的作用，包括提高村民积极性和吸纳财力劳力的作用。例如，英德九龙镇楼仔自然村，村民借整合起来的少量公共资金，组织村民投入"义务劳动"，对自然村的外部生活环境进行了彻底改造，包括修建进村公路、绿化、建篮球场等。一年中村民投劳超过4 000个工，按每个劳力每天80元计算，投劳折合资金即达32万元，而楼仔自然村只有400多人，每年整合的涉农经费也才3万多元。仅仅一年多时间，楼仔村的面貌就发生了惊人变化，而所有这些都没有国家的任何投入，甚至没有村民的资金投入，而只是将村民农闲时间动员起来出了4 000个义务工。再如，阳山县江英镇泾面自然村也早在2008年即将农业综合补贴进行整合，用于修建进村公路和自然村文化活动中心。

（2）宗族势力潜在的负面影响扩大。自治下移后，在借助传统社会网络力量的同时，也在扩大宗族势力的影响。试点中发现，同姓氏人口多、有较强组织能力的宗族，往往不愿意与其他姓氏共同组建村委会，提出要独立成立村委会。一些宗族人口少的群体，没有村组愿意接受合并。在村庄治理中，出现了宗族事务与自治事务混杂的问题，如村委会提出筹资建祠堂，造成村庄内部的大姓与小姓的矛盾增加。

三、创新乡村治理的若干思考与问题探讨

自治组织下沉到村民小组（自然村）有其合理性、适应性和价值性，但也面临诸多理论和实践的困难，从全国来看，可能更缺少可行性和普适性。中央政策文件也一直特别强调"有实际需要的地方"，本身意味着以村民小组或自然村为基本单元的村民自治试点具有选择性而非普遍性的信号。2014 年中央 1号文件提出"可开展以社区、村民小组为基本单元的村民自治试点"后，2015年和 2016 年的中央 1 号文件都特别强调"有实际需要的地方开展以村民小组或自然村为基本单元的村民自治试点"。2015 年 11 月 3 日中共中央办公厅、国务院办公厅印发的《深化农村改革综合性实施方案》（中办发〔2015〕49号）同样强调"在有实际需要的地方，依托土地等集体资产所有权关系和乡村传统社会治理资源，开展以村民小组或自然村为基本单元的村民自治试点"。特别值得指出的是，开展以村民小组或自然村为基本单元的村民自治试点改革，关涉领域和范围较广，不能单纯在自治领域内讨论自治层级的可行性。此项试点改革还涉及国家与农民（政府与社会）关系的处理、自治单位与社会单位之间关系的处理，农村治理体系的构建与发展方向、农村集体经济产权改革、公共财政体制改革（事权划分）等重大理论和实践问题，需要进一步深入讨论和论证。

1. 政府与社会（国家与农民）**之间的关系处理问题**

村民自治本质上是要处理好本区域范围内公共事业和公共产品/服务的供给问题，协调好自上而下的资源配置与自下而上的农民需求之间的关系。如经验总结部分所述，村民的广泛和深度参与是对这一问题的基本回应。而村民的最大化参与要求并不意味着治理层级的必然下移。在村民自治的范畴内，在利益相关的决策事项中，村民的参与范围和参与程度取决于参与途径和参与形式的多寡、便捷与否。而参与途径和参与形式的提供来源并非一定是正式的组织机构，其他非正式组织和第三方组织创新和探索出来的参与形式不仅可行，而且往往更接地气、更有效率。因此，村民的充分参与是否在村民小组（自然村）设置治理组织并无必然联系；政府与社会关系的协调处理，并不必然要求将自治层级下移到村民小组（自然村）。

2. 自治单位与社会单位之间的关系处理问题

社会单位是指由社会自发形成的、而非政府建构的地域相近、规模适度的

自然性组织，如历史上形成的村民小组（自然村）。虽然在同一社会单位内开展村民自治，更便于实现直接民主，激发村民"自己事情自己办"的自治热情和潜力（郭芳和邹锡兰，2015），但也容易激发和巩固家族房头势力，加剧不同村民小组（自然村）之间以及不同姓氏家族之间的矛盾，孕育宗族势力的不利影响因素，不利于乡村区域的整合和乡村社会的融合（项继权和王明为，2017）。因此，自治层级下移到村民小组（自然村）并非是一个全然符合农村治理实际需求的选择。

3. 自治组织下沉与社会资源吸纳之间的关系处理问题

这一关系处理的关键同政府与社会关系处理的核心节点一致，社会资源吸纳与否和吸纳程度的决定性要素是本区域范围内的村民参与程度。这与自治组织是否下沉并无必然联系。无论从村民充分参与还是吸纳社会资源的角度来看，第三方社会组织、农村乡贤等，都能起到相同甚至更大的聚集吸纳作用。因此，村民积极性的调动和社会资源吸纳并不必然要求自治组织的下沉。

4. 集体经济组织与村民自治组织之间关系的处理问题

也即产权单位与治权单位的关系处理问题。当前"我国农村治理的基本框架由在土地集体所有基础上建立的农村集体经济组织制度与农村自治组织制度共同构成"[①]。农村集体经济组织与村民自治组织的关系是农村基层治理最基本的制度关系，如何处理两者之间的关系，一直是农村改革的难点之一，也是存在严重分歧的问题。有学者认为，集体经济产权是集体认同和共同行动的基础，在产权和治权分离的情况下，比如清远，行政村基本不掌握集体资产，90％以上的集体资产掌握在村民小组（自然村），村民自治难以落实（孙国英等，2015）。而自治层级下移的试点改革，使村民自治组织与集体经济组织合一，使自治单位与产权单位达成一致，为村民自治奠定了经济基础，使村民自治更好地落地（邓大才，2014、2015）。然而，从法律和实践来看，集体经济产权同其他产权一样，都具有排他性。在城镇化进程中，随着农村人口和土地的自由流动，村域内的产权及集体产权关系日益多元化和复杂化，集体经济组织成员与村民往往有出入，集体经济组织成员是村民的一部分，而村民不一定拥有集体成员资格。一方面，集体经济产权可以很容易地将非集体经济成员排斥在外，不再是集体认同和集体行动的基础，从而不利于合作达成和自治实

---

① 财政部，扶持村级集体经济发展试点的指导意见（财农〔2015〕197号），2015-10-12。

现，不利于村居的融合发展；另一方面，将自治层级下移到村民小组（自然村）使得自治规模变小，反而不利于村民自治组织"治权"与集体经济组织"产权"的统一。而且，民主与自治的发展并不必然要求建立在共有产权的基础上。

不得不注意的另外一点是，追求产权与治权的统一、追求"政经合一"，与集体经济产权改革方向、与自治绩效和产权绩效的提升目标都背道而驰。一方面，在"政经合一"的体制下，集体土地的产权关系决定着村委会及党支部的人员边界、管理边界、服务边界和民主自治边界（项继权和王明为，2017）。村民自治仅仅是拥有村集体产权的"村民"自治，外来居民和党员被排斥在公共品供给体系之外，造成巨大的管理真空，有损于治理绩效。另一方面，在村社合一的条件下，集体的产权大都为村委会代行，缺乏独立的法人资格和自主经营权利，社会政治原则往往代替了经济和市场原则，且习惯性地承担了本应由国家承担的社会管理和公共服务职能。过多的职能代行和政治干预，有损于产权绩效。这也成为集体经济长期难以做大做强的重要原因。此外，当前"政经分离"是政策改革方向和实践发展方向。2015 年的《深化农村改革综合性方案》和 2016 年 12 月 26 日中共中央、国务院发布的《关于稳步推进农村集体产权制度改革的意见》（中发〔2016〕37 号）都强调"政经分离"的必要性，要求在有需要且条件允许的地方，可以实行村民委员会事务和集体经济事务分离，并妥善处理好村党组织、村民委员会和农村集体经济组织的关系。实践中，明晰集体产权的改革也已在全国展开，北京、上海、浙江、江苏、广东等不少省份已在大力推进"政经分开"。

此前论述，不难看出，集体经济组织与村民自治组织的统一、产权单位与治权单位的统一、政经合一（村社合一）不是将自治层级下移到村民小组（自然村）的前提要件。落实村民自治，提高自治绩效，并不必然甚至不需要产权与治权的统一。

5. 自治下沉与自治上移的单项选择问题

这也是一个自治规模选择的问题。当前，不管是从政策取向还是从实践方向来看，自治下沉（自治规模缩小）和自治上移（自治规模扩大）同时存在。从政策取向来看，自 2014 年中央 1 号文件发布开始，中央在提出以村民小组为基本单元进行村民自治试点的同时，提出开展或深化以农村社区为基本单元的村民自治试点。从实践来看，广东清远、云南大理、湖北秭归、江西分宜等地在试点自治下移的改革，但包括山东、浙江在内的多数省份在试点如"一村一社区""多村一社区"的自治上移的改革①。两种不同发展方向的政策要求和试点改革本身说明基层实践者对于村民自治未来发展方向的分歧，也反映了中央决策的审慎和观望，希望通过试点探索未来的发展方向，也意味着未来依然面临村民自治发展的方向性选择问题。如前所述，"村社一体""政经不分"容易带来"城乡分割"和"组织封闭"，带来自治和产权的绩效无益损失。而"政经分离"与自治上移有内在统一性，有绩效提升的可能性。自治上移后，村民自治与基层民主将更具有普遍性和包容性。就当前全国的状态来看，绝大多数省份仍保持现存的村民委员会组织体制，试点自治下移和上移的都毕竟还是少数。因此，就自治层级定位而言，寻求其根本的内在决定性要素至关重要。但当前状态下，自治层级下移不是一个普遍性、方向性和必然性的选择。

6. 自治功能下沉与自治组织下沉之间的关系处理问题

自治的部分功能下沉，自治组织却未必一定下沉。建制村、自然村、村民小组的构成情况千差万别，使得它们之间的公共事务和公益事业的范围也存在各种差异。因此，村民自治的层级设置应从具体情形出发，在公共事务或公益事业涉及的村民共同体范围内实行村民自治组织形式的多元化。

四、基本结论与政策建议

治理层级设置的改革是一项系统工程，关涉面广、关涉程度深、涉及内容杂，需要统筹谋划，分层设计，逐步推进。四地以村民小组（自然村）为单元开展村民自治试点改革，是对 20 世纪 80 年代以来村民自治体制及治理体系的重大突破。改革基本达到了预期目标，提高了治理绩效和产权绩效，具有创新性和操作性。但试点改革在实践中面临诸多困难和问题，有探索性和创新性却没有普适性，有选择性却没有方向性。

综合考虑我国现有乡村治理体系架构、全国性改革将关涉的体制机制难题、地方性试点面临的实践局限，我们认为，当前村民自治治理层级设置的基本原则是：自治组织结构保持原有设置，自治功能部分下沉。

1. 在原有组织架构内设置"两级治理、三级建制"的治理机制

经过前几年的行政村合并，现在的建制村规模进一步扩大了，大村的优势

---

① 2008 年底民政部确定的 304 个实验县的统计显示，"一村一社区"占比 76.9%，"多村一社区"占比 15.15%，"一村多社区"仅占 7.07%。

是节约行政成本，防止基层政权的碎片化。作为贯彻各层次上级政府政策的基层政权单元，以及提供基层公共服务，实施基层公共管理方面，当然有重要的功能。但它的问题在于规模太大，行政化色彩浓，由于很多村庄的公共问题都是在自然村层面上发生的，一个自然村的问题，与其他自然村往往没有任何关系，由行政性的建制村组织对之进行管理，既不妥当，百姓也不方便参与，因此，在自然村层面建立管理服务机制，发挥其治理功能，是村治改革的一个方向；但由于建制村具有重要治理功能，当然不适合虚化它的功能，甚至虚化其结构，直至取消这一层次的自治组织。合适的做法是，确保建制村作为村民自治主导性组织的存在和有效运作，乡镇对村级事务的干预，也直接对接建制村；同时，在建制村之下，建构并运作村民小组（自然村）的自治功能机制，实现真正的自治。

具体做法是，借鉴目前多数高校实行的"三级建制、两级管理"体制，即设置校、院、系三级建制，实行校、院两级实体管理。总体上，在乡镇、村、村民小组（自然村）也设置三级建制、两级管理。所谓两级管理，指国家权力对接到乡镇和建制村，在乡镇和建制村实行实体管理。所谓三级建制，是指对于基础民生类事务的决策层级设置，应根据各地实际情况，在具体事务的实际运行中灵活设置村民小组（自然村）的运行组织；比如，受江西分宜村民小组建"党支部＋村民理事会"的启示，可在村民小组（自然村）进行"党的组织＋第三方社会性组织"的设置，以党组织为统领，以第三方组织为主体，开展相关公共事务和公共产品/服务供给的自治活动。村民自治的自治组织仍放置于建制村层级。

同时，在乡村公共服务和管理诸多领域，还应该打破乡镇和建制村级地理区域界限，根据相关公共服务的属性，形成一定合理规模的公共服务单元，构建复合型的基础自治组织体系，真正实现我国基层自治组织的多元化，充分释放社会自治的活力。

2. 因地制宜探索建制村和村民小组（自然村）的功能划分和下沉事务

在维持原有体制机制和组织配置状态下，重新界定建制村村委会和村民小组（自然村）的功能，将公共事务和公共产品/公共服务的提供进行分类，使其在建制村村委会和村民小组（自然村）之间进行合理配置。功能和事务配置原则是：第一，基础民生类事务，涉及经济发展和民生保障，其特点是事情小，量大，难以指标化、数量化和技术化考核，适宜配置到村民小组（自然村）；第二，政治行政类事务，涉及社会发展和稳定，其特点是事情大，量小，易于指标化、数量化和技术化考核，适宜配置到建制村村委会。基础民生类事务包括宅基地分配，集体土地流转，承包地发包及调整，集体收益分配，征地及收益分配，发展集体经济和管理集体资产，农业生产服务，合作社等经济组织建设，村民贷款的协调和信用监督，公共设施修建，新农保等社会保障，村庄环境卫生整治和维护，村民纠纷调解，村庄治安维护等。政治行政类事务包括党务工作，计划生育，代理村民到政府部门办事，民兵、共青团、妇联事务，殡葬事宜，完成上级交办任务等。同时，通过试点探索，确立村民委员会与村民小组（自然村）之间，以及村民小组（自然村）与其他自治组织和机构（如村民理事会）之间事权划分的基本原则。

3. 在法律上进一步明晰村民自治和政府行政的边界

应当在总结实践创新的基础上，着眼于进一步调整政府和村民自治之间的关系，明确基层政府与村民自治组织之间的委托关系。进一步明晰界定村民自治功能和政府行政职能的边界。政府要承担农村属于"公共品"的基本公共服务提供职能，包括教育、卫生、社保和连接性基础设施建设等。自治组织要承担本地属于"俱乐部物品"的公共事务管理和公益事业服务职能，包括集体资产管理和收益分配、村内和田间道路建设、沟渠治理、村容整治、纠纷调解等。创新基层社会共治模式，部分政府延伸职能，如社会治安、计划生育、环境保护、生产计划等，可以通过专项资金、财政奖补、购买服务等激励方式，委托自治组织履约完成。同时，适应乡村治理的需要，从村民的现实需求出发，适时修订《村民委员会组织法》。

4. 通过人才培育和资源吸纳加强村民自治能力建设

增强村民自治能力，始终是有效实现村民自治的必要条件。一是强化自治人才的培育与建设。要加强对村民自治的引导和规范，确保村民自治始终在法治的轨道上推进，对农村黑恶势力和族霸等垄断自治权力、破坏村民民主自治的做法，必须依法严惩。鼓励农村精英留乡、返乡，吸引更多能人参与村庄治理。将村庄管理人员培训纳入农村实用人才培养计划，为自治能力的提升奠定人才基础。二是多途径吸纳社会资源和社会参与。在村民自治组织内部鼓励和支持多种形式的自治组织和社会参与，充分调动和利用社会资源充实和发展村民自治，是村民自治的应有之意，但将村民委员会下沉到村民小组（自然村）并非必需，甚至混淆了现行的区域性村民群众自治组织与社会性自治组织的性质和边界。激发自治的内生活力可以多层次、多类型、多途径地来实现。一方面，可以通过社会自治组织发挥村民小组（自然村）的自治功能。当前全国不少地区通过加强村民小组（自然村）基础上的村民理事会等社会自治组织的建设同样达到了利用社会资源、完善村落组织、发展社会自治的目标。如山东省新泰市平安协会嵌入乡村治理结构，有效维护了社会的安定与和谐，确保了经济社会发展的顺利推进。另一方面，可以通过纳入乡贤等重构自治组织结构，激发自治组织的内生活力与动力。如浙江省绍兴市的商会组织增加了乡村治理的社会资本，绍兴市上虞区纳入乡贤以重构农村治理结构，在乡村治理中发挥了积极作用；湖州市长兴县与台州市临海市的协商议事制度，解决了一个又一个治理难题。在治理实践中，要鼓励创新与探索非下移式的多元参与形式和吸纳途径。

第二节　建设城乡一体化背景下的村庄规划体系[①]

习近平总书记指出，"农村绝不能成为荒芜的农村、留守的农村、记忆中的故园"。当前，我国经济发展进入新常态，面临如何加快美丽乡村建设步伐、实现城乡共同繁荣的重大课题。在城乡一体化背景下，统筹考虑土地、劳力、资本、技术等生产要素在城乡间的流动和城乡产业的关联性，以新型城镇化为主导，完善村庄规划体系，促进资源节约集约利用，促进村庄布局优化、土地利用集约、产业发展，将使城镇与乡村建设相得益彰。

一、城乡一体化背景下村庄规划存在的突出问题

（一）村庄布局规划不适应新型城乡体系变化趋势

长期的城乡二元结构造成城乡统筹规划缺乏，对村庄建设中的区域影响与城乡互动缺乏研究，导致城乡各自发展、布局分散。部分村庄规划在编制时"就村论村"，没有从区域统筹的角度统一考虑，忽视村庄与城镇之间、村与村

---

① 本节引自 2015 年农业部软科学课题"城乡一体化背景下完善村庄规划体系研究"，课题主持人：李靖。

之间的联系，强调居民点的集聚、土地的集中，却缺乏对城镇推动作用的研究。面临的突出问题是，村庄规划的上位规划依据不足，使得在实际的操作中村庄分类发展（保留、拆迁或集并）等问题缺少指导，与区域整体发展态势也缺乏协调。

（二）产业规划缺乏城乡联动的动力

传统村庄规划标准、技术规范并未充分考虑农村产业发展问题，在强调物质空间规划的同时忽视了对生产发展、特色产业培育、农民增收的充分考虑。长期以来以城市为中心的观念固化，规划对农村的规定较粗略，对与农村发展密切相关的现代农业建设和发展等问题严重忽略，规划实施缺乏后劲和支撑，致使农村建设不能健康持续的发展。部分村庄规划没有立足村庄所处的区位条件、资源禀赋、产业发展以及农民就业等实际，没有合理选择因地制宜的产业发展模式，有些规划甚至缺失产业发展规划方面的内容，把村庄规划简单地理解为"排排房子、通通道路"的机械式规划。重村庄建设轻产业发展，难以兼顾长远发展。

从规划的实用性和可操作性角度看，村庄规划需要在村庄布局、土地利用和产业发展三个层面，将城乡二元结构下的离散、割据，转变为城乡一体化条件下的聚合、协同。

二、城乡一体化背景下的村庄布局规划策略

（一）当前村庄布局存在的问题

1. 村庄建设处于无序状态

当前，村庄布点存在着分散、规模小、布局凌乱、环境差等突出问题，主要表现：一是村庄布局不科学。受土地、社会保障、资金等因素的影响，许多应该迁移的村庄（如处于行洪区的村庄）没有迁移，大的基础设施不能建设，公共服务设施也无法建设，或者投入的建设也将形成浪费，必将影响全面实现小康村的建设目标。二是村庄布局分散。村庄人口规模偏小，基础设施及社会服务设施无力建设而滞后，农村生活环境恶劣，形成村庄建设处于无序状态，缺乏规划指导局面，而且对于提高村庄的建设水平和改善人们的生活环境有着阻碍作用。

2. 与区域整体发展态势缺乏协调

主要表现：一是缺乏对城镇推动作用的研究。长期的城乡二元结构造成城乡统筹规划缺乏，对村庄建设中的区域影响与城乡互动缺乏研究，导致城乡各自发展、布局分散。部分村庄规划在编制时"就村论村"，强调居民点的集聚、土地的集中，没有从区域统筹的角度统一考虑，忽视村与村之间、村庄与城镇之间的联系。二是缺少与上位规划的衔接。村庄布局规划的上位规划依据不足，使得在实际的操作中村庄分类发展（保留、拆迁或集并）等问题缺少指导，与区域整体发展态势也缺乏协调。缺乏对相关上位规划与专项规划的衔接，不少村庄布局规划在空间上与土地利用总体规划未能有效协调和衔接，建设用地得不到保障，制约了村庄规划的实施。村庄内许多建设项目如供水、道路、能源、垃圾收集转运处理等的决策权不在村里，而在县（市）。在缺乏县（市）域乡村建设规划的前提下，盲目推进村庄规划编制，往往造成村庄规划脱离实际。

3. 难以实现设施共建、资源共享

村庄必须具备一定的人口规模，才能比较容易实现基础设施和公共设施的配备建设，以及与相邻村庄共建共享，有利于实现农业产业化、机械化，有利于实现有限资源效益最大化要求，有利于提高人们的生活质量水平，但受制于行政分割，制约了村庄之间的设施共建和资源共享，主要表现：一是许多村庄的建设已经连为一体，在道路、给排水等基础设施以及公共服务设施可以实现共建、资源共享的前景下，由于没有规划，导致道路曲折、低水平重复建设、资源浪费等现象的发生，即使有规划，却由于行政分割，应该共享的资源没有共享，应该共建的设施不能实现共建，资源浪费，与公共设施服务水平不高同时存在，基础设施则无力建设。二是一些村庄相距较近，若相向发展，可以发展成规模较大的村庄，实现设施共建，资源共享，但由于行政区划分割、各自为政，这些村庄非但没有融为一体，还有逐渐远离的趋势，这一现象对那些规模小的村庄最不利。

（二）城乡一体化对村庄布局的要求

在目前城镇化进程加快的背景下，需要研究在乡村人口逐渐减少的情况下如何引导村民合理有序地转移，进一步优化村庄空间布局；统筹安排基础设施及社会服务设施，提高农村居民的生活质量、健康水平和文明素质；实现资源

效率与节约利用，以建设新型农村社区为目标，为建设社会主义新农村和新民居建设奠定坚实的基础。

1. 从自然生长的空间转变为整体规划的空间

村庄是人类聚落发展过程中的一种形式，传统聚落空间的形态是自然生长的结果，它通常是一个自发的过程，受着各种因素的影响。以前我国大多数村庄从未做过规划，均属于自然生长而成。传统城市规划思想认为城乡之间的概念存在着性质上的差别，城乡之间也有着清晰的边界，并且一直以来只重视城市的规划，对于乡村的规划较为忽视。然而，随着城镇化进程和村庄新建速度的加快，城市与乡村迫切需要有机融合。国家提出的城乡一体化发展正是要通过规划来引导城乡空间的重组，通过便捷的交通、服务设施的规划联系起来，实现城乡规划和建设的协调发展，使农村居民点由自然生长的乡村空间到整体规划的城乡空间转化。

2. 从均衡分离的分布转变为多中心联系的分布

传统自然生长的村庄多呈均衡分布，随着城镇化发展的影响，农村经济社会不断发展，村民生活水平提高，村庄基础设施及公共服务设施也开始建设与不断完善。基础设施及公共服务设施的建设能够带动农村居民点的发展，能够使城乡空间、居民点之间及居民点内部的空间结构发生变化，并随着城乡一体化的不断推进，农村居民点的布局由分离的"均衡分布"转向联系的"多中心分布"，交通便利、基础设施和公共服务设施好的居民点会逐渐发展成为大规模的农村居民点，它们之间相互联系，且对周边的村庄产生辐射作用。因此，城镇群体系将推动形成多中心网络化的农村居民点结构。

3. 从无序发展的乡村转变为特色引导的乡村

以前村庄多数自然生长、无序发展，在城乡一体化的背景下，城乡开始统筹规划，开始注重分析现状自然村庄的特质，根据整个城乡空间的功能分类，再依据村庄的区位、产业发展、风貌特色、设施配套等现状，综合分析研究其发展条件和潜力基础，因地制宜地对村庄进行分类引导，使村庄由无序发展型转变为特色引导型。

（三）村庄布局规划策略

1. 全域规划，构建新型城乡体系

在城乡一体化背景下，村庄布局规划需要坚持有利于农业生产、农民生活和农民就业的原则，也要统筹考虑城镇对村庄的巨大辐射力，推进城乡基础设施、公共服务、社会管理等一体化建设。

地方政府应对区域内的人口流动、产业发展和基础设施建设进行全局性的统筹规划和优化布局，全面分析区域内各村庄发展优劣，构建"城镇—中心村—基层村"的新型城乡体系以及发展模式，完善村庄间的分工与协作，优化村镇规模等级结构，确定村庄的空间布点、发展方向、产业协作等内容，完善镇—村体系职能结构。

在主体功能区划的作用下，村庄布局规划应将资源环境承载力放在首要位置，并以此为重要基础确定各区的定位、发展方向、开发时序、管制原则及政策方向。根据区域的主体功能定位，引导支持乡村地区发展经济并着力加强基本公共服务设施的建设，缩小城乡间人均生活水平和公共服务等方面的差距，同时逐步引导一些生态环境脆弱、发展经济条件不够好的地区向发展条件较好的地区转移人口，降低这些地区的人口负荷和实现公共服务均等化的社会成本。

2. 分类优化，明确村庄发展梯次

根据农村人口的发展趋势、行政村的分布特点，以及便于行政管理、方便农民生产生活、节约土地资源等要求，对中心村的数量和规模进行规划预测。结合城乡发展定位和总体规划，确定域内村庄发展梯次和布局优化思路，一般可将村落划分为小城镇型、扩展型、保留型、撤并型和特色型等类型。

坚持政府引导、群众自愿、示范带动、分类指导的原则，宜合则合、宜搬则搬、宜改则改、宜建则建，不搞一刀切、行政命令和大拆大建。对一般村继续完善基本的基础设施，实施环境综合整治，严格控制发展规划，改善生产生活环境。对暂未列入先行启动范围的重点村，按照规划进行控制，不允许新划宅基地建房，重点发展生产。对确定的重点区域内有一定产业支撑的重点村，在搞好试点的基础上，分期分批启动新型农村住宅社区建设。

村庄整合应依据以下原则：一是就近安置原则。需要进行撤并的村庄，应当就近迁移，并入自然条件和基础设施较好的村庄，便于并入和被并入村庄更快更好地融合，同时也使被迁村庄处于耕作服务半径内，便于被迁移村庄居民耕作。主要适用于规模较大的村庄。二是利用现有设施的原则。新型农村社区的建设位置应考虑充分利用现有的基础设施，特别是交通干线、电力、给水等以及学校、医院等公共设施，以减少投资和浪费。三是由小及大原则。村庄整合过程中，新村选址宜在人口规模较大的村庄，有利于减少浪费，但同时应注意某些村庄如新民居试点，虽然村庄规模小，但由于是新建设，也可作为新村位置。四是保留村庄特色原则。某些具有一定特色的村庄或少数民族村庄应予以保留。

3. 分级建设，促进设施共建共享

通过规划引导，使农村人口集聚达到一定规模，实现公共服务资源和政府投入效益最大化，才有望在现有国情条件下实现城乡公共服务的基本均等化。统筹规划村落基础设施建设、公共服务配置。城镇基础设施和社会服务设施配置时，采取乡镇联合共同建设、效益分享，双方共同受益，提高设施建设标准，降低设施运营成本，扩大设施规模效益。

县域共建共享主要包括大部分社会服务设施和污水处理厂、地表水厂、垃圾处理厂、垃圾转运站等基础设施。设施共建以设施共享为前提，县域基础设施和社会服务设施共建共享以各类设施的服务范围来定，灵活掌握。

相邻的城镇或村庄，在进行基础设施和社会服务设施建设时，对单独建设有困难且有共同建设可能性的项目，应考虑共同建设，以节约建设成本和运营费用。

三、城乡一体化背景下的村庄土地规划策略

（一）当前村庄土地利用存在的问题

1. 土地利用方式粗放

宅基地是农村集体组织按照一定标准无偿分配给本集体成员用于建造住房的集体所有土地。由于超标建房、申请新宅基地后旧宅基地不交回、非生活用房大量占用土地资源等违章违法现象大量存在，宅基地已经成为农村土地隐性流失、土地资源浪费的一个重要因素。农村宅基地分布散、户均占地面积较大。农用地分散零碎，宅基地和集体建设用地插花于农用地中，给农业集约化、规模化都带来很大困难。目前，农村地区的农业生产水平落后，村级工业用地分散，第三产业发展相对滞后。从未来发展趋势看，既需要进一步推进农业产业化、规模化和现代化，将大量农村劳动力解放出来，也需要控制工业企业在农村的无序蔓延，引导企业向园区集中，避免农村工业对农村生态环境的污染和低水平发展。据调查，2013 年山东省村庄人均建设

用地面积达到 210 米^2，相对偏高。

2. 村庄布局分散

一方面，长期以来，小农经济在农村经济中一直占主导地位，这种传统的小农经济是一种分散落后的生产经营方式，要求较小的耕作半径与之相适应，因而村庄建设难以集中发展，造成土地浪费现象严重，道路难以通达，供水困难，供电、电信成本增加，污水随意乱排，建筑成本提高。这种现象在丘陵和山区尤其普遍。另一方面，由于缺乏规划的统一指导，村庄布局分散且地区差异大。目前，安徽省平均每个行政村有 9.86 个自然村庄。皖南山区一个行政村一般有 20 个左右自然村庄，江淮地区一个行政村一般有 10 个左右自然村庄，淮北地区一个行政村一般有 5 个左右自然村庄。自然村庄规模明显偏小，安徽省平均每个自然村庄 178 人，皖南山区最小的自然村庄只有 8 户人家，淮北地区最小的自然村庄只有 7 户。

3. "空心村" 问题严重

当前，我国农村"一户多宅"的情况普遍存在，随着农村人口大量转移，"空心村"现象日益严重，有报道称山东约 2 万个自然村"空心化"，农村建设用地浪费现象触目惊心。同时，我国工业化、城镇化进程加快，建设用地指标极为稀缺。高效集约用地的要求与村庄土地大量闲置之间的矛盾，表明村庄土地虽然是资源，但还只是沉睡的资源，需要将其唤醒。在城乡发展一体化背景下，需要以确保农民利益为底线，建立有效的村庄用地退出和盘活机制，在更广阔的城乡范围内实现资金和土地两种资源的平衡，促进土地资源的高效集约利用。

（二）村庄土地规划实践

1. 河南中鹤 "三区联动" 实践

中鹤集团是国家农业综合开发资金投资参股企业、全国食品工业优秀龙头企业、农业产业化国家重点龙头企业。公司注册资金 10.41 亿元，资产 33 亿元，年产值 24 亿元，员工 3 500 多人。主营业务涉及农业开发、集约化种养、粮食收储与粮油贸易、小麦加工、玉米加工、豆制品加工、零售业、环保与能源等产业，形成了 45 万吨玉米加工、30 万吨小麦加工、70 万吨粮食仓储能力。从 2005 年起，中鹤集团开始延伸农产品加工产业链，由玉米深加工逐步向小麦精深加工等产业拓展，为保障"安全食品"的生产和供应，持续做大做强农产品加工产业，针对农业的"极度分散"与加工业"高度集约"的矛盾，积极开展土地集约化经营、农业规模化生产、新型城镇化推进的城乡一体化建设探索。2010 年，中鹤集团按照企业向产业园区集中，土地向农机合作社集中，人口向新城社区集中的"三集中"规划原则，完成了对王庄镇 100 千米² 镇域面积内的 42 个行政村 4 个居委会、7 万人口和 9 万亩耕地的整体规划，将全镇规划为农业生产与生态观光区、农产品加工与物流区、农村居民安置与休闲区 3 个功能区。

——农业生产与生态观光区：土地向合作社集中，实现规模化生产和组织化经营。规划面积 12 万亩，由优质粮食生产区、标准化畜禽养殖区、优势特色经济作物与林果种植区、生态观光休闲农业区四大功能区组成。中鹤集团与农户联合创建了"浚县鹤飞农机服务专业合作社"，农民首先将承包的耕地流转给王庄镇土地流转中心，再由镇土地流转中心转租给鹤飞农机合作社，土地流转价格按每年每亩 600 千克小麦的市场价结算。目前，利用流转和复耕新增的土地，建成了 3 万亩现代农业示范区，包括高标准农田精品园区、良种繁育区、果蔬种植区、园艺苗木基地、生态循环养殖区等。通过进行土地流转与整理，王庄镇共有 15 万亩土地，除去工业园区、新镇社区以及沟塘道路等占地约 3 万亩以外，耕地总面积达到 12 万亩，比现有耕地面积净增 3 万亩，增幅达 30％以上。新增耕地主要来源于宅基地复耕、"四旁"（村树路沟）和"四荒"整理等。

——农产品加工与物流区：企业向园区集中，构建农产品加工产业链。通过规划建设粮食精深加工产业园区，集中布局农产品加工企业、仓储物流企业等，园区规划面积 8 700 亩，目前已建成 3 000 亩，形成了农产品加工、农产品仓储物流两大功能区。建成的农产品加工区年可加工转化 45 万吨玉米、30 万吨小麦，农产品仓储物流区拥有 70 万吨的粮食仓储能力，基本形成了以小麦、玉米为主的产业集群。未来园区将建成以年加工转化 120 万吨小麦、60 万吨玉米为支撑的粮食精深加工基地，以 100 万吨仓储能力和 9 千米铁路专用线为依托的粮食仓储物流港。

——农村居民安置与休闲区：撤村并居，农民向社区集中。新城规划面积 1.65 万亩，可容纳 8 万人居住。按照城镇功能的需要，规划配套建设学校、医院、商业设施、文体设施、行政管理设施以及道路、水、电、暖、气、光纤等基础设施。对搬迁入户的农民购置新城住宅实行优惠政策，根据农民家庭人口数量，按照 30 米^2/人的标准，以 650 元/米^2 的价格出售；对于超过标准的面积，人均面积不超过 20 米^2 的，以 1 200 元/米^2 的成本价格出售；农民只需用政府的拆迁补贴，即可入住新城社区，如果再加上几万元就可获得较大改善。新城分三期建设，可容纳 2 万人生活居住的一期工程已建成，并已入住 1 万多人，可容纳 4 万人的二期工程已开工建设。一期入住的农村劳动力已基本实现了就地转移就业。"中鹤模式"有效破解了农民进城"宅基地补偿不足、住宅购置资金不够、劳动就业缺乏、生活成本增加"等顾虑，通过价格优惠、拆迁补贴等方式，农民以零成本或仅几万元的成本，就可以实现"进城上楼"。进城后的农民可以在农业产业园区、农产品加工园区和城镇社区就业，实现就地转移就业。目前已经有 2 000 多户家庭（1 万余人）搬进了中鹤新城，仅新城社区的服务性岗位（保洁、物业、餐饮、商业等），就直接为农民提供了 1 000 多个就业岗位。

2. 湖北襄阳市襄州区城乡建设用地"增减挂钩"实践

襄阳市位于湖北省西北部，汉水中游，总人口 590 万人，其中农业人口 380 万人，现有耕地 632 万亩，是我国重要的商品粮基地和夏粮主产区，是典型的农业大市。为促进襄阳市由农业大市向农业强市的转变，实现农业强、农民富、农村美的目标，市委、市政府决定建设襄州现代农业综合示范园区，先行先试，探索统筹解决"三农"问题新路径。示范区总面积 87.8 千米^2，涉及双沟镇和张家集镇的 30 个行政村，示范区户数为 1 万户，人口 4.6 万人。

示范区以改善农民生活条件、建设美丽乡村为主题，通过村庄集并、改建、整治等途径，建设一批设施配套、环境优美、功能齐全、管理有序、乡风文明的农村新型社区。优化居民点空间布局，促进土地节约集约利用，盘活存量土地，为农产品加工物流园区建设拓展发展空间，为现代农业规模化生产创造条件，实现城乡土地资源的优化配置。按照严控总量、盘活存量、优化结构、提高效率的总体要求，坚持增量存量统筹、区域城乡统筹的原则，开展城乡土地增减挂钩。以土地整治和美丽乡村建设为平台，促进城乡土地有序流动，带动农村发展。在区域城乡空间体系总体框架下，按照用地集约、人口集中的思路，因地制宜采用城镇集合、迁村并点、环境整治等美丽乡村建设模式，优化示范区村庄建设用地布局，改善村庄居住环境，挖掘村庄建设用地潜力，腾退建设用地指标，充分利用城乡建设用地增减挂钩平台为村庄产业发展拓展用地空间。村庄建设用地潜力主要来源：一是废弃闲置的建设用地，如村内空闲地、废弃宅基地；二是利用不充分、不合理的建设用地。

与美丽乡村建设相结合，开展田、水、路、林、村土地综合整治，优化土地利用结构与布局，完善田间基础设施，加强生态环境建设，推进土地承包经营权流转和现代农业产业结构调整，形成集中连片、设施配套、高产稳产、生态良好、抗灾能力强，与现代农业生产和经营方式相适应的高标准农田，为建设上规模、高效益、有特色的现代农业基地创造条件。

（三）村庄土地规划策略

1. 推动"三集中"，促进土地集约利用

妥善处理好村庄规划布局集中与分散的关系，加强村庄各类用地建设规模控制，避免无序扩张。推动产业向优势区域集中、人口向社区集中、土地向规模经营集中，形成资源节约、可持续利用、经济社会环境和谐发展的土地利用模式，保证社会、经济、生态三者效益的最大化。

农村居民点选择原则：一是集约用地。充分利用各种村内的空闲地、闲置宅基地，充分利用低丘缓坡和荒山、荒沟等未利用的土地，尽量不占或少占优质农田。二是适当集中。引导村庄适度集中建设，促进集约利用土地，提高农村建设用地的利用率。三是有利生产。居民点与生产区、相邻居民点、外界之间要有方便的交通相互联系，而不是一个孤立闭塞的居住组团。居民点的布局应该以有利生产、方便生活为基本原则。四是均衡布局。以生产力的合理布局为基础，达到提高产量，降低成本，经济利用居民点内各项基础设施。

村庄建设用地规划原则：一是把分散的居民点适度集中，原居民点开垦为耕地或林地，占用耕地与开发复垦地相平衡。二是村庄用地尽量能结合原有规模较大、质量较好的居民点，利用原有设施，减少资源浪费。三是村庄建设用地应与农业用地分布结合，便于农民耕作。规定合理的建设用地指标，科学确定土地开发强度，避免贪大求全，保护土地资源。通过村庄居民点合理选址、适度整合，充分利用闲置土地，确定适宜的建设规模，坚决执行"一户一宅"政策，做到土地的集约利用。

产业建设用地规划原则：一是尽量利用边际地块，将大面积平坦地块留作农用地；二是地块应具有一定的规模，以利于集中建设基础设施和公共服务设施。

2. 与土地整理规划相衔接，促进耕地集约利用

新的形势下，村庄规划与土地整治规划应该有效衔接，两者的规划目标具有很多的共性。在两者的关系上，村庄规划是总体规划和详细规划，土地整治规划是专项规划。在编制范围上，村庄规划通常以一个独立的行政村为单位，而土地整治规划往往以项目区为单位，项目区有时会跨越行政村，因此在编制村庄规划前必须要有上位规划，以确保村庄规划与土地整治规划能够有效对接。在规划内容方面，村庄规划更要借鉴土地整治规划中的可操作性。

3. 与增减挂钩政策相衔接，促进建设用地指标流转

加强村庄内存量土地的开发利用，增加土地有效供给，通过土地整理，老宅基地还原、建设用地置换等，形成规模效应；选择合适的开发途径，根据开发投入强度、集体经济承受能力，采取自主开发、联合开发、出租土地等形式。实现土地资源优势向村庄集体经济优势转化。合理预测村庄发展用地需求，本着集约、节约用地原则，通过建设用地增减挂钩，实现建设用地总量的合理、有限增加。原有的村庄规划中没有涉及存量土地的积极合理利用，而这是争取指标来进行发展的关键因素。

第三节　现代治理体系下的三农舆情引导力建设[①]

　　"三农"问题涉及着国计民生，关系着每个人的衣食住行，在网络舆论中一直不乏"三农"方面的议题。和其他领域的舆情一样，三农舆情也被打了互联网变革的深深烙印。

2006年起，随着web2.0时代的开启，三农舆情发展进入第一个阶段，网络舆论主要来源于以论坛为代表的网络媒体。此时，与传统媒体相比，新媒体已经彰显了强大的社会号召力，并在很大程度上体现了对弱势群体的人文关怀，"网络问政"也产生于这一时期。同时，由于舆情应对经验的缺乏，谣言极易借助网络、手机短信等方式传播，造成广泛的社会影响，一个地区的农产品舆情甚至会改变消费者对全国农产品的认知，给农民的利益带来极大的损失。

---

① 本节引自2015年农业部软科学课题"三农舆情引导力问题研究"，课题主持人：宁启文。

一、三农舆情的特征与规律

（一）三农舆情特点

1. 公众对"三农"问题关注焦点分析

通过百度指数搜索 2014 年 6～12 月以"三农"为关键词的百度需求指数。从图 6-2 可以看出，位于最核心位置的是河南三农网、山东三农网、浙江三农网和"三农"直通车等地方性"三农"主流门户网站。反映了公众对"三农"信息的极大需求。较靠近核心位置的是"三农"政策、"三农"问题、途径、新政策、相关政策等关键词，说明了公众对"三农"的关注焦点处于较为宏观的层面，对"三农"政策的关注处于持续不断上升的阶段，一定程度上表明了公众对"三农"政策有了更多的期待和关注。同时，"三农"问题仍是舆论关注的焦点，但在公众的信息需求上处于下降趋势。

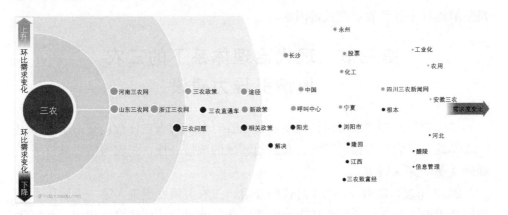

需求分布 ⑦ 三农 2014-06-01至2014-12-31 全国

图 6-2 "三农"关键词需求分析

资料来源：百度指数

搜索关键词为"农村"的百度需求指数，与"农村"相关的关键词为"农村信用合作社""中国社会科学院""房屋设计""农村合作医疗""户型设计""农村致富项目""专业合作社"等。可以看出，农村金融、农村合作医疗、农村房屋建设是公众关注的焦点领域。同时，"农村致富项目""创业项目"的环比需求上升，"投资项目"的环比需求下降，说明公众议论的焦点更多地放在如何从农民自身出发，寻求新的经济增长方式，引发新的创业浪潮，而对外来资本投入到农村带来经济增长的关注减少。从整个议题分布的情况来看，靠近核心区域的多为经济方面的议题，而与"土地流转""农村妇女"等相关的社会、法治问题还未上升成为公众关注的主要焦点（图6-3）。

需求分布 农村 2014-06-01至2014-12-31 全国

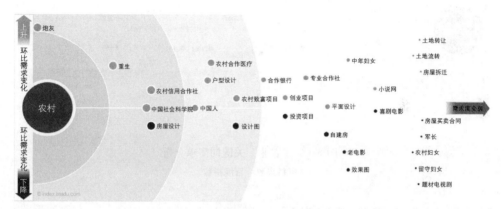

图6-3 "农村"关键词需求分析

资料来源：百度指数

同时，搜索以"农业"和"农民"为关键词的百度需求指数，与农业相关程度最高的为农业系统政府机构、农业大学、农业银行和一些农业人才网，与农民相关程度最高的是一些农业频道和网络小说。一方面，说明涉及农业的话语权主要由政府、机构掌握，在通常情况下，他们充当了言论的意见领袖和把关人；另一方面，农民这一群体自身利益受舆论的关注程度较少，他们对信息的需求也依赖媒体、政府、院校等（图6-4、图6-5）。

2. 农业舆情更受关注，官方与民间话语议程存在一定程度的偏离

运用百度指数搜索以"农民""农业""农村"为关键词作趋势分析。从总体上看，3个关键词在观测期内都处于较平稳的波动状态，说明这3个话题一直都受到舆论关注（图6-6）。相比之下，"农业"的搜索指数远高于其他两个关键词，其次为"农村"，对"农民"的搜索指数在12月期间会有一个明显的上升，这与中央农村工作会议的召开、中央1号文件的发布不无关系。这说明，在政府力量带动下，农民群体的利益能够受到更多重视。

观察PC端与移动端的搜索指数，可以发现"农业"在移动端的搜索指数明显高于"农村"与"农民"，而在移动端3个关键词差别不大（图6-7、图

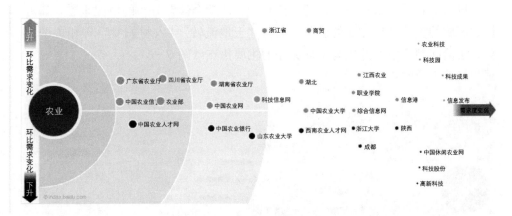

图6-4 "农业"关键词需求分析

资料来源:百度指数

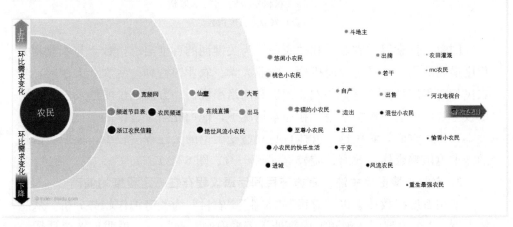

图6-5 "农民"关键词需求分析

资料来源:百度指数

6-8)。总体来说,移动端的搜索量更能够代表民间话语场域、较年轻群体的关注方向。因此,官方和民间舆论的话语议程存在一定程度的偏差。

3. 牵涉范围广,局部事件易波及全局

当"三农"舆情事件发生时,其牵涉的利益主体广泛,除了农民、市民以

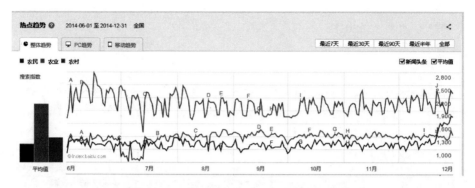

图 6-6 "农业""农村""农民"趋势分析

资料来源：百度指数

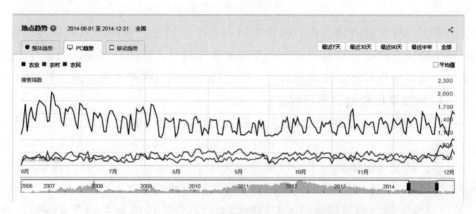

图 6-7 "农业""农村""农民"PC 端趋势分析

资料来源：百度指数

外，政府、企业、金融机构等都将成为"三农"舆情的关涉主体。同时，"三农"舆情牵涉的社会领域也很广泛。例如，食品安全、转基因议题会被都市类媒体关注，土地、乡村治理议题会被法治类媒体报道，涉及农产品价格、大宗商品的新闻会引起财经类媒体、金融机构研究者的关注。

根据百度指数分析，对"农业""农村""农民"关注地域分布中，除河北、山东、河南等农业大省外，北京、广东、浙江等经济发达省份的排名也很靠前。

通过网络观测"三农"舆情可以发现，全国范围的舆情事件就占所有事件的 36.59%。除此之外，网络这一开放的、交互的虚拟空间，易放大问题，或

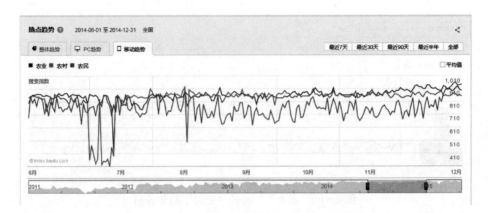

图 6-8 "农业""农村""农民"移动端趋势分析

资料来源：百度指数

歪曲事实，导致涉农谣言伤农的现象时有发生。加之农业的产品同质性较强，差异化的缺乏使得公众易产生由此及彼的认知偏见，导致局部地区的事件波及全局。当舆情事件涉及知名品牌时，产生的叠加效应将产生更大范围的影响。

4. 网络意见领袖力量不容忽视

当以微博、微信为代表的民间互联场域日益成熟，网民的话语自由得到充分展现，然而，在社会价值赋予和社会动员时，意见领袖的力量仍是其中的主导力量。社交化媒体的技术特性本身，决定了其中心化、围观性的传播结构。虚拟场域中，仍然能够看到传统的金字塔式话语建构模式。

"三农"舆情编辑部监测了新浪微博中"三农"舆情的主要意见领袖，并将其分为综合媒体、涉农媒体、名人明星、涉农明星、政府、企业5个类别。其中，"综合媒体"指的是报道内容广泛，包括全国性媒体与地方性媒体，"涉农媒体"指专注报道农业的行业性媒体；"名人明星"指在微博中拥有一定话语权的"明星"，曾经发表过涉及"三农"的言论，包括CEO、知名媒体人、科研工作者、新闻热点人物等，"涉农明星"是将"名人明星"中的从事"三农"、研究"三农"的意见领袖独立出来自成一类；"政府"指政府及其下属机构的官方微博、微信，"企业"指企业为宣传自己、发布信息等开设的微博微信。

"三农"舆情编辑部监测发现，"综合媒体"类别中的账号，虽然"三农"领域的信息占其所发布信息的比例较小，但舆论感召力很强，有时人民网的一条微博，就能在短短几小时内引发网友几十万条的关注量；"涉农媒体"类别中的账号，对"三农"问题的针对性、时效性、专业性都较强，然而相比"综合媒体"而言，对公众的影响力较弱。"名人明星"在涉农问题上的专业性不如"涉农明星"，但他们的言论很容易引起公众的注意，议程设置的作用更强。随着新媒体越来越受到政府机构的重视，"政府"类别的账号在积极建设下，公信力已得到很大提升。

（二）三农舆情演变规律分析

1. 发生期：媒介选择性介入与公众选择性关注

当一个"三农"事件发生并形成一定网络言论后，一些传统媒体会介入报道，与网络中的舆论呼应，推动舆情热度不断上升，甚至形成一定的舆论压力。然而，对于不同类别的"三农"舆情事件，媒介与公众的关注程度有所不同。

以"食品安全"与"土地"类别为例。凡涉及食品安全的新闻一经媒体爆料，无论其消息真实与否，都能引起公众广泛的关注。即便是谣言，也能借助网络、移动通信等方式飞速传播，在短时间内给一个产业带来巨大打击。而与土地有关的议题，如征地纠纷、村民上访等，虽然频频见诸报端，但是往往出现如"集体自杀""血案"等字眼，酿成严重后果的事件，才能够真正进入公众视野，引发公共舆论。

2. 发展期："弱势群体"情感倾向

当舆情进入发展期，参与舆情各方意见都已得到较为充分的表达，舆论场中的负面情绪溢出。"三农"舆情事件中时常关涉到一些弱势群体，如土地纠纷中的农民、食品安全事件中的市民。这些弱势群体，一方面很难在第一时间内站出来表明自己的立场，形成有效的舆论压力，另一方面公众出于"同情弱者"的心理定势，舆论场中的言论会向弱势群体倾斜。此时，如果不能有效平衡各方关系，使弱势群体的利益得到充分表达，易在舆论场中构建草根与权贵冲突的话语图景，造成社会对立的假象，进而造成社会阶层更大的分裂。例如，在全国大部地区遭遇重污染天气时，官方简单将秸秆焚烧归结为重霾主因的态度，引起了广大网友的争议。

3. 舆情演变：应对不力将致舆情反弹

一个较为简单的舆情事件，可以大致分为发生期、酝酿期、发展期、高涨期、回落期、反馈期。相关事件发生后，引发舆情迅速升温。随着事件得到妥善处理，或政府、相关当事人出面回应，舆情事件逐渐归于平淡。这样的舆情事件只有一个高潮。

一些舆情事件在演变过程中，随着新情况出现，涉事主体应对不力甚至商业炒作等原因，会出现舆情反弹、舆情转向，使之出现两个甚至多个高潮。例如，我国台湾地区"地沟油"事件曝光后，公众的注意力转向致康师傅等多个品牌"躺枪"；河南遭遇干旱，景区为提升名气发起抵制冰桶挑战又引发一个舆情高潮；当奶农倒奶事件发生后，舆论一度质疑社会主义制度与资本主义制度的区别何在。

而对于一些"三农"舆情事件，在相当长的一段时间内，公众对舆情的关注热度始终不减，舆情热度围绕一个平均值上下波动。间隔一段时间，就会有媒体的报道、网络中知情人、意见领袖的爆料，甚至是相关话题的转向，将舆论聚集于此。

究其原因，第一，一些"三农"事件的发生依赖于客观因素，并不以人的意识为转移。例如豫辽干旱舆情事件，其中发生数次舆情转向，议程一直活跃到降雨到来真正缓解旱情，方才平息。第二，一些"三农"舆情事件所反映的宏观的、社会深层问题，矛盾复杂、利益交织，应对、解决此类问题都需要一个较长的时间维度。食品安全法修订、土地确权工作有序开展、农村居民大病保险试点，在整个观测期内一直处于舆论活跃状态。第三，公众对某些事件已经存在较为固定的刻板印象，表现较明显的是食品安全与转基因问题。

以转基因为例，根据百度指数中舆情管家的监测结果可以看出，与转基因有关的话题可谓"一波未平，一波又起"，不断触动公众的敏感神经，其波段式分布与渐进性传播，使得公众对此话题的热度一直不减，而且极易形成舆情转向。

（三）三农舆情深层原因分析

1. 社会转型期的时代背景

"三农"舆情，归根到底还是现实中"三农"问题的虚拟表达，是现实世界的民意在网络世界的投影。当前，我国正处于社会转型期，"三农"领域更面临着城镇化、农业现代化的挑战。

一方面，在过去推行粗放型城镇化背景下，城市扩张对农民生存空间造成了挤压，进城务工人员保障的缺失，带来了城乡矛盾的不断激化。另一方面，农业产业向市场化的方向发展，探索出发展、壮大农业产业的途径成为农民最关注的问题。社会中一些利益阶层的解体与重构，使得社会问题凸显，社会矛盾时有发生。

2. 权利认知的提升

随着法治化进程的推进，公民的权利意识觉醒并逐步提升。公众不再仅仅满足于物质上的富足，群体诉求的转型一方面使公众的风险意识明显增强，对安全的要求不断提升，另一方面也使公众更多地关注如政治权利、财产权利、话语权、人格尊严权等其他权利，从而有了更多表达利益诉求的需要。与此同时，网民公民意识的提升，使公众更积极地参与到社会治理中来，话语权不再仅由政府掌握，提升了社会的信息透明度和意见表达的多元化。

3. 利益诉求主体地位弱势

"三农"舆情的关涉主体范围广泛，主要在舆情事件中处于话语弱势地位的，既包括在农村生活的农民，也包括在城市生活的市民。这些群体组织性差，自身维权困难，常常处于话语缺位状态。一来缺乏畅通的发声渠道，二来会因担心"发声"后果导致"不敢发声"，三来即便发声，也很难获得公众的选择性关注。从实际观测结果可以看出，基层组织、土地、农业系统这些涉及农村弱势群体根本利益的舆情类别媒体关注度反而较低，并且政府、媒体仍然处于话语的主导地位。

同时，民间舆论场已活跃多年，对于负面舆情信息，民众的耐受度正在提升。这在一定程度上将导致社会话语权的缺失，使得话语弱势群体易转向以更极端的方式表达利益诉求。

4. 政府部门的网络危机应对能力持续提升

随着政府相关部门的媒体素养尤其是新媒体素养的不断提升，对舆情规律的理解不断深入，政府部门对舆情事件的应对能力正在逐步提升。与此同时，大数据技术的应用与发展，使得网络舆情的监测和预警进一步成为可能，为政府部门应对网络危机提供了更有力的保障。

二、"三农"舆情引导方向定位与疏导

互联网的开放性和交互性，为公众发表意见观点提供了便捷的平台。无论是批评建议，还是呼吁要求，甚至是互相掐架，都能借助这个平台进行迅速、

广泛的传播。可以说，互联网已经成为"三农"舆情的重要来源和社会情绪的主要宣泄口。一些与农民利益息息相关的"三农"事件，经过网上言论发酵、渲染，极有可能演变成公共事件，给社会稳定带来一定的冲击。并且，在"三农"舆情事件发展的中后期，若引导不当易被舆论作过多解读，上升到反倾销、粮食安全等战略高度，甚至引发对国家基本制度的思考和质疑。因此，必须有针对性地定位、监测并疏导相关舆情，传播主流声音，引导舆情走势。

当"三农"舆情事件发生时，作为公共管理的主体，政府应以积极的姿态，主动融入互联网构建的虚拟舆论场中去，不断建设和完善网络舆论的管理机制，促进主流舆论场与民间舆论场的融合，发挥网络舆情对政府管理的积极效应。

（一）以受众为核心，推进政务公开

1. 及时发布信息，引导社会舆论

在信息传播到受众的过程中，经受了媒介的层层过滤。媒体根据政治、经济、文化、自身利益等需要筛选、编辑信息，起到了"把关人"的作用。在"三农"舆情事件中，由于农民的相对弱势，使媒介对舆情事件的选择性报道，一方面扩大了谣言的波及范围和伤害程度，另一方面也促使权利申诉的主体在寻求媒介帮助时，不得不更多依赖公众的同情心理，展示惨烈的受害状况，造成社会的动荡不安。

互联网时代的到来，"把关人"的内涵与外延都发生了变化。然而，在信息选择、引导舆情方面，政府总是最重要和最有力的把关人，既是媒介制度的制定者，又是发布权威信息和真实新闻的"最后一道防线"。事实上，民众也倾向于依赖更强势、更权威的信息提供者。因此，政府部门应树立"把关人"意识，积极应对舆情事件。

虽然许多"三农"舆情事件起源于网络，但归根结底反映的是现实生活的事件或问题。因此，妥善应对舆情事件，应当做到第一时间迅速反应，对社会广泛关注的事件或问题进行详细摸查，在舆情发酵的早期就进行果断处理并及时发布相关信息，提高政府部门的公信力，最大程度减少社会负面情绪的累积，避免在更大范围内形成舆论风暴。

同时，互联网的发展，改变了由原来的官方话语"一家独大"的局面，使受众由被动接受舆情信息变为主动参与舆情事件。与其他行业舆情事件不同，"三农"舆情事件由于关涉范围与主体之广，很多情况下政府是唯一的权威信

息发布者，而公众在参与舆情事件时的第一反应为对政府权威信息的等待，并且体现的态度与政府传递的信息息息相关。例如豫辽干旱事件中，天气预报造成群众的干旱预期，一下子点燃了舆论的热情。因此，政府的信息发布应以受众为本，在处理好群众正当的利益诉求的基础上，发布及时有效的信息。

从前文分析可以看出，"三农"舆情最主要的关涉主体，信息获得主要依赖地方性的"三农"信息发布平台网站，"三农"舆情事件中，公众对于"农业"的信息需求最多。因此，信息的发布应向农民的信息需求倾斜，并以发展农业产业为着力点，构建权威、全国性的信息发布平台。

2. 加强科普宣传，化解认知偏见

在"三农"舆情事件中，一些舆情事件的发生与流言、谣言有关。尤其是当官方信息缺位时，流言、谣言就会代替权威信息占据公众思维，不断剥夺其他主体的解释空间，给事件的处置带来困难。以转基因系列舆情事件为例，对于转基因食品安全性这一核心问题，政府角色的真空使一些有一定知名度的学者和名人主导了舆论场的话语权，由此引发的争议使相关话题层出不穷、经久不息。

"三农"舆情牵涉的一些议题，如农产品价格、食品安全、转基因问题等，一方面最终产品关系着公众的切身安全和利益，另一方面公众往往被隔绝于生产过程之外。此时，对相关知识加大科普力度，引导公众以理性态度看待问题，避免流言、谣言先入为主造成公众持续的认知偏见，显得尤为重要。

应该看到的是，多数网民是理性的，只要发布的科普信息通俗易懂，有理有据，那些冲动的声音和偏激的观点很快就会被多数理性的声音所纠正和淹没。从这个角度出发，对于网络上一些流言、谣言，最有力的回应就是科学，借助知识的力量，对公众的质疑进行各个击破，既能够迅速平息舆论风波，也借此机会提高了公众的科学素养，可谓一举两得。

（二）畅通发声渠道，保障话语权利

1. 发挥意见领袖作用，建立有效对话平台

尽管互联网赋予了公民开放的话语权利，但是不少网民受到年龄、文化程度等种种条件的制约，在互联网上发表言论和观点容易出现偏激，甚至不加选择地传播一些错误信息、虚假信息、恶意信息等。特别是在关系"三农"问题的一些突发事件中，弱势群体的利益容易引发关注和同情。在信息传播过程

中，这部分网民容易受到情绪影响，放大生活中的贫富差距、社会不公等现实矛盾，滥用话语权，导致声音混杂，舆情失控。

从这个角度出发，应该注重发挥网络中具有一定知识积累、发言理性客观的意见领袖的作用，集中力量打造"三农"领域的意见领袖，能够借助他们在专业领域的权威和公信力，主动引导舆论走向。可以说，当互联网上的"信息流"可以畅通无阻地到达受众时，以意见领袖为代表的"意见流"的信息传播显得尤为重要，透过这些"意见流"的影响力，培养和引导网民的理性思维和网络素养，通过互联网平台上的充分互动形成强大合力，能够收到事半功倍的效果。

2. 引导传统媒体积极介入网络舆论场

在"三农"舆情事件中，由媒体营造的舆论场和网民通过互联网营造的网络舆论场有时并不能够完全重合。网络舆论场中的信息是即时的、草根的，但是其碎片化的语言特点不利于还原事件的本来面貌。相比由媒体营造的舆论场在还原事实时更加客观、全面。从前文的分析可以看出，在对土地、"三留守"、乡村治理等民生话题，传统媒体比之新媒体予以了更多关注。可以说，无论从动机和能力，传统媒体都有实力积极介入"三农"网络舆论场。

随着互联网的发展，两个舆论场互相融合的态势越来越明显。因此，引导传统媒体积极介入网络舆论场，一方面要对网络舆论场中体现的民情民意作出更多关注，及早发现社会问题，充当民意"扬声筒"；另一方面对网络舆论场中的议题予以报道、评价，两大舆论场的交互作用，对于及时发现和监测的舆情事件，有针对性地更正信息，促进舆情事件向良性化方向发展，有很大的意义。

（三）积极构建议题，把握话语主动权

1. 预先设置议程，促成舆论形成

"三农"舆情事件的涉及面广，一经触发易引发蝴蝶效应，波及全局。因此，应对"三农"舆情，要尽早发现舆情事件，并在事件的发生期和酝酿期就做出积极处理。同时，对于"三农"领域中一些长期性问题，应在日常工作中，注重从网络中搜集碎片化的信息，并且对信息加以分析、解读，由此了解"三农"特别是基层的情况，监控农业系统的运行状态，并为"三农"公共政策和决策提供参考意见。在这个基础上，进行舆情引导时，可以积极参与媒体

事件的构建，以更自信、更权威的态度，赋予舆情事件意义，牵引舆情走势。

与食品安全、农村医保、土地确权等重大改革相关的舆情事件，由于问题本身的复杂性、改革的渐进性，造成其议程活跃天数也很漫长。作为推动工作、部分化解矛盾的一种方式，政府可预先设置有关的话题或者议题，通过新闻报道、公众参与网络交互讨论等方式，将政府工作中最重要、最急迫的问题呈现在公众面前，使公众的主观意识赋予该议题更高的重要性。同时，在引导过程中，不断跟进新闻报道，并提供翔实的事实背景材料，在对不同的话语力量整合的过程中，促成正确舆论的形成。

对于重大"三农"舆情事件，要注重媒介联动，让不同的媒介对同一话题进行全方位、多角度的报道。通过媒体开放的、联动的舆情报道，两大舆论场的积极交流，形成话语互动与优势互补，进而促进公众对"三农"舆情事件的理性认识。

2. 擅用倒逼机制，推动网络问政

"三农"舆情事件有时会出现多个高潮，甚至在舆情发展中会转向另一个领域，或由一个不相干的舆情事件引发公众联想，从而导致"三农"舆情事件的发生。加之商业利益进入互联网后，炒作行为使舆情走向更加扑朔迷离。这就意味着在介入"三农"舆情时，应该根据舆情走向和所处的阶段，拓展信息发布和舆论引导渠道，不仅要直接发布正面信息廓清言论，也要运用反面思维，通过倒逼机制，借用网络问政等一些行之有效的方式，辨明信息真伪，化解纠纷争议。

舆情发展的过程，是民意抒发和舆情反馈不断相互作用的进程。当官方、传统媒体的言论与公众期望协调不相符时，舆论就会反过来迫使官方或官媒对事件作出回应和处理。推动网络问政，可倒逼政府部门对网络舆情有更客观的认识，由简单的删帖、封堵转变为尽早澄清事实，表明立场，积极引导舆论转变。并且，通过网络言论、媒体报道，反映社会问题，展现真实民意，通过民主决策推动相应政策法规的出台和完善。

三、"三农"舆情引导力建设的建议

如前所述，随着互联网技术的普及和网络媒体的繁荣，"三农"舆情传播呈现出多元化、复杂性的特点。在现代治理体系下，公共服务借助于互联网技术，将覆盖到社会生活的方方面面。这就意味着由政府、媒体和公众共同构建的"三农"舆情,既推动着"三农"公共事件的协调和处理,同时也在评价和评测处理效果及改进空间。在这个背景下,"三农"舆情引导力建设应该更加强调各个参与主体的联系和互动,因此,应该建立"三农"舆情引导的信息监控机制、新闻发布机制和沟通协调机制,从而保证常态化的"三农"舆情引导机制有序高效运转(图6-9)。

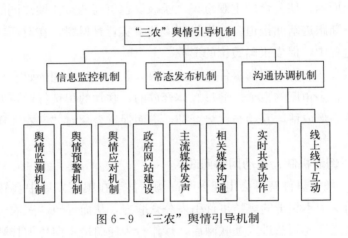

图6-9 "三农"舆情引导机制

(一)构建"三农"舆情引导的信息监控机制

针对网络中出现的"三农"热点问题,政府需要发挥舆论导向作用,在第一时间迅速介入,密切关注和引导舆情走向,为此,应该建立常态化的信息监控机制。其中,包括舆情监测机制、舆情预警机制和舆情应对机制。

1.舆情监测机制

舆情监测机制,包括信息收集系统和信息分析系统。在进行信息收集时,首先要建立大数据舆情监测平台,从虚拟世界的海量信息中过滤提炼出有价值的舆情信息,时刻掌握网络舆论动态。其次,还要开展专题性社会调查研究,通过分析真实世界中的民意,捕捉一些带有苗头性、倾向性或群体性的问题,从而分析舆情态势,预测舆情走向。

在进行信息分析时,应及时采用先进技术,对零乱的舆情信息进行分析、识别、筛选、分类、提炼,以得到最有价值的舆情信息。在信息分析、处理的同时,还要注重保持信息的本来面目,不应使群众形象生动的语言变成生硬的官腔套话,使基层群众的思想能够得到真正的反映。

值得一提的是，除了利用已有的工具对舆情信息进行搜集和整理外，还应该注重舆情分析软件的开发以及应用技术人才的培养。正如哈贝马斯所说，"科学技术的合理性本身就是控制的合理性"。对于瞬息万变的网络世界而言，只有更新技术手段，并且根据不同的网络媒体的特点应用不同的信息分析、筛选、过滤手段，才能保证舆情监测机制的有效有序。

2. 舆情预警机制

"三农"舆情事件一经出现，就要尽早密切关注舆情事件的发展，及时沟通传递信息，并制定危机预警方案。在日常工作中，根据各种类型"三农"舆情事件的特点，设立不同的预警级别，制定详细的判断指标体系，有针对性地制定程序化的预警方案。

舆情预警机制的核心应该是迅速和互通。事实上，"三农"舆情事件一旦引发，舆论就会以几何量级增长，整个话题从出现到引爆所需的时间越来越短，每一个相关的新信息，都将推高一次大讨论，引发一次舆情高潮。这也就意味着，舆情预警应该是以一套以迅速反应为基础，通联各个网络媒体、社区等信息，各部门联动合作的网格化系统。

从这个网格系统出发，可以由专门的信息分析系统 24 小时监测舆情信息，监管人员根据信息真伪判断舆情事件的走势，一旦发现新的舆情事件，立即在全媒体领域内发出舆情预警，并根据不同的预警级别，启动相应的信息监管方案。

3. 舆情应对机制

"三农"舆情事件发生后，应积极根据前期掌握的相关信息，通过积极发布正面报道冲淡负面情绪、有力处理平息网络舆论等方式有计划、有目的地应对网络舆情。"三农"舆情事件的复杂性使之关联部门通常不止一个，唯有多部门联动处置才能保证舆情事件得到妥善处置。

因此，应当从机构建设上保证舆情应对机制的完善。设立综合性决策协调机构和常设的办事机构，使政府各部门、各机构间在面对突发的重大舆情事件时，加强各部门的协调能力，缩短决策与沟通的时间，以提高应对重大舆情事件的能力，对外宣传能够统一口径。

此外，还应该与相关媒体密切沟通，发挥联动效应。比如在网络媒体上设置关键词对预发表的信息进行筛选，一旦预发表的信息涉及关键词的相关标准，则系统阻止该内容的发布等，从源头上控制好信息的入口和出口。

（二）构建"三农"舆情引导的常态发布机制

面对复杂的"三农"舆情，政府应积极融入互联网领域。通过开设政府、官方网站，设立各种形式的微博微信，公开发布涉农信息，强化"三农"政策宣传，对于民众重大关切的政策问题，及时予以回应处置；并以这种即时交流的方式，使民意得以及时下情上达。政府应以权威而不失亲切的姿态，形成公众互动的良好局面，从而保障信息公开。

1. 加强政府网站建设，畅通信息发布渠道

网络媒体的开放性、互动性等特点，决定了互联网成为民意表达和舆论引导的重要阵地。当出现"三农"突发性事件时，网上充斥着各种各样的爆料和观点，一般受众利用网络媒体的现有优势，通过发帖、跟帖、点赞等提升话题热度，同时也使网络信息流瞬间膨胀，要想及时引导舆情，需要通过政府政务网站发布相关信息，并在各大门户平台上转载等推动信息公开，在提倡公众意见的自由表达的基础上，对民间舆情进行良性疏导。

可以说，如今网络已然成为人们获取和传递信息的主要载体，借助网络平台，社会公众与政府间的联系越来越紧密，互动越来越频繁，并以此来推动或影响公共政策的制订和落地。政府网站作为电子政务的门户，是政务信息公开的前哨战，只有加强政府网站建设，才能真正实现服务职能转变。同时，通过政府网站公开发布信息，也有利于政府部门第一时间介入"三农"舆情中来，或对不实传闻给予有力回应，或对公共事件的处理提供权威信息，从而消除负面影响，有力引导舆论。

2. 主流媒体发声，引导舆情走向

当出现"三农"突发事件时，网上会出现各种各样的声音，普通受众很难分辨真伪，容易导致盲从现象。因此，在政府积极发布信息进行正面引导的基础上，还应该充分运用主流媒体这块阵地，传播正面声音，关注事件进展，消除恐慌情绪，持续引导舆情走向。

事实上，传统主流媒体长期以来承担着信息传递、社会监督和舆论引导的功能，在信息发布上具有更强的专业性、公信力和权威性。当网民从网络上获取信息后，首先会通过传统媒体的相关报道来辨别信息真伪，这时，主流传统媒体应该抢抓机遇率先发声，并且加强与网络媒体的互动，从而引导舆情走向。

此外，网络媒体也应该积极发挥舆论阵地的功能，不断改进议题设置的方式，对网络信息进行有效的整合和报道，在公众言论得到充分表达的同时，通过品牌栏目发声、整体页面讨论、全媒体综合报道等方式，积极引导舆情走向，努力营造一个健康和谐的网络舆论氛围。

（三）构建"三农"舆情引导的沟通协调机制

除了主管"三农"工作的政府职能部门外，"三农"舆情的引导还涉及宣传、通信管理、公共安全等多个部门。很多部门都拥有网络舆情引导和宣传机构，但这些职能部门间尚缺乏有效的信息交流和资源共享，"三农"舆情引导工作无法形成合力。可以通过建立如联席会议制度等制度，将各部门相关职能串联起来，做到优势互补。此外，在网络虚拟空间进一步整合的大背景下，不仅仅是政府职能部门之间要保持信息通畅，政府部门与主流媒体、社会团体等都应建立沟通协调机制，减少由于沟通不畅造成的麻烦。

1. 建立舆情协作系统，共享信息资源

信息是引发"三农"舆情的核心要素，更是舆论引导的关键所在。因此，要想最大限度地发挥政府、媒体、社会组织等的聚合效应，应该充分开发并利用互联网技术，实现舆情信息的实时共享与协作。

目前，舆情信息资源的利用主要依赖于政府网站、传统媒体和新媒体等平台，这些平台的信息还没有有效的共享与使用渠道，各平台间除了网页链接外也没有建立直接便捷的对接方式，导致信息大量重复，监管各行其是。因此，如何加强舆情信息资源的搜集、分享、利用和协作成为"三农"舆情引导的重要课题。从这个意义上说，应该运用先进的互联网技术，建立舆情协作系统，打通各个舆情信息平台上孤立、静态的资源，拓展共享范围和协作方法，从而使分散的舆情信息得以统一聚合和支配，进而全面分析并制定应对方案，各部门通过协作平台共享信息并且通力合作，从而形成"三农"舆情引导的强大合力。

2. 线上线下互动，部门紧密衔接

我国是农业大国，"三农"问题事关国计民生，涉及面广，关注度高。一旦发生"三农"领域的舆情事件，如果不及时疏导，容易产生爆炸性传播。然而，涉农类突发事件和公共问题也往往牵涉到许多部门和环节，假若其中某一个部门或环节没有及时应对或者衔接不够紧密，就可能引发负面消息或社会恐慌，给农业生产带来不利影响。因此，在舆情应对中，应该遵从时间优先原则，在监测舆情的基础上，建立线上线下的互动机制，一旦"线上"出现舆情端倪，迅速在"线下"形成应对方案，并且在各相关部门间形成紧密衔接的联动机制，正确妥善应对"三农"舆情。

在多部门配合方面，可以引入部门联席会议制度，定期或不定期召开由农业、林业、水利等农业相关部门和新闻媒体参加的联席会议。一旦发生涉及面广的复杂"三农"舆情事件，例如转基因食品安全、农村暴力拆迁等事件，能够迅速通报舆情信息，多部门共同研究制定舆情引导方案，部署相关工作，协调负责人员，以专项行动等方式果断出击，高效应对，避免坑农伤农事件发生，为"三农"事业发展营造良好的成长环境和积极向上的舆论氛围。

第七章

深化农垦系统体制改革[①]

农业经营体系是各类农业经营主体及其相互关系的总和，是推进现代农业建设的重要基础和保障。改革开放以来，农垦系统不断完善农业经营体制，培育新型农业经营主体，推进农业经营体系创新，为加快现代农业发展奠定了良好基础。当前，农垦现代农业发展已进入加快转型升级的重要阶段，必须进一步创新和完善农业经营体系，不断夯实现代农业建设的制度基础。

第一节　农垦系统农业经营体系改革进程与基本格局

一、农垦系统农业经营体系改革进程

改革开放以前，农垦农业长期实行生产"大集体"、劳动"大呼隆"、分配"大锅饭"和产品统购统销的高度集中的计划经济。随着我国经济体制和农业经营制度改革的深入推进，农垦农业经营体系按照逐步放开搞活、不断巩固完善、持续创新提升的路径，走出一条顺应农业发展规律的变革之路，创造出适合农垦现代农业发展要求的农业生产经营模式。改革进程大致可以分为两个阶段。

第一阶段：破除计划经济体制束缚，赋予职工生产经营自主权，建立以家庭承包经营为基础、统分结合的双层经营体制。1979年，"两包三定一奖赔[②]"

[①]　本章引自 2013 年农业部软科学课题"创新和完善农垦系统农业经营体系研究"，课题主持人：方丽槐、彭剑良。

[②]　"两包三定一奖赔"是指：包产量、包利润，定人员、定设备、定规模，完成或超额完成承包产量、利润指标按比例分成，未完成利润指标按规定减发基本工资。

责任制恢复实行，划小了经营核算单位，初步打破了"平均主义"，拉开了农垦系统农业经营体制机制改革的序幕。1981年，国有农场尝试推行农业生产岗位承包，取消了农工固定等级工资制，采取联产计酬的办法，把劳动成果同最终分配直接挂钩。1982年，农垦系统借鉴农村改革成功经验，开始实行家庭联产承包责任制，实现了传统农业经营体制的重大变革。1983年，在"大包干"基础上，农垦系统开始兴办职工家庭农场，实行"定额上交、自负盈亏"的分配办法。1992年以后，全国农垦系统逐步推行家庭农场"两自理、四到户①"改革，解决了家庭农场负盈不负亏的问题。同时，通过扩大生产自主权、产品经营权、物资采购权和用工选择权，推行农业机械和长期作物产权转让等改革，使得家庭农场成为投入、生产、利益和风险的主体。大农场则在投入品供应、生产布局、技术服务、产品销售等方面发挥统一经营的优势。从而形成以国有农场统一经营为主导，职工家庭分散经营为基础，通过土地承包关系形成的大农场套小农场、统分结合的双层经营体制，构建了农垦系统农业经营体系的新框架。

第二阶段：适应市场经济体制要求，推动生产要素合理流动和优化组合，巩固和完善双层经营体制，积极探索新的农业经营组织形式。1995年以后，围绕如何处理好"统与分"的关系，实现国有农场统一经营与家庭农场分散经营的更好结合，各垦区继续进行深入探索。从农垦实际出发，确立国有农场资产经营主体地位，通过对权属内国有土地等资源性资产的发包经营和生产服务，统一组织、指导、管理本场的农业生产经营活动；强化家庭农场生产经营主体地位，通过延长土地承包期、规范承包合同等，赋予其更加充分的生产经营自主权，进一步夯实家庭承包经营的基础，推动双层经营体制制度化和规范化。特别是2006年以来，以国有农场税费改革为契机，一些垦区实行"两田制②"的土地配置方式，大幅提升了土地规模化经营水平，并推动了家庭农场增加资本、技术等生产要素投入。大农场则通过经济手段并辅之以必要的行政手段，在产前、产中、产后各环节充分发挥统一经营和服务的作用。在完善双

---

① "两自理"：生产费、生活费自理；"四到户"：土地承包到户、核算到户、盈亏到户和风险到户。

② 两田制的基本做法是将承包地按功能划分为"基本田"和"经营田"。"基本田"一般比照当地农民平均规模分配，保障农工享受税费改革政策；"经营田"体现农场的国有土地经营功能，通过引入竞争机制，促进土地向规模化集中。

层经营体制的同时，一些垦区适应市场经济和农业生产力发展要求，实行模拟股份制、公司制经营等农业经营新形式，鼓励和引导职工发展各类合作组织，提高农业经营的组织化程度。不少垦区特别是集团化垦区，围绕做大做强优势主导产业，积极扶持发展农业产业化龙头企业，大力发展农业产前、产中、产后服务，完善各类主体间利益联结机制，给双层经营注入了新活力，进一步推动了垦区优势资源的合理配置和生产要素的优化组合，提高了农垦系统农业经营的规模化、专业化、社会化水平和市场竞争力。

二、农垦系统农业经营体系基本格局

经过 30 多年的不懈探索，农垦系统农业经营体系改革取得明显成效，不仅符合农垦系统农业生产实际、有利于促进农业生产力发展，而且在许多方面都体现出新型农业经营体系的特征，代表着我国农业经营体系发展的重要方向。

（1）基本形成统与分有机结合的农业经营体制。国有农场在彻底破除过去"统营统管、统收统支、统购统销"经营体制的基础上，逐步建立和完善了国有农场统一经营和家庭农场分散经营相结合、大农场套小农场的双层经营体制。家庭农场作为分散经营主体，直接从事农业生产经营活动，符合农业生产的自身特点。国有农场作为统一经营主体，保持和发挥了传统的组织优势，帮助家庭经营和大市场实现有效对接。这正是农垦系统农业经营体制的最大优势所在，避免了"统和分"两个主体间的缺位或越位，充分调动农场和农工的积极性，稳固了农垦现代农业建设的根基。

（2）传统经营主体和新型经营主体协同发展。在巩固和提升国有农场和家庭农场两个传统经营主体的基础上，积极培育各类新型农业经营主体，充分发挥其各自独特的作用。截至 2012 年年底，各垦区共有家庭农场 113.9 万个，经营耕地 7 579.1 万亩，占农垦耕地总面积的 82.4%；农垦农民合作组织①达到 5 440 个，成员数量 38.3 万人，呈现出数量快速增加，规模逐步扩大，领域不断拓宽的发展态势。农业产业化经营组织达到 4 116 个，其中国家级农业产业化重点龙头企业 65 家、省级龙头企业 394 家。股份合作经营、公司经营

---

① 农垦农民合作组织，是指国有农场农业职工以及区域内其他农业从业人员，依照《农民专业合作社法》等法律法规兴办的专业合作、股份合作和信用合作等合作组织。

等新型农业经营方式方兴未艾。

（3）农业经营机制实现根本性转变。农垦土地所有权归国家，使用权在农场，经营权放活给职工，具有较为完备的现代产权构成，在此产权架构下建立了充满活力的农垦农业经营机制。在投入机制上，改变了单纯依靠国家投入的投资体制，形成了国家、企业、职工和外来资本共建共享的多元化投资模式。在激励机制上，改变了国有农业国有国营的经营状况，创造了各类经营主体之间权责明确、利益共享、风险共担的紧密联结关系。在分配机制上，改变了长期固定不变的等级工资制度，形成了以按劳分配为主，以按生产要素分配为辅的分配制度，既肯定了劳动创造，又避免了收入差距越拉越大。

（4）形成有利于规模经营的土地配置方式。在土地经营权配置上，从平均分配逐步转向既保障农工土地承包经营权益，讲求公平，又按照市场机制优化土地经营权配置，讲求效率。在平等享受税费改革等政策情况下，逐步引入竞争机制，通过市场机制优化土地资源配置，推动有限的土地资源向种田能手集中，向适度规模经营转变，变"多数人包地，多数人种地"为"多数人包地，少数人种地"，提高了土地资源的使用效率。目前，全国农垦种植业经营主体139.5万个，其中经营面积在50亩以上的主体41.5万个，占比29.7%。

（5）农业经营模式创新取得重大突破。各个垦区立足自身管理体制、资源禀赋和生产力发展状况，不断探索农业经营模式创新，在产业链的纵向整合和经营主体间横向联合等方面都实现了重大突破。集团化垦区通过内部资源整合，形成了"集团公司＋产业公司＋基地分公司＋家庭农场"的农业经营模式，通过产业链一体化经营，提升农业的综合竞争力。非集团垦区通过发展各种形式的联合与合作，形成家庭经营、合作经营与公司经营相结合的模式，推动职工家庭经营融入社会化大生产。如黑龙江农垦形成了"大集团套大农场、大农场套小农场"的现代化大农业生产经营模式；江苏农垦从土地租赁经营、模拟股份制经营逐步过渡到公司化经营，都充分体现了垦区特点，符合现代农业发展方向。

农业经营体系改革有力促进了农垦农业生产力发展和现代农业建设。同全国农业发展水平相比，农垦现代农业建设总体处于全国领先水平。目前，农垦粮食亩产达到476千克，比10年前提高160千克，高出全国平均水平120多千克；耕种收综合机械化水平达到86%，比10年前提高20个百分点，高于全国平均水平29个百分点；农业科技贡献率达到56%，主要农产品生产技术全国领先；农产品质量安全保持较高水平，"三品一标"认证占耕地总面积的80%；现代农业示范带动作用显著增强，辐射引领了周边地区农业发展。

第二节　农垦系统农业经营体系存在的主要问题

一、土地经营权权能界定需要进一步规范

农场土地性质是国有，农工与农场建立的承包关系是农场内部开展生产经营活动的一种组织方式。但国有农场土地承包经营权权能目前尚没有明确的、可操作的法律政策规范。一是国家对农村集体土地承包经营权有明确的法律规定，党的十八届三中全会又进一步明确赋予农民对承包地占有、使用、收益、流转及承包经营权抵押、担保权能，而对国有农场缺乏明确规定。二是农场作为区域经济组织，是否要以土地承包经营保障二三产业企业下岗职工、职工成年子女和外来落户农民生存发展，缺乏明确的原则和标准。三是承包经营的内容、期限、收费等调整还存在一定随意性，容易引起经济纠纷。特别是随着职工社保缴费基数逐年刚性增长，垦区民生基础建设支出增加，土地承载的负担愈益沉重。

二、家庭经营的发展模式还有待进一步创新

家庭经营是农垦农业经营的基本单元，在发展中面临诸多挑战。在土地规模方面，虽然大于农村农户家庭经营的平均水平，但规模经营还有较大提升空间。在劳动力方面，目前农垦农业从业人员总量仍处于过剩状态，但高素质劳动力短缺、季节性短缺、区域性短缺等结构性问题日益突出。在发展空间上，长期分散经营的家庭农场，有的在主观上已经把土地视为自己的固有资产，过度依赖于相对稳定但增长有限的土地收益，土地资源调配十分困难，富余劳动力转移缓慢，制约了规模经营的发展。

三、新型经营主体的作用还有待进一步发挥

这几年，新型农业经营主体蓬勃发展，但其发育程度和作用发挥还很不充分。产业化龙头企业的综合实力总体还不强，对整个农业产业链的带动还不够。社会化服务组织发展还比较滞后，农业公共服务机构的公益性定位还不被

完全认可，经营性服务组织的比较优势还不明显。公司制等农业经营组织形式还处在探索之中，具体成效和作用还需要实践的进一步检验。农民合作组织还存在带动能力和市场竞争能力较弱的问题，部分扶持政策还难以平等享受。

四、经营主体间的联结机制还有待进一步完善

不同层次经营主体之间的联结机制还不健全，利益关系还不均衡。从农场和农工关系看，有的农场不直接参与具体的生产经营活动，二次分配机制不完善，农场与农工间利益联系弱化。从龙头企业与农工关系看，合同契约的约束力不强，尤其是在市场价格波动的情况下，双方都存在毁约的风险。从龙头企业与农场关系看，产业链各环节的联结更多靠的是行政推动，交易中还存在违背市场规律的情况。从合作组织和农户关系看，农垦合作经济组织的合作层次还不高，民主决策机制有的还不完善。

第三节　创新和完善农垦系统农业经营体系的战略选择与重点领域

一、战略选择

党的十八大提出构建集约化、专业化、组织化、社会化相结合的新型农业经营体系；十八届三中全会强调坚持家庭经营在农业中的基础性地位，推进家庭经营、集体经营、合作经营、企业经营等共同发展的农业经营方式创新；中央农村工作会议要求加快构建以农户家庭经营为基础、合作与联合为纽带、社会化服务为支撑的立体式复合型现代农业经营体系；2014 年中央 1 号文件提出努力走出一条生产技术先进、经营规模适度、市场竞争力强、生态环境可持续的中国特色新型农业现代化道路。这些都为农垦系统创新和完善农业经营体系指明了大方向。农垦系统要认真贯彻中央精神，在现有工作基础上进一步创新和完善农垦农业经营体系，在体制机制上示范引领现代农业发展。

（一）总体思路

按照中央关于构建新型农业经营体系要求，结合农垦自身实际，创新和完善农垦农业经营体系的总体思路：以实现农业生产效率最优化和经营效益最大

化为目标，围绕打造农业全产业链、提升农业战略产业国家掌控能力，巩固和创新家庭经营的实现形式，强化和拓展国有农场的经营职能，培育和提升合作组织、农业公司、龙头企业和社会化服务组织，形成统一经营与分散经营有机结合，传统主体和新型主体竞相发展的农垦农业经营体系，不断放大农垦农业专业化、集约化、规模化、组织化优势，为率先实现农业现代化提供有力的体制和制度保障。

（二）基本原则

创新和完善农业经营体系，涉及农垦农业生产关系的调整和资源要素的优化配置，既要大胆探索，也要谨慎稳妥。在实践中，要坚持以下几项原则：

一是从农垦农业生产经营实际出发。农垦农业发展建立在土地国家所有的基础上，在长期实践中形成了较高的农业生产力水平，具有独特优势的农业生产经营组织形式。创新和完善农垦农业经营体系必须适应垦区农业生产力发展要求，有利于生产力进一步发展，有利于农垦农业规模化、专业化、组织化等优势的充分发挥，而不是削弱现有优势。同时，充分考虑垦区间、农场间管理体制、资源禀赋、生产力水平等方面的差异性，坚持因地制宜、分类指导，不能搞一刀切、一种模式，也不能用这种模式否定另一种模式。

二是坚持市场化改革取向。通过市场培育和造就农业经营主体，用市场机制协调处理各类主体之间关系，用市场竞争去检验农业经营体系的运行效果。要充分发挥市场在资源配置中的决定性作用，逐步减少和取消农业生产经营中的行政干预，促进生产要素的合理流动和优化组合。始终坚持以提高经济效益为中心，以提高经营效率为标准，通过经营体系的创新和完善，更好地调动经营主体的积极性，不断增强经营主体的竞争力，持续提高农业产业水平和经营效益。

三是充分尊重职工意愿和基层创造。当前和今后一个时期，农业职工仍然是农垦农业生产经营最重要的主体。创新和完善农业经营体系，要充分尊重农工的意愿。特别是发展各种形式的联合、合作和统一经营，必须坚持自愿联合，自由进出，做到引导不强迫、支持不包办、服务不干预。对于改革中出现的新事物、新做法，要坚持鼓励试、允许看、不争论、不轻易否定，并及时发现典型，加以总结提高，上升为政策措施，确保农垦农业发展不断注入新的活力和持久动力。

四是遵循稳中求进的推进方式。创新和完善农垦农业经营体系是一个渐进的历史过程，不是要推倒重来、另起炉灶。要在保持总体稳定的基础上，与时俱进地推进农垦农业经营体系的适当调整和创新完善。要特别注重时机和条件，不能时机不成熟，条件不具备，就急于求成、强行推进，这样做必将破坏和阻碍农业生产力的发展。要严格遵循自然规律和经济规律，果敢而又审慎，坚定而又持续，全面推进相关配套改革和政策调整，做到体制、政策和行动有机结合，相互衔接、相互促进。

（三）主要经营主体

在农垦农业经营体系中，不同类型的农业经营主体具有各自的特点，组织属性、产权属性和分配关系不同，内在运行机制和比较优势也不一样，彼此之间既存在相互替代的关系，也存在相互补充的关系。现阶段，农垦主要的农业经营主体有以下几种：

（1）国有农场。在农垦农业经营体系中居于核心和枢纽地位，很大程度上影响和决定着其他经营主体作用的发挥，是农垦农业经营体系的突出特点和优势所在。其主要功能是承担国有土地等资源性资产经营、农业发展规划、农业基础设施建设、作物布局、技术推广等统一管理和经营服务，推动现代农业建设水平提高；统筹推进农垦专业合作组织和农业社会化服务组织发展，确保其符合农垦农业发展的总体布局；推动家庭经营向专业化、集约化、规模化方向转变；协调龙头企业与合作组织、家庭经营之间的利益联结关系等。这些功能随着实践的发展，需要不断加以调整、充实、完善和提高。

（2）家庭农场[①]。包括职工家庭农场、专业大户以及在此基础上的联户经营，是农垦农业经营体系中最基本的经营单位，最突出的优势是内部成员的利益高度一致，劳动监督成本低，符合农业生产特点，适合于绝大多数的农垦种养业。家庭经营主要发展方向是推进规模经营，促进人力资本积累和现代生产要素引入，不断提高集约化、专业化水平，逐步成为现代化意义上的家庭农场。

---

① 家庭农场是指以职工家庭为单位从事农业生产经营活动的个体组织。目前新型的家庭农场是指以家庭成员为主要劳动力，从事规模化、集约化、商品化生产经营，并以农业为主要收入来源的经营主体。专业大户通常指种植或养殖规模明显大于当地传统家庭经营的专业化农户。本研究将这些统称为家庭农场。

（3）合作组织。这是近年来一些垦区适应农场农业生产力状况而培育和发展起来的新型农业经营主体，在传统的种养加生产环节和产前、产中和产后环节均能对家庭经营起到横向组织和纵向联结的作用，可以表现为生产协作或生产联合，也可以表现为模拟股份制合作①，有利于提高农业生产经营的组织化程度。合作组织既可以解决家庭经营干不了、干不好的事，又能在一定上程度弥补国有农场统一经营的缺失，在农垦系统有较大的发展空间和广阔的发展前景。其发展方向是实现规范化运作，增强内生发展动力和带动能力。

（4）农业公司。包括种植公司、养殖公司、专业服务公司等经营主体以及由国有农场转换而成的农业经营公司，是一种市场化程度更高的现代农业经营组织形式，具有较完善的公司法人治理结构，较高的决策效率，较强的融资能力和抗风险能力，有利于引进先进技术、物质装备和管理手段，但随着经营规模的扩大，劳动监督成本会大幅提升。公司制经营容易对普通家庭经营产生"挤出效应"，需要具备一定的资源禀赋和外部环境条件。

（5）龙头企业。包括农产品加工、畜禽规模化养殖、农业休闲观光、大型仓储物流、农资供销等农业专业公司，以及由此向全产业链延伸的产业公司。龙头企业可以在更大规模、更大范围上发挥联结市场和农业生产基地与农户的作用，但在实践中龙头企业处于产业链主导地位，不同程度存在侵害基地和农户利益的倾向。龙头企业需要加快建立现代企业制度，从品牌、人才、科技、资源、网络等方面打造具有核心竞争力的商业模式，提升企业盈利能力和带动农业产业链全面发展的能力。

（6）社会化服务组织。社会化服务组织既是经营主体，又是服务组织，既存在独立的组织形式，在功能上又与合作组织、龙头企业、国有农场间存在不同程度的叠加。它广泛适用于农垦农业生产经营的全过程，可以带动家庭经营更好地适应市场需要，更有效地融入社会化大生产。农垦农业社会化服务组织的发展要围绕提升服务能力和水平，建立健全公益性服务体系，并立足农垦现有优势大力发展经营性服务。

以上6个方面是当前农垦农业的主要经营主体，有的经过较长时间的实践，形成了自己的特色和优势；有的发展时间还不长，特色和优势还不明显。

---

① 模拟股份制合作就是农场和职工按照股份制的原则和基本方法进行土地承包生产上的投资、决策、生产和分红，但不同于股份制经营，其组织是农场内部单独核算的生产实体，不是经营主体。

不论哪一种经营主体都需要在实践中不断加以创新和完善，同时，不同经营主体（部分或全部）又需要适应垦区管理体制、农业生产力水平和农场具体情况，形成一个相互联系、相互促进的经营体系，并在实践中不断加以创新和完善。

（四）创新和完善农垦系统农业经营体系的主要模式

从全国农垦系统来看，现阶段农垦农业经营体系总体框架：在纵向关系上，经营主体间探索资本、技术、管理、服务等多种形式的联合，通过产业化经营，构建农业全产业链。在横向关系上，通过国有农场、农垦专业合作组织、社会化服务组织等多元组织形式，推动经营主体向规模化、专业化方向发展。各垦区应根据管理体制、资源禀赋和发展基础，围绕更好发挥农垦在国家战略全局中的作用，可重点选择以下几类主导模式。

模式1：龙头企业（产业公司）＋国有农场（农业公司）。这种模式的最大突破是改变了家庭承包经营的传统做法，在土地配置、生产组织和收益分配上引入现代工商企业的经营管理理念，有利于构造农业全产业链，提高龙头企业对基地的掌控和反哺能力。这种模式下，国有农场（农业公司）、管理人员和农工按约定分配比例获得收益，形成紧密的利益联结关系，可以避免家庭经营的短期行为和农工内部的两极分化。在生产上实行集体统一组织的标准化作业，并建立现代的绩效考核、薪酬管理、风险管控等体系，通过利益联结机制确保经营效益的提升。

模式2：龙头企业（产业公司）＋国有农场＋家庭农场。这种模式是双层经营体制的延伸和进一步深化，实行产加销一体化经营，适合于土地规模比较大、产业化发展基础好的垦区。家庭农场承包经营规模化的土地资源，专门从事农业生产，有较高的农产品商品率和农业劳动生产率；国有农场通过实行统一的农资供应、作物布局、农机作业、农技推广等措施，提供全覆盖、全过程的组织化生产经营服务；产业公司依靠产业提升带动，推进产业链纵向一体化，完善各经营主体之间利益关系，提升产业链的整体效益。

模式3：国有农场＋家庭农场＋合作组织。这种模式的特点是以合作组织为载体，实现行政推动和市场调节的有机结合，比较适合土地规模适中、管理人员能力强、转移就业门路多的国有农场。这种模式的特点在于合作组织由农场主导设立，采取以农场基层组织为单位，以管理人员为核心，以家庭农场为基础的创办模式。合作组织的优势在于，既可以将家庭农场一家一户经营的土地虚拟化，通过横向联合在更大规模上调配资源，取得规模效益，又可以避免国有农场以行政化手段推行统一经营可能存在违背市场规律的偏差。

模式4：国有农场＋家庭农场＋社会化服务组织。这种模式在双层经营基础上，通过大力发展社会化服务组织，提高小规模农户的组织化程度，弥补国有农场统一服务功能的缺失，比较适合于人多地少的国有农场。该模式中家庭农场土地经营规模相对较小，农户兼业行为较为普遍，关键是要把社会化服务作为发展方向，社会化服务要逐步覆盖供种供肥、机耕机收、技术推广、病虫害防控等农业生产全过程，并逐步向农产品储藏加工、运输物流、质量监管、金融保险等方面延伸。

二、重点领域

农垦农业经营体系的创新和完善要适应形势发展要求，针对实践中存在的突出问题，从发展规模经营，加强主体培育，创新组织模式，强化服务支撑等重点领域入手，持之以恒地加以推进。

（一）巩固家庭经营基础地位，积极创新实现形式

以提升家庭经营的集约化、规模化、专业化水平为目标，稳定职工土地承包关系，优化资源和要素配置，增强家庭农场自主经营和自我发展能力。一是保障家庭经营自主权。保障职工家庭对承包经营土地的占有、使用、收益和经营权抵押、担保权利，以及生产投入、劳动用工、产品销售等自主权①，鼓励技术、资本等现代要素投入，提高集约经营水平。二是合理确定土地经营规模。制定垦区规模经营的土地面积标准，并以此为目标调配土地。综合运用市场、行政和法律等手段，逐步消除过度占有土地资源的经营主体。通过市场实现经营能力和土地面积间的有效对接，重点向规模较小、收入较低、潜力较大的家庭农场倾斜。三是规范家庭经营主体。继续推动富余劳动力转移，促进农业生产多样化，农工收入多元化，减少对土地资源的依赖。坚决清理管理人员

---

① 职工家庭经营在形式上与农村农户承包经营土地有相似之处，可以具有相应的土地经营权利；同时考虑保障农场统一经营层面的要求，这些权利的具体内容和实现形式需要在承包经营合同中加以相应规定。

承包土地，严格限制外来人员、退休人员和企业下岗职工承包土地。职工退休正常领取退休金后，其承包经营权应交回农场。四是拓展家庭经营实现形式。在保障职工权益和基本收益的基础上，积极探索家庭经营基础性地位的实现形式。有条件的垦区和农场，可以逐步尝试将职工的土地经营权虚拟化和股份化，统筹兼顾职工增收和现代农业建设需要。

（二）强化国有农场经营职能，进一步提升管理和服务水平

国有农场在农业经营体系中处于十分重要的地位。要不断提升国有农场管理协调、指导服务和统一经营能力。一是全面规范土地承包经营合同。要全面推行土地经营合同制度，明确发包方与承包方的权利和义务，明确承包期限和收费项目、收费标准等内容。加强土地承包经营合同管理，减少合同纠纷的发生。二是构建形式多样的利益共同体。有条件的国有农场，要以土地等国有资产为投入，通过股份合作等方式，向农业生产和加工等产业链两端以及合作组织等不同的经营主体广泛延伸。要通过市场机制，形成国有农场和各类经营主体之间紧密的利益联结关系，推动国有农场积极有效参与农业经营。三是提高统一经营和服务能力。国有农场作为企业管理和资产经营的主体，不能将土地一包或一租了之，要切实提高管理能力和服务能力，在农业基础设施建设和管护、农业生产力布局、实施农业生产技术标准、组织产前产中产后服务等方面发挥更大作用。要在农场内部创建科学、民主的决策机制，有效降低统一经营风险。

（三）培育新型农业经营主体，更好发挥各自的比较优势

新型农业经营主体能够优化集成利用各类先进生产要素，在许多方面代表了现代农业的发展方向，必须予以高度重视。一是扎实推进合作组织的健康发展。加强对合作组织的管理和服务，规范其建立和运行模式，规范内部管理制度，切实发挥带动农户、对接企业、联结市场的功能。积极探索以股份合作等形式组成的农户联合，鼓励有条件的合作组织以资金、技术为要素入股龙头企业。建立健全辅导与培训机制，抓好入社职工技能培训，提高农工对合作组织的认知度。二是不断完善公司制经营主体。要积极优化公司制经营的内外部条件，引进现代工商企业成熟的管理手段，建立完备的管理制度和运行机制，为发挥其经营优势提供基础支撑。三是着力增强龙头企业的带动能力。加快推进垦区内部资源整合和外部资源的并购，集中优势资源做强做大龙头企业。深化

内部体制机制改革，加快推进龙头企业股权多元化，以股权改革促进内部机制转换，有条件的龙头企业要逐步推进上市融资。要强化内部管控制度，有针对性地解决加工链短、低端竞争、营销弱势、人才短缺等问题，切实提高产业带动能力和企业经营效益。

（四）做强做大农业社会化服务业，提升农垦农业发展效率和规模

现代农业的生产经营不能局限于一家一户的小范围，需要将经营领域从生产环节向全产业链延伸拓展，大力发展农业社会化服务势在必行。要将农业社会化服务作为农垦重点发展的新兴战略产业，下大力气加以扶持和推动。一是健全农业公益性服务体系。按照继续健全机构，加强队伍建设，完善运行机制，强化条件保障的思路，建立健全运行高效、服务到位、支撑有力的农垦农业公共服务机构，进一步明确农垦农技推广、动物疫病防控、农产品质量安全监管等机构的公益性定位，协调落实各项扶持政策，确保职能的有效履行。二是加快培育农业经营性服务组织。要坚持主体多元化、服务专业化、运行市场化的方向，大力培育专业服务公司、合作服务组织、涉农服务企业等经营性服务组织。采取定向委托、招投标、奖励补助等形式，引导农业经营性服务组织参与农场的统一经营服务，发挥经营性组织在农机作业、技术培训、农资配送、产品营销、金融保险等专业化服务方面的特长。三是创新农业社会化服务方式。鼓励社会化服务组织加强与经营主体的直接联系，提供个性化、全程化和综合性的服务。整合现有涉农服务主体，搭建覆盖农业生产全过程的综合性服务平台，切实提高服务效能。要紧紧抓住农村土地"三权分离"、推动经营权流转的契机，大力推行直接承租农村土地的经营和服务方式，扩大农垦直接掌控的农业资源。

（五）推动农业经营组织模式创新，注重发挥示范带动作用

探索和试验有利于现代农业发展的组织模式，破解农业生产力发展的体制机制障碍，引领中国特色新型农业现代化发展。一是统筹处理好统与分的关系。统起来可以发挥农场规模优势，降低物资采购和产品销售等环节的交易成本，分下去则可以实现家庭内部的自我管理，降低农业生产环节的监督成本。要在实践中继续探索统和分的各自优势，不断找寻二者契合的最佳程度。二是完善经营主体间利益联结关系。强化市场机制的作用，推动家庭农场、国有农

场、合作组织、龙头企业等主体间深度融合发展。鼓励产业链下游主体入股上游主体，形成以资产为纽带的利益关系；鼓励产业链上游主体以利润返还、股份分红等多种形式，带动下游主体发展。三是做好有针对性的分类引导。集团化垦区要重点推进产业化纵深发展，通过实行"集团公司＋产业公司＋基地分公司＋农户"等模式，打造农业全产业链，培育农业核心竞争力。非集团化垦区要重点推进经营主体间的横向联合，以国有农场为中心，引导和支持家庭农场、农民合作组织、社会化服务组织等广泛联结，提高农业生产和经营规模效应。四是探索示范带动的有效途径。要注重在经营体系上示范带动农村农业发展，积极寻求农垦优势和农村需要的最好结合点，促进区域内农业资源的整合聚合，促进生产要素的合理流动，真正实现垦地双方互利共赢。

（六）加强职业化的农工队伍建设，建立健全新的准入制度

创新和完善农垦农业经营体系，加快推进农垦农业现代化，关键在人。要立足农垦率先实现农业现代化和解决今后"谁来种地"问题的战略需要，积极培养和造就一大批有文化、懂技术、会经营的高素质农业生产经营者和新型职业农工。一是全面提高垦区现有农业从业人员素质。充分利用垦区现有职业技术教育资源和条件，并依靠有关社会力量，大力加强对家庭农场职工、农业企业员工、合作组织带头人、社会化服务组织人员多种形式的教育和培训，同时完善农垦职业教育制度，为持续提高农业从业人员素质提供保障。二是优化农业职工队伍结构。从农垦现代农业建设和各类经营主体发展的实际出发，逐步建立农业从业人员准入制度，科学设定从业人员准入条件和资格要求，着力吸引一批大中专毕业生和高素质劳动力来垦区从事农业生产经营活动，不断提高专业化、高素质农工在垦区农业从业人员中的比重。三是积极营造高素质农工就业创业的良好环境。通过多种方式为高素质职业农工搭建充分施展才干的平台，建立和完善人才激励机制，不断改善农工工作、生活环境，解除他们的后顾之忧。

第四节 创新和完善农垦系统农业
经营体系的政策建议

创新和完善农垦农业经营体系，既要靠各垦区结合自身发展水平，选择合

适的发展路径，也离不开国家及各级政府的政策支持。根据改革实践，当前应有针对性地重点加强以下政策的支持力度。

一、全面落实各项强农惠农富农政策

将国有农场真正纳入"三农"政策体系框架，在主体扶持、产业发展、公共服务等方面平等享受国家相关政策。建议将农垦国有农场的公共服务体系建设纳入我国农业公共服务体系建设范围，明确职能，保障经费，并同等享受基层农技推广体系改革与建设补助项目支持。在修订《中华人民共和国农民专业合作社法》时，明确国有农场农工专业合作社的法律地位，使其能够享有与农村农民同等的国家惠农政策。在出台扶持家庭农场、社会化服务组织、龙头企业等经营主体政策时，将农垦系统纳入其中，按同等标准享受同样的政策支持。

二、支持农垦全面深化各项改革

制度创新同样需要加大资金支持，应该认可"花钱买机制"的改革思路，用财政投入以支付改革成本，促进农垦农业经营体制机制的完善。建议全面深化国有农场办社会职能改革，理顺国有农场政企、社企关系，强化农场农业经营管理职能，大幅增加中央财政补助，从根本上减轻农工负担。加大各级财政对农垦社会保险金的补贴力度，研究完善农业企业职工的社保参保办法，缓解农场和农工的缴费压力。支持垦区城镇化发展进程，将国有农场纳入国家新型城镇化发展整体规划中统筹考虑，发挥农垦城镇化发展对农业经济的带动作用，拓展农业经营制度创新空间。

三、规范国有农场农业经营制度

大幅度减少政府对农业经营活动的干预，从制度上完善农垦农业经营的激励约束机制，更大范围地激发各类农业经营主体的创造性。建议将国有农场土地纳入国家自然资源资产管理体系，加快推进国有农场土地确权发证，将确权发证经费纳入各级财政预算，以保障国有农场的土地经营权。根据国有农场农业经营的特点，在修订《中华人民共和国土地管理法》和《中华人民共和国农业法》时，赋予农垦主管部门对农场土地的经营和监管职能，并研究制定国有农业用地经营管理办法。

四、加大对制度创新的扶持力度

建议研究制定差别化的财政补助政策，将新增财政补贴重点向规模化家庭农场和新型农业经营主体倾斜。健全农业金融和保险支持政策，鼓励金融机构扩大有效抵押品范围，支持垦区建立农业担保公司和融资租赁公司，建立财政支持的农业灾害风险补偿基金，逐步完善农业灾害风险分散机制。加大对农垦农田基础设施建设的投入，减少垦区承担的配套资金比例。完善农业设施用地政策，在土地规划利用上充分考虑农垦农业发展的实际需求。加大对农产品加工企业政策扶持，减轻农产品加工企业税赋，促进龙头企业加快发展。

第八章

建立城乡融合发展机制

第一节　完善城乡要素平等交换的机制[①]

一、当前城乡要素交换过程中存在的主要问题

当前，我国统一开放、竞争有序的要素市场体系尚未完全形成，市场配置资源的决定性作用尚未充分发挥，城乡行政区域对要素自由流动有着各种深层次、隐性化的制约。特别是由于我国农村地区要素市场发育水平较低，近年来土地、资本、劳动力等要素净流出，科技和信息等要素难流入，形成青壮劳动力缺失、货币短缺、资源枯竭、环境污染、科技信息落后等一系列问题。而城市特别是一二线城市对农村要素的虹吸效应明显，同时存在着明显的不平等交换，亟待建立和完善城乡要素资源流动和使用的利益补偿与分享机制。总体而言，城乡要素市场面临着二元土地制度难打破、农村融资交易成本高、农村转移劳动力价格扭曲、科技成果和信息信用数据难向农村流动等众多问题。

（一）二元土地制度阻碍了农民在土地流转过程中合理权益的实现

1. 我国实行城乡二元的土地制度

对农民而言，土地是最重要的生产资料和生活保障，也是生存和发展最重要的物质基础。土地制度是国家的基础性制度，由于历史文化、社会环境和发展水平等各方面原因，我国形成了城乡二元的土地制度，农村土地在流转和征收过程中，存在着较为突出的不平等交换问题。

---

① 本节引自 2016 年农业部软科学课题"以建立城乡统一的现代要素市场体系为目标健全城乡要素平等交换机制"，课题主持人：卞靖。

第一，实行城乡二元的土地产权制度。我国土地实行城市土地国家所有和农村土地集体所有两种所有制形式。但《宪法》规定，村民委员会是"基层群众性自治组织"，不具有法人资格。农民可以拥有土地的承包权、经营权，却没有处置权，农村土地产权不明晰。

第二，实行城乡二元的土地使用制度。城市国有土地可以依法给单位或个人使用，主要方式有划拨供应和有偿使用两种。农民集体土地的使用主要分两类。用于农业生产流转的，主要通过出租、转包、入股、流转等方式完成。转为建设用地的，应先按规定办理农用地转用审批，在纳入用地计划后，再按土地利用年度计划分批次由原批准土地利用总体规划的机关批准。

第三，实行城乡二元的土地增值收益分配制度。城市征地补偿有明确依据，补偿标准较高，且要求"足额到位、专户存储、专款专用"。农村征地的双方是当地政府和村集体，各级政府是当地土地一级市场的供给主体，垄断了建设用地市场，村集体是农村土地出让的代表方，谈判地位不对等，信息不对称，农民个人的诉求难以完全有效表达。同时农村征地补偿标准偏低且可调控的幅度很大，主观因素占比较高，农民合理权益难以保障。

2. 农村土地流转交易成本较高

由于农村土地产权残缺，使得农村土地在流转交易过程中的信息搜寻成本、谈判成本和履约成本均较高，进而造成农村土地流转的交易成本过高，影响了要素的有效配置。

第一，农村土地交易的信息搜寻成本较高。受知识和技术水平、生活背景等方面的限制，农户很难在其生产生活半径内找到合适的交易对象，而扩大交易半径所产生的信息搜寻费用将快速上升。同时，由于农地市场信息不完全，土地需求方想要精确获取土地的边界、产权、涉及人员、是否符合总体规划和土地使用规划等信息较为困难，从而形成较高的信息搜寻成本。

第二，农村土地交易的谈判成本较高。农村土地入市涉及多方主体，既包括农户、村集体等供给方，又包括生产大户、企业等需求方，还包括基层政府和相关部门等第三方。在谈判过程中，需求方既要符合相关政府部门的要求，又要与村干部达成一致，同时还要与每个村民进行协调谈判，跨区域、跨部门沟通协调、达成一致的难度大，谈判成本高。

第三，农村土地交易的履约成本较高。一些地区基层干部和农民的法律意识、合同意识淡薄，合同签订后常常会出现因各种原因而拒绝履约的现象。但由于单个农户流转的土地面积较小，因而毁约代价较低，常常还由于文化习惯、地缘人情等方面的原因难以将处罚真正落到实处，从而推高了交易的履约成本。同时，需求方有时会为获取短期利益而对土地进行破坏性、掠夺式经营，有时不能按时足额交纳签订的补偿费用，农户举证维权比较困难，通过司法程序所需时间较长、费用较高，也间接抬高了交易的履约成本。

3. 城乡土地价格剪刀差扩大了城乡差距

目前，城乡一体化的土地流转机制尚未完全建立，土地确权颁证和流转过程中不规范不合理的行为时有发生。一些流转合同对双方的权利义务及违约责任没有明确规定，缺乏对农民利益的保护机制，同时由于缺少土地承包经营权流转的价格评估中介机构，对流转地价评定缺乏科学标准，加之农民议价能力相对较弱，导致其在分享土地增值收益过程中的合理利益受损，进一步扩大了城乡差距（图 8-1）。

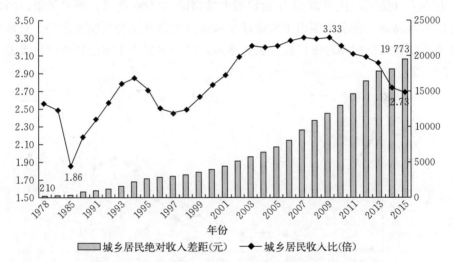

图 8-1　改革开放以来城乡居民收入差距变化情况

数据来源：《中国统计年鉴》（2013—2016 年）

第一，土地确权颁证在执行中常常侵害农民利益。土地确权是保障农民合法权益、实现城乡土地平等交换的重要前提和基础性工作。目前，农村土地承包经营权确权登记颁证工作仍在进行中，在实践中存在着村民和村干部认识不足、责任不到位、历史资料不全、遗留问题较多、土地权属边界不清、权属纠纷较多、基层工作敷衍甚至腐败、补助资金被挤占、挪用、截留等诸多问题，影响了工作的顺利进行。

第二，农民难以分享农用地转为非农用地的巨额增值部分。农村集体土地想要变为城市建设用地，首先得纳入城市总体规划和用地规划，其次必须在一级市场卖给政府，从产权上由集体所有变为国家所有，而真正的巨额增值部分是在土地变为国家所有之后的开发阶段。也就是说，同一块土地，由于产权不完全，政府一方面限制农民开发和用于其他用途，另一方面通过垄断一级土地市场来低价征地，再高价出售或进行商业开发，与开发商、企业共享其中的巨额增值。农民无法分享到土地变性后的增值部分，形成的城乡土地价格剪刀差扩大了城乡居民收入差距。

第三，政府在农村征地过程中获得的土地出让金大部分用于城市建设和发展。在征地过程中，各级政府获得了大量的土地出让金，成为地方财政收入的重要组成部分。1999—2015 年，全国土地出让金总额超过 27 万亿元，平均每年近 1.7 万亿元，其中 2014 年达到历史最高的 42 606 亿元。而多年来，由农村征地形成的出让金主要用于城市建设和提升城市基本公共服务水平，对征地农民补偿和社会保障等方面投入明显不足，进一步扩大了本已严重的城乡差距（图 8 - 2）。

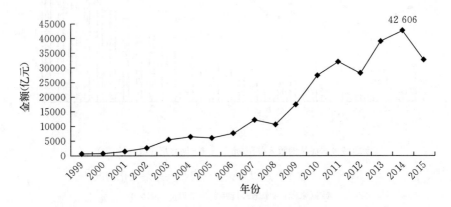

图 8 - 2　1999—2015 年我国土地出让金规模变化情况

数据来源：财政部官网数据库

（二）交易成本过高导致资本要素难以流向农村农业

金融机构交易成本的构成和大小，是影响其市场行为的关键因素。从总体看，农村金融仍是我国整个金融体系中最薄弱的环节，农村不断增长的资金需求与农村金融资源供给不足的矛盾仍非常突出。除去我国长期实行偏向城市和工业发展战略的制度因素外，农村金融机构交易成本过高是长期资金从农村单向流向城市的最主要原因。

1. 农村金融机构交易成本较高

交易成本指存在于交易活动中，为界定和维护交换双方的权益而必须支付的一笔费用，对企业的生产经营方式和发展战略选择都有重要影响。结合商业银行贷款定价理论[①]，金融机构的交易成本可分为融资成本、经营成本和风险成本三个部分。融资成本指金融机构在吸收存款时所支付的成本，主要包括利息成本等。经营成本是指金融机构从事业务所产生的费用，主要包括员工的薪金福利、人员培训、房租物业、业务履行及其他与业务直接相关的费用，此外还包括保险费、外派访问费以及系统评估费等间接费用。风险成本指金融机构为风险事故和预防、控制风险所支付的成本，主要包括信用风险成本（违约事件的发生）和市场风险成本（贷款企业的经营风险）。

由于历史传统、产业特征和制度安排等原因，与城市相比，农村金融机构的融资成本、经营成本和风险成本均较高，因而总交易成本高于城市。

从融资成本看，由于农业生产客观上存在比较利益低、回收周期长、经营风险大等特点，各种投在农业的生产要素往往达不到社会平均利润率。导致农户的人均收入不高、还贷能力不强、有效抵押不足，农村金融机构倾向于提高贷款利率。

从经营成本看，农户贷款存在额度小、抵押品少、期限长短不一、用途多样等特点，也使金融机构不得不通过烦琐的贷款手续来甄别借款人类型，并且每笔小额贷款都有同大额贷款相似的人力物力支出，造成农村金融机构在业绩不变的情况下业务量猛增，进而边际利润下降，边际成本上升。相比城市，农村金融机构的经营成本大幅增加。

从风险成本看，一是农业生产过程中的自然风险较高，近年来粮食受灾面积占耕地面积的比重常年在30%以上。二是信息不对称导致信用风险成本较

---

① 西方商业银行贷款定价的一个主要模型便是由这三大要素组成的：贷款利率＝筹集放贷资金的边际成本（即融资成本）＋非资金性银行经营成本＋预计补偿违约风险的边际成本＋银行预计利润水平。

高，金融机构对农村借款人的真实贷款意愿、还款能力、资金用途等信息无法准确获知。三是产业高风险引发的农产品价格波动较大，重要农产品价格稳定机制尚不健全，农业存在着较高的市场风险。

2. 加剧了城乡资本要素的供给失衡

目前，我国城乡金融的运行体制、制度安排、政策支持等差别较大，以城市为主的金融体制未能根据城乡金融发展的现实差异，因地制宜地进行适合农村金融发展的政策调整，导致城乡金融发展更大的不平衡。城乡金融的非均衡性迫切要求差异性的金融政策来加以弥补。除了偏向城市工业化的金融制度安排因素外，天生具有逐利性的资本本身也具有强烈逃离农村的倾向。只要农村金融机构的交易成本不能降低，投资农业的风险不能有效化解，农民就仍将处于弱势地位，农村资金就不可避免地流向城市和非农产业。

3. 制约了全国统一资本市场的形成

建立一个多元开放、竞争有序的农村金融市场对农村经济发展具有非常重大的意义，也是金融业自身发展的客观要求。由于缺乏各金融机构之间的竞争，农村金融市场上的卖方市场特征明显，导致涉农金融机构的创新意识不强、创新动力不足、降低成本压力不够、金融市场活力不足，进而造成农村金融机构高价低效的经营服务水平。这种发育不健全的农村金融组织体系，不仅不能为农民提供全方位、多品种、高效优质的金融服务，反而容易使弱势农民遭遇金融信贷服务方面的歧视，如贷款对象限制、贷款准入限制、贷款额度控制等各种歧视性很强的各种规定。

4. 延缓了农业转型升级的步伐

当前，由于农村金融市场存在着严重的供给不足和农村资金流向城市的问题，使得农村的资金供给和农民收入陷入恶性循环之中。从资本供给看，形成一个"低收入→低储蓄＋金融资本流失→低资本形成→低生产率→低产出→低收入"的恶性循环；从资本需求看，形成一个"低收入→低购买力→投资引诱不足＋金融资本流失→低资本形成→低生产率→低产出→低收入"的恶性循环。这两方面相互影响，形成农村地区的"贫困恶性循环"，最终使得农村经济难以发展壮大，广大农民难以致富。在农业发展面临转型升级的关键时期，在农村金融资源原本就很有限的情况下，资本不断从农村流向城市，从农业流向非农产业，使农村地区的金融供求失衡加剧。而资本匮乏又反过来导致农村产业结构调整困难，先进技术难以引进，基础设施难以改善，影响了农业现代化的正常推进。

（三）城乡二元的户籍制度及相关福利造成农村转移劳动力价格扭曲

城乡二元的户籍制度及其背后的各种公共福利，严重制约了城乡人口的合理流动，阻碍了城镇化发展的步伐，大量农村剩余劳动力难以获得合理的要素报酬，形成较为严重的农村转移劳动力价格扭曲问题。

1. 城乡二元的户籍制度是关键所在

城乡二元的户籍制度及其背后的各种公共福利，严重制约了城乡人口的合理流动，阻碍了城镇化的推进步伐，扩大了城乡经济社会的发展水平和贫富差距，成为造成社会不公平的一项制度性根源。一方面，受户籍制度、社保制度等各种因素影响，城市和农村两大劳动力要素市场被人为割裂。城乡间缺乏直接有效的联结沟通，劳动力在城乡间的迁移受到诸多限制，且迁移成本较高，难以实现自由流动基础上的平等交换。另一方面，在城市打工的农民工市场与城市自身的劳动力市场割裂。作为进城务工的农民工群体，难以进入以公有制企业和对学历、素质要求较高的外企为代表的城市劳动力市场，二者在收入、社保、福利等方面差距明显，包括第二代农民工在内的农村劳动力难以实现就业岗位类型的改变和身份的有效融入。

2. 中低端劳动力市场供过于求

虽然城乡二元经济结构是许多发展中国家的一种客观存在，但由于各方面原因，我国的城乡二元结构问题远比其他发展中国家突出。几十年来的工农产品价格剪刀差、基础设施和开放政策城市优先、各种优质教育医疗资源集中于城市等，使得城乡劳动力综合素质差距越来越大。由于进入城市的农民工文化教育程度较低，在劳动力市场的竞争力就相对较弱，大多从事加工制造、建筑施工、物流安保、家政服务等技术含量偏低的岗位。而以劳动密集型为主的低端岗位市场供大于求，随着农村劳动力大量集中进城务工，劳动力价格因供求关系而偏离价值均衡点。特别是多年来依靠廉价劳动力成本优势发展加工贸易的外贸模式，以及城乡二元的户籍制度及依附其上的各种公共福利差距，又人为地压低了农村劳动力价格，进一步扩大了劳动力价格扭曲程度。

3. 向城市转移和生活居住的成本越来越高

农村劳动力向城市流动和生活居住过程中，会发生各种费用，由于农民收入较低，这些费用占其收入的比重较高，成为其在城乡间和不同城市间难以自由流动的一个重要约束因素。这些费用主要包括农村劳动力向城镇转移过程中发生的交通费用、在城镇找工作所付出的中介和培训等就业费用，以及在城镇为生存而发生的餐费、住宿费、信息费等生活费用[①]。近年来，随着高铁的普及、房价房租的快速上涨，农村劳动力向城市转移的直接成本也快速上升。同时，高房价高房租令农民工难以在城市真正落脚。近年来，一二线城市的房价一涨再涨，动辄几万元一平方米的房价让想进入城市定居的农民工望而却步。不断上涨的房价房租，正在挤压着农民工在城市的生存空间和发展梦想，最终不得不选择离开。

4. 情感因素的影响越来越大

情感是一种主观体验，是客观现实在人的内心世界的反映形式，具有内隐、含蓄的特点。我国传统上是一个讲究含蓄、情不外露的国家，人的情感隐蔽性更强，更容易被忽视。受往返交通费用较高、假期较短等因素影响，许多离家较远的农民工基本上是一年甚至几年才回家一次，给子女教育、亲情沟通、家庭稳定等带来极大负面影响。并且随着城乡间、地区间公共服务水平差距持续扩大和二代农民工的成长，由情感缺失造成的社会问题越来越多，农村留守儿童、留守妇女、留守老人问题愈发突出，已成为影响农村劳动力是否向城市转移的越来越重要的因素。情感的特殊性，决定了劳动力与土地、资本、科技、信息等其他要素有着本质不同。这些在向城市转移过程所产生的情感成本，是很难用经济数据来体现和衡量的。

（四）平台、设施、激励等不足导致先进技术难以流向农业生产经营领域

科技要素是城乡统筹发展不可或缺的重要支撑，是推进农业产业化、现代化发展的重要力量。由于科技平台、技术人才、基础设施等相对落后，相关政策支持方向和力度不足，导致科技要素难以流向农村地区。

1. 农村科技要素平台不足

在城市特别是大城市，由于经济社会发展水平较高，大都建立了数量众多、类型多样的支撑创新的科技服务平台。而农村地区的技术交易、转移、孵

---

① 事实上，这里的生活费用应是农村劳动力在转入地与转出地之间生活费用的差额，由于相对于城镇，在农村地区的生活费用较低，对研究的过程和结论影响不大。因此，本报告用在城镇的生活费用代替城乡生活费用的差额，特此说明。

化等平台不但数量少，而且种类单一、功能趋同，同时与城市平台在对接、互认、分享和互补等方面仍存在体制机制障碍，科技要素进入输出、沟通交流方面存在诸多不便。

2. 相关基础设施建设滞后

目前，许多地区农村供水、供电、供气条件较差，道路、网络通信、仓储物流设施等不发达，与城镇基础设施衔接性不强。农村路网不完善，道路等级低，自然村之间及村内道路硬化率低。农村电网改造滞后，电压不稳定，电费价格偏高。部分地区农村水利和饮用水安全设施不足，人畜饮水安全问题突出。农村信息网络建设滞后，仓储物流设施严重缺乏。面源污染严重，农村垃圾集收运和污水处理能力差。这些都与科技人才对农村基础设施的基本要求相差较远。

3. 专业人才储备不足

目前，多数地区农村产业融合发展缺乏专业型人才和复合型人才，农民文化素质和技能水平不高。即使是农村电子商务比较发达的地区，也缺乏有经营和创新意识、会网页设计的专门人才。中西部农村地区尤其缺少科技信息人员。

（五）信息基础设施建设滞后和信息公共服务不到位，制约农村信息化进程及城乡信息互联互通

促进城乡统一信息要素市场形成与互联互通的关键是，加快农村信息化进程，破除阻碍信息互联互通的短板。虽然近年来农业信息化加快推进，已经积累了一定成果，但仍无法与经济文化的发展要求相匹配，无法满足农民日益多样化的信息需求。

1. 城乡存在数字信息鸿沟

我国城乡二元化结构导致了城乡数字鸿沟和信息鸿沟的存在。农村内部、农民之间的信息工具不足，信息量占有规模有限。基本信息知识普及不到位，教育培训、公益宣传等公共产品供给不足。农村青壮年大多外出打工，妇女、老人等群体学习接受能力较差，思想封闭、信息闭塞，开展信息化工作动力不足，缺乏获取和运用信息的主体意识、渠道和能力。

2. 农村信息基础设施建设滞后

农民缺乏必要的信息技术装备，缺乏信息鉴别和利用能力，容易被不实信

息误导甚至蛊惑。一般城市互联网普及率达到 70％以上，但大多数农村宽带网户数和手机上网用户数量不足 30％，基础网络服务可及性较差，阻碍了农村信息化和现代化进程。同时，农村信息基础设施建设与运营维护尚未形成常态机制。经常出现重建轻管、无人维护的尴尬局面，容易出现损坏、老化等问题。运营维护需要大量稳定的资金来源，但是各级政府对于农村信息化投入重视程度不高，投入力度不足，现实当中经常出现今年有明年无的情况，导致信息维护机制化建设经常流于形式。

3. 农村信息化专门人才数量严重不足

农村相关工作人员大都缺乏专业培训，业务不熟，知识陈旧，难以满足基层科技信息服务的需要。主管部门缺乏统一规划和整体布局，相关部门和机构在推进农村信息化工作过程中，职责分工定位不够清晰，协调合作较少。大多数农村基层政府建立信用管理体系的意识较弱，缺少专业部门和人员进行信用信息的收集和归档工作，导致农村地区的信用基础数据质量不高甚至缺失。

二、促进城乡要素平等交换的国际经验及启示

（一）"产权清晰＋权益保障"是推动城乡土地要素平等交换的关键所在

经过几十年乃至上百年的时间，主要发达国家基本实现了城乡土地的平等交换，其共同经验是基本上实行私有化的产权清晰的农村土地制度。为保障农民土地权益，形成了较为完善的经营、流转、征收等配套制度体系。通过养老金制度、流转补贴基金等方式，有效保障了农民在土地流转后的生活水平。农村土地市场发育成熟，各类专业中介服务组织发达，政府通过市场化的激励政策推动土地流转形成规模经营，在提高土地使用效率的同时，促进了农村劳动力向城市转移。

1. 农村土地产权清晰

美国实行公私兼有的多元化土地所有制。美国大部分土地为企业和个人所有，全国私有土地约占 58％，联邦政府所有土地约占 32％，地方政府所有土地约占 10％[①]。不论是城市土地还是农村土地，法律上均明示私有土地所有权不受侵犯，土地可以自由买卖和出租。19 世纪 60 年代，美国农村土地开始出

---

① 孙利，美国的土地利用管制和特点，资源导刊，2008（2）。

现较大规模的流转现象，以扩大农业经营规模。由于美国政府较早建立了城乡一体化的土地市场，土地价格由市场供求关系决定，故买卖双方只需根据市场价值进行评估，通过协商达成协议，从而有效保护了买卖双方的利益。政府的作用主要是通过加强监管来维护土地市场公平秩序，依法办理土地所有权的变更登记手续等。

英国最早提出土地发展权的概念。虽然英国《民权法》规定，英国的一切土地所有权都归英国国王所有，但这只是一个名义上的虚化概念，私人事实上拥有在尊重王权前提下的永久所有权。英国政府和公共部门所有的土地占比很小，大部分为个人和企业所有。比较有特色的是，英国政府最早将农村土地发展权从土地所有权中独立出来，认为农村土地的所有权归私人所有，但土地的发展权应归政府。所谓土地发展权，是指对土地在利用上进行再发展的权利，英国政府曾先后通过实施土地发展许可制度、土地开发税制度、规划义务制度、社区基础建设税制度等多种形式对发展权进行管理。虽然每种制度都因反对党不支持、管理成本过高、不透明公平、协商时间过长等各种原因而终止或修改，但其总体思想保留了下来，即政府要对土地在开发利用过程中的净利润进行统筹管理，使土地增值收益让全民共享，从而防止城乡间、地区间差距过大。

日本实行土地私有制。与我国类似，日本耕地少人口多，政府曾在第二次世界大战期间对地主的土地进行强制收购，之后按统一价格卖给农户，从而实现耕者有其田的目标。1952 年，日本政府发布《农地法》，明确指出农户对持有土地拥有永久所有权。到了 20 世纪 60 年代，面对产业结构重点向二三产业转移、城镇化率快速提升、农民向城市流动加快等新形势[①]，日本政府多次修改《农地法》以促进农地的使用权和经营权流转。1980 年日本政府进一步颁布了《农地利用增进事业法》，要求在市、町、村（类似于我国的市、县）设立旨在促进本地区农地有效利用和自由流动的组织体系，鼓励农地的大规模经营，准许股份公司经营农地。

在放开农村土地交易、促进城乡土地平等交换的同时，日本政府特别加强了土地利用的总体规划。于 1951 年颁布《国土普查法》，对境内所有土地的类

---

① 相关数据显示，这一时期日本农村就业人口从 1955 年的 1 489 万人减少到 1965 年的 1 086 万人，10 年间下降了约 27%。

型、面积、用途、所有者等信息开展全面详细调查，为制定土地政策、明确土地规划、综合国土开发和农地配置利用等奠定基础。通过制定综合开发规划、国土利用规划、土地利用基本规划、特定地域详细规划等一系列规划，形成了国土开发、利用、保护的有效体系（图 8-3）。同时，为保障农业生产稳定，日本政府执行严格的耕地保护及土地用途管制政策，使得 1960—1975 年间虽然日本农户数量下降约 20%，但并未发生耕地锐减和农地利用率下降过快的现象。

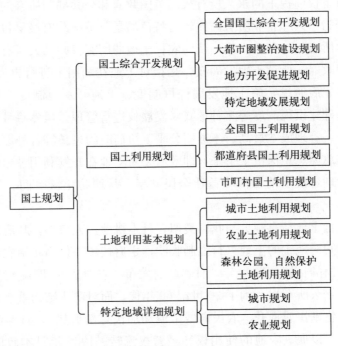

图 8-3　日本国土规划体系

资料来源：韩冰华，战后日本农地非农化之启示，江汉大学学报

（社会科学版），2005（3）

2. 有效保障农民土地流转权益

法国政府为鼓励土地流转建立了完善的补贴制度。法国农业也经历了由小农经济向规模经营的转变。在这一过程中，政府实施了一系列政策，以保障失地农民生活水平不下降，从而提高了农村土地所有者将土地流转出去的积极性和主动性。20 世纪 60 年代，法国政府设立了"调整农业结构行动基金"，对

65 岁以上将土地流转出去的农民，给予平均每年 1 500 法郎的补贴。到了 20 世纪 70 年代，法国政府又设立了"非退休金补助金"，对不到 65 岁将土地流转出去的农民，也给予一次性数额较高的终身补贴。

日本政府建立农地保有合理化法人制度。为了保护农民在土地流转过程中的合理权益，日本政府建立了农地保有合理化法人制度。农地保有合理化法人是土地流转的中介组织，其作为特殊法人接受农民租出的农地，同时开展对企业的土地出租业务，成为沟通农地租借转让的重要桥梁。通过农业委员会、农协组织、农地保有合理化法人等中介组织以及其他社会力量的共同监督制约，保障了农村土地流转的合理价格，促进了城乡土地要素的平等交换。此外，日本政府还较为重视失地农民的生活保障问题。1970 年，日本建立了农业养老金制度。1980 年，日本政府颁布《土地利用增进法》，进一步保护农民土地出租的自主权，促进土地通过出租、转让等方式实现规模化经营。与法国类似，日本政府对符合条件的流转农户给予一次性数额较高的补贴奖励。

3. 鼓励专业化中介服务机构发展

法国成立土地整治和农村安置公司。该公司是以推动农地流转、促进农业规模经营为目标的机构，资金主要来源于政府资助、银行低息贷款和土地购买提成等三个方面。主要面向小农户收购土地，并以较低价格卖给开展规模经营的农户。公司董事会由政府官员和农业行业代表组成，是一家受国家监管的、非营利的股份有限公司。除此之外，法国还通过设置土地事务所和土地银行等相关机构，加强对土地的租赁管理，支持和鼓励民间中介机构发展，实现土地有序流转。

鼓励各类专业化中介服务机构发展是有效促进农地流转的共同经验，日本政府同样成立了农业土地管理公司。作为土地流转的重要中介机构，其主要业务是从有意愿出租或流转土地的农户手中收购土地，再将土地整合后出租或流转给农业生产单位。通过积极鼓励政策类和商业类专业中介机构发展，有效地提高了农地流转的速度、效率和成功率，加快推动日本实现农业规模经营。

（二）"降低交易成本＋市场化手段"是新时期促进城乡资本要素合理配置的重要思路

由于产业自身的特点，农村金融机构的交易成本明显高于城市。从国际经验看，无论是发达国家还是发展中国家，对农村金融的政策体系安排都与城市金融明显不同。为降低交易成本、促进资本以合理价格向农村流动，各国政府在强化农村合作组织建设、加大政策性银行支农力度、规范农村民间金融发展、完善农业保险体系、推进农村信用体系建设等方面做了大量工作。特别是随着互联网的普及，互联网金融已成为越来越多国家破除城乡资本流动障碍的新思路和新选择。

1. 通过政策性补贴降低利息成本

美国农业政策性金融信贷机构类型多样。主要包括农民家计局[①]、小企业管理局[②]、商品信贷公司、农村电气化管理局等。主要任务是稳定农产品价格，实现农业政策目标，提高农民收入，开展公益性农业项目投资，如投资于土壤改良、基础设施建设、兴修水利、灾害补贴等。政策性金融所提供的贷款具有利率低、期限长的特点。这些机构利用政府提供的资本金、预算拨款、贷款周转资金和部分借款，办理商业金融机构和其他金融机构不愿意提供的政策性农业贷款，如救济受灾农民贷款、农民创业贷款、农村社区发展的长期福利贷款，以及对农产品提供价格支持的抵押贷款等，从而有效解决了农业投入资金不足的难题。

日本最主要的农村政策性金融机构是农林渔业金融公库。该机构是日本政府根据 1952 年颁布的《农林渔业金融公库法》设立的，简称农林公库。资金主要用于土地改良、造林、建设渔港等基础设施的融资，同时也用于农业现代化投资、农业改良融资、对国内大型农产品批发市场建设投资等。与我国的中国农业发展银行相比，其业务有三个特点：第一，专办长期低利贷款。公库贷款期限最短 10 年，最长可达 45 年，贷款宽限期除水产加工等少数为 2 年外，一般都为 3 年，长的甚至可到 10 年。第二，贷款利率低。公库贷款利率虽因贷款种类和工程性质不同而有所差别，但总体贷款利率要比普通金融机构低。

---

① 前身是农业重振管理局，该机构不以盈利为目的，旨在帮助贫困地区和低收入农民解决资金短缺问题，其借款人主要是那些无法从商业银行和其他农业信贷机构贷到款的农业从业人员。近年来，农民家计局也成为美国政府贯彻实施农业政策的主要工具。如美国政府为了合理利用农业生产资源，通过农民家计局对农场主发放兴修水利和土地改良贷款，期限最长可达 40 年之久。到 20 世纪 90 年代，农民家计局在各州、县设立的办事处已达 1 700 多个，有力地支持了美国农业发展。

② 该机构专门为不能从其他正常渠道获得充足资金的小企业提供融资帮助。资金主要来源于国会拨款的周转基金和收回的贷款本息等。小企业管理局对小农场的贷款是与农民家计局分工协作的，如果小农场借款人经济状况不好且贷款额度小，则由农民家计局提供资金支持；当小农场借款人经济状况得到改善后，其更多的贷款需求则由小企业管理局提供。

第三，主要通过农协组织完成。由于日本农协组织非常发达，故公库一般不直接面向农户办理贷款，而是委托农协组织代办，并付给其一定的委托费用。

印度最主要的农业政策性金融机构是地区农业银行和国家农业和农村开发银行。地区农业银行是印度政府根据 1976 年颁布的《关于建立地区农村银行法令》所设立的，分支机构达 14 000 多家。该机构不以营利为目的，主要向生产急需的贫穷农民提供贷款，且贷款利率不高于当地信用社利率水平。成立于 1982 年的国家农业和农村开发银行是印度最高一级的农业金融机构，为印度储备银行和印度政府所有，主要业务是向土地开发银行、邦合作银行、商业银行和地区农村银行拆借贷款，并由这些机构转贷给农民借款人。贷款期限多为中长期，一般只为诸如兴修水利、推广使用农业机械、土地开发等较大的农业基本建设项目贷款。

2. 通过鼓励合作性金融发展降低经营成本

美国的农村合作金融体系经历了由政府主导向市场化运作的转变。合作金融刚开始在政府指导下进行，由政府出资建立并扶持发展起来的。随着体系的成熟，政府资金逐步退出，目前这一体系已经发展成由农场主为主体的合作金融组织。美国的农村合作金融体系在构成上由联邦土地银行、联邦中期信贷银行和合作社银行三个独立的体系联合组成，三者之间是平行关系而非上下级关系。

日本对农业提供信贷支持的合作金融是农协系统。农协全称"农业协同组合"，是依据 1947 年颁布的《农业协同组合法》建立起来的农民合作组织。该组织采取三级组织体制，即在市、町、村设基层农协，在都、道、府、县以基层农协为团体会员组成县级联合会，在中央以都、道、府、县级农协团体会员组成全国联合会。这样，日本就从地方到中央建立了一套严密的农协组织系统，把农民全部纳入农协中，在全国形成一个庞大的组织体系，覆盖了日本所有农村地区。经过近 70 年的发展，日本已成为世界农业合作组织最发达的国家之一。日本农村信贷业务主要依托农协来完成。最基层的市、町、村一级，不以营利为目的，主要是为农户办理吸收存款、贷款和结算性贷款，可以直接向农户发放农业信贷资金。中间层都、道、府、县一级的主要金融机构是信用农业协同组合联合会（简称信农联）。作为农协系统的中层机构，信农联在基层农协和农林中央金库之间起到桥梁和纽带作用。最高层是中央一级，称农林中央金库，是农协系统信用部门的最高层机构，它在全国范围内对农协内部资金进行融通、调剂、清算，并按国家法令营运资金。同时，还指导信农联的工作，并为其提供咨询。

印度的合作金融机构主要有两类。一类是提供中短期贷款的合作机构，主要是信贷合作社。另一类是提供长期信贷的合作机构，主要是土地开发银行。信贷合作社向农民提供廉价贷款，大体有三个层次。一是初级农业信用社。主要向社员提供一年内的短中期贷款，利率较低。二是中心合作银行。经营活动限于某一特定区域，主要向由农民组成的初级农业信用社发放贷款，以解决其成员（初级农业信用社）资金不足的问题。三是邦合作银行。成员为邦内所有中心合作银行，资金主要来源于从印度储备银行取得的中短期贷款，以及吸收的部分个人存款，再向其成员提供资金，以满足其信贷需求。

3. 通过完善多层次担保体系降低风险成本

美国农业保险发展历史悠久且市场化程度较高，其农业保险最初是由私营保险公司提供，但由于农业生产经营风险较大，经营的农作物保险均以失败而告终。为帮助农民化解风险，1938 年美国政府颁布《联邦农作物保险法》，制定农作物保险计划。经过 70 多年的发展，已形成较为完备的农作物保险体系。2014 年年初美国通过了《新农业法》（2014—2018 财年）。新法案最大的变化是取消了直接支付，扩大了农作物保险项目的覆盖范围和补贴额度，更加突出保险在防范农业生产风险中的作用，标志着美国农业保障由政府直接财政补贴时代向市场化间接保险补贴时代的转变。

日本自然灾害频发，农业保险的重要性非常突出。第二次世界大战后，为稳定粮食供应、提高粮食自给率、降低国内粮食价格，日本政府于 1947 年将《家畜保险法》和《农业保险法》合并，颁布了涵盖农作物和牲畜保险的新法案——《农业灾害补偿法》。随着经济发展和人民生活水平的逐渐改善，日本农业保险险种数量不断增加，赔付标准不断提高。并注重更精确的费率计算方法，研究科学的灾害损失评价方法，增加对农户风险管理的支持活动，有效地提高了农户防灾减灾能力。从组织架构看，日本农业保险组织分为三个层次。一是村一级的农业共济组合。以周围农民为会员，属于民间非营利性团体。二是道、府、县一级的农业共济组合联合会。以该府（县）内的所有农业共济组合为会员，农业共济组合向其分保，并接受其防灾减损指导。三是中央层面的农业共济再保险特别会。主要是经营农业保险的再保险，服务对象主要是农业共济联合会。

印度农业保险不仅提供风险保障，还促进了信贷市场的发展，成为印度支持农村地区的重要手段。1947 年，印度粮食和农业部（MOFA）首先研究了个体农业保险和同质区域保险在印度的可适用性。1961 年，开展农业保险试点工作。1972 年，正式开始实施农业保险。1985 年，印度政府在全国范围内推行综合农业保险项目（CCIS），该项目采用区域保险方式，各邦自愿开展，农户自愿投保。该项目一直持续到 1999 年，其间参保农户达 7 000 多万户，极大地化解了受灾农户的损失风险。2002 年，印度成立农业保险有限公司，独家负责国家农业保险项目（NAIS）。2008 年，NAIS 参保农户共有 1 亿多户，其中 2/3 为小农户和边缘农户。

（三）"消除歧视＋社会保障"是实现城乡劳动力要素平等交换的有效途径

对许多国家而言，在经济结构由一产向二三产业转型升级的过程中，均伴随着农村劳动力向城市的大规模转移。为消除农村转移劳动力价格扭曲现象，各国采取了一系列政策措施。一方面，优化农村硬件软件环境，实施农民增收战略，明显缩小或基本消除城乡居民收入差距。另一方面，统筹城乡教育、医疗、社保、养老等公共服务水平，建立多层面的低收入家庭住房保障体系，减少城乡分居情况，降低农村劳动力转移的情感成本，有效促进了劳动力转移和城乡协同发展。

1. 大力实施农民快速增收战略

1960 年，日本政府启动了为期 10 年的"国民收入倍增计划"，成为日本经济进入黄金时代的起点。该计划的主要目标：国民生产总值增加一倍，实现完全就业，大幅提高国民生活水平，缩小农业与非农业、大企业与小企业、地区之间以及收入阶层之间存在的生活和收入差距，使国民经济和国民生活均衡发展。该计划到 1967 年就已提前完成翻一番的目标，1968 年超过当时的德意志联邦共和国，成为仅次于美国的世界第二大经济体。到了 20 世纪 70 年代，日本的"中间阶层"人口占比和城镇化率均超过 70%，形成了中产阶层占大多数的"橄榄型"社会结构。

韩国政府从 20 世纪 70 年代开始实施"新农村运动"，努力改善农民生活环境和水平，大幅增加农民收入。1978 年，农户的年人均收入达到 649 美元，是 1970 年的 4.7 倍。1988 年出台的《最低工资法》，又大幅提高了工人和农民工的工资，居民收入增长加快①，收入差距明显缩小。同时，通过提供现金或实物补贴等方式，为低收入者提供居住、医疗、教育、生育等多方面救助，并采取一系列减税、降低公共事业收费等措施。到了20世纪90年代，韩国的"中间阶层"人口占比和城镇化率均超过70%，中产阶层占主体的"橄榄型"社会结构已经形成。

2. 有效解决农村劳动力进城居住生活问题

美国对于低收入群体居住问题解决较好。联邦政府于1937年设立了公共住房项目，由政府直接出资兴建保障性住房，面向低于当地中位收入80%的低收入家庭，并且要求每年新进入该项目的家庭必须有40%是低于当地中位收入30%的极低收入家庭，有效地保障了城市低收入群体的住房问题。20世纪60年代后，联邦政府开始对除公共住房以外的其他住房进行补助，通过为开发商和私人投资者提供优惠政策，鼓励他们为低收入家庭开发廉价房。同时，建立了严格的收入划分标准和资格审查制度，明确规定不同收入阶层所能享受的保障待遇，并在实践中严格执行，从而限定了不同政策和标准所保障的对象和范围，确保低收入居民成为真正的受惠群体。

德国政府一方面用政府住房建设基金建造公共福利住房，另一方面通过免息、低息贷款鼓励开发商建造公共福利住房。同时，在规划之初，德国就将保障性住宅建设分散于城区的各个角落。尽管城市中心地价较高，但政府仍将保障性住宅选择在交通便利的城区内，极大地减少了社会不稳定因素，提高了公共服务一体化水平。此外，德国采取非常严格的房价管制政策来控制房价，从而造就了德国房价超级稳定的现象。在过去的数十年里，其名义房价每年仅上涨1%，20世纪90年代中期涨幅最高的时候也仅为7%左右。稳定的房价加上政府对房租实行管制制度，使得德国的房租也较为稳定，有效解决了中低收入家庭的住房问题。

作为后发国家，日本的住房保障制度起步较晚但发展迅速。1951年，政府颁布《公营住宅法》，明确政府对国民基本生存住房权利保障的责任，日本因此进入了大规模公房建设时期。在随后的20多年里，共新建公房132万套。

---

① 相关资料显示，韩国的制造业工人工资水平在1988年和1989年分别增长了20%和25%。1990年至1995年间，又增长了90%。同期，韩国逐步健全了包括社保、养老（年金）、失业等保险在内的福利制度。

政府一方面直接将公房向低收入群体出售或租赁，另一方面实行配套的财政金融政策，对低收入群体买房租房进行补贴。经过几十年的发展完善，日本逐渐形成了符合国情的、重视中低收入家庭的住房发展规划，成绩显著。

3. 基本实现城乡基本公共服务一体化

欧盟建立城乡劳动力共同市场的关键在于取消对不同成员国城乡劳动者的歧视待遇。不论是城市工人还是农村劳动者，均可在整个欧盟自由流动、寻找工作。但自由流动只是一个必要条件，对于实现城乡劳动力共同市场来说，还要有诸多相应的配套措施。欧盟不仅是实现城乡劳动力的自由流动，同时不同国家间、城乡间医疗、养老、税制等相关配套政策也正在逐步统一，特别是在城乡劳动力市场制度趋同、执业资格互认、生活保障措施完善等方面成效显著，从而使城乡劳动力市场真正实现一体化。

从其他发达国家城乡劳动力一体化的经验看，均是在推进教育、医疗、养老等配套政策一体化的基础上，最终实现城乡劳动力平等交换。在教育方面，1870 年，英国颁布《初等教育法》，创立国民初等教育制度，对 5～10 岁的儿童实行免费教育，成为全球义务教育的先导。德国较早地实行了强制性小学义务教育，即通过惩罚等强制性措施推行义务教育以降低文盲率。到 1890 年，全国文盲率就已下降到 1% 以下。日本政府于 1947 年颁布了《基本教育法》和《学校教育法》，明确教育在国家发展战略中的重要地位，提出教育机会均等原则，确立了 9 年义务教育制度，要求市、镇、村在其行政区域内，必须设置必要的小学，对于教学质量也有相关要求，有效保证了农村儿童的教育年期和教育质量。二战后，韩国"教育立国"观念深入人心，注重教育法律法规建设，明确要求城乡适龄儿童必须接受基础教育，有效保障了低收入群体子女的教育问题。同时，美国、法国、德国、日本、韩国等对农业技术培训也较为关注。从 1970 年开始，韩国政府在农村地区推广普及教育，各村建造了农村会馆、农业技术培训班、广播站、活动室等设施来提升农民知识水平。

在医疗方面，英国 1948 年颁布的《国家卫生服务法》规定，不论城镇居民还是乡村居民，都将享受同样的基本医疗免费政策。德国于 1911 年将农业劳动者纳入医保范围，与城镇工人享有同样的政策。日本 1958 年颁布《国民健康保险法》，同样将农业从业人员纳入医保范围。在养老方面，与医疗类似，各国的农村养老保险制度普遍晚于城镇，但随着经济的发展，均建立了针对农业人口的、与城镇居民差距较小的养老保险制度（表 8 - 1）。

表 8 - 1　一些发达国家城乡居民教育、医疗、养老政策实施时间

国别	义务教育	医疗保险		养老保险	
	城乡统一	城镇	农村	城镇	农村
英国	1870 年	1908 年	1946 年	1911 年	1948 年
德国	1825 年	1889 年	1955 年	1883 年	1911 年
日本	1947 年	1891 年	1961 年	1919 年	1958 年
韩国	1976 年	1973 年	1995 年	1963 年	1988 年

资料来源：李明，邵挺，刘守英，城乡一体化的国际经验及其对中国的启示，中国农村经济，2014 (6)。

（四）"有效保护＋统一平台"是有效推进科技要素在城乡间合理流动配置的制度保证

1. 以法律法规的形式对知识产权实行有效保护

对知识产权最有效的保护方式莫过于建立法律法规并严格执行。英国是世界最早对知识产权进行立法保护的国家。早在 1623 年，英国颁布了相当于专利法的《垄断法规》。1709 年的《安娜法令》是一部旨在授予作者、出版商专有复制权利，以鼓励创作的法规，1710 年又颁布了《保护已印刷成册之图书法》。之后，法国和德国分别于 1791 年和 1877 年颁布本国的专利法律。1809 年，法国首先制定了《备案商标保护法令》，英国和德国分别于 1862 年和 1874 年颁布了本国的商标法。德国于 1896 年颁布了《不正当竞争防止法》，成为世界上最早的反不正当竞争法之一。通过法律法规对知识产权的保护，有效促进了近代资本主义文明在欧洲的蓬勃发展，催生了近代知识产权制度的形成，带动了科技要素在城乡间自由流动、平等交换。

2. 建立城乡统一的科技要素市场平台

在欧盟，技术被看作一项知识型的无形生产要素。知识具有公共品的特征，即非专属性和消费的非排他性，这使得城乡技术市场变得十分特殊。如果只依靠市场自身，农村技术的研发会缺乏激励，从而导致市场效率低下。没有完善的城乡统一科技要素平台，城市先进的技术就难以通过市场力量进入农村地区。为此，欧盟在三个方面加强了城乡科技交换的制度建设。首先，加大政府资助技术联合开发和统一平台建设的力度。欧盟的国家资助制度包括了对技术研发和技术平台建设的资助。为使学校的科研成果与城乡市场接轨，促进知

识产业化，欧盟近年加大了对基础研究特别是农业科技研究的扶持力度，同时大力支持建立城乡统一的技术平台。其次，欧盟鼓励公司内部研发并大力推动面向农村的商业化运动。其重点在于推动欧洲公司的欧盟化，即公司的活动范围从本国城市向欧盟各国城乡全域拓展，欧盟会对公司间的联合研发提供支持。借助公司生产经营"欧盟化"的顺利开展，科技要素在城乡间、地区间的自由流动得到较好解决。第三，新技术获得法律充分保护。尽管各国都有知识产权保护体系，但科技市场的发展仍然受到很大阻碍，在欧盟的制度框架中不可以找到原因。即从《罗马条约》到《马斯特里赫特条约》都没有对如何克服技术在各国间、城乡间流动的各种壁垒作出约定。21世纪以来，欧盟密切关注公司科技所有权的公开化问题，同时加强对各国专利权、商标权等自治行为的限制，以建立欧盟区域内相对统一的知识产权市场平台。

（五）"大力投入＋信息共享"是推动信息要素实现城乡一体化的重要经验

1. 大力投入开展农村信息化基础设施建设

英国非常重视农村信息化基础设施建设工作。早在2001年，英国政府就在农村地区建立了大小不等的1 000多家上网中心，以鼓励和引导农民通过网络获取信息，学习互联网技术。根据辐射范围和覆盖农民数量，上网中心的规模各不相同。大的中心有200多台电脑供同时使用，小的中心只有一间屋子、几台电脑。2013年，这种网络中心在全国已发展到6 000多家。21世纪以来，英国先后开展了"家庭培训倡议"和"家庭电脑倡议"，极大地提升了农村家庭的上网普及率。根据英国公布的《2014年通信基础设施报告》，截至2014年6月，包括农村地区在内的英国全境的固网宽带覆盖率已接近100％，固网宽带平均速度为23Mbps。

日本的农村信息化基础设施建设做得较好。政府明确承担提供信息基础网络和信息公共服务的责任，加强对农村基础网络平台、用户终端和信息资源等方面的硬件基础设施建设。同时，提供城乡一体化信息公共服务的部门和机构还与社区服务中心、图书馆和文化站、合作组织等紧密配套，加强组网技术、接入技术、数据库建设与软件开发、技术标准化等方面的软件设施建设。日本政府更多采取市场化手段，来吸引和激励社会资本和民间团体参与信息基础网络建设运营和信息公共服务供给。不仅在入口端引入竞争机制，更在信息化设施建设与维护的全过程开放市场，并形成有效的监督机制，从而确保了基本信息公共服务的覆盖率和保障程度，有效提升了服务质量和水平。

2. 建立多方参与、互惠共享的信息平台

英国政府较早建立了农业农村信息服务网站和综合信息服务平台，免费为农民提供相关最新政策、科技应用、技术转化、天气情况等信息，努力消除与城市的信息数据差距。同时，英国政府还委托有关部门和机构建立网上农业经济评价系统，农场主可以把农场的投入、成本、产出、灾害损失等数据录入，即可得出对自己农场经营水平和盈利状况的评估数据。

美国政府积极推进以信息共建共享为核心的平台建设工作。1993年，克林顿任美国总统后不久，便推出了"国家信息基础设施"计划，俗称"信息高速公路"战略。该战略使得美国农业的计算机网络快速普及，众多信息化关键技术在农业领域得到应用，极大地提高了农业生产率。美国政府搭建信息平台，鼓励联邦农业部门、地方部门、农业合作社、农会、普通高校、科研单位、涉农企业、中介机构和民间组织等各类主体，提供与农业相关的政策法规、市场信息、统计数据、研究成果、技术应用等各种信息，形成各类信息的大汇总平台。其中，政府、高校和科研单位发布的信息主要以社会性、公益性为原则，大部分为免费，农业合作社、农会、农业企业和中介机构发布的信息是收费和免费两种形式并存。

三、促进城乡要素平等交换的政策建议

加强城乡要素市场体系一体化建设，推动各类城乡要素平等交换，不同要素领域各有特点、各有侧重。但从根源看，有一些共同的体制机制性问题。因此，在针对不同要素具体提出政策建议之前，有必要对共同的体制问题进行建议。

一方面，加强国家层面市场法治规则体系建设。城乡要素平等交换需要中央政府积极破除地区间、城乡间不平等的制度和政策，整合各类产业、环保、公共服务、土地、招商类政策和法规。清理和废除妨碍统一市场和公平竞争的规定和做法，着力消除区域行政性市场壁垒。以土地市场为例，解决城乡土地市场一体化从根本上要靠国家土地市场法律体系的完善，包括土地基本法律、土地规划法律、土地资源保护法律和耕地保护法律。在土地资产方面，包括土地财产法、国有土地、集体土地、土地登记等法律。在土地市场交易方面需要制定土地储备、交易、征地和土地租赁等法律法规。另一方面，从国家层面推

动统一的市场监管体系建设。在高层建立健全统筹城乡要素资源平等交换的工作协调机制，全面加强城乡要素市场协同治理，积极拓展公众参与的范围和渠道。在实际工作中进一步明确政府与市场的边界，清理或废除各类涉嫌妨碍城乡间要素自由流动与平等交换的产业、环保、土地、招商等政策法规，着力消除城乡间的各类市场壁垒。

（一）完善现代农村产权制度，建立城乡统一的土地产权交易市场

以建立城乡统一的土地要素市场为目标，以破解城乡二元土地制度、降低农村土地交易成本为核心，以完善农村集体土地产权制度、形成完备的法律法规体系、优化农民土地流转利益保障机制、营造良好市场交易环境等为抓手，最终形成科学合理、公平高效的城乡土地平等交换体制机制。

1. 建立产权明晰、流转顺畅的现代农村产权制度

一是完善农村集体产权确权和保护制度。充分贯彻落实《中共中央 国务院关于完善产权保护制度依法保护产权的意见》，分类建立健全集体资产清产核资、登记、保管、使用、处置制度和财务管理监督制度，规范农村产权流转交易。出台农村承包土地经营权抵押、担保试点指导意见，因地制宜地落实承包地、宅基地、集体经营性建设用地的用益物权，赋予农民更多财产权利。

二是加快推进土地确权颁证工作。以加快推进农村集体土地所有权、农村建设用地和宅基地使用权确权登记发证工作为契机，进一步明晰农村集体土地产权归属，完善集体产权权能，实现集体产权主体清晰。研究确定土地承包经营关系长久不变的具体实现方式，探索实行全国统一的土地承包权权属登记期限，开展土地承包权永久转让和继承试点。妥善处理第二轮承包期放弃承包地农户重新要地的矛盾，借鉴地方经验，探索设立虚拟土地承包权，通过采取"定量不定位"的办法，使原有土地经营权的农民在不真正拥有土地的同时，享有实体土地承包权同等权益。

三是推进农村集体建设用地制度改革。细化和落实中共中央办公厅、国务院办公厅 2015 年印发的《深化农村改革综合性实施方案》，及时总结试点经验。建立健全土地承包经营权流转激励机制，引导土地向新型农业经营主体流转。支持将农村土地三项制度改革试点经验率先在长三角和珠三角地区复制推广，在更大范围探索推进城乡统一建设用地市场建设。改革完善农村宅基地制度，探索宅基地的有偿使用制度和自愿有偿退出等机制。

四是积极推进农村集体资产股份权能改革工作。明确认定集体经济组织成员资格，这是推进农村集体资产股份权能改革的前提和基础。强化监管，各级政府特别是基本政府要加强对农村集体经济组织的业务指导，同时发挥好监事会的监督管理作用，保障村集体经济组织成员进行民主管理、民主决策、民主监督，从而有效激活农村土地、房屋等"沉睡资本"，形成产权明晰、权能完善、要素优配的以土地为核心的农村集体经济运营新机制。

2. 形成完备的法律法规体系

一是修订相关法律以延长农村土地承包经营期限。涉及农村土地承包经营期限的国家法律主要包括《农村土地承包法》和《土地管理法》。其中，关于农村土地承包经营期限（耕地承包期限）为 30 年的提法，应修改为与党的十七届三中全会精神一致的"现有土地承包关系要保持稳定并长久不变"。

二是研究制定《土地利用总体规划法》。建议出台专门针对土地利用规范的法律法规，应特别注重在农村土地流转的规模、用途、方式、收益分配、监管等方面进行明确详细规定，以提高土地流转的规范性和有序性，保障农民的合法权益。

三是加快修订和完善其他相关法律法规。党的十八大以来，中央和相关部委出台了一系列涉及农村土地问题的文件办法，具有较强的改革精神和前沿探索性。而相关国家法律及行政法规、地方性法规、规章办法等相对滞后，影响农村土地改革工作在实践中的有效开展。应进一步完善法律法规，明确农民在农村土地流转中的主体地位，赋予农村土地完整产权，给予并保障农民合法、自愿流转土地的选择权，为农村土地改革推进工作以法律支持和保障。

3. 完善农民土地流转利益保障机制

一是建立城乡统一的土地交易市场。建立统一公开的城乡土地交易市场，将其纳入政府公共资源交易平台。制定建设用地使用权统一交易目录，对城乡建设用地交易的信息发布、招投标、成交公示和交易管理等活动进行统一管理和监管。严格限制隐性交易和私下交易，加强监督检查和诚信体系建设。通过综合平衡和技术调整，使基准地价能客观反映不同城镇间真实的经济差异和价格水平，进而促进城乡土地市场的均衡发展。

二是完善对被征地农民合理、规范、多元的保障机制。保证农民自主自愿流转的选择权，农村土地流转始终要坚持依法、自愿、有偿原则，充分尊重农民意愿。尝试构建农村产权担保机制，降低农地转入者因经营亏损而对农民权益造成损害的风险。建立兼顾国家、集体、个人的土地增值收益分配机制，平等保护农民和农地转入者的合法利益，合理提高个人收益。

三是深化财税体制改革。加快推进中央与地方财权事权改革，调整中央和地方收入划分，提高一般性转移支付规模和比例，适当"上移"部分地方政府基本公共服务事权。完善财政转移支付制度，减少地方财政对土地出让金和土地税金等土地收入的依赖。开展农村金融制度、社会保障制度、社会管理和公共服务体制等配套改革，充分发挥土地流转资金在完善社会保障制度、解除农民后顾之忧等方面的积极作用。

四是完善农村土地流转监管机制。严格限制成片土地的垄断开发，防止圈地炒地，然后高价转让土地的行为。探索实施从土地出让中提取一定比例作为社会保障基金，用于交纳被征地农民的社会保障费用。探索对公益性用地采用"以租代征"的方式，政府每年根据物价水平和财政收支情况支付给农民租金。探索建立土地节约集约利用的考核评价，加大对闲置土地的处置力度，提高土地使用效率。

4. 积极发挥专业中介机构作用

一是大力发展信息平台服务机构。落实 2016 年 9 月国务院常务会议关于加快推进"互联网＋政务服务"的精神，探索实施各地网上政务服务平台面向公众和中介机构开放数据接口，从而形成中央与地方、城市与农村、国企与民企之间互联互通的土地承包经营权信息应用平台，有效降低农村土地流转的信息搜寻成本。进一步探索研究制定土地承包经营权登记业务系统与不动产登记信息平台的数据交换协议，逐步实现与不动产登记信息平台的信息共享。

二是营造民营中介机构发展的良好环境。以法律法规形式明确涉及农村土地流转中介机构的法人地位、机构性质、设立条件、经营范围、法律责任等事项，规范中介市场秩序。加强政策引导，搭建服务平台，培育和支持农村土地流转中介组织发展壮大。

三是大力培育法律、咨询、评估、担保等中介服务机构。加强对土地承包合同签订的咨询服务，对承包合同丢失、残缺的，进行指导补签、完善。加强对农村土地流转的事前法律规范和事后纠纷调处，探索组建土地流转纠纷仲裁机构，依法调处土地流转中引发的各种矛盾纠纷。依托中介服务机构合理评估地租地价，有资质的机构还可以土地为标的物，进一步开展土地信托、资金融通、土地保险等相关衍生服务。

（二）降低农村金融机构交易成本，建立城乡资本市场一体化组织平台

以降低农村金融机构的交易成本为目标，以降低融资成本、经营成本和风险成本为重点，通过强化农村合作组织建设、加大政策性银行支农力度、规范农村民间金融发展、完善农业保险体系、推进农村信用体系建设等具体抓手，最终形成城乡统一、平等交换的多层次、广覆盖、可持续的农村金融服务体系。

1. 强化农村合作组织建设

一是明确政府在农村专业合作组织中的定位。做好宣传培训工作，提高农民对农业合作经济组织的认识和参与发展的积极性。因地制宜地制定和实施促进农业合作组织发展的政策，为农民提供审批、信息、项目、技术等方面的支持。

二是健全规章制度，完善治理结构。坚持"民管、民办、民受益"的基本原则不变，确保农村合作组织不会成为地方政府的附属机构。建立科学严肃的按章办事制度，明确办会原则、服务宗旨、组织机构、入会条件、会员权利和义务等。健全组织机构，会员代表大会、理事会和监事会等组织管理机构要按规设立，提高会员的主体意识和责任意识。

三是加强对农村一二三产业融合发展的金融支持。支持金融机构增加服务供给，长期保持对农村金融机构执行较低的存款准备金率，加大金融企业涉农贷款损失准备金税前扣除政策支持力度。拓宽融资渠道，鼓励社会资本参与农村产业融合发展，支持符合条件的企业在"新三板"上市。完善落实农村信贷抵押担保政策，推进农村资产产权抵押贷款试点，拓展贷款抵押物范围，完善农村财产担保办法，鼓励各类担保机构提供融资担保和再担保服务。

2. 加大政策性银行支农力度

一是扩大业务范围，优化金融资源配置。强化中国农业发展银行政策性职能，允许其根据政府要求和自身实际开办更多涉农金融业务。调整贷款结构，加大中长期"三农"信贷投放力度。发挥国家开发银行优势和作用，加强服务"三农"融资模式创新。

二是完善相关政策，保障政策性金融高效运行。加大政策扶持力度，对保险公司的政策性农业保险和经营管理费进行补贴，明确补贴的方式、品种和比例，加强正向激励。完善相关法律法规，明确金融机构的支农责任，建立持续

有效的信贷投入机制。加快建立分工合理、适度竞争的农业政策性金融运作机制，明确农业发展银行在农业政策性金融体系中的主体地位，发挥其在农村金融中的骨干支柱作用。其他农村金融机构按照优势互补、互惠共赢的原则，从事或者代理相关的农业政策性金融业务。

三是加大对农村基建和综合开发等项目的支持力度。农发行应重点支持农村基础设施建设和农业综合开发等中长期项目，同时要与财政支持农村基础设施建设的资金有机结合，形成农村基础设施投入的长效机制，建好、管好、护好、运营好相关设施，促进城乡基础设施互联互通、共建共享。

3. 规范农村民间金融发展

一是加强政府对农村民间金融的有效监管。农村民间金融的发展存在国家干预和自我发展两种模式。应从国家金融体系由局部向全局延伸的角度出发，理性看待国家干预下的农村民间金融的发展模式和试点推行。

二是降低市场准入限制，培育多元竞争市场。建立符合实际的制度规范，进一步开放农村金融市场，降低社会资本进入门槛。打破垄断消除歧视，鼓励模式创新经营创新。完善中央与地方双层金融监管机制，强化民间金融机构内部的产权结构、治理机制和监督机制。

三是大力发展"互联网＋金融"模式。合理引导互联网金融、移动金融等新型金融在农村的规范发展。加大全国农村合作金融机构互联网综合金融服务平台的使用范围。加强互联网农村金融备案管理工作，形成相关机构业务活动监督管理制度，促进行业健康发展。

4. 完善农业保险体系

一是农业保险公司要增加有效供给。创新农业保险制度，规避逆向选择和道德风险，灾害频发、风险较高的地区可尝试由巨灾风险制度来代替农业保险制度。形成农业保险有效运行机制，维护市场稳定。根据经济发展情况适时调整和完善农业保险相关规章制度，辅以投保及理赔程序等配套政策，优化农业保险流程，为农业保险顺利实施提供制度保障。创新农业保险模式，提高风险保障水平。设立灵活的农业保险补贴标准，以满足不同农户需求。开发价格保险、产量保险等新险种，鼓励农户在购买政策性农业保险的基础上投保商业性农业保险。

二是政府部门要完善相关制度体系。完善相关法律法规，首先由地方政府、保监会和各大保险公司根据辖区内农业保险的经营模式，制订农业保险的地方性法规，然后国务院参照地方经验，制定农业保险条例，进而通过人大常委会上升为法律。提高财政补贴效率，构建多层次的农业保险体系，协调各级政府、农户及保险公司的利益，明确各方职责。构建普惠性农业保险体系。对于关乎国计民生和对农户收入水平影响较大的作物、畜类等实施强制性保险。建立再保险机制，进一步完善包括政府资金、再保险、巨灾基金、巨灾风险证券化等多种方式的巨灾风险转移分摊机制。建设农业风险管理平台，构建有效的农业自然灾害风险管理综合防范体系。

三是农户要提高参保意识。积极发挥农村地区农民组织或地方非营利性政府组织的作用，开展与农业保险公司的合作，低成本高效地推广农业保险。提升小规模农户的生产风险意识，增加农民风险意识，并探索形成与政府、农户之间更紧密的利益连接机制。

5. 全面推进农村信用体系建设

一是建立与农村个人信用相配套的法律体系。制定相关法律，对农村的信用活动、金融机构的经营活动、农村金融主体的行为做出法律规范，降低农村金融风险，维护各金融主体的利益。通过制定事后惩罚的法律法规，对金融机构和借贷者的失信行为给予法律严惩，保障农村金融活动的顺利开展。

二是引入市场化运作的第三方中介机构。建立农民产品和信息交换的平台，提高信息透明度，将农户分散在政府、金融、财政、公安、税务、法院等部门的信息整合联网。

三是支持保险机构研发专门针对农村地区信用情况的保险产品和服务。设立专门的涉农企业和农户担保机构，尝试政府与民间资本相结合筹集基金进行担保的方式。总结江苏、内蒙古等地区开展的地税部门与银行部门联动的"征信互认，银税互动"模式，积极推进纳税信用评价结果在金融领域的应用，向守信涉农企业和农户优先提供无抵押信用贷款或其他金融产品。

（三）加快推进城乡公共服务均等化，建立健全统一的人力资源和劳动力市场

以有利于劳动力自由流动和人力资源合理配置为原则，以破解城乡二元劳动力要素市场为目标，以推进农村一二三产业融合发展为契机，以建立城乡统一劳动力要素市场、加快户籍制度改革、完善低收入群体住房保障体系等为抓手，形成城乡劳动力自由流动平等交换的体制机制。

1. 建立城乡统一的人力资源和劳动力市场

一是加快城乡人力资源市场整合。整合各地人才和劳动力市场，积极探索建立城乡统一、运行规范、平等竞争、规范有序的劳动力市场体系。建立健全城乡统一的人才和劳动力资源、就业岗位资源、培训资源互通互用的城乡共享机制。

二是建立城乡统一、信息共享的人力资源服务平台。加快建设全国联网的人力资源市场信息系统和完善信息公开发布制度、职业供求状况分析制度。建设城乡统筹就业公共服务平台，健全人才和劳动力资源、就业岗位和培训资源共享机制，联合推进集成就业政策、就业指导、职业介绍等功能于一体的农村就业服务平台建设。

三是健全社会保障和劳动保障监察合作机制。探索完善农民工在城乡间、不同城市间养老保险异地转移接续办法，运用信息化手段提高养老保险待遇资格协助认证效率。推进城乡间、城市间医疗保险合作，探索推进更大范围的参保人员异地就医医疗费用联网结算。加强劳动保障监察合作机制建设，统一城乡政策执行标准、条件、程序，切实保障跨城乡就业劳动者权益。

四是发展劳动力市场中介组织。完善农村劳动力中介机构准入、指导、自律、退出等各项制度，减少政府直接干预，推进政事分开、管办分离，加强政府监管职能，维护劳动力中介市场秩序。完善中介机构服务网络，促进劳动力市场分类构建，提高地区覆盖率，推动区域内劳动力市场的联合互动。

2. 加快户籍制度改革，促进公共服务均等化

一是将户籍制度与附加在其上的相关社会经济政策与利益分配关系相分离。按照城乡统筹的要求，加大农村公共产品供给，增加农村教育、医保、社保、基础设施等方面的投入，明确公共服务范围、标准、规范及相关流程，促进城乡间公共服务和人力资源服务基本均等化。

二是加快解决长期在城镇务工就业的流动人口特别是携家眷在城镇务工就业，以及新生代农民工进城定居落户问题。完善居住证制度，有序推进外来人口落户，加快探索符合各地实际的新型城镇化道路。落实1亿名左右农民工和其他常住人口在城镇定居落户的目标，保障进城落户农民工与城镇居民有同等权利和义务。

三是努力实现基本公共服务常住人口全覆盖。进一步扩大基本公共服务覆盖面，加快推进城乡统一的失业登记管理制度、医疗救助制度、基本养老保险制度等。进一步提升中小城市的基本公共服务水平和产业吸纳就业的能力，引导农业转移人口在城镇落户的分层多样选择。

3. 加快完善中低收入群体住房保障体系

一是制定和完善住房保障法律法规。出台《住宅法》，依法成立专门机构来实施住房保障政策的各项保障措施，通过法律引导和规范相关主体行为，保证住房政策的有效执行和实施。建立住房保障分级和退出机制，保证保障性住房在中低收入群体内的良性循环。

二是根据不同收入水平明确划分住房供给方式。为低收入群体和弱势群体提供"人头补贴"，政府根据报税收入和家庭资产的最新情况，实事求是地划分居民收入水平。将高收入者、高知人群等高层次住房需求完全市场化，不应将公共住房作为吸引人才的砝码。

三是不同城市采取差别化住房价格管理政策。规范租赁市场，积极引导新兴消费群体租房。一线城市应保障中产阶层"居有权属"，二线城市应保障参保群体"居有定所"，三四线城市应根据具体情况扩大住房保障的对象范围，以分流部分大城市住房需求。

4. 以推进农村一二三产业融合发展为契机，促进人力资源双向流动

一是加大对农业科技人员的支持力度。加强城乡间、体制内外农业科技人员的自由流动，打破体制壁垒，扫除身份障碍。鼓励大中专院校毕业生到农村产业融合领域创业就业。加强乡村专业技术协会建设，稳定和健全村级农民技术员队伍。

二是加强对新型经营主体培训的财政支持。进一步扩大培训补贴范围，形成以种养大户、家庭农场负责人、专业合作社管理者、龙头企业领导层、农民企业家、返乡农民工、农家乐和农产品网店等从业人员等为主体的多层次、多途径、多方式的职业技能培训，增加补贴规模，培育一批生产经营型、专业技能型、社会服务型的从事农村一二三产业融合相关行业的工作者和农业职业经理人。

三是实施新生代农民工职业技能提升计划。出台针对新生代农民工的免费技能培训政策，提供配套保障措施。整合现有各类职业培训学校和培训机构资源，以规模化、综合化、就业一体化为重点建设方向，对新生代农民工实行学制教育。

(四) 完善知识产权保护体系，加快城乡科技要素市场一体化步伐

加快科技要素城乡市场一体化步伐，提升科技资源平台的服务水平，促进

科技创新要素在城乡间自由流动、平等交换，提高科技资源共享层次。

1. 完善覆盖城乡的知识产权保护和交易体系

建立城乡一体化知识产权交易市场，大力发展跨城乡的知识产权交易中介服务。鼓励金融机构开展知识产权质押融资业务。探索建立跨城乡的知识产权法院，进一步提升农村知识产权保护水平。联合鼓励社会资本投资设立跨城乡的知识产权运营机构，开展知识产权收储、开发、组合、投资等服务，盘活知识产权资产，加快实现知识产权市场价值。

2. 建立符合国际惯例的技术市场促进体系和服务管理体系

建立以重点城市和经济发展较快的农村地区为主要结点、跨城乡技术转移、技术交易线上线下服务体系。大力培育农业科技咨询、技术评估、专利代理、科技金融、知识产权法律服务等中介机构，促进科技创新要素跨城乡流动整合。实现科技资质互认、成果对接、资源共享，促进科技创新要素跨城乡平等交换。

3. 加快科技要素市场一体化步伐，提升公共科技平台的服务质量

加快构建以技术转移为重点的城乡统一的现代技术市场体系。推动行业性、专业性、区域特色型科技服务平台建设，整合生产力促进中心、企业技术中心、工程（技术）研究中心等各方面资源，为企业科技创新提供服务。充分发挥城市公共科技服务平台的积极作用，提高城乡间科技资源共享的层次和质量。推动城乡间、省际技术经纪人资质互认，将全国技术转移活动进行整合，建设城乡技术交易线上线下平台。

（五）推动信息公开和城乡信用信息共享，构建城乡一体化的信用服务平台

加快农村信用信息体系建设，制定和完善信用法规标准，联合推进城乡数据信息、信用服务市场和信用监管体系建设。

1. 加大农村信息化基础设施建设力度

高度重视农村高速、超高速无线局域网铺设工作，中央和地方政府配套专项资金解决农村信息化问题。吸引运营企业发挥"光纤到村"优势，争取推动低成本、高性能无线互联网更广覆盖。适当增加终端接入设备投入量，提高传输能力，支持智能手机、各类电脑等通过无线端口接入网络，努力解决信息进村入户"最后一公里"问题，要让广大农民"愿意用、用得好、负担得起"。夯实农村互联网基础设施，为农村信息科技普及、电子商务发展创造条件。

2. 建构城乡一体化的制度框架和信用服务平台

推动城乡信用基础设施共建共享，促进全社会征信体系互联互通，以信贷、纳税、合同履约等信用记录为重点，建立城乡统一的社会信用信息共享平台。鼓励各部门和各地政府在行政许可、政府采购、公共资金申请等各环节优先使用信用信息产品。鼓励社会资本投资和运营市场化征信评级机构，引导和培育农村信用信息服务市场。

3. 强化对失信行为的惩戒

建立健全农村企业和个人信用数据库以及信用信息征集、查询和使用制度。加强信用协同监管，在各地工商、税务、金融、环保、社保等部门之间，建立守信激励和失信惩戒联动机制，建设城乡一体化的市场主体违法经营的"黑名单"警示制度。将政府纳入征信评价体系，鼓励政府部门特别是农村基层政府主动接受社会公众监督，建立公共部门信用档案和信用公示制度。

4. 探索建立城乡一体的数据信息交易平台

实现城乡市场主体基础信息互联互通和企业资质互认，建立企业主体信用信息交换共享机制。盘活全国城乡数据资产，实现数据资源高效利用，为公共机构、科研单位、企业乃至个人进行多样化数据信息交易提供平台和场所。研究制定统一的政务信息资源分类标准、信息传输技术规范和信息资源共享目录体系。建立健全政府部门间、社会组织间、企业间多层次的信息化协调沟通机制。共同维护城乡信息交易市场秩序，推动跨城乡数据交易相关法律法规和行业规范的确立，明确交易类型、确权方式等问题，建立安全可信、公正透明的隐私保护、定价与交易规则。

第二节　城镇化与新农村建设的协调发展[①]

一、城镇化与新农村建设协调推进的地方实践——浙江的"三种模式"

（一）嘉兴模式——"两新工程"建设

2011 年，嘉兴市委、市政府提出实施"与沪杭同城"战略，围绕增强城

---

① 本节引自 2014 年农业部软科学课题"城镇化与新农村建设协调发展研究"，课题主持人：钱水祥。

市节点功能、彰显江南水乡田园风光，大力推进现代新市镇和城乡一体新社区"两新工程"建设，其中新市镇是广大农村地区的经济、文化和生活服务中心，是城乡联结的纽带和中间环节，也是统筹城乡发展的基础性节点；新社区是指按照统筹城乡发展的要求，借鉴城市社区建设和管理理念进行规划建设的新型农村居民集中居住区[①]。根据这一要求，嘉兴市委、市政府高标准制定"1＋X"村镇布局规划（即一个新市镇镇区加上不超过镇所属行政村数的城乡一体新社区），着力优化村镇空间、功能等布局，着力打造 40 个左右的现代新市镇和 300 个左右的城乡一体新社区。到 2013 年，全市 858 个行政村集聚到了 47 个新市镇和 339 个新社区，集聚率超过 50％。这些城乡一体新社区通过"两分两换"（即宅基地与承包地分开，搬迁与土地流转分开，以土地承包经营权换股、换租、增保障，推进集约经营，转换生产方式；以宅基地换钱、换房、换地方，推进集中居住，转换生活方式）[②]，形成了农村居民向城镇或周边跨组、跨村、跨镇集聚为主要外在特征的新型社区形态。

嘉兴"两新工程"建设的最大特点是通过城乡连接与融合，使农民生活与生产分离，加快了农村居民居住环境城市化、农民职业身份多元化、村务管理居务化和农民意识城市化，最终实现身份重构、资产重组、组织重建、服务重塑，并相互联系、相互配套，构成一个整体。另一方面，"两新工程"建设把新市镇和新社区作为居住空间的延伸，充分利用市、镇配套的基础设施、设备等公共资源，科学确定新社区规划布局和产业功能布局，并通过综合配套改革全面探索解决"人、地、钱"矛盾，通过土地制度和财产制度创新，解决农民后顾之忧，创新社区建设，促进了城镇化与新农村建设的良性互动。从嘉兴以优化土地使用制度为核心的统筹城乡综合配套改革试点看，嘉兴立足城乡资源最核心的要素"人、地、钱"，通过加快市场要素配置改革，促进城乡资源充分流动，实现体制机制创新，加快了城镇化与新农村建设，促进了城乡经济社会发展一体化格局的形成。具体来说，是做好了三篇文章：

1. 做"地"的文章，优化土地资源配置

针对嘉兴土地资源消耗严重，而后备资源极其缺乏，农保率高，农村布局

---

① 顾炳甫，范洪保，王亚芬，"两新"工程建设与基层管理（服务）组织的重构——以海宁市为例，当代社科视野，2010（12）：27。

② 娄永红，以"两分两换"及"两新"工程推进统筹城乡发展的分析与思考，经营管理者，2010（16）：278。

松、散、乱明显，土地利用率极低，公共投入成本高且效率低下的现状，嘉兴按照宅基地与承包地分开、搬迁与土地流转分开，以承包地换股、换租、换保障，推进集约经营，转换生产方式，以宅基地换钱、换房、换地方，推进集中居住，转换生活方式的总体思路，针对不同区位条件、经济发展水平、就业状况、居住特点的不同地区，全面推进土地集中流转和农民进城入镇。从试点区域的情况来看，"两分两换"有效解决了农村宅基地低效利用问题，提高了土地节约集约利用率；充分实现了宅基地使用权的置换和承包地经营权的流转，切实保护了农民的土地财产权益。

2. 做"人"的文章，促进人力资源流动

嘉兴在改革过程中，以户籍制度改革为突破口，打破传统的城乡二元藩篱，引导农村居民在城乡自由流动。通过建立按公民经常居住地登记的新型户籍管理制度，逐步剥离传统体制下附加在户籍上的不合理社会功能，此举曾被称为"全国各地户籍改革的一个最新标本"。同时，统筹城乡就业改革、深化社会保障制度改革、公共服务均等化体制改革等，有序释放最活跃的生产力要素，加快了农业人口城市化，促进了人口向城镇集聚。

3. 做"钱"的文章，引导资金投向农村

面对推进城乡统筹的建设资金总量不足，资金多头管理，金融支持不到位，农民普遍患有资金"饥渴症"的现状，嘉兴通过实施涉农管理体制改革，整合各级涉农资金，充分发挥公共财政支持"三农"的主导作用；通过深化农村金融体制改革，积极探索组建村镇银行、农村资金互助社等，进一步拓宽农村金融渠道；率先组建农村新型经济合作组织联合会，形成了专业合作、供销合作、信用合作等多位一体的现代农业服务体系[①]，以统筹解决"三农"建设中的资金问题。随着"三农"资金投入的大量增加，农村基础设施和服务设施得到改造提升，优化了农村生产生活环境，促进了生态高效都市农业发展，加快了农业农村现代化步伐。

（二）湖州模式——"美丽乡村"建设

2008年，湖州安吉按照"城乡规划一张图""城乡建设一盘棋"的要求，以《安吉县建设"中国美丽乡村"行动纲要》为指导，在全县187个行政村全

---

① 陆永林，统筹城乡看嘉兴，浙江日报，2010-01-25：16。

面开展"中国美丽乡村"建设行动。在6年多时间里,安吉通过着力培育中心村,积极探索农村新社区建设新路径,全面建立农村社区管理服务中心,深入实施"农民健康工程",不断完善农民公共卫生服务、农村低保制度、集中供养机制,并逐步实行外来人口与本地居民享有同等的社会保障与公共服务的政策,建设了一批农村新社区,逐步实现了城乡教育、医疗、文化、基础设施一体化,为城乡一体化建设在农村的推行提供了有力的辐射平台,使居住在农村社区的居民也享受到了市民一样的现代文明生活,形成了有效的社会调控机制与和谐的社会关系,使安吉农村成为生态环境最优美、村容村貌最整洁、产业特色最鲜明、社区服务最健全、乡土文化最繁荣、农民生活最幸福的全国新农村建设样板。安吉在美丽乡村建设过程中,注重人与自然的和谐相处,把生态文明建设与新农村建设有机结合,把推动公共服务向农村延伸与农村人口向中心村、中心镇集聚有机统一,既加强了新农村建设,也促进了城镇化发展,在构建新型工农、城乡关系方面做出了大胆尝试,在消除城乡协调发展的体制性障碍方面进行了积极探索,在形成生产要素、公共资源向农村倾斜的制度安排方面积累了宝贵经验,为安吉城镇化与新农村建设协调推进提供了坚实基础。总体而言,安吉的美丽乡村建设突出了以下几个特点:

1. 规划引领城镇化与新农村建设联动推进

在过去的10多年时间里,安吉先后制订了《安吉县建设"中国美丽乡村"行动纲要》《安吉县"中国美丽乡村"建设总体规划》,以及县域总体规划、生态文明建设规划、新农村示范区建设规划纲要等,并要求创建乡镇(开发区)、村对照规划,从自身实际出发,明确发展目标和创建任务,并力求做到不规划不设计,不设计不施工,从而充分发挥了规划的引领作用。在规划指导下,安吉把农地整理和中心村建设、旧村改造、自然村撤并作为农村新社区建设的有机组成部分,同时把县城、中心镇的公共服务延伸到中心村,以优美的生态环境和优良的公共服务引导农民建房和居住向中心村集中,使居住在中心村新社区的农民也能享受到现代文明生活,为从根本上缩小城乡差距找到了一条有效途径。

2. 村庄环境整治和公共服务体系建设联动推进

安吉把农房建设与农村生态文明建设紧密结合起来,编制区域一体化的村庄整治建设规划,打造生态秀美、村容整洁的生态环境。一方面,按照重点培育中心村、全面整治保留村、科学保护特色文化村、合理迁移撤并高山村与自然村的要求，因地制宜分类推进村庄整治，以道路硬化、垃圾处理、污水治理、卫生改厕、村庄绿化项目工程为重点，全面提升村庄环境整治水平。另一方面，加快中心村公共设施建设和社区综合服务中心建设，建立功能健全的村务活动、医疗卫生、警务治安、文化娱乐、体育健身、放心购物、幼儿教育等服务场所，让村民与市民一样享受到完备的公共服务。

3. 农民生产条件和生活条件改善联动推进

安吉把建设美好家园与打造创业就业新平台有机结合起来，通过培育中心镇和特色块状经济，让更多农民到中心镇务工经商、创业就业、增收致富。通过现代农业园区建设和"一村一品""一村一业""一村一景""一村一韵"的特色产业村建设，大力发展高效生态农业、集体物业经济、农家乐生态旅游业，让农民在中心村创业致富，最终增加农民收入，缩小城乡收入差距。

4. 生态文明建设与精神文明建设联动推进

安吉把建设生态文明和提高农民文明素养作为建设美丽乡村的重要任务，树立了农村生态文明、精神文明的新风尚。通过弘扬和保护农村传统民俗文化，切实保护特色文化村，把历史文化底蕴深厚的传统村落培育建设成为古朴与时尚有机融合的特色文化村；通过大力倡导健康文明的生活方式，引导低碳生活、绿色消费；同时，把深入开展农民技能培训与文明素养教育紧密结束起来，全面提高农民的精神文明素质、生态文明素养和科学文化水平，让农民成为有文化、懂技术、会经营、高素质的新型农民，为美丽乡村建设提供不竭的人力资本保障。

(三) 温州模式——城乡综合配套改革

2011年年初，温州市委、市政府出台了《关于加快城乡统筹综合改革的若干意见》，提出到2015年，温州市"1650"大中小城市网络型组团式都市区发展新格局基本形成，城市化率达到68%以上，农房集聚改造率达到30%，农村要素市场化水平、农村产权制度改革在全省和全国处于领先地位，基本建成城乡一体全覆盖的社会保障体系，联动推进城镇化与新农村建设。为实现这一目标，温州实行了"三分三改"。其中"三分"是指政经分开、资地分开、户产分开，即把村"两委"组织与村级集体经济组织分开，把农村居民社会成员身份和经济成员身份分开，把非土地资产与土地资产分开，把户口与产权关系分开；"三改"是指股改、地改、户改。股改就是对村级集体经济中的非土地资产进行股份制改革，地改就是农用地、宅基地和农村集体建设用地改革，户改就是按居住地登记户口的户籍管理制度改革，从而加快农民转变为市民、农村转变为社区、传统农业转变为现代农业的进程。与此同时，温州调整了乡镇行政区划，在全市建设 50 个左右具有区位优势、产业依托和自身特色的中心镇，并最终发展成为小城市；推进中心镇及功能区建设，促进中心镇向小城市发展，功能区向新城区提升；加快农房改造集聚建设。另外，温州还实行了"一镇一规划""一镇一政策""一镇一平台"和"一镇一试点"，加快农村人口集中和公共服务功能区建设。经过 4 年的城乡综合配套改革试点实践，温州成为体制机制更活、发展后劲更足、带动能力更强的城乡统筹改革先行区，体现了以下三个特点：

1. 坚持重点突出，统筹推进

在突出"三分三改"这个核心内容的基础上，重点搞好村镇管理体制、农房改造集聚建设、户籍管理制度、农村产权制度、社会保障制度、公共服务均等化体制等关键领域和环节的改革和建设，立足破除城乡二元结构，缩小城乡差距，有效优化农民收入结构。

2. 坚持政府主导，和谐推进

在制定规划、出台政策、资金投入、配套建设等方面，各县（市、区）和镇充分发挥主体作用，为各项改革推进提供动力支持和制度保障，同时把工作着力点放在发展农村经济、改善农村环境、完善社会保障、增加农民收入、提高生活品质上，促进农村社会和谐稳定。

3. 坚持制度创新，封闭运行

在改革过程中，以改革阻碍城乡一体化的政策法规为突破口，当改革试验与现行体制、法律法规和政策不一致或矛盾时，按照中央批准的改革试验方案严格执行；而符合中央《关于推进农村改革发展若干重大问题的决定》和有关文件精神的、现行法律法规和政策没有明确规定的，则按照改革试验的要求大胆创新，由地方党委和政府部署开展试验；与地方现行政策不一致的则改革现行政策，从而使温州成为名副其实的城乡统筹改革先行区。

二、城镇化与新农村建设协调发展存在的问题

近年来，随着统筹城乡综合配套改革试点的不断深入，浙江城乡空间结构不断优化，城乡发展差距不断缩小，城乡基本公共服务均等化水平显著提升，

城乡生态文明建设成效明显，城乡体制机制改革深入推进，城镇化与新农村建设取得了巨大成就。但是，随着浙江进入人均 GDP 超过 10 000 美元的发展阶段，经济社会进入加速转型时期，浙江城镇化与新农村建设协调推进面临许多困难和挑战，主要表现在城乡二元结构的矛盾和问题仍然突出，城市化总体水平和质量不高，农业发展方式依然粗放，农村公共服务体系和农民增收长效机制仍不健全，制约城乡资源要素流动和优化配置的体制机制障碍还不少，资源环境的瓶颈制约不断加大等。其中最为根本的是地到哪里去、钱从哪里来、人往哪里转、城乡产业如何协调发展、城乡环境如何改善等问题。

（一）土地流转进展与资源要素制约

1. 土地流转面上推开，但滞后于经济社会发展水平

当前，农村土地流转虽然已在面上推开，但受传统小农意识、土地流转平台和相关服务缺失、土地改革缺少法律支撑等因素的影响。浙江省发展和改革委员会的数据显示，2013 年浙江土地流转面积累计为 576.7 千公顷，占家庭承包耕地总面积的 44.5%，高出全国 23 个百分点，但流转数量与比例尤其是中长期流转的比重较低，土地流转和农业规模经营的水平明显滞后于浙江经济社会发展水平。

2. 土地确权登记良好，但土地流转法律制度不配套

为确保土地流转，至 2013 年，全省集体土地所有权确权登记率已高达97.0%，宅基地跨社置换、有偿退出和有偿使用试点也稳妥开展，但现行法律对农村集体建设用地使用权、宅基地使用权流转的用途、数量、监管和农民积极参与流转决策等没有作出有效和符合我国国情的规定，造成了农村集体建设用地使用权和宅基地使用权流转的无序性，缺乏可操作性流程；农村集体建设用地和宅基地流转相关配套制度也不完善，如征地制度、社会保障体制、土地规划、土地供应计划、地价管理和村民自治制度等均需进一步改进。另外，农村土地流转过程中的政策咨询、纠纷调解等中介服务组织还不健全，土地流转的市场化价格机制尚未形成，农民有组织的规范化土地流转体系也有待进一步完善。这些问题直接影响了浙江土地规模化进程，与当前国家农业发展政策导向也不相匹配，影响了农业规模经营，增加了提高农业效益的难度，放缓了农业产业化和农业农村现代化进程。据统计，2013 年浙江第一产业增加值增长率目标实现度只有 13.3%，并出现逆向变化。

3. 土地资源极其稀缺，而土地集约节约利用不理想

浙江人多地少，土地资源极其稀缺，在"两个最严格"的政策背景下，土地资源已成为浙江统筹城乡发展、推进城乡一体化的重要瓶颈。而传统粗放型的城市化模式，土地城市化大大快于人口城市化，大量农村人口已转移到城镇二三产业，但没有真正转化为城镇居民，仍然占用农村土地资源，农村旧宅占地多，一户多宅、"空关房""空心村"现象普遍存在，且功能布局混乱，农村建设用地不降反增，城市化的空间集聚功能未能充分发挥，造成了社会资源的极大浪费。

（二）城乡产业互动与农业现代化发展

1. 城乡产业融合升级，但产业的互动发展障碍较多

浙江一直把工业化、信息化、城镇化与农业现代化作为统筹城乡发展的引擎，加快产业集聚，增强城镇带动辐射功能。一方面，设立43个试点小城市，通过"强镇扩权"加强对周边乡镇的辐射，以城镇化促进二三产业发展，加快城乡产业融合和升级。另一方面，大力发展块状经济，形成产业集群新优势。目前，浙江有产值1亿元以上的特色产业区块500多个，乡镇工业功能区400多个，全省产业结构明显变化，经济总量大幅扩张，有力地促进了先进制造业基地建设。但是，由于城乡一体化规划体系建设滞后，城乡产业发展一体化规划缺失，产业发展平台缺乏等，浙江的城镇和产业布局零乱、小城镇多而不强、开发区和工业园区多而不专，产业集聚度不高、农村工业集中化发展困难、城乡产业互动发展障碍较多。

2. 农业组织化水平高，但农业现代化水平总体不高

浙江通过加快培育新型农业经营主体、规模化服务主体和市场化经营环境，不断提高农业的组织化水平和农业现代化水平。至2013年，浙江已有农业龙头企业7 492家；规范化农民专业合作社8 328家，其中2013年新增1 000家，农产品行业协会500多家。据统计，浙江农业产业化组织带动农户数的比例为54.2%，比全国高30个百分点；另据省农业厅发布的《2013年浙江省农业现代化建设进程综合评价报告》显示，2013年全省农业现代化发展水平综合得分为73.22分，与2015年目标值相比，其实现度为91.53%，与全国农业现代化发展指标相比，浙江处于总体领先水平。但是，由于新型农业经营主体缺少，土地流转进程缓慢影响农业规模化经营，农业机械化新技术新装备应用不广泛等，浙江农业现代化水平与世界农业现代化水平相比相差甚远。

（三）农业转移人口市民化与"农转非"现状

1. 户籍制度改革破冰，但农业转移人口市民化困难

2010年浙江经济工作会议明确指出，"放宽中小城市和城镇户籍限制，吸纳有条件的农民工特别是新生代农民工转化为城镇居民"，嘉兴、温州、义乌等地都进行了积极探索，加快了浙江农业转移人口市民化进程，而随着中央《关于进一步推进户籍制度改革的意见》出台，户籍制度改革正式破冰。但由于涉及户籍、土地、住房等方面的农民市民化的制度障碍还远未能从根本上突破，不但体制上盘根错节、繁复庞杂，在很大层面上还涉及法律法规，要各个突破并加以理顺需要一个漫长的过程，农业转移人口市民化依然困难重重。据浙江省住房和城乡建设厅的消息，2013年全省常住人口城市化率达64%，比全国水平高10.3个百分点，但从经济发展水平看，按照钱纳里总结的城市化标准模式，浙江64%的城市化水平滞后于国际标准，人口城市化还需有质的提升。另根据浙江第六次人口普查数据显示，2010年全省流动人口为1 182.4万人，占全部常住人口的21.7%，即每5个常住人口中就有超过1人来自省外，这些流动人口因为体制政策原因，尚未真正实现市民化。

2. 农民农转非意愿弱，农民转移转化转变问题复杂

随着各种惠农政策的实施，农村户口背后的利益格局发生变化，城市户口对农村的拉力有所减弱，农村人口"农转非"的意愿不强，农民转移转化问题日趋多元复杂。浙江作为先发地区，农村经济发展水平普遍较高，这一问题显得特别严重，这在浙江城市化与非农化的非同步性上体现得相当明显。从非农化水平看，国际上非农就业比重（N）与城市人口比重（U）比值基本稳定在1.2左右，但浙江的N/U处于下降状态，一般在1.3~1.4，尚未达到1.2的"稳定值"[①]，这表明大量农村人口进入了非农产业，但其身份并未实现市民化。从要素流动看，目前除试点地区外，附着在农民身上的各种权益，包括集体建设用地、宅基地、承包地、林地、集体资产产权等还不能自由流动流转，

---

① 浙江省发展规划研究院，"十二五"时期浙江省推进新型城市化研究，转型发展的新思路——浙江省"十二五"规划前期研究，2010。

影响农民主动放弃这些权益变身为市民。可见，加快城乡二元体制改革，推动城乡之间人口的自由迁徙、劳动力的自由择业、要素的自由流动，尽快消除人口市民化的体制机制障碍，实现土地资源的集约利用和城乡空间布局的优化，推动社会转型发展，成为浙江城镇化与新农村建设协调推进过程中迫切需要破题的重要方面。

（四）农村融资改革与资源整合流转

1. 农村金融组织创新，但农村融资渠道尚需要拓展

近几年，受国际局势和周边地区影响，浙江政府财政收入高速增长难以维持，城乡统筹投入水平要保持高位提升难度加大。2013 年，浙江财政总收入比上年增长 7.8％，增幅同比下降 0.4 个百分点。同时，尽管浙江农村金融改革和发展步伐较快，农村金融组织不断创新，各地农村住房、土地承包权、林权等抵押贷款积极探索、推行，如至 2013 年，全省已有小贷公司 314 家、农村商业银行 19 家、村镇银行 64 家，已有 541 家融资性担保机构，亿元以上担保机构上升到 117 家，农房抵押贷款余额达到 108 亿元，但农村的"抵押难、担保难、贷款难"问题依然十分突出，全省仍有众多"零金融"乡镇，小额贷款公司与村镇银行等新型农村金融发展尚处于起步阶段，其融资渠道和业务领域亟须拓展，其运营和服务也有待进一步规范和完善，城镇化与新农村建设发展仍面临严重的资金短缺，农村金融发展滞后仍是制约城乡统筹发展的重要瓶颈。

2. 农村资产改革推进，但资源整合流转机制不畅通

虽然嘉兴、温州、义乌等地开展了不同内容、不同领域的改革探索，不断深化土地流转、宅基地置换、集体资产股份化等改革，但局部地区的探索因为法律法规的滞后、各方利益的纠葛不能在全省大范围推广，从而导致农村集体资产管理体制改革迟缓，农村资源不能有效转化为资本。相反，随着城中村改造、下山脱贫、村庄整治、土地整理和中心村建设的深入推进，特别是农民集中居住区的建设，大量农村人口异地居住、人户分离的现象日益普遍，从而出现大量土地抛荒、房屋空置等资源浪费现象。以绍兴为例，2012 年全市村庄内闲置土地资源为 2 681.81 万米^2（约 4.02 万亩），占村庄实际建设用地的 4.98％；其中村庄内闲置住宅用地 603.80 万米^2，废弃住宅用地 223.24 万米^2，合法"一户多宅"用地 1 188.48 万米^2，建新未拆旧住宅用地 106.41 万

米², 违法违章建筑 279.82 万米², 其他闲置用地和空闲土地 280.06 万米²。而目前由于农村集体资产管理体制改革滞后, 既缺乏居民搬迁后的资源整合机制, 也缺乏伴随人口流动的资源流转机制, 使农村资源得不到合理高效利用, 也严重阻碍了农村人口市民化。

(五) 农村基础建设滞后, 生态环境保护压力大

1. 农村基础建设改善, 但与城市发展差距依然巨大

浙江自 2003 年深入实施"千村示范万村整治"工程, 建设美丽乡村, 并积极推进城市基础设施向农村延伸、城市公共服务向农村覆盖, 至 2013 年, 94％建制村完成了村庄整治建设, 95％以上的建制村实现了生活垃圾集中收集处理, 65％以上建制村开展了生活污水治理, 农村安全饮用水覆盖率达到了98％, 城乡一体化供水工程覆盖了 2000 万名农村人口, 城乡燃气普及率达到了 98％, 客运班线通村率达到了 95％, 79％以上农户家庭实现卫生改厕, 农村基础设施建设、环境整治保护、公共服务都有了质的提升, 极大地改善了农村面貌, 提高了农民生活质量和水平。但是, 与城市相比, 农村发展还相对滞后, 农村村落多、小、散的布局没有得到根本改变, 一些农村基础设施和公共服务的共享性较差, 存在重复建设和资源浪费; 由于投入相对不足、建设严重滞后、缺乏长效管理、技术支持不力等原因, 农村"脏乱差"问题难以得到全面解决; 一些农村生活垃圾仍采用填埋、焚烧、露天堆放等方式作简易处理, 无害化率不及城市一半, 偏远地区农村垃圾转运和处置等环节落实仍有困难。

2. 生态建设全国前列, 但城乡生态环境保护压力大

近年来, 浙江围绕"生态省"建设目标, 先后实施节能降耗、节约集约利用土地和环境保护等专项行动, 加快循环经济试点省建设, 城乡生态文明建设成效明显, 生态环境综合指数居全国前列。如通过全面开展"三改一拆""四边净化"和"五水共治"等生态环境治理工程, 城乡生态环境建设和保护的力度持续增强, 农村土地资源得到集约节约利用, 水环境质量得到明显改善。但是, 随着经济社会进入加速转型时期, 资源环境的瓶颈制约不断加大, 城乡生态环境保护的压力也越来越大。如浙江水资源人均拥有量低于全国平均水平, 海岛地区水源性缺水问题突出, 一些地区水质性缺水问题严重; 全省各地空气质量不容乐观, 雾霾天气时有发生。2013 年, 全省霾平均日数 84 天, 比上年偏多 6.5 天, 全省 11 个设区市和 61 个县（市、区）中, 仅云和、龙泉、桐庐

的环境空气质量达标率没有下降，大气污染环境形势异常严峻；农村化肥、农药施用强度大，造成水体富营养化，而农村生活污水处理率较低，多数农村治污设施的运行成本超出总体承受能力，市场运作机制也不尽成熟，大量生活污水未经处理直接排入河沟、池塘，直接影响城乡水资源。

三、新时期城镇化与新农村建设协调推进的政策建议

城乡一体化理论发展历史表明，从恩格斯（1847）的"城乡融合"、马克思（1858）的"乡村城市化"理论，到霍华德（1898）的"城市—乡村磁铁理论"、刘易斯（1954）的城乡二元结构理论和人口流动理论，再到芒福德（1961）的"城与乡，应当有机结合在一起"、麦基（1989）提出的 Desakota（城乡一体化）空间模式、任平（2006）的"空间正义"和陈锡文、韩俊（2012）的"双轮驱动"，国内外的二元结构理论、协同理论、空间理论、城乡统筹理论等都在城乡关系上谋求区域整体发展，重建城乡之间的平衡，促进城乡之间的协调发展。基于此，新时期加快推进城镇化与新农村建设协调发展，应以科学发展观为指导，认真贯彻党的十八大和十八届三中、四中全会精神，以全面深化城乡综合配套改革为动力，以"四化同步"推进为路径，以城乡空间、产业、人口、土地、环境为主要抓手，联动推进城镇化与新农村规划建设、城乡产业转型发展、农民市民化、城乡金融体制改革、城乡生态文明建设和城乡综合配套改革，加快构建城镇化与新农村建设协调推进的体制机制，开创城乡经济社会融合发展、城乡居民共享现代文明的城乡发展一体化新局面。

（一）联动推进新型城镇化与新农村规划建设

摒弃过去"要地不要人、见物不见人、重城不重乡"的城市化建设偏差和"就农村抓农村、就农业抓农业"的传统做法，坚持以人为核心的新型城镇化为引领，以综合改革为动力，实现城镇化与新农村建设整体规划、联动建设、协调推进。

1. 统筹规划新型城镇化与美丽乡村建设

搞好城乡空间布局和资源要素配置的动态规划，并充分考虑城镇人口增加与农村人口逐步减少的发展趋势，科学合理地规划城乡社区建设、产业、公共服务和基础设施建设，充分发挥城市对农村的带动作用，为现代农业的发展提供重要的前提和强大的拉力。同时，强化"以工哺农、以城带乡"的动力机

制，实施优化城乡生产力和人口空间布局战略，不断提高现代农业和新农村建设水平，加快农村资源资产的流转流动，推动农村劳动力向城市非农产业转移，农村人口向市民化转变。

2. 以资源要素市场化配置加快推进城镇化

按照让市场起决定性作用和科学发挥政府引导作用的要求，加快推进城乡资源要素的双向互动、自由配置、合理利用。在当前城乡壁垒犹存、城乡差距悬殊，以及中央对浙江省统筹城乡发展提出新要求的背景下，尤其是要发挥市场在城乡资源要素配置中的决定性作用，通过深入推进统筹城乡综合配套改革，建立城乡要素自由流动、城乡资源市场配置等机制，形成城乡人口自由迁徙、城乡劳动力自由创业就业、城乡土地资源优化配置，努力促进人口城市化与土地城市化相协调，加快构建农业转移人口稳定市民化的体制机制。

3. 科学协调城乡一体化空间节点的建设

根据浙江城乡统筹发展的规划体系和市、县域总体规划，把握不同地区的发展阶段和特点，加快培育和发展都市区、城市群、中心城市和县城、中心镇、中心村等城乡统筹重要节点，以点带面、以城带乡，形成有力的区域示范带动效应。突出县域在城乡发展一体化中的主战场地位，统筹县域城乡空间功能布局，协调农村腹地与城区的共生关系。突出小城市和中心镇建设，科学编制小城市规划，优化主城区的城市设计，发挥中心镇、小城市组织本片区生产、流通和生活的综合功能，以差别化的发展模式，承担城乡等级体系的纽带作用。在美丽乡村建设中，突出中心村新社区建设，加强中心村社区布局规划，明确发展数量与区域定点，并对村域内居住、农业、工业和商贸业等功能进行科学布局，形成功能齐全、环境优美、设施完备的发展格局。

（二）联动推进城乡产业转型发展

城镇化的发展必须以产业发展和企业聚集为支撑。为此，要按照城乡经济融合和三次产业联动发展的要求，整体推进城镇集群与产业集群，通过城镇功能区块、乡村功能区块、产业功能区块的整体规划，联动推进城乡产业结构战略性调整，大力发展先进制造业、现代服务业和现代农业，促进要素、人口、产业集聚，形成特色产业集群与城镇集群互促共进、相得益彰，加快经济社会发展方式的转变。

1. 深入推进城乡产业互动发展

按照城乡产业一体化发展的要求，将农业、工业、服务业合理地布局在乡村、小城镇、城市的地域空间上，以产业为纽带形成城乡之间的有机经济联系，并通过深化城乡产业的分工协作，实现城与乡、工与农之间双向的产业链延伸和价值链提升。中心城市重点发展金融、贸易、信息、服务、文化和教育等现代服务业；中小城市和城镇重点发展先进制造业，特别是劳动密集型的制造业和生产性、生活性服务业，充当中心城市向农村扩散经济技术的中介和农村向城市集聚各种要素的节点；农村以高效生态现代农业为主业，促进农业与二三产业的融合发展，拓展农业的多种功能，拉长农业产业链，提升农业价值链，并使特色农业发展与美丽乡村建设紧密结合。通过强化城乡产业内在联系，以工业化的理念推进农业产业化，以现代农业的发展促进二三产业升级，以现代服务业的发展推动产业融合，最终实现城乡产业的联动发展。

2. 大力促进城乡三大产业集聚

加快杭州湾、温台沿海、金衢丽高速公路沿线三大产业带建设，形成各具特色的产业集聚区。通过加大对先进制造业基地的扶持力度来提升产业层次，重点培育区位条件好、优势明显、竞争力强的开发区、工业园区，促进生产要素在区域和城乡间的合理配置和优化；通过大力发展现代服务业，提高第三产业的比重和水平；通过积极推进农业规模经营，提高农业的组织化、规模化、标准化水平，提高农业劳动生产率和农业综合效益，形成高效生态农业、先进制造业和现代服务业互促共进、协调发展的格局。进一步完善城乡产业布局，利用乡镇工业功能区平台，引导农村工业向城镇集中，做强做优特色块状经济，并积极引导产业集群发展。积极推进高效生态农业的专业化生产、集约化经营和区域化布局，实现农村工业向城镇集聚和农村服务业网络化，着力形成城乡分工合理、区域特色鲜明、生产要素和自然资源禀赋优势得到充分发挥的产业空间布局。

3. 加快发展中国特色农业现代化

积极构建以新型工业化、新型城镇化和信息化来促进农业现代化的体制机制，以农业转移人口市民化和增加现代农业建设的财政投入为重点，积极探索一条生产技术先进、经营规模适度、市场竞争力强、生态环境可持续的中国特色新型农业现代化道路。通过城乡产业的融合与农业产业结构的战略性调整，鼓励农业生产者把发展现代种养业与发展农产品加工业、物流业结合起来，形成贸工农、产加销一体化的产业体系，鼓励城市工商企业投资现代农业，与农业生产者结成稳定的利益共同体，实现城乡和工农产业的有机融合。通过强化工业和服务业对农业的支持和带动作用，为现代农业的机械化、设施化、信息化提供有效的物质装备和技术支撑，实现农产品的顺利快捷流动。通过大力培育农业龙头企业，发展农村合作经济组织和农产品行业协会，逐步形成"行业协会＋龙头企业＋专业合作社＋专业农户"的农业经营新体制。

（三）联动推进农业转移人口市民化

依据《关于进一步推进户籍制度改革的意见》，以统筹城乡综合配套改革为抓手，以加快土地流转和农业现代化为载体，以在城镇稳定就业和居住的农民为重点，合理引导农业人口有序向城镇转移，促进有能力在城镇稳定就业和生活的人口有序实现市民化，有效推进农业转移人口市民化。

1. 分类推进流动人口市民化

坚持分类引导、循序渐进的原则，促进本省流动人口加快市民化、外省流动人口有条件逐步市民化。对本省流动人口，探索建立县域内甚至跨县域流动人口农村住房、土地等财产在本县或跨县范围内的置换机制，同步建立其社会保障等政策，使其与县域内城镇居民享受同等"市民待遇"。对外省流动人口，主要任务是分步分类市民化，通过实施分级分层的居住证制度，结合居住年限和社保参保年限等，结合全国统一的户籍制度改革和基本公共服务制度的日益完善，逐步实现这些人口的市民化。

2. 加快推进就地就近人口城市化

要充分发挥浙江农村工业化起步早、块状经济发达和小城镇繁荣的优势，通过县城和中心镇小城市的产业集聚和人口集中，让更多的县域农村人口到这些城镇创业就业，安居乐业。通过加快中心镇小城市培育和农村新社区建设，促进农民向中心镇小城市和中心村集中居住，享受与城市社区一样的公共设施。

（四）城乡联动推进财政金融体制改革

深入推进城乡一体的财政金融体制改革，要以为农业农村现代化提供强有力的金融支撑和切实解决农业农村贷款难、融资难问题为导向，创新政府、金融机构、社会、企业、村集体等各类资金的使用方式和途径，不断完善公共财政投入与增长机制，调整和优化财政支出结构，促进公共财政向农村倾斜，加快建立以工促农、以城带乡的公共财政金融体制。

1. 创新新型农村合作金融组织

加快培育农村新型金融机构，进一步放宽准入政策，积极鼓励民间资本发起或参与兴办村镇银行、小额贷款公司、农村资金互助社等新型农村合作金融组织；积极规范和引导各类银行，特别是中国农业银行、农村商业银行、农村合作银行、信用联社、中国邮政储蓄银行等金融机构，加大对"三农"信贷支持的力度，建立普惠式的"三农"信贷制度；正确引导民间借贷，建立资金回流农村的机制，以建设项目为纽带，以互惠互利为目标，大力组织和引导社会工商资本、民营资本、金融资本、外资和农村先富起来的群体支持参与社会主义新农村建设。

2. 加快推进农村信用体系建设

继续推进信用工程建设，评选一批信用县市、乡镇、村、户，构建信用社、乡镇政府、村委会和农户"四位一体"的农村信用服务体系，有针对性地改善农村金融服务。要引导农村特别是有条件的农民专业合作社和联合社积极创办资金互助社，探索扩大农村信贷抵押物范围，加快推行信用户、信用村和信用企业的信用担保贷款制度，农村承包地、宅基地、住房、林地承包经营权抵押贷款，不断创新农村信贷担保方式，有针对性地推出农户联保贷款、养殖信用协会联保贷款、"公司＋农户"和"公司＋基地＋农户"贷款等农村信贷担保的新方式。

3. 不断深化公共财政体制改革

完善公共财政稳定投入与增长机制。建立和完善统筹城乡的公共产品保障体制机制，改革和完善财政收入分配机制，建立稳定增长的财力保障机制。建立土地出让金城乡共享共用机制。根据统筹城乡发展和让农村、农民共享城市化、工业化带来的土地增值利益的原则，逐步建立城乡共享共用的农地转为非农建设用地的土地出让金的机制和办法，逐步扩大支持农业和农村发展的比重。促进公共财政向农村倾斜。以项目建设为依托，重点加强农村公共基础设施、公共服务设施和社会保障体系建设和投资，建立以工促农、以城带乡的公共财政长效机制；积极争取上级财政政策，加大对统筹城乡发展和建设的财政转移支付力度。

（五）城乡联动推进城乡生态文明建设

以生态文明理念引领经济社会转型发展，不断深化生态文明制度建设，强化城乡生态环境建设和保护，健全城乡生态补偿机制，加快形成节约能源资源和保护生态环境的体制机制，联动推进城乡生态文明建设。

1. 大力推进城乡生态环境整治

要以治水、治污、治气为重点，全面推进城乡生态环境的整治建设。以全域统筹、全程治理、全民参与为重点，大力实施"五水共治""三改一拆""四边三化"和雾霾治理、节能减排、美丽乡村建设等专项行动，通过全领域覆盖、全方位推进、全天候监测，进一步改善城乡面貌，打造城乡优美人居环境。以"五水共治"的治水为突破口，加快推进水环境治理，形成生态环境治理倒逼经济转型发展机制。深入开展"四边三化"城乡环境卫生整洁行动，不断改善城乡环境面貌，着力提高城乡环境质量。加大以生态环境整治为重点的美丽乡村建设力度，推行农村生活垃圾"户集、村收、镇中转、县处理"，支持中心镇加快垃圾处理设施建设，全面开展农村污水治理和万里清水河道建设。

2. 健全城乡生态补偿机制

加大对生态保护地区的扶持力度，健全重大生态环保基础设施省、市、县联合共建机制。加快建立碳排放权有偿使用与交易制度，积极开展森林碳汇交易。健全城乡污水处理收费机制，逐步推行按污染程度分档分类计费，研究制定农村工业污染整治补助政策，探索农村生活垃圾处理收费制度。完善跨界断面河流水量水质目标考核与生态补偿相结合的办法，探索建立饮用水源保护生态补偿机制。

（六）城乡联动推进城乡综合配套改革

按照党的十八届三中全会深化改革的精神，全面推进城乡综合配套改革，联动推进城乡户籍、土地、产权、社会保障、公共服务和政府行政管理等综合配套体制改革，促进城镇化与新农村建设协调推进，着力构建城乡发展一体化体制机制。

1. 统筹城乡户籍制度改革

通过实行城乡统一的户口登记制度、保障户口迁移人员的合法权益、完善与户籍制度相关的配套政策等改革，从根本上消除城乡户籍壁垒，加快农业转移人口市民化和城乡基本公共服务均等化。加快建立以合法稳定住所或合法稳定职业为户口迁移基本条件、以经常居住地为居民户籍登记地的户籍管理制度，建立城乡统一的户口登记制度。全面取消农业户口与非农业户口的性质划分和由此衍生的蓝印户口等户口类型，统一登记为"居民户口"。按照农民权利可保留、市民权利可享受和农民产权可交易的原则，把户籍制度改革与就业、社保、教育、医疗等公共服务制度改革和农村产权制度改革紧密结合起来，建立有利于农业转移人口市民化的体制机制。

2. 统筹城乡土地制度改革

明确土地制度是国家的基础性制度，坚持土地公有制性质不改变、耕地红线不突破、农民利益不受损三条底线，依据《关于引导农村土地经营权有序流转 发展农业规模经营的意见》和《关于农村土地征收、集体经营性建设用地入市、宅基地制度改革试点工作的意见》等制度，进一步创新和完善农村土地流转机制，加快推行农村土地股份合作制，鼓励组建土地入股的专业合作社，引导农民把土地承包经营权转化为长期股权，变分散的土地资源为联合的投资股本。进一步完善县乡村的承包土地流转服务平台，各级政府要采取财政补助土地流转，促进承包农地向适度规模的专业大户等现代农业经营主体集中。在总结试点经验的基础上，把农村宅基地置换作为加快推进城镇化与新农村建设的一项综合抓手。在具体操作中，主要以"镇"为单位，整合下山脱贫、农村危旧房改造、农村土地整理、村庄整治等政策和资源，积极探索推动农村宅基地的异地置换和农民集中建房。特别是要把县城、中心镇的扩容建设与城中村、城郊村、镇中村、镇郊村的整体改造和农民宅基地农房置换县城和中心镇的住房改革有序推进。进一步深化农村集体建设用地"入市"的改革试点，研究制定集体建设用地使用权流转管理办法，并构建与城市国有土地相协调的建设用地权利体系，基本实现与国有土地"同地、同权、同价"，建立健全集体建设用地流转的市场运行体系，逐步形成统一、开放竞争、规范有序的城乡建设用地市场。

3. 统筹城乡产权制度改革

按照清产核资、清人分类、折股量化、建章立制、规范监管的程序，加快推进农村集体资产产权制度改革。将经营性资产股份量化到人，建立合理的流转收益分配机制，集体组织成员既能"持股在乡"，也能"持股进城"，并逐步将量化资产改革范围扩大到集体经济组织所有的资产，包括经营性资产和资源性资产。探索建立农村产权交易市场，通过组建农村产权交易所和产权流转担保公司等，推动农村产权合理流动，促进农村资本有序流转。进一步完善农村集体资产治理结构，建立健全管理制度，通过"资金、资产、资源"的创新经营，增强村级集体经济综合实力，增加农民的财产性收入，保障集体经济组织及其成员的合法权益，逐步建立起产权明晰、管理科学、收益共享的集体资产管理和运营机制。

4. 统筹城乡社会保障制度改革

要大力推进以建立城乡基本公共服务均等化为导向的社会保障制度改革。一方面，要把建立完善新农村养老保障制度作为城乡公共服务均等化的战略重点，切实解决农民养老保障金与城镇职工养老金标准差距悬殊的问题，按照政府财政补助、集体经济补贴、农民个人缴费各 1/3 的比例筹集养老金，加大对农民养老金的专项补助力度，要较大幅度地提高财政补助标准，真正解除农民养老的后顾之忧。另一方面，要把农民工全面纳入企业职工养老保险制度，让农民工享受到与城镇职工同等的待遇。要按照城乡养老保障制度和医疗保障制度对接与均等享受的要求，加快城乡社保、医保制度的对接，加快提高农村社保、医保的标准，为城乡居民提供全覆盖、均等化的社会保障服务。

5. 统筹城乡公共服务体系改革

围绕基本公共服务覆盖城乡、区域均衡、全民共享，创新基本公共服务均等化体制机制，以农村为重点，以政府为主导，以改革为主线，有效推进城乡公共服务均等化。要逐步实现城乡公共服务对接，在充分考虑城乡以及各地经济社会发展水平的差异，分阶段、分步骤、有差异地推进城乡公共服务均等化，逐步提高农村公共服务供给标准，最终实现城乡公共服务水平差距的逐步缩小，城乡居民享受大致均等的公共服务。要不断拓宽城乡公共服务供给渠道，把提供城乡公共服务放在政府支出预算的优先位置，切实增加农村公共服务的政府投入，确保城乡居民的公共服务需求都有预算安排。同时，充分发挥浙江民间资本丰裕的优势，积极探索社会力量参与城乡公共服务投资和运营的有效机制，形成政府主导、市场运作、社会参与的公共服务供给机制。特别要构建现代公共文化服务体系，坚持政府主导、社会参与、共建共享，统筹城乡和区域文化均等化发展，加快形成覆盖城乡、便捷高效、保基本、促公平的现代公共文化服务体系，以保障人民群众基本文化权益、建设社会主义文化强国。

6. 统筹城乡行政管理体制改革

按照建设服务型政府的要求，理顺权责关系，减少行政层级，提高行政效率，深入实施省直管县体制改革。按照"依法放权、高效便民、分类指导、权责一致"的原则，扩大有条件的小城镇在城镇规划、市政设施、社会治安、环境保护、就业保障、户籍管理等方面的经济社会管理权限，加大小城镇在用地、财政、项目等方面政策的扶持力度。运用现代社区的管理理念，加强农村社区治理体系和治理能力现代化建设，建设社区综合服务中心，不断创新社区管理新模式。

第三节　推进城镇化与农业现代化协调发展[①]

一、我国城镇化与农业现代化的比较

我国的城镇化与农业现代化虽然都取得了明显进展，但二者发展水平并不完全一样，农业现代化明显滞后于城镇化。

（一）我国城镇化和农业现代化发展阶段的定性分析

考察我国城镇化发展阶段，结合发达国家发展历程，不难发现，目前我国城镇化水平基本上处于发达国家 20 世纪 50 年代、城市化全面推进和基本实现的阶段，但尚未进入高度发展阶段。主要有三个依据：一是我国城镇化率已超过 50%，相当于 20 世纪 50 年代发达国家的水平，可以认为已基本实现了城市化。二是目前我国大城市人口已基本饱和，中小城市和小城镇成为吸纳农业转移人口的主体，城市群开始不断显现，逐步形成了成熟的城市布局和城市体系。三是城乡居民收入差距在经历了长时间的扩大后开始呈现缩小趋势，农村后继乏人问题逐渐显现，这也符合城市化向高度发展阶段迈进的特征。目前我国城镇化的主要问题在于人口城镇化不彻底，城镇的公共服务资源严重不足。

考察我国农业现代化发展阶段，结合发达国家发展历程，可以发现，我国农业现代化基本上相当于发达国家 20 世纪 70 年代初级现代农业的水平。主要

---

① 本节引自 2013 年农业部软科学课题"城镇化与农业现代化协调发展战略研究"，课题主持人：陈良彪、蓝海涛。

有三个依据：一是目前我国农业劳动力比重逐步下降，农业劳动生产率、土地产出率有所提升，农民收入保持稳定增长，农业资源环境压力迅速加大，农业生产的专业化、集约化、标准化、规模化水平正在上升过程当中，这些都符合发达国家从传统农业向初级现代农业过渡的特征。二是目前我国农业生产经营效益不高、农产品质量安全问题突出、农民的农业收入水平太低、农业国际市场竞争力不强，都表明我国现代农业尚处在初级发展阶段。三是高级现代农业具备的典型特征，包括知识化、信息化、精准化、生态化、立体化、工厂化和生物技术广泛应用等，在我国农业上表现得并不明显，仍然只是局部的、小规模的现象，这表明我国农业现代化还没有进入高级发展阶段。总体上看，虽然近年来我国农业现代化水平不断提高，但由于农业生产仍以家庭经营为主，传统小农经济的广泛存在极大地制约了农业现代化水平的提升。

综合比较我国城镇化和农业现代化的发展阶段，可以看出，我国农业现代化总体上是落后于城镇化的，在城镇化已基本实现并向高度发展阶段迈进时，农业现代化仍然处在传统农业向初级现代农业转变的过程中。

（二）我国城镇化和农业现代化发展阶段的定量分析

分析我国改革开放 30 多年来的相关数据也可以发现，我国农业现代化总体上是落后于城镇化的。如果用城镇化率来考察城镇化发展水平，可以发现 1978 年以来我国城镇化率是稳定上升的，进入 20 世纪 90 年代中期以后还呈现快速上升态势，平均每年提高 1.38 个百分点（图 8 - 4）。

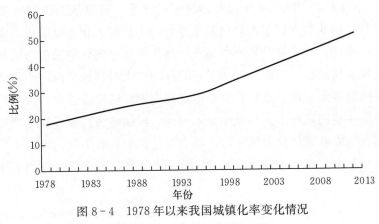

图 8 - 4 1978 年以来我国城镇化率变化情况

数据来源：《中国统计年鉴 2013》

从表8-2的国际比较来看，我国城镇化率虽然低于发达国家，但基本达到了世界平均水平，高于印度和许多东南亚国家。

表8-2 世界主要国家城市化率

单位：%

国家和地区	2000 年	2011 年	国家和地区	2000 年	2011 年
世界	46.6	52.0	美国	79.1	82.4
中国	35.9	50.5	阿根廷	90.1	92.5
印度	27.7	31.3	巴西	81.2	84.6
日本	78.7	91.1	法国	76.9	85.7
韩国	79.6	83.2	德国	73.1	73.9
印度尼西亚	42.0	50.7	意大利	67.2	68.4
菲律宾	48.0	48.9	俄罗斯	73.4	73.8
泰国	31.1	34.1	英国	78.7	79.6
越南	24.4	31.0	澳大利亚	87.2	89.2
加拿大	79.5	80.7			

数据来源：《国际统计年鉴2013》。

如果用数值来考察农业现代化水平，最直观的是产业结构与就业结构。从表8-3可以看出，2011年我国第一产业增加值占GDP的比重为10.0%，相当于中等收入国家水平，远高于世界平均水平和高收入国家平均水平，也高于美、法、日等各类农业现代化国家的水平。实际上，随着一国经济的发展，第一产业增加值所占比重是呈下降趋势的。第一产业增加值所占比重很高，说明我国农业现代化水平仍然比较低。

表8-3 世界主要国家国内生产总值构成

单位：%

国家和地区	第一产业		第二产业		第三产业	
	2000 年	2011 年	2000 年	2011 年	2000 年	2011 年
世界	3.5	2.8①	28.7	26.3①	67.7	70.9①
高收入国家	1.8	1.3①	27.5	24.4①	70.8	74.3①
中等收入国家	11.4	9.7	35.5	34.7	53.1	55.6
中低收入国家	12.0	10.0	35.1	34.4	52.9	55.5

（续）

国家和地区	第一产业		第二产业		第三产业	
	2000 年	2011 年	2000 年	2011 年	2000 年	2011 年
低收入国家	33.8	24.7①	20.9	25.3①	45.3	50.0①
中国	15.1	10.0	45.9	46.6	39.0	43.3
印度	23.1	17.2	26.1	26.4	50.8	56.4
日本	1.5	1.2①	31.1	27.4①	67.4	71.5①
韩国	4.6	2.6①	38.1	39.3①	57.3	58.2①
加拿大	2.3	1.9②	33.2	32.0②	64.5	66.1②
美国	1.2	1.2①	23.4	20.0①	75.4	78.8①
阿根廷	5.0	9.1	27.6	26.3	67.4	64.6
巴西	5.6	5.5	27.7	27.5	66.7	67.0
法国	2.8	1.8③	22.9	19.1③	74.2	79.2③
德国	1.3	0.9①	30.5	28.2①	68.2	71.0①
意大利	2.8	1.9①	28.2	25.2①	69.0	72.9①
俄罗斯	6.4	4.0①	37.9	36.7①	55.6	59.3①
英国	1.0	0.7①	27.3	21.7①	71.7	77.6①
澳大利亚	3.5	2.3①	26.9	19.8①	69.6	77.9①

注：①2010 年数据；②2008 年数据；③2009 年数据。

数据来源：《国际统计年鉴 2013》。

从表 8-4 可以看出，我国第一产业就业人员所占比重明显高于发达国家，也高于巴西、阿根廷等农业比较发达的发展中国家。

表 8-4　世界主要国家的就业构成

单位：%

国家和地区	第一产业		第二产业		第三产业	
	2000 年	2010 年	2000 年	2010 年	2000 年	2010 年
中国	50.0	39.6①	22.5	27.2①	27.5	33.2①
印度	59.8	51.1	16.1	22.4	24.1	26.5
日本	5.1	3.7	31.2	25.3	63.1	69.7
韩国	10.6	6.6	28.1	17.0	61.2	76.4
加拿大	3.3	2.4①	22.5	21.5①	74.2	76.5①

（续）

国家和地区	第一产业		第二产业		第三产业	
	2000 年	2010 年	2000 年	2010 年	2000 年	2010 年
美国	2.6	1.6	23.2	16.7	74.3	81.2
阿根廷	0.7	1.2[2]	22.7	23.1[2]	76.2	75.2[2]
巴西	18.5	17.0[2]	21.2	22.1[2]	59.1	60.7[2]
法国	4.1	2.9	26.3	22.2	69.6	74.5
德国	2.6	1.6	33.5	28.4	63.8	70.0
意大利	5.2	3.8	31.8	28.8	63.0	67.5
俄罗斯	14.5	9.7[2]	28.4	27.9[2]	57.1	62.3[2]
英国	1.5	1.2	25.1	19.1	73.1	78.9
澳大利亚	5.0	3.3[2]	21.7	21.1[2]	73.3	75.5[2]

注：①2008 年数据；②2009 年数据。

数据来源：《国际统计年鉴 2013》。

从第一产业增加值所占比重和就业人员所占比重两个指标来看，我国农业现代化水平与发达国家仍然存在明显差距，与一些发展中国家也存在一定差距。这也印证了此前关于我国农业尚处于传统农业向初级现代农业转变阶段的判断。相对于已达到世界平均水平的城镇化来说，农业现代化是明显比较滞后的。

二、城镇化和农业现代化协调发展面临的重大问题

我国按常住人口口径统计的城镇化率已经突破 50％ 大关，未来一个时期城镇化快速推进趋势还将继续。当前正处于加快推进城镇化的关键阶段，城镇化与农业现代化协调发展面临着一系列重大问题需要深入分析，以明确发展的路径选择和相应的政策导向。

（一）确保粮食安全和主要农产品有效供给

确保粮食安全和主要农产品有效供给，是农业最为重要和永恒的使命，同时也是城镇化最为重要的基础支撑和前提条件。城镇化的迅速推进，对于确保粮食安全和主要农产品有效供给带来了重大影响，需要把握机遇、应对挑战，探索出一条保障粮食安全和重要农产品有效供给条件下的新型城镇化道路。

大国农业的需求特征决定了我国难以大规模进口粮食和主要农产品，主要依靠国际市场来保障粮食安全和主要农产品有效供给，只能坚持立足国内生产基本自给的方针。这就决定了我国的城镇化只能是在粮食和主要农产品基本自给前提下的城镇化，新型城镇化战略必须把保障粮食安全和主要农产品有效供给放在突出位置。

1. 严格保护耕地和水等农业生产资源

　　耕地和水这两大资源是农业生产的"硬约束"，城乡、工农争地争水是城镇化与确保粮食安全和主要农产品有效供给之间的核心矛盾，化解该矛盾需要从城镇化和农业发展两个方面谋求突破。从城镇化方面来说，应从根本上改变以往粗放利用资源、土地城镇化远快于人口城镇化的模式，实施集约节约利用耕地和水资源的新型城镇化模式；从农业发展方面来说，应大力推进农业发展方式转变，推广农业节本增效技术，发展循环农业，提高资源利用效率，促进资源永续利用和农业可持续发展。

2. 积极调整农业的生产力结构和布局

　　农产品生产从根本上来讲应服务于消费，农业生产力的布局结构也要随城镇化进程中的人口流动和分布变化而调整。粮食等大宗农产品更应该向优势区域集中布局。充分发挥我国地域广阔、农业发展回旋余地大的优势，综合考虑需求变化、资源禀赋等方面的因素，进一步引导粮棉油糖等大宗农产品向优势区域布局，提高生产的集中度，充分发挥比较优势。生鲜农产品应强调本地生产本地消费。随着城镇化的推进，城镇人口不断增加，对农产品特别是鲜活农产品的需求不断增加，都市农业应特别强调"菜篮子"产品的本地生产本地消费，这也是优化农业生产力布局的重要内容。为使农业生产与城市农产品消费有效衔接，还应大力发展农产品流通产业，通过流通来沟通和平衡产销。

3. 优化农业生产资源要素的配置效率

　　抓住城镇化进程中农业富余劳动力大量转移的契机，积极引入农业科技、农业机械、专业服务等现代生产要素，大幅提高农业劳动生产率，提高全要素生产率。依靠科技提高农业单产水平。重点是解决农业科技中的创新问题，大力培育具有重大应用价值的突破性科技成果。依靠机械替代农业劳动力。重点是解决好提高农业机械装备水平、促进农机农艺融合和培育农机服务组织三大问题。依靠生产服务提高生产效率。关键是大力发展各类专业化服务组织，通过分工和专业化来提高农业生产效率，克服大量兼业经营对农业生产的消极影响。

4. 构建支持性的农产品价格政策体系

随着城镇发展和市民生活水平提高，应使农产品价格同步提升，让农业生产者分享城镇化的"红利"。从市场交换而言，应按照城乡要素平等交换原则，完善农产品价格形成机制，使农产品市场价格能够体现资源的稀缺程度和农业生产者的劳动价值；从政府调控而言，应通过最低收购价政策、目标价格政策、临时收储政策等措施，建立农产品价格保护制度，实现由计划经济时代剥夺农民利益的工农产品"剪刀差"到以城带乡的农产品价格支持政策的根本转变。

（二）城镇化与构建新型农业经营体系

城镇化的快速推进使城乡土地、资金、劳动力等资源发生了重大变化，明显改变了农业生产的要素禀赋结构，要求农业经营体制机制作出相应的调整和完善，核心应对策略就是构建新型农业经营体系。

1. 快速城镇化突显农业面临的"两大问题"

与国际城镇化一般模式相比，我国的城镇化既体现出普遍特征，更有中国特色，相应引发和凸显了城镇化进程中的"谁来种地"和"地怎么种"问题。

（1）城镇化与"谁来种地"问题。城镇化使务农劳动力的绝对数量和相对比重都出现了明显下降，但农村劳动力转移具有明显的结构性特征，外出的大多是科技文化素质相对较高的劳动力，这导致务农劳动力科技文化素质出现明显下降。目前，务农劳动力的年龄结构、知识结构和性别结构都出现了明显变化，老龄化、低学历化和女性比例提高的趋势明显。2006 年第二次农业普查结果表明，50 岁以上的农业从业人员所占比重已经达到 32.5%，比 1996 年第一次全国农业普查时提高了 14.4 个百分点，近年来这一趋势还在不断加剧。

（2）城镇化与"地怎么种"问题。我国的城镇化主要体现为农村劳动力的就业转移而不是人口迁移，体现为劳动者个人的流动而非家庭的流动，这就导致了明显的人户分离和普遍的兼业行为。第二次农业普查结果表明，2006 年年末，全国共有农业生产经营户 20 016 万户，其中以农业收入为主的户占58.4%，比 10 年前降低 7.2 个百分点，非农兼业户比重明显上升。另据统计，2012 年年末全国人户分离人口已经达到 2.79 亿人，其中流动人口为 2.36 亿人。农户兼业行为对于优化家庭劳动力资源配置、增加家庭收入具有正面效应，但对于提高土地产出效率来说则有一定的负面影响。很多兼业农户开始退出商品农产品的生产，农业生产行为逐步演变为"保口粮""保自给"。

2. 构建新型农业经营体系要完成"三大任务"

党的十八大报告提出要构建集约化、专业化、组织化、社会化相结合的新型农业经营体系，十八届三中全会进一步强调要加快构建新型农业经营体系。新型农业经营体系的内容丰富、内涵深刻，但从应对城镇化的影响和挑战来看，主要有三个方面的重大任务。

（1）培育新型农业经营主体。新型农业经营主体是与传统农户相对应的一个概念，是比普通农户更为专业化、规模化的农业经营者。新型农业经营主体大体分为三类：一是专业大户、家庭农场。目前，全国有经营面积达 30 亩以上的种植业大户 887.4 万户，家庭农场 87.7 万个。二是农民专业合作组织。典型的代表是农民专业合作社。截至 2013 年 9 月底，全国依法登记的农民专业合作社已经达到 91 万家。三是涉农企业类组织。主要是各类农业产业化龙头企业。新型农业经营主体以市场为导向，从事专业化生产、集约化经营和社会化服务，能够优化集成利用各类先进生产要素，代表了现代农业的发展方向。以粮食生产为例，目前我国有种粮大户 68.2 万户、粮食生产合作社 5.59 万个，这两类主体经营全国 1/10 左右的耕地，产出了 1/5 以上的粮食，已经成为粮食生产的骨干力量。

（2）推动农业适度规模经营。农业经营客观上存在着一个与人力资源、技术水平等资源要素条件相匹配的最优经营规模。随着农业机械的应用、科技水平的提高，现代农业最优经营规模呈逐渐提升之势。农村劳动力的转移，使农村人地配置关系发生了重大变化，为农业适度规模经营创造了有利条件。目前我国农民工数量已经达到 2.63 亿人，农业就业人员数量已经下降到 2.6 亿人，占乡村从业人员的比重已经降到了 50% 以下。由此判断，土地流转步伐还将加快，推动农业适度规模经营还有较大空间。

（3）发展农业生产性服务业。所谓农业生产性服务业，是从农业中相对分离出来为农业产业链提供中间服务的产业，是生产性服务业的重要组成部分。发展农业生产性服务业非常重要，关键原因在于即便是新型农业经营主体有了较大发展，但小规模兼业农户作为我国农业经营重要主体的局面还将长期维持。为弥补兼业导致农业生产造成的效率损失，发展专业化的生产性服务就成为必然选择。据 2013 年农业部统计，全国各类公益监管服务机构达到 15.2 万个，经营性专业服务组织超过 100 万个，在农机、植保、疫病防控等方面发挥着越来越重要的作用。

3. 构建新型农业经营体系的几个重大问题

构建新型农业经营体系是在工业化、城镇化快速推进背景下，农村经营体制的适应性调整和完善，而不是农业生产经营方式的根本变革。因此，构建新型农业经营体系，还需要明确几个方面的政策导向。

（1）合理界定家庭经营与其他经营模式的分工。积极发展包括集体经营、合作经营以及企业经营等多种经营模式，是新型农业经营体系创新的重要内容，这些经营方式进一步丰富和发展了我国农业的经营形态。但要明确的是，多种经营模式的发展并不改变家庭经营的基础性地位。从历史递延和现实条件看，家庭承包经营是我国农村双层经营体制的基础，目前我国仍然有超过 2.6 亿户农户。即便城镇化快速推进后农户数量减少一半，也依然有超过 1.3 亿户农户，因此家庭经营的基础和主体性地位不能动摇。从国际普遍采用的经营方式看，家庭经营不仅适用我国和东亚的小规模农业，同样适用于欧美动辄经营规模成百上千亩的大规模农业，具有普遍适用性。而且从当前农业经营方式创新的路径看，专业大户、家庭农场等经营方式，同样也是以家庭经营为基础的。因此，我国应当也只能是坚持家庭经营在农业中的基础性地位，推进家庭经营、集体经营、合作经营、企业经营等共同发展的农业经营方式创新。

（2）正确把握适度规模经营的"度"和实现路径。一方面，农业适度规模经营的推进步伐和规模扩张，要与农村劳动力转移和市民化进程，以及农村社会保障体系的健全完善相适应，不能超越或滞后于发展阶段。当前人多地少的基本国情农情，决定了我国的农业规模经营要把握好"适度"问题。"从我国资源禀赋和当前工农就业收益看，一年两熟地区户均耕种 50～60 亩，一年一熟地区 100～120 亩，就有规模效益。"[①] 另一方面，农业适度规模经营有多种实现路径。除了土地集中之外，还可以通过生产环节的分工和专业化以服务外包等形式实现经营规模的扩张。这些年我国兴起的农机作业、统防统治等生产环节专业化和土地托管等新模式，就是在土地集中之外的适度规模经营模式。这种模式符合我国农户小规模家庭经营还将长期存在的基本国情，而且更具普

---

① 韩长赋，土地流转的目的就是发展农业适度规模经营，中国农业信息网。

适性和应用价值[①]。

（3）分类确定不同类型新型经营主体的扶持政策。当前大量涌现的各类新型农业经营主体，有着不同的组织特征、生产绩效和利益联结机制，需要分类明确政策导向。专业大户和家庭农场要重点强化扶持。尽快研究针对专业大户和家庭农场的扶持政策，帮助其解决土地流转、设施用地、流动资金、风险保障等突出问题。各类社会化服务组织要积极培养发展壮大。继续强化公益性农业服务体系，引导培育经营性社会化服务组织，鼓励集体经济组织、农业生产服务公司、专业服务队、农民经纪人等参与提供社会化服务。农民专业合作社关键在于加强规范化建设。重点加强示范社建设，扶持政策和合作社是否规范相挂钩。建立合理的利益分配机制，使规模经营的利益更加倾向于农户。对于工商资本进入农业，重在引导其到农村发展适合企业化经营的现代种养业，向农业输入现代生产要素和经营模式。

（三）城镇化与农业转移人口市民化

推进农业转移人口市民化，不仅有利于提高城镇化质量、促进城市和谐稳定，而且对于加快发展现代农业和建设社会主义新农村也有重大影响，是事关经济社会发展的关键环节。促进农业转移人口市民化，无论是从理论研究还是政策导向上均已经形成共识，关键是要解决好该过程中的若干重大现实问题。

1. 农业转移人口市民化的目标指向——消除不平等待遇

改革开放以来，我国走过了一条土地、资金、劳动力等要素廉价供应的低成本工业化道路。这条低成本工业化道路的重要制度安排之一，是农业转移人口身份转换滞后于职业转换、农民家庭迁移滞后于农村劳动力转移的"候鸟"型农村劳动力转移模式。这一模式的历史贡献在于把工业化的成本向农业农村转嫁，短时期内迅速做大经济总量，但也造成农村劳动力转移与工业化、城镇化的脱节，并在城镇导致新的"二元结构"，农民工与城镇居民之间存在多方面不平等待遇。

（1）平等就业方面仍然存在明显差别。尽管总体上对农民工就业的限制在

---

① 这种模式的特征，正如一些研究者总结的那样，可以概括为：生产经营单位突破土地规模狭小制约，通过主要生产环节的合作服务，实现农业生产的区域布局化、生产专业化和服务规模化、社会化，从而获得良好的经济和社会效益。参见郑文凯、胡剑锋，农业适度规模经营的现实选择，瞭望新闻周刊，2006 年 3 月 27 日。

不断放开，相关的保障措施也在不断完善，但对农民工在就业机会、就业收入、就业权益等方面的歧视依然存在。到 2012 年，农民工从事制造业、建筑业、服务业、批发零售业、交通运输仓储和邮政业、住宿餐饮业的比重分别占 35.7%、18.4%、12.2%、9.8%、6.6% 和 5.2%，主要集中在工作条件差、报酬待遇低的行业；外出农民工人均月收入水平为 2 290 元，虽然持续较快增长，但仅相当于城镇非私营单位就业人员年均工资水平的 58.8%；外出受雇农民工与雇主或单位签订劳动合同的占 43.9%，比例明显偏低；外出受雇农民工被雇主或单位拖欠工资的占 0.5%，其中建筑业农民工被拖欠工资的占 1.5%[①]。平等就业、稳定就业仍然是农民工面临的基本问题之一。

（2）子女教育问题的重要性不断上升。这是已经稳定就业的农民工反映最多的问题之一。近年来农民工子女教育需求快速增长，但是城市公办学校教育资源未能相应扩充，造成许多农民工子女只能就读于农民工子弟学校。由于农民工子弟学校义务教育经费没有列入财政预算，需要依靠收费来维持运转，不少学校的基本办学条件和师资力量很差。据中国科学院调查，目前北京市在农民工子弟学校就读的流动儿童超过 22 万人，这些流动儿童的测试成绩不仅低于在北京公办学校就读的流动儿童和北京本地儿童，还低于在西部国家级贫困县农村小学就读的儿童。加快农民工市民化步伐，必须加快建立保障农民工子女在城市平等接受义务教育的相应制度。

（3）社会保障问题尚未得到有效解决。尽管现行城镇基本社会保险制度在制度层面并不排斥正规就业的农民工，但农民工参加城镇养老、医疗等社会保险的比例还很低，2012 年，雇主或单位为农民工缴纳养老保险、工伤保险、医疗保险、失业保险和生育保险的比例仅分别为 14.3%、24%、16.9%、8.4% 和 6.1%。而且，目前社会保障水平的差别在区域和城乡间双向存在。从区域看，大城市保障水平比中小城市和小城镇高。从城乡看，城市保障水平普遍高于农村。社会保障未能得到有效解决，使土地承包经营权一定程度上承载了为进城农民提供社会保障的功能，也是影响农业现代化推进的原因之一。

（4）住房问题还远未破题。住有所居，是促进农民工市民化的重要保障。农民工在城镇居住条件低劣，住房支付能力弱，严重影响了其生活质量，成为他们融入城镇的最大障碍之一。据国家统计局调查，2012 年，以受雇形式从

---

① 数据来源：国家统计局，2012 年农民工监测调查报告。

业的农民工，在单位宿舍中居住的占 32.3%，在工地或工棚居住的占 10.4%，在生产经营场所居住的占 6.1%，与他人合租住房的占 19.7%，独立租赁住房的占 13.5%，有 13.8% 的外出农民工在乡镇以外从业但每天回家居住，仅有 0.6% 的外出农民工在务工地自购房。目前一些地方开始探索将农民工纳入住房保障体系，支持农民工通过租、购、集体宿舍等多种方式解决住房问题，但总体上看农民工住房制度没有取得全面突破。随着未来新生代农民工所占比重的提高，解决农民工住房问题的重要性和紧迫性将日益上升。

2. 农业转移人口市民化的切入点——户籍管理制度改革

我国的户籍制度形成于 20 世纪 50 年代，是国家进行社会管理的重要手段之一，历史上曾经对于人口管理和调控城乡人口流动起到积极的作用。但这种制度产生和服务于计划经济体制，逐步成为城乡二元体制的重要内容和制度安排。随着改革开放以来城乡人口流动加快，户籍制度日益显示出对人口自由流动的约束，而且户籍制度本身并不是一种福利待遇，城镇的很多福利待遇、公共服务都与户籍挂钩。因此，推进农业转移人口市民化的目标指向在于消除各种不平等待遇，制度创新的主要切入点在于户籍制度改革。

（1）实施差别化的户籍制度改革推进路径。随着区域间产业转移加快，农民工就业空间分布出现了明显变化，越来越多农民工选择就近就地转移就业。综合考虑不同规模城镇综合承载能力、国家城镇化战略、区域发展战略和产业布局等因素，以及落户不同城镇的成本等因素，有必要对不同规模、不同区域的户籍制度改革实施差别化的分类推进办法。按照党的十八届三中全会确定的"全面放开建制镇和小城市落户限制，有序放开中等城市落户限制，合理确定大城市落户条件，严格控制特大城市人口规模"的基本思路，重点放宽中小城市和小城镇落户的条件和限制，合理引导人口流动方向。同时，在对城市和城镇的认定标准上，要改变以行政级别来确定城市类型的标准，改为按照经济总量、常住人口等标准来确定。

（2）明确农业转移人口落户的重点群体。短时期内要完全解决上亿农业转移人口的城镇落户问题难度很大，只能是采取循序渐进的办法，以重点群体为目标对象推进户籍制度改革。一是新生代农民工。据国家统计局调查，截至 2009 年，"80 后"新生代农民工数量为 8 487 万人，占外出农民工总数的 58.4%，他们已经很难再回到农村工作生活，应作为落户的重点对象。二是举家迁移的农民工。据国家统计局调查，2012 年有举家外出农民工 3 375 万人，占农民工总量的 12.9%。要以这两类群体中在城市有着稳定就业与收入的农民工及其家属作为近期落户的重点对象，逐步使其完全融入城市。

（3）逐步剥离依附于户籍制度的各种福利。还原户籍制度的本来面目，关键是剥离依附于户籍制度的各种基本公共服务。首先，要坚决停止赋予城镇户籍任何新的公共福利待遇，新出台的就业、义务教育、技能培训、保障性住房分配、车辆限购等政策不再与户口挂钩。其次，建立以常住人口为服务口径的政府公共服务供给体系，强化输入地政府的属地管理责任，按照体现公平、优先照顾的原则，将农民工纳入当地基本公共服务体系，根据常住人口配置公共服务资源。最后，要逐步全面推行居住证制度，外来人口只要有固定职业和住所，可自愿申请办理居住证，居住证持有人在就业、义务教育、技能培训、临时性救助、基本医疗保险、基本养老保险和失业保险等方面，享受与当地户籍人口同等的待遇。

3. 农业转移人口市民化的保障措施——构建成本分担机制

要使数亿农民工进城落户并享有与城镇居民同等的公共服务，关键是要解决好相关的成本投入问题。从政府角度看，农业转移人口市民化将大幅增加公共产品和公共服务的投入，对财政能力提出了巨大挑战。据国务院发展研究中心的典型调查，一个典型农民工（包括相应的抚养人口）市民化所需的公共支出成本总共约 8 万元。这是一个总体的平均概念，在不同地区存在较大差别，总体看东部沿海地区较高、中西部地区较低，大城市、特大城市较高、中小城市和小城镇较低。从农民角度看，选择进城既要考虑城市生活费用增加、社区认同等显性和隐性成本，也要考虑可能放弃农村土地、集体经济组织成员身份等直接和间接损失。解决农民工城镇化的成本投入，关键是建立合理的成本分摊机制，政府、用工单位和农民工都应承担相应责任。

（1）各级政府的公共投入责任。合理调整中央和地方的事权和财权，明确各级政府的分担责任，改变各地政府只对本地户籍人口提供公共服务的倾向。中央财政和省级财政要根据各城市吸纳农民工定居的规模，通过财政转移支付等方式给予流入地地方政府定向补助，主要用于农民工及其家庭的子女义务教育、社会保障等基本公共服务。增加地方财政收入中税收收入的比重，为地方政府开展公共服务体系建设提供稳定可靠的财源。同时，为降低农民工城镇化的总体成本，中央政府从宏观上应对农民工市民化的地域方向有所调控，鼓励将中西部地区、中小城市和小城镇等作为重点区域。

（2）就业单位和农民工的投入责任。在农民工市民化的成本投入中，企业投入同样不可或缺，但相对而言比较少，主要是为农民工提供更加稳定的就业环境、保证薪酬按时足额发放，以及缴纳各种社会保险等。尽管农民市民化的各种公共服务相关投入应由各级政府提供，但转移农民要在城市生活定居也需要不少投入，这需要由其自身承担，主要可通过两条渠道来解决。一方面，农业转移人口通过诚实劳动、合法经营获取各种报酬，为融入城市创造条件；另一方面，农业转移人口在农村的土地承包经营权、宅基地使用权和集体经济收益分配权等权益，可望通过产权市场来流动变现，为其在城镇定居提供基础积累。

（四）城镇化与农村土地制度改革创新

土地同时具备资源和资产属性，既是农业最基础的生产资料，也是农民最重要的财产权益，同时也是城市建设的立足之基。土地制度联系城乡、沟通工农，是促进城镇化与农业现代化相互协调的重大制度安排。

1. 土地制度是城镇化与农业现代化协调发展的关键节点

综合分析当前城镇化与农业现代化协调发展的需要，可发现与之相关的土地制度在三个层次存在关键性矛盾：资源争夺的矛盾、财产剥夺的矛盾以及资源配置的矛盾。

（1）资源矛盾。城镇化与农业现代化对土地资源的争夺。农业现代化需要有一定数量的土地资源作为基础保障，推进城镇化也必然要占用一定数量的耕地。我国本属于人地资源高度紧张的国家，不合理的城镇化则进一步加剧了这种紧张态势。目前全国每年大体增加粮食需求 400 万吨、肉类 80 万吨、植物油 50 万吨，粮食等农产品需求刚性增长的态势不可逆转。2003—2012 年，我国包含大豆在内的粮食自给率由 100% 下降到了 89%，确保国家粮食安全和重要农产品有效供给的难度日益加大，保护耕地资源的要求非常迫切。但城镇化的发展占用了大量耕地，1996—2011 年我国城市建成区面积从 20 214.2 千米^{2}增加到 43 603.2 千米^2，增加了一倍多；征地面积累计达到 20 959.54 千米^2，其中很大部分是耕地。

（2）财产矛盾。传统城镇化模式对农民土地财产权利的剥夺。土地是农民的衣食之源、生存之本，也是农民最重要的财产权利。发挥土地的财产功能，是增加农民财产性收入、缩小城乡居民收入差距的重要途径之一。但受不合理土地征用制度的制约，土地财产权益流失已经成为新时期农民利益受损最主要的途径。据国务院发展研究中心的一项调查，征地之后土地增值收益分配中，投资者拿走大头，占 40%～50%；政府拿走 20%～30%；村级组织留下 25%～30%，而农民拿到的补偿款，只占整个土地增值收益的 5%～10%。地价"剪刀差"，已经成为新时期剥夺农民利益的新途径。一些地方政府和开发商"要地不要命"，由此导致农民土地财产权利被剥夺所引发的社会矛盾越来越突出，已经成为影响社会稳定的重要因素。根据国家信访局统计，群众性上访事件 60% 与土地有关，占社会上访总量的 40%，其中征地补偿纠纷又占土地纠纷的 84.7%，每年因为征地拆迁引发的纠纷在 400 万件左右。

（3）配置矛盾。农业转移人口"伪城镇化"下土地低效利用。尽管农村土地资源非常稀缺和宝贵，但却处于比较严重的低效配置状态，资源的紧缺与低效利用并存。一方面是农村耕地的低效配置。到 2012 年全国人户分离人口已经达到 2.79 亿人，其中流动人口达到 2.36 亿人①。随着农村劳动力大量转移，使得农户家庭劳动力与土地资源的配置状况发生了巨大变化，"有地无人种、有人无地种"状况日渐普遍，导致部分地区出现土地撂荒或粗放经营的情况。另一方面是建设用地的粗放使用。随着农村劳动力大量外出和农村人口净减少，农村空心化和住房闲置也较普遍。据国土资源部数据，2010 年，农村居民点用地接近 19 万千米^2，是同期城镇建设用地的 2.4 倍。另据专家估计，目前农村建设用地的闲置规模达到 185 万～285 万公顷，相当于现有城镇用地的 1/4～1/3②。

2. 导致城镇化进程中农村土地问题的制度原因

综合分析导致城镇化进程中土地相关问题的因素，可发现既与国家整体发展战略有关，更与法律和制度的不完善有关。

（1）"要地不要人"的城镇化模式引发耕地滥占滥用。我国于 1996 年城镇化率达到 30.48%，进入了城镇化加速发展阶段。城市的建设和发展不可避免要占用一定耕地，关键是我国耕地数量减少得太多太快，土地城镇化的速度远快于人口城镇化速度，城镇人口密度不增反降③。据专家估算，到 2020 年我

---

① 数据来源：国家统计局，2012 年国民经济发展稳中有进，国家统计局网站。

② 数据来源：中国金融 40 人论坛课题组，土地制度改革与新型城镇化，百度文库（http://wenku.baidu.com/）。

③ 数据来源：《中国统计年鉴 2012》。

国城镇化率应该在 60% 左右，城镇人口大约为 8.5 亿人，比 2012 年年底城镇人口净增加 1.4 亿人。若按照国土资源部《全国土地利用总体规划（2006—2020)》中确定的到 2020 年人均城镇工矿用地面积为 127 米² 的控制目标，还将占用近 1.8 万千米² 的土地。

（2）不合理的耕地征收制度致使农民利益大量流失。由于征地和供地"双轨制"的制度安排，几万元一亩的土地征收后往往以几十倍甚至上百倍的价格出让，导致地方政府征地冲动强烈。与此同时，相关法律法规对农民的利益保护不足。征地范围过大，宪法明确规定国家依法征收土地的目的是为了公共利益需要，但对公共利益并没有清晰界定，为各种非公共利益的征地提供了借口；征地补偿标准低，土地补偿费和安置补助费测算标准没有考虑土地潜在收益和利用价值，也没有考虑到土地对农民所承担的生产资料和社会保障重要功能；被征地农民缺乏话语权，《土地管理法实施条例》中"征地补偿安置争议不影响征地项目实施"的规定，严重忽视了被征地集体和农民的合法权益，农民利益保障机制缺乏，成为导致各种征地纠纷甚至是恶性群体性事件的制度根源。

（3）现行财税体制下地方政府的"土地财政"依赖症。与农民土地财产收益严重流失形成鲜明对比的是，地方政府对土地财政依赖严重。20 世纪 90 年代实施的分税制改革，对于完善国家财税管理体制起到了重要作用，但由于中央与地方的事权和财权划分不够合理，加之现行土地管理制度不完善，共同导致了地方政府的"土地财政依赖症"。2010—2012 年，国有土地使用权出让收入分别为 29 398 亿元、33 477 亿元、28 886 亿元，占当年政府财政收入的比重分别为 35%、32%、25%，占同期 GDP 的比重分比为 7%、7%、6%[①]。2013 年以来，受宏观经济增速放缓影响，财政收入增幅有限，而 1~6 月份国有土地出让收入达到 1.67 万亿元，同比增长 46.3%。目前很多城市有 1/2~2/3 的城市建设资金来自土地出让收入，已经形成了对卖地收入的高度依赖，这也是地方政府征地冲动的重要原因。

（4）土地权利不充分导致农民缺乏维权的手段与动力。《物权法》明确将土地承包经营权界定为用益物权，土地承包经营权人依法对其承包经营的耕

---

① 转引自：中国金融 40 人论坛课题组，土地制度改革与新型城镇化，百度文库（http://wenku.baidu.com/）。

地、林地、草地等享有占有、使用和收益的权利，有权从事种植业、林业、畜牧业等农业生产。承包地被征收的，土地承包经营权人有权获得相应补偿。但实践中，土地是农民财产权利的意识未从根本上得到树立，对农民土地财产权利的物权保护机制不健全。农民的土地承包经营权权能还不够充分，没有完全的土地使用权、交易权、收益权，土地的财产功能还很有限；"长久不变"的要求尚未得到落实，依旧按照农业用途进行征地补偿，土地流转仍然按照二轮承包的剩余年限来考虑。

3. 促进城镇化与农业现代化协调发展的农村土地制度创新

要使土地制度能够兼顾城镇化和农业现代化的需要，兼顾发挥土地资源和资产功能需要，应推进一系列重大制度创新。

（1）推进有利于集约节约利用土地的制度创新。关键是从根本上改变目前粗放利用土地的状况，实施集约节约利用土地的城镇化模式。应以农民工市民化为核心推进城镇化，改变目前"要地不要人"的城镇化模式。把集约节约利用土地作为新型城镇化道路的重要内容，使有限的土地产出最大的经济效益、社会效益和生态效益。严格控制城市建设规划用地总规模，严格建设用地标准，提高土地容积率、土地利用率和产出率。探索建立城镇建设用地增加规模与吸纳进入城市定居的人口规模相挂钩机制，协调推进人口城镇化与土地城镇化。

（2）推进农民平等分享土地增值收益的制度创新。加快相关法律法规制定、修订进程，严格界定征地范围，提高补偿标准，完善征地程序，健全对被征地农民的社会保障和就业扶持，切实解决当前滥征滥占耕地等突出问题，保障被征地农民的合法权益。完善征地补偿款项分配办法，确保补偿费分配、使用的公平、公正和透明。贯彻落实党的十八届三中全会精神，在符合规划和用途管制前提下，允许农村集体经营性建设用地出让、租赁、入股，实行与国有土地同等入市、同权同价。

（3）推进分离转移农民与耕地经营关系的制度创新。探索构建农民土地承包权和经营权"两权分离"的农地制度，在此框架下解决转移人口的耕地粗放利用问题。农户通过承包，从集体获得包括承包权和经营权在内的完整权利。承包权实行长久不变，一般情况下不得变动；按照依法、自愿、有偿原则，农户可将获得的经营权自由向其他经营主体流转。现阶段，重点保障转移农民因土地承包权带来的财产收益，为增加农民财产性收入发挥作用；在土地流转制度框架下鼓励经营权在更大范围内优化配置，使其向更有效率的经营者集中。

（4）推进保障农民实现土地相关财产权利的制度创新。从长远看，要构建农村土地承包经营权退出机制，实现转移农民承包土地的财产权。在充分尊重农民意愿的前提下，对于在城镇已有稳定就业、收入和享受平等基本公共服务的农户，在由集体经济组织按照市场价格给予经济补偿的前提下，通过退出农村土地承包来实现土地的财产权益。慎重稳妥推进农民住房财产权抵押、担保、转让试点，探索转移农民住房财产权实现的有效途径。推进农村集体产权制度改革，通过股份化等形式将集体资产明确量化到个人，并探索建立转移农民的退出和财产实现形式。

（五）城镇化与城乡产业布局调整优化

城镇化需要有产业支持。产业不仅为城镇的人口聚集提供舞台，而且为城镇的繁荣发展提供动力。城镇与产业相互支撑，互为依托。改革开放 30 多年来，正是由于快速工业化进程中的产业发展，我国的城镇化得以快速推进。但经济发展中产业布局结构不合理、不完善的方面也投射到了城镇化和农业农村发展之中，实施新型城镇化必须调整优化城乡产业布局。

1. 城镇化进程中城乡产业结构布局的突出问题

当前，我国城乡产业布局结构中影响城镇化和农业现代化协调推进的问题主要有 4 个方面：

（1）产业结构的就业效应不明显。根据配第·克拉克定理对产业结构和就业结构演变作出的描述，第三产业的就业带动作用将越来越突出。我国经济发展具有明显的工业化快于城镇化特点。据樊纲测算，目前我国城市化率大大低于工业化率，两者之差高达 22 个百分点。这导致第三产业在国民经济中的比重偏低，到 2012 年我国第三产业的比重依然低于第二产业，这种产业结构对劳动力就业的拉动作用相对较弱。美国 1820 年到 1890 年工业化初期，第二产业净增就业岗位与第三产业净增就业岗位之比是 1：1.65；1890 年到 1998 年，这一比例变为 1：3.72。我国 1952 年到 2008 年这一比例仅为 1：1.21，比美国 18 世纪工业化初期的水平还低。

（2）产业发展过于偏向城镇布局。我国长期实施的是"工业优先、城市偏向"的发展战略，尽管 20 世纪在就地工业化的乡镇企业发展模式上也有所探索，但总体上城市偏向的战略一直占据主导地位，这导致了产业过度向城镇集中。城镇不仅是现代工业的集中地，而且由产业聚集效应等因素的影响，也同样是交通、金融等第三产业的聚集地，而农村地域的产业结构仍以单一农业为主，导致城乡产业发展差距不断扩大。而且长期以来，受城乡二元体制等影响，城乡产业呈现严重分割状态，城镇产业与农村产业的关联度不强。城乡产业发展差距和产业的隔离，导致乡村吸纳就业不足，农村富余劳动力只有外出务工才能增加收入，而劳动力外流又进一步导致了乡村产业萎缩，陷入了"产业空心化—人口外流—产业再度空心化"的恶性循环。

（3）产业发展区域结构不均衡。在改革开放过程中，为促进沿海地区外向型经济发展，我国采取了"东部优先"的发展战略，从政策、资金、技术等各方面给予东部发展的先机。在这种发展模式下，东部地区成为我国经济发展的"增长极"，产业聚集、人口聚集，城镇化水平持续提升。仅京津冀、长江三角洲、珠江三角洲三大城市群就以 2.8％的国土面积集聚了 18％的人口，创造了36％的国内生产总值[①]。近年来，虽然东部地区产业有向中西部地区转移的态势，但并未从根本上改变外出农民工就业以东部地区和大中城市为主的总体格局。2012 年，在东部地区务工的农民工 16 980 万人，占农民工总量的64.7％。东部倾斜性的产业格局导致了农村劳动力大规模、远距离的流动模式，带来了一系列经济社会问题。

（4）农业产业结构尚处于低端水平。目前，我国农业在 GDP 中的比重已经下降到 10％。应该看到，在工业化和城镇化快速推进过程中，农业发展相对滞后和比重降低是由农业本身特点和市场化规律决定的，也是具有普遍意义的客观规律。但通过延长产业链条和拓展农业功能，同样能够带动就业和增收。美国从事农业生产的人口只占总人口的 2％，但为农业生产、流通服务的人口至少占到总人口的 17％以上[②]。而我国农业的前后产业发展滞后，产业结构还处于低端状态。仅以与农业农村经济发展联系最为紧密的农产品加工业来看，据专家测算，价值 1 元的初级农产品经加工处理后，在美国可增值 3.72元，日本为 2.20 元，我国只有 0.38 元。发达国家农产品加工产值与农业产值之比大多为（2.0～3.7）∶1，而我国只有约 0.4∶1；发达国家的加工食品约

---

① 数据来源：国务院关于城镇化建设工作情况的报告，中国人大网：http://www.npc.gov.cn/npc/xinwen/jdgz/bgjy/2013-06/27/content_1798658.htm。

② 贾敬敦等，以生产性服务业引领现代农业发展，科技日报，2012-7-23。

占饮食消费总值的 90％，而我国仅占 25％左右；发达国家食品工业产值为农业产值的 1.5～2 倍，而我国还不及 1/3。

2. 优化城乡产业布局的基本思路与重大举措

总体上看，有利于协调推进城镇化与农业现代化的城乡产业布局，应当体现出就业优先、城乡一体和区域协调的导向，并对现代农业及相关产业予以特别的重视。

（1）实施有利于就业的经济结构调整。根据专家测算，1980—2004 年，我国第一产业的就业弹性为 0.075，第二产业为 0.205，第三产业为 0.359，远远大于第一、第二产业[①]。但与产业发展就业效应形成明显反差的是，我国三次产业的就业结构不合理问题依然突出。目前，发达国家第三产业就业比重已高达 70％左右，中等收入国家在 50％～60％，而我国 2012 年这一比例也只有 36.1％，比低收入国家平均水平还要低。特别在中国经济总体增速逐步趋缓，依靠工业增长拉动就业的动力有所减弱的情况下，更应进一步加快转变经济发展方式，积极调整产业结构，重点通过第三产业发展来带动就业增长。

（2）推动城乡产业相互融合和一体化。城镇具有明显的集聚效应，但这种效应并非一成不变。集聚经济随着城市规模增加而变大，但超过一定限度之后又会出现规模不经济，即随城市的发展而呈现倒 U 形结构。当生产力发展到一定水平之后，在一个相互依存的区域范围内，需要一二三产业从分工、布局、合作等各个层面在城乡之间进行广泛的联合，实现人口、资金、信息、技术等要素在城乡间双向自由流动和优化配置，最终构建城乡产业一体化的经济结构[②]。促进我国城乡产业均衡发展，一方面要根据城市、农村不同的特质要求和发展优势，合理分工、发挥区位优势和比较优势，解决城乡之间产业同构和过度竞争问题，形成城乡间相互支撑的经济体系。另一方面要大力提高城乡产业关联度，健全完善城与乡、工与农之间的产业链，加强城乡之间的分工与合作，实现城乡产业的优势互补、一体化发展。

（3）促进产业区域转移和优化配置。产业转移是国际经济发展的一般规律，发达国家通过产业转移来调整产业结构、实现全球战略目标，发展中国家

---

① 马海英等，我国第三产业周期效应与就业吸纳效应研究，中国软科学．2009（7）。

② 刘晓玲，城乡产业一体化的内涵分析与演进路径，北华大学学报，2012，13（6）。

则通过承接产业转移来加快产业结构升级和经济发展。20 世纪 90 年代以来，我国正是承接了制造业的国际转移，成为名副其实的"世界工厂"。东部沿海地区是我国承接产业转移的主要区域，特别是长江三角洲地区、珠江三角洲地区和环渤海经济区，由此形成我国东西部之间的产业梯度差距和劳动力就业分布格局。近年来，由于劳动力、土地等相对成本的变化，沿海地区的劳动密集型产业开始转移，中西部地区积极承接产业转移的成效初步显现。2009—2012 年，在东部地区就业的农民工比重由 67.4％下降到 64.7％，在中西部地区就业的农民工比重则相应提高；外出农民工中，跨省流动的比重由 49.7％下降到 46.8％[①]。未来应进一步强化产业政策引导，促使更多产业特别是劳动密集型产业向中西部地区转移。

（4）通过现代农业建设来强化农村产业支撑。与传统农业根本不同，现代农业走的是精细化、集约化、产业化的发展道路，尤其是现代农业拓展了农产品加工流通、休闲旅游农业、生态农业、能源农业等新领域，不断发展出多元化产业形态和多功能产业体系，为农业就业创造了难以估量的新空间。比如，截至 2012 年年末，全国规模以上农产品加工企业 7.01 万家，产值 15.2 万亿元，从业人员达到 1 540.98 万人[②]。又如，据农业部统计，2012 年全国休闲农业接待游客超过 8 亿人次，营业收入超过 2 400 亿元，规模以上休闲农业园区超过 3.3 万家，从业人员超过 2 800 万人，占农村劳动力的 6.9％。因此，未来可以通过加快现代农业建设，特别是在农业"接二连三"、与其他产业的融合中释放就业潜力，壮大农村发展的产业基础。

（六）城镇化与新农村建设协调推进

现代农业发展与新农村建设是一个进程的两个方面，都与城镇化有着密切关系。党的十八届三中全会把促进城镇化和新农村建设协调推进作为完善城镇化健康发展体制机制的重要内容予以明确，进一步凸显出新农村建设是推进新型城镇化战略的题中应有之义。

1. 城镇化与新农村建设协调推进面临的矛盾问题

当前，影响城镇化与新农村建设协调推进的问题，主要是以下 4 个方面：

---

① 数据来源：国家统计局，2009 年农民工监测调查报告，2012 年农民工监测调查报告。
② 数据来源：农业部农产品加工局，中国农产品加工业发展报告 2012（内刊）。

（1）城乡居民收入差距不断扩大。近年来我国农民增收"九连快"，特别是 2010 年以来，农民收入增速连续 3 年超过城镇居民收入增速，城乡居民收入之比由 2009 年的 3.33：1 下降到 2012 年的 3.10：1。尽管农民收入绝对数量增长态势可喜，但城乡居民收入差距持续扩大的现象值得高度关注。近年来，城乡收入绝对差距不断扩大，2012 年达 16 648 元，比 2003 年增加 10 798 元。城乡居民收入相对差距虽有所缩小，但也仍在 3 倍以上。与收入差距类似，2012 年城乡居民人均生活消费支出之比由上年的 2.90：1 下降到 2.82：1，尽管相对差距略有缩小，但绝对差距达到 10 766 元，比上年扩大 826 元①。

（2）城乡之间投入配置明显失衡。在城镇化浪潮冲击和市场机制的自发作用下，农村将不可避免地走向过疏化和空心化。政府通过增加公共财政投入、强化基础设施建设等手段，以"有形之手"来支持农村的发展和建设，是城镇化与新农村建设协调推进的主导力量。但我国长期以来形成的"重城轻乡"格局和机制不利于缩小城乡发展差距。21 世纪以来，在城乡统筹方略的指引下，财政支农力度有所加大。中央财政"三农"投入从 2003 年的 2 144 亿元增加到 2012 年的 12 387.6 万亿元，虽然翻了两番还要多，"三农"投入占财政支出的比重也从 13.7％提高到接近 20％，但与"三农"在全局中的地位和作用相比还很不相称。从城乡固定资产投资看，差距还继续拉大。2012 年，全社会固定资产投资中，用于城镇的达 36.5 万亿元，同比增长 20.8％；用于农村的不到 1 万亿元，同比仅增长 8.3％。城镇得到的固定资产投资是农村的 37.1 倍，比上年提高了 3.9 倍，呈现出严重的不平衡状态②。

（3）城乡公共服务差距依然明显。近年来，国家大幅增加农村基本公共服务投入力度，农村公共服务资源的数量和质量都有明显提高，但城乡之间基本公共服务的差距仍然十分明显，公共服务供给机制存在较为严重的城市偏向。城乡教育、医疗、社会保障等基本公共服务标准差距较大，农村基本公共服务与城市双轨运行，不仅水平较低，还存在一些制度覆盖盲区。农村义务教育资源质量不高，"撤点并校"后学校布局不够合理，学生上学安全和寄宿问题凸显，陷入"学生少→投入少→教育差→学生更少"的恶性循环。农村医疗卫生服务体系建设滞后，基础设施条件差、医疗设备老化。农村社会保障水平总体

---

① 数据来源：历年《中国统计年鉴》。
② 数据来源：农业部，中国农业发展报告 2013，北京：中国农业出版社．2013.139。

偏低，区域间社会保障制度的衔接有待加强。城乡公共服务的巨大差距，对吸引高素质劳动力扎根农村、从事农业形成了制约。

（4）城乡要素交换关系不平等。土地是农民最重要的财产，但农村征地补偿标准太低，城乡建设用地价格差距很大，廉价土地成为农村向城镇转移财富的渠道。金融是农村经济的血液，但农村金融供给严重不足，农民的储蓄被大量低价吸收到城市发放贷款，农民自己却贷款难、贷款贵。2010 年年末，全国农户储蓄余额为 5.9 万亿元，农户贷款余额只有 2.6 万亿元，两者相差 3.3 万亿元。目前，我国县域地区的存贷比仅为 57.6%，比县域以上地区低 17.2 个百分点，资金外流问题仍较为严重。截至 2012 年年末，全国仍有 1 696 个乡镇没有银行业金融机构网点。城乡间不平等的交换关系，在较大程度上限制了农业发展和农民致富增收的空间。

2. 促进城镇化与新农村建设协调推进的战略措施

即使未来我国城镇化率达到 70% 以上，还将有几亿人口生活在农村，因此在推进城镇化的同时，绝不能放松农村建设。依据课题组最近对全国 29 个省份 6 902 个农户的调查，只有 26.5% 的农户认为进城落户重要，28.7% 认为不重要，其余 44.8% 认为无所谓或者表示没想过，多数农户并不十分看重进城落户。未来一个时期，应继续加快推进新农村建设，实现城镇化与新农村建设"两轮驱动"。

（1）明确分类选择不同类型村庄的发展模式。自 2006 年中央提出新农村建设重大任务以来，各地开展了模式多样的新农村建设，大部分都正确把握了中央的精神。但也有个别地区片面把新农村建设理解为让农民进城或者集中居住，导致实践中各种大拆大建和农民"被进城""被上楼"的现象，这显然与中央的精神背道而驰。从农村自身发展规律看，应分类选择不同类型村庄的发展模式。对那些具有悠久历史和浓厚文化传统的村落，需要加大保护力度。近年来有关部门启动了中国传统村落的调查与认定，但数量还远远不够，需要把更多的村落纳入保护范围。对那些人口逐渐迁移、无明显特色的村庄，可以在农民自愿的条件下引导相对集中，建设各类新型农村社区，并着力改善基础设施与公共服务。

（2）积极构建农民持续增收的长效机制。实现城乡居民收入倍增和全面建成小康社会目标，"短板"主要在农民增收。按照党的十八大关于城乡居民收入倍增和"收入分配差距缩小，中等收入群体持续扩大，扶贫对象大幅减少"

的要求，把握当前农民增收的好形势和好机遇，把农民增收置于重中之重的排序位次，将国民收入分配格局向农民倾斜，改善农村民生和社会事业，实现农民收入超常规增长，增速持续超过经济增速和城镇居民收入增速。在实现农民收入倍增目标的基础上，进一步明确城乡收入差距缩小的目标，并在一个不太长的时期内实现城乡收入无差别发展目标。

（3）建立城乡要素平等交换关系。在工农产品价格剪刀差基本消除后，现阶段主要是城乡要素配置剪刀差。土地要素方面，需要改革征地制度，缩小征地范围，规范征地程序，建立兼顾国家、集体、个人的土地增值收益分配机制，提高农民在土地增值收益中的分配比例，保障农民公平分享土地增值收益，不能继续靠牺牲农民土地财产权利来降低工业化城镇化成本。允许集体经营性建设用地出让、租赁、入股，实行与国有土地同等入市、同权同价。资金要素方面，首要任务是建立机制，把农村存款主要用于农业农村，同时放开以服务农村为主的社区银行的准入，让更多的民间资金能够进入农村金融正规市场。劳动要素方面，要改革城乡不平等的就业和劳动报酬制度，使农民工享有与城镇职工同等的劳动报酬权益。农产品交换方面，完善农业补贴政策，完善粮食主产区利益补偿机制，使农产品价格充分反映土地、劳动力资源稀缺程度，反映国家对农业的支持保护。

（4）推进城乡基本公共服务均等化。大幅增加财政"三农"支出的绝对量，逐步提高"三农"支出占国家财政支出的比重，大力加强农村基础设施建设，积极发展农村养老、文教卫等社会事业，让公共财政的阳光更多地照耀农村。建立统筹城乡的社会保障制度，推进医疗、养老保险关系跨地区转移接续，简化续保手续，完善配套政策。鼓励有条件地区率先实行城乡统一的养老保险和医疗保障制度，并逐步从国家层面整合城乡居民基本养老保险和基本医疗保险制度。

三、促进城镇化和农业现代化协调发展的政策建议

当前和今后一个时期，我国的城镇化将快速推进，这也正是各种矛盾集中出现的关键时期。必须从实现国家现代化总体大局出发，强化城镇化和农业现代化协调发展的顶层设计，进一步研究明确促进城镇化与农业现代化协调发展的总体思路、制度创新和重大举措。

（一）总体思路

坚持"四化同步"、城乡统筹，继续坚持"三农"工作重中之重的指导思想，理顺政府与市场关系，转变城镇化发展模式，不断完善城乡一体化发展体制机制，持续增强农村发展活力，加快构建以工促农、以城带乡、工农互惠、城乡一体的新型工农、城乡关系，实现城镇化与农业现代化良性互动、协调发展。

——发挥市场的决定性作用与政府合理调控相结合。坚持市场在产业发展、资源配置、要素集聚等方面的决定性作用，提高城镇化的资源配置效率。发挥政府"有形之手"在制定发展规划、提供公共服务、引导人口流动、配置公共资源等方面的功能，引导城镇化的发展方向。

——坚持大中小城市和小城镇协调发展的城镇化战略。改变以特大城市为重点的城镇化模式，以中小城市和小城镇作为未来一个时期的发展重点，引导农村人口就近就地城镇化。优化城镇化的空间布局和形态，以中西部地区为重点，大幅度提高中西部地区的城镇化水平，推动城镇化均衡发展。

——以农民工市民化作为新型城镇化战略的重点领域。改变"见物不见人""要地不要命"的城镇化模式，坚持以人为本，实施以农民工城镇化为重点的新型城镇化战略。稳步推进城乡基本公共服务均等化，使全体城乡居民平等共享城镇化成果，促进人的全面发展和社会公平正义。

——在新型城镇化进程中不断强化农业基础地位。坚持"四化同步"，补上农业现代化"短板"，确保国家粮食安全和主要农产品有效供给，强化城镇化发展的基础支撑。深入实施以工补农、以城带乡发展战略，构建与整体经济发展水平和城镇化进程相适应的农业支持保护体系。

（二）制度创新

实现城镇化和农业现代化协调发展的目标，不仅要打破以往二元体制递延下来的制约城乡、工农协调发展的制度枷锁，更要构建新阶段倾斜支持农业农村发展的制度安排。

（1）加快推进户籍制度改革。目标是改变现行户籍制度对城乡人口流动的不合理限制，为发展农业适度规模经营创造更好的环境。分类推进不同规模、不同区域城镇的户籍制度改革，全面放开建制镇和小城市落户限制，有序放开中等城市落户限制，合理确定大城市落户条件，严格控制特大城市人口规模；优先放宽中西部地区城市和小城镇落户条件，为产业转移和人口流动创造条件。逐步剥离依附于户籍制度的各种基本公共服务和福利待遇，还原户籍制度的人口管理本来属性。允许农民带着农村财产权利进城落户，探索其农村财产有偿退出机制。

（2）完善城镇行政管理体制。研究执行新的市政设置标准，科学把握市政设置条件和进程，引导城镇化重心向中小城市和小城镇转移、向中西部地区转移。发达地区的特大镇应撤镇建市，实现由小城镇向小城市转变。实施强镇扩权，推进行政体制扁平化，促进小城镇健全管理机构，增强社会管理、公共服务的功能，改善小城镇人居环境。加快改革等级化的城市管理体制，消除大城市对中小城市资源的侵占剥夺，促进城市之间平等竞争，并加大对中小城市和小城镇的支持力度，推动城市之间基本公共服务均等化，为吸引农民工到中小城市和小城镇落户创造条件。

（3）优化公共财政资源配置机制。实现城乡基本公共服务均等化，关键是构建相应的财政保障制度，推进公共财政资源均衡配置。逐步提高城乡基本公共服务预算支出占财政支出的比重，建立健全与经济发展相联动、与财力增长相匹配、与公共需求相适应的基本公共服务投入增长机制。建立财政转移支付同农业转移人口挂钩机制，推进按常住人口提供基本公共服务。强化各级政府公共财政向基层的转移支付，更好地服务和辐射农村地区。

（4）健全完善农业支持保护体系。这是加强现代农业建设、巩固农业基础地位的根本举措，城镇化越是发展，越要加强对农业的支持保护。完善农产品价格形成机制，在开展目标价格补贴试点的基础上，进一步健全农产品价格支持制度，实现农产品价格适度合理上涨，以此作为平衡工农、城乡关系的重要途径。建立财政农业投入稳定增长机制，确保其增幅高于一般性财政支出增长幅度，重点支持良种培育、动物防疫体系、规模化养殖、农技推广体系、农业机械化、小型农田水利、农产品流通基础设施、农产品精深加工、政策性农业保险制度等现代农业建设的重点环节。按照增加规模、提高标准、扩大范围、完善机制、改善效果的思路，改革完善农业补贴制度。建立粮食主产区利益补偿机制，加大对主产区的一般性转移支付，逐步使粮食主产县人均财力达到本省份或全国平均水平。

（5）深化农村产权制度改革。落实现有土地承包关系保持稳定并长久不变的政策，在 5 年内完成农村土地承包经营权确权、登记、颁证工作，赋予农民土地承包经营权抵押、担保权能等更加充分而有保障的土地权利。在坚持农村承包土地集体所有的基础上，探索构建农民土地承包权和经营权"两权分离"的农地制度。赋予农民对集体资产股份占有、收益、有偿退出及抵押、担保、继承权，为筹集农业发展资金和增加农民收入创造条件。保障农户宅基地用益物权，改革完善农村宅基地制度，慎重稳妥推进农民住房财产权的抵押、担保、转让试点工作，探索农民增加财产性收入渠道。建立农村产权流转交易市场，加强配套制度建设，培育发展中介组织，推动农村产权流转交易公开、公正、规范运行。

（6）建立金融资源回流农村机制。推进农村金融改革创新，切实放宽农村金融市场准入，支持发展农村合作金融，构建结构完整、层次清晰、分工明确、功能互补的农村金融体系，多元化渠道满足不同主体的金融需求。完善农村金融保险扶持政策，建立金融支农激励约束机制，加快农村信用体系建设。明确不同农业产业金融创新的突破口，针对粮棉油糖、农作物制种、园艺作物、畜牧业、渔业、农机等不同产业的特征，有针对性地开发金融产品、提供金融服务。创新农村抵押担保方式，积极培育涉农担保组织，支持扩大有效担保物范围，突破涉农信贷担保瓶颈。完善政策性农业保险制度，健全农业保险管理体制，加大财政投入支持力度，增加农业保险保费补贴品种，提高农业保险的风险保障水平。

（7）推进其他配套制度改革。深化财税制度改革，通过合理划分中央和地方的税收分配比例，加强以所得税和财产税为代表的直接税建设，改变目前地方财政收入过分依赖一次性土地出让收入的现状，逐步消除地方政府滥征滥占耕地的内在动因。推进政府绩效考核制度改革，将以 GDP 为主的考核模式真正转变为涵盖经济发展、城乡居民收入、耕地保护、粮食安全、生态环境及社会稳定等指标体系的综合考核模式。

（三）重大措施

促进城镇化与农业现代化协调发展，还需要政府主动作为，采取一系列重大措施。

（1）制定实施新型城镇化战略规划。首先，尽快出台国家新型城镇化发展规划，明确推进城镇化的指导思想、基本原则、重大举措和保障措施，强化对城镇化的总体调控，引导城镇化向正确方向发展，在城镇化进程中始终强调夯实农业基础和维护农民权益。其次，进一步做好城乡规划工作，把编制城镇化发展规划与新农村建设规划统一起来，以统筹城乡规划作为城乡一体化的重要抓手，加强对城镇化发展的分类指导，提高规划的实用性、操作性和指导性，发挥规划综合调控作用，统筹城乡建设和人口流动。

（2）明确农民工市民化的"时刻表"。农民工市民化涉及人口多、任务重，应采取分类指导、有序推进的办法，明确工作"时刻表"。最近2～3年，应重点让具备条件的农业转移人口实现市民化，如举家迁移的农民工家庭；3～5年内，逐步解决其他农业转移人口的市民化问题，如外出稳定就业的新生代农民工；到2020年，基本解决有进城落户意愿的农业转移人口市民化问题，形成人口城镇化有序推进格局，消除农民工现象，城镇化水平平稳上升、基本稳定。

（3）有效保护和合理利用土地资源。实施集约节约利用土地的城镇化模式，控制城市建设规划用地总规模、严格建设用地标准，提高土地的容积率、利用率和产出率。切实保护农业土地资源，强化保有耕地和基本农田的目标，坚决守住面积底线，坚持耕地数量和质量并重。加快划定永久基本农田，一经划定不得调整，且不得征收或征用。加快中低产田改造，完善耕地占补平衡和土地复垦验收制度，切实解决"占优补劣"等问题。从土地出让收入和土地税收中提取一定比例建立耕地保护基金，调动地方政府、农村集体组织和农业经营主体保护耕地的积极性。

（4）把基础设施建设重点转向农业农村。大幅增加农业农村基础设施建设投入，启动一批拉动内需作用大、经济社会生态效益明显的农业农村建设项目，尽快改变城乡基础设施建设反差巨大的局面。大力实施高标准农田建设规划，整合财政投入，统一建设标准，提高建设效果，确保到2020年建成8亿亩高标准农田。以耕地整治、农田水利为重点，加强耕地质量建设，建立耕地建设与管护长效机制，确保耕地质量与设施永续利用。加强耕地和水资源污染防治，采取综合性措施，治理城镇和工业污染物向农村农业的转移扩散。加快农村电网改造、乡村道路建设，改善农村生产生活条件。

（5）培养高素质农民和培育新型农业经营主体。在城镇化进程中实现农民群体的职业分化，使农民"去身份化"，成为一种有尊严、有保障的职业选择。制定国家层面的中长期农民培训规划，加快培养高素质农民，切实提高农民务农创业能力。制定针对性强的扶持政策，大力培育专业大户、家庭农场、土地合作社和其他各类农民合作经济组织，做大做强龙头企业。在坚持农民自愿、依法依规经营、有效保护农民利益的前提下，在农地农用基础上，合理引导工商资本经营农业，增加农产品的商业化生产和供给。

（6）大力推进农业生产经营方式转变。适应不断升级的农产品需求，加快构建现代农业产业体系。加大粮食战略工程实施力度，健全粮食安全保障体系；积极推进农业结构调整，提升高效经济作物和园艺产业、现代畜牧水产业的比重。加快发展无公害农产品、绿色食品和有机农产品，实行规模化种养、标准化生产、品牌化销售和产业化经营，进一步提升农产品质量安全水平。大力发展都市现代农业，推进农业与二三产业融合，凸显农业多功能特征。加强农产品流通和储存环节的布局和建设，大力发展农产品流通生产性服务业，应对农产品产销区不断分离的新问题。

（7）制定促进农民增收的国家战略规划。落实城乡居民收入倍增计划的目标，制定促进农民增收的战略规划，出台一系列重大政策和改革措施，构建农民增收长效机制。把调控城乡居民收入差距纳入农民增收规划，明确到2020年城乡居民收入之比缩小到2∶1之内，实现真正意义上的全面小康。

第九章

完善农业法律制度保障

2006 年以来历年中央 1 号文件均提出了发展现代农业的战略任务。这是一项长期的战略任务，与农业法治建设具有联系紧密、相互作用的关系。加强法治建设，推进农业法治进程，对于促进现代农业发展，具有十分重大的意义，也是现代农业发展的内在要求。

第一节　农业集体经济组织成员界定中的法律问题[①]

一、集体经济组织成员资格界定的现实必要性

农村集体经济组织成员界定问题一直受到高度重视，不但关乎农村集体产权制度改革顺利开展，更关乎农村集体经济组织成员合法权益的切实保护，同时也是制定《农村集体经济组织条例》的核心内容之一。

党的十八届三中全会指出，"保障农民集体经济组织成员权利"。2013 年中央 1 号文件提出，"探索集体经济组织成员资格界定的具体办法"。2014 年中央 1 号文件指出，"推动农村集体产权股份合作制改革，保障农民集体经济组织成员权利"。2015 年中央 1 号文件提出，"抓紧研究起草农村集体经济组织条例。"2015 年 11 月 2 日，中共中央办公厅、国务院办公厅印发的《深化农村改革综合性实施方案》（以下简称《实施方案》）指出，"建立健全符合社

---

① 本节引自 2013 年农业部软科学课题"农村集体成员资格界定的实践及法律问题"，课题主持人：孔祥智，黄延信。2015 年农业部软科学课题"农业集体经济组织成员界定法律问题研究"，课题主持人：肖鹏。

会主义市场经济体制要求和社会主义初级阶段实际的农村集体产权制度，必须以保护农民集体经济组织成员权利为核心，以明晰农村集体产权归属、赋予农民更多财产权利为重点，探索社会主义市场经济条件下农村集体所有制经济的有效组织形式和经营方式，确保集体经济发展成果惠及本集体所有成员，进一步发挥集体经济优越性，进一步调动集体经济组织成员积极性"。2016 年 12 月中共中央、国务院印发的《关于稳步推进农村集体产权制度改革的意见》（以下简称《意见》）指出，"依据有关法律法规，按照尊重历史、兼顾现实、程序规范、群众认可的原则，统筹考虑户籍关系、农村土地承包关系、对集体积累的贡献等因素，协调平衡各方利益，做好农村集体经济组织成员身份确认工作，解决成员边界不清的问题"。

农村集体经济组织作为集体资产管理的主体，承担着经营管理集体资产、分配集体资产收益的重要职能，而集体经济组织成员资格则是农民参与集体资产管理和收益分配的权利基础。因此，界定集体经济组织成员资格是保障农民集体经济组织成员权利的前提和必要条件，对于推进农村集体产权制度改革、促进农村集体经济发展和维护农村社会和谐稳定具有重要的现实意义和深远的历史意义。

（一）界定集体经济组织成员资格，是明晰集体资产产权归属的需要

在国内宏观经济保持快速增长的大背景下，各地尤其是城镇化、工业化程度较高的地区农村集体资产总量迅速增长。据统计，截至 2012 年年底，全国 58.9 万个村级集体经济组织账面资产总额（不含土地等资源性资产）2.2 万亿元，村均 369.3 万元。大城市郊区和东部发达地区农村集体资产数量更加庞大，广东、山东、浙江、北京、江苏等 5 省（直辖市）的村级集体资产总额达 13 172.1 亿元，占全国村集体资产总额的 60.5%，村均 865.4 万元。随着农村集体资产规模不断增大，集体资产归谁所有、如何分配成为农民群众关注的焦点问题，但由于传统产权制度存在"人人所有、人人无份"的弊端，迫切需要在摸清集体资产存量、种类的基础上界定集体经济组织成员资格，明晰集体资产的产权归属及份额，让农民群众在集体经济发展中得到更多实惠。

（二）界定集体经济组织成员资格，是适应农村社区人口结构变化的需要

随着城乡管理体制变革的加快，人口在城乡之间的流动增加，我国农村特

别是城郊接合部和沿海发达地区农村社区人口结构出现了新的变化。在一些较富裕的农村地区，外来人口日益增多，与此同时，部分原住居民离开本村进城务工、经商，造成农村社区现有人口与传统集体经济组织人口高度不重合，在珠三角、长三角等经济发达地区甚至出现了农村原住居民与外来常住人口数量严重倒挂现象。《村民委员会组织法》第十三条规定，户籍不在本村，在本村居住一年以上，本人申请参加选举，并且经村民会议或者村民代表会议同意参加选举的公民可以参加村民委员会的选举；第八条规定，村民委员会依照法律规定，管理本村属于村农民集体所有的土地和其他财产。在这一背景下，当村民委员会就集体资产的使用和收益分配等事项进行民主决策时，外来常住人员可能会基于其多数地位作出有利于自身利益的决定，进而侵犯原集体经济组织成员的经济利益。为适应农村社区人口结构的变化，迫切需要通过界定集体经济组织成员资格，保护集体经济组织成员财产权利。

（三）界定集体经济组织成员资格，是维护农村社会和谐稳定的需要

近年来，由于农村集体土地征占引发的上访案件越来越多，征地补偿费分配纠纷也不断上升，据国家信访局统计，2013 年共收到反映村集体收益分配不公、集体土地征收补偿分配不合理等村集体资产管理问题的群众来信 2 258 件，占农村农业类问题来信事项总数的 23％。产生这些问题的最根本原因是集体资产产权界限不清、集体经济组织成员资格界定不明，这不仅导致集体成员占有、使用、分配集体资产关系混乱，而且也影响了农村社会和谐稳定。此外，由于目前法律法规没有对集体经济组织成员资格界定做出具体规定，致使当事人的集体经济组织成员权利遭受侵害时，难以寻求法律救济。维护农村社会稳定，解决农村集体土地征用补偿分配纠纷，迫切需要界定集体经济组织成员资格，建立健全集体经济组织成员权利法律救济制度。

二、农村集体经济组织成员界定的现状[①]

研究农村集体经济组织成员界定的现状，应当厘清农村集体经济组织成员界定的现行规定，明确其基本特征，把握其已有成果，并探求其存在问题，从

---

① 本节引自 2015 年农业部软科学课题"农业集体经济组织成员界定法律问题研究"，课题主持人：肖鹏。

而为农村集体经济组织成员界定法律问题研究奠定坚实的基础。

（一）现行规定

农村集体经济组织成员界定并没有全国统一的法律、法规。在各地实践中，多通过规范性文件明确农村集体经济组织成员界定的相关问题，这些规范性文件主要包括以下几类：

1. 农村土地承包法律法规

《农村土地承包法》第五条第一款规定，"农村集体经济组织成员有权依法承包由本集体经济组织发包的农村土地"。农村集体经济组织成员界定与农村土地承包密切相关。各地农村土地承包法规规章中，包含了农村集体经济组织成员界定的相关规定。例如：《吉林省集体土地承包经营管理条例》《吉林省农村集体经济组织承包合同条例》《海南省〈实施中华人民共和国农村土地承包法〉办法》《新疆维吾尔自治区实施〈中华人民共和国农村土地承包法〉办法》《河北省农村土地承包条例》《安徽省实施〈中华人民共和国农村土地承包法〉办法》《福建省实施〈中华人民共和国农村土地承包法〉若干问题的规定》《湖北省农村土地承包经营条例》《江苏省农村土地承包经营权保护条例》《江西省实施〈中华人民共和国农村土地承包法〉办法》《辽宁省实施〈中华人民共和国农村土地承包法〉办法》《内蒙古自治区实施〈中华人民共和国农村土地承包法〉办法》《青海省实施〈中华人民共和国农村土地承包法〉办法》《山东省实施〈中华人民共和国农村土地承包法〉办法》《陕西省实施〈中华人民共和国农村土地承包法〉办法》《重庆市实施〈中华人民共和国农村土地承包法〉办法》等。

2. 农村集体经济组织法规规章

农村集体经济组织成员界定是农村集体经济组织法律法规的核心内容之一，各地农村集体经济组织法规规章中，包含了农村集体经济组织成员界定的相关规定，主要包括以下三类：

第一，农村集体经济组织的专门规定。例如：《广东省农村集体经济组织管理规定》《湖北省农村集体经济组织管理办法》《浙江省村经济合作社组织条例》四川省《都江堰市农村集体经济组织管理办法（试行）》等。

第二，农村集体经济组织的资产管理规定。例如：《北京市农村集体资产管理条例》《新疆维吾尔自治区农村集体经济组织资产管理条例》《四川省农村集体资产管理办法》等。

第三，农村集体经济组织的财务规定。例如：《农村集体经济组织财务公开规定》、《云南省村集体经济组织财务管理暂行办法》、广东省《村集体经济组织财务公开暂行规定》、河北省《石家庄市农村集体经济组织财务审计条例》、湖北省《武汉市村集体经济组织财务管理条例》、河北省秦皇岛市《青龙满族自治县村集体经济组织财务管理条例实施办法（试行）》、云南省玉溪市《元江县农村集体经济组织财务及资产管理办法》等。

3. 农村集体产权制度改革文件

农村集体经济组织成员界定，是农村集体经济产权制度改革的重要步骤之一。2007年10月9日，农业部《关于稳步推进农村集体经济组织产权制度改革试点的意见》对此有明确规定。2016年12月中共中央、国务院印发的《关于稳步推进农村集体产权制度改革的意见》，作为指导新时期农村集体产权制度改革的纲领性文件，提出了开展集体资产清产核资、明确集体资产所有权、有序推进经营性资产股份合作制改革和确认农村集体经济组织成员身份等多项改革任务，对确认农村集体经济组织成员身份的基本原则、考虑因素和操作方式等提出了较为明确的要求。各地农村集体产权制度改革文件中，包含了农村集体经济组织成员界定的相关规定。例如：上海市《关于本市推进农村村级集体经济组织产权制度改革工作的指导意见》《上海市农村集体经济组织产权制度改革程序实施办法》《上海市农村集体经济组织产权制度改革工作方案》、安徽省《关于开展农村集体经济组织产权制度改革试点工作的通知》、湖南省长沙市《关于城中村集体经济组织产权制度改革的指导意见》、河北省石家庄市《关于城中村集体经济组织改制及集体资产处置的指导意见》等。

4. 农村集体经济组织成员资格认定文件

基于农村集体经济组织成员界定的重要性，各地制定了相当数量的专门的农村集体经济组织成员资格认定的规范性文件。例如：上海市崇明县《农村集体经济组织成员界定和农龄统计调查实施方案》、天津市静海县《关于农村集体经济组织成员资格确认的意见》、四川省成都市温江区《农村集体经济组织成员身份界定试行办法》、四川省都江堰市《农村集体经济组织成员确认办法（试行）》、四川省成都市金堂县平桥乡《关于界定村社区集体经济组织成员的指导意见》、新疆维吾尔自治区塔城市沙湾县《关于界定村集体经济组织成员的指导意见》、湖北省荆州市沙市区《农村集体经济组织成员资格认定办法》、辽宁省大连市《旅顺口区农村集体经济组织成员资格界定工作指导意见》、广东省佛山市《南海区农村集体经济组织成员资格界定办法》、广东省阳江市《江城区农村集体经济组织成员资格认定指导意见》、内蒙古自治区鄂尔多斯市伊金霍洛旗《村集体经济组织成员资格认定办法》、江苏省苏州市《关于农村集体经济组织成员的认定办法》、江苏省《海门市农村集体经济组织成员界定办法（试行）》、江苏省常州市武进区《关于全区农村集体经济组织股份合作制改革股东资格界定的指导性意见》、江苏省连云港市《灌云县关于界定农村集体经济组织成员的试行办法》、安徽省《铜陵市农村集体经济组织成员认定办法》、安徽省铜陵市《郊区灰河乡农村集体经济组织成员认定工作实施方案》、安徽省六安经济技术开发区《关于农村集体经济组织成员资格认定的指导意见》等。

5. 地方性司法文件

在司法实践中，往往遇到农村集体经济组织成员界定的法律问题，各地人民法院制定了农村集体经济组织成员界定相关的地方性司法文件。例如：重庆市高级人民法院《关于农村集体经济组织成员资格认定问题的会议纪要》、陕西省高级人民法院《关于审理农村集体经济组织收益分配纠纷案件讨论会纪要》、天津市高级人民法院《关于农村集体经济组织成员资格确认问题的意见》等。

（二）实践成果

在各地实践中，农村集体经济组织成员界定取得了丰硕的成果，主要包括以下三个方面：

1. 认定了部分地区的成员资格

基于现行规定，各地已经完成了部分农村集体经济组织成员资格的认定工作。以农村集体经济产权制度改革为例，截至 2014 年年底，30 个省、自治区、直辖市以村为单位完成产权制度改革的村 4.7 万个，同比增长 69.1%，占全国总村数的 7.8%，比上年提高 3.3 个百分点；以组为单位完成产权制度改革的村民小组 5.7 万个，占村民小组总数的 1.2%①。农村集体经济组织成

---

① 农业部农业经济体制与经营管理司：《2014 年农村集体产权制度改革及财务管理情况—2014 年农村经营管理情况统计分析报告之六》，http://www.jgs.moa.gov.cn/jggz/201506/t20150629_4722588.htm，2015 年 6 月 29 日。

员资格的认定是农村集体产权制度改革的核心问题之一，因此，已经完成了农村集体产权制度改革的地方，农村集体经济组织成员资格的认定工作已经基本结束。在之后的成员资格认定工作中，应当认可已经确定农村集体经济组织成员，成员资格认定不溯及既往。

2. 积累了极为丰富的实践经验

从现行规定来看，最早关于农村集体经济组织成员界定的规范性文件是《浙江省村经济合作社组织条例》。该条例于 1992 年 7 月 25 日浙江省第七届人民代表大会常务委员会第二十九次会议通过，1992 年 7 月 28 日浙江省人民代表大会常务委员会公告第三十五号公布，自 1993 年 1 月 1 日起施行。《浙江省村经济合作社组织条例》第九条规定，"户籍关系在本村、年满 16 周岁的农民，均可以参加村经济合作社成为社员。户籍关系不在本村但在本村劳动的农民加入本村经济合作社问题，由村经济合作社章程规定"。自 1992 年至今 23 年的时间里，各个地方制定了各类农村集体经济组织成员界定的规范性文件，积累了丰富的实践经验，为全国统一立法进行了有益的探索。

3. 形成了较为广泛的界定共识

在各地实践中，对农村集体经济组织成员界定的诸多方面，形成了较为广泛的共识。在农村集体经济组织成员资格的取得情形中，包括出生、收养和政策原因；在农村集体经济组织成员资格的丧失情形中，包括死亡、纳入城镇社会保障体系等。在农村集体经济组织成员的权利中，包括承包农村土地的权利、收益分配权、选举权与被选举权等；在农村集体经济组织成员的义务中，包括依法开展家庭承包经营、遵守农村集体经济组织的章程等。上述农村集体经济组织成员界定的共识，为全国统一的立法奠定了坚实的基础。

（三）存在问题

尽管农村集体经济组织成员界定已经取得了丰硕的成果，但是仍然存在诸多问题，集中体现在以下三个方面：

1. 全国层面缺少统一立法

根据北大法宝中国法律检索系统的检索结果，涉及农村集体经济组织的法律 39 部，行政法规 47 部，司法解释 12 部，部门规章 178 部，团体规定、行业规定、军事法规、军事规章等 25 部，地方性法规 865 部，地方政府规章 345 部，地方规范性文件 4 289 部，以及地方司法文件 26 部，共计 5 826 部。

但是，农村集体经济组织成员界定一直没有全国的统一立法，存在诸多理论争议和实践分歧。《立法法》第八条和第九条明确规定：民事基本制度只能制定法律；尚未制定法律的，全国人民代表大会及其常务委员会有权作出决定，授权国务院可以根据实际需要制定行政法规。同时，该法第七十三条明确规定：地方性法规不能规定民事基本制度。农村集体经济组织的法律地位，是民事基本制度中的民事主体制度，只能由法律或者行政法规予以规定。农村集体经济组织成员资格的认定，涉及每个农村集体经济组织成员的切身利益，也应当由全国统一立法予以规范。

2. 各个地方存在较大差异

由于农村集体经济组织成员界定缺少全国层面的统一立法，各地在实践中对很多问题的规定差异较大。以农村集体经济组织的法律地位为例，存在 4 种不同的地方实践：农村集体经济组织法律地位不明确、属于法人、属于农民专业合作社法人和属于企业法人。再如农村集体经济组织成员资格丧失的情形中的户籍迁出和纳入城镇社会保障体系的关系，存在 3 种规制模式：第一种模式是户籍迁出与纳入城镇社会保障体系分别为两种不同的成员资格丧失的情形；第二种模式是户籍迁出与纳入城镇社会保障体系必须同时具备，方能导致成员资格丧失；第三种模式是区分户籍迁出的情况，作出不同的规定。

3. 同一地方仍有协调问题

由于农村集体经济组织成员界定缺少全国层面的统一立法，使得同一地方就同一问题的规定也存在不一致的情形。以农村集体经济组织成员资格取得情形之一的结婚为例，结婚取得农村集体经济组织成员资格，首先是应当与农村集体经济组织成员之间存在合法有效的婚姻关系，这在各个地方的规定是一致的。但是，因结婚取得农村集体经济组织成员资格的其他条件，在各地实践中存在两种不同的规定：第一，只要求户籍在农村集体经济组织区域内；第二，除了户籍在农村集体经济组织区域内，还要求考虑其他因素，主要是在农村集体经济组织生产、生活，与农村集体经济组织形成权利义务关系，或者以农村集体经济组织的土地为基本生活保障等。同一地方的不同规范性文件也存在矛盾之处。例如：陕西、重庆、江苏、内蒙古和安徽等地的农村土地承包法的实施条例或者实施办法，都采用第一种做法。但是上述地方的其他规范性文件，则存在第二种规定。

综上所述，农村集体经济组织成员界定存在多层次的规范性文件，涉及

"三农"工作的方方面面。各地在实践中，积极探索了农村集体经济组织的法律地位、农村集体经济组织成员资格的认定规则、农村集体经济组织成员资格的取得与丧失、农村集体经济组织成员的权利和义务等农村集体经济组织成员界定的相关方面，认定了部分地区的成员资格，积累了极为丰富的立法经验，形成了较为广泛的界定共识。同时，农村集体经济组织成员界定缺少全国层面的统一立法，不同地方甚至同一地方就相同问题的规定依然存在不一致的情况。深入研究农村集体经济组织成员界定的法律问题，显得尤为迫切，首先应当明确的是农村集体经济组织的法律地位。

三、我国农村集体经济组织成员资格的基本认定原则

2016 年 12 月，中共中央、国务院印发的《关于稳步推进农村集体产权制度改革的意见》明确规定了农村集体经济组织成员资格的基本认定原则，即依据有关法律法规，尊重历史、兼顾现实、程序规范、群众认可。从各地的规范性文件看，不少地方明确了农村集体经济组织成员资格认定的原则。例如：四川省成都市温江区《农村集体经济组织成员身份界定试行办法》第三条规定：农村集体经济组织成员资格认定，应当遵循"依据法律、实事求是、尊重历史、公平合理"的原则。天津市静海县《关于农村集体经济组织成员资格确认的意见》规定：农村集体经济组织成员资格的确认原则是，坚持公平公正，合理合法，尊重事实的原则，本着依法保障公民的基本生活权利，确保农村集体经济组织成员享受到应有的个人生存权益，构建和谐有序的社会环境。

在对已有农村集体经济组织成员认定原则的总结基础上，结合农村集体经济组织成员资格认定的实际情况，农村集体经济组织成员资格的认定原则主要包括以下几点：

（一）依法认定

农村集体经济组织成员资格认定，与每个农村集体经济组织成员的权利和义务息息相关，保障农村集体经济组织成员的合法权益，以合理确定其成员资格为基本前提。因此，农村集体经济组织成员资格的认定必须做到有法可依、有法必依。现有对农村集体经济组织成员资格认定原则的规定，也都将依法认定作为其基本原则之一。例如：辽宁省大连市《旅顺口区农村集体经济组织成员资格界定工作指导意见》规定，"农村集体经济组织成员资格界定工作，要

坚持依法办事与民主决策相结合的原则，坚持公开、公平、公正的原则"。广东省佛山市《南海区农村集体经济组织成员资格界定办法》第一条规定，"界定农村集体经济组织成员必须坚持依法依规、公开透明、灵活实效的原则"。

（二）尊重历史

农村集体经济组织有其自身的发展历程，在现有的农村集体经济组织的概念表述中，也有对其历史的概括。例如：《广东省农村集体经济组织管理规定》第三条规定，"本规定所称农村集体经济组织，是指原人民公社、生产大队、生产队建制经过改革、改造、改组形成的合作经济组织，包括经济联合总社、经济联合社、经济合作社和股份合作经济联合总社、股份合作经济联合社、股份合作经济社等"。因此，农村集体经济组织成员的认定，应当尊重农村集体经济组织的历史发展。着眼于此，才能合理确定成员资格。

（三）认可现实

在我国农村集体经济组织的发展过程中，因为土地承包、土地确权、征地补偿和户籍改革等各种原因，各地在实践工作中，出台了众多农村集体经济组织成员资格认定的规范性文件，也做了大量农村集体经济组织成员资格认定的实际工作。在之后的成员资格认定工作中，应当认可已有事实，成员资格认定一般不溯及既往。例如：四川省成都市温江区《农村集体经济组织成员身份界定试行办法》第十二条第一款规定，"本办法实施以前已确认为本集体经济组织成员的，成员身份继续有效"。湖北省荆州市沙市区《农村集体经济组织成员资格认定办法》第十九条规定，"本办法实施以前已确认为本集体经济组织成员的，成员资格继续有效"。四川省都江堰市《农村集体经济组织成员确认办法（试行）》第十五条也有类似规定。

（四）公开规范

农村集体经济组织成员资格认定的程序必须公开透明。在成员资格认定的每个步骤，都应当通过适当的方式进行公示。这不但保障了农村集体经济组织成员资格认定的公正性，而且为群众积极参与成员资格认定提供有效途径。在群众参与方面，认定工作的公开、透明，为群众监督认定工作提供了有效途径，同时，应当积极吸纳群众参与，不但调动了群众进行认定工作的积极性，而且也保障了认定工作顺利实施。例如：湖北省荆州市沙市区《农村集体经济组织成员资格认定办法》第二条规定，"农村集体经济组织成员资格认定的原则为：坚持遵守法律和政策的原则；坚持尊重群众意愿、民主决策的原则；坚持遵循历史、承认现实的原则；坚持公平公正公开、维护稳定的原则"。

（五）成员自治

成员自治是实现群众认可的最有效办法。通过成员自治，一方面，农村集体经济组织成员能够切实维护自身权益；另一方面，也能弥补农村集体经济组织成员认定的疏漏。同时，应当正确处理依法认定和成员自治的关系。依法认定的意义在于明确规定农村集体经济组织成员认定的标准，确认其成员资格取得和丧失的情形；同时考虑到各地的实际情况，在缺乏上述规定的情形下，应当允许通过自治，认定相关人员的成员资格。例如：江苏省连云港市《灌云县关于界定农村集体经济组织成员的试行办法》规定：农村集体经济组织成员资格界定应遵循村民自治原则。

四、我国农村集体经济组织成员资格的一般认定标准

农村集体经济组织成员资格认定的标准主要涉及以下 4 个方面：户籍在农村集体经济组织区域内，在农村集体经济组织生产、生活，以农村集体经济组织的土地为基本生活保障，与农村集体经济组织形成权利义务关系。但是，各地认定标准的具体内容和核心要素存在较大差异。

（一）实践分歧

各地的农村集体经济组织成员认定标准的具体内容，主要存在以下 3 种模式：

第一，二要素说。有的地方以户籍、与农村集体经济组织形成权利义务关系作为认定标准。例如：安徽省农业委员会《关于开展农村集体经济组织产权制度改革试点工作的通知》规定："界定成员资格。以户籍登记为基础，依据原土地承包和对村里贡献情况，参照村规民约相关规定，确定试点村每个成员参与股权分配的资格。"

有的地方以户籍、在农村集体经济组织生产生活作为认定标准。例如：安徽省六安经济技术开发区《关于农村集体经济组织成员资格认定的指导意见》

规定："农村集体经济组织的成员资格的确认一般应以依法取得农村集体经济组织所在地户籍为基本原则。同时兼顾在该农村集体经济组织中生产、生活或离开后又没有取得城市最低生活保障的情形。"

第二，三要素说。有的地方以户籍、在农村集体经济组织生产生活和以农村集体经济组织土地为基本生活保障为标准。例如：天津市高级人民法院《关于农村集体经济组织成员资格确认问题的意见》第一条规定："农村集体经济组织成员一般是指依法取得本集体经济组织所在地常住农业户口，在本集体经济组织内生产、生活的人。不符合或不完全符合上述条件，但确以本集体经济组织的土地为基本生活保障的人，也应认定具有本集体经济组织成员资格。"

有的地方以户籍、在农村集体经济组织生产生活、与农村集体经济组织形成权利义务关系为标准。例如：吉林省《关于加强农村集体经济组织征地补偿费分配管理意见》规定："集体经济组织民主确定征地补偿费用于内部全体成员分配的，要综合考虑户籍、居住事实，以及与该组织是否存在不可分离的权利义务关系等因素。"长白朝鲜族自治县《关于农村集体经济组织征地补偿费分配管理意见》规定："集体经济组织民主确定征地补偿费用于内部全体成员分配的，要综合考虑户籍、居住事实，以及与该组织是否存在不可分离的权利义务关系等因素"。

第三，四要素说。以上述 4 个方面作为认定标准。例如：湖北省荆州市沙市区《农村集体经济组织成员资格认定办法》第三条规定："农村集体经济组织成员资格的认定，以是否具有本村农业户籍为基础，以是否在本村形成较为固定的生产、生活，是否依赖于本村集体土地作为生活保障及是否享受村福利待遇等为基本要件。"

在上述农村集体经济组织成员资格认定标准的内容中，应当以何种要素为认定标准的核心，各地的规定也不尽一致。

第一，以户籍为核心要素。例如：重庆市九龙坡区金凤镇大盐村在农村集体资产量化确权改革工作中，明确农村集体经济组织成员资格界定主要遵循户籍原则，即户籍登记在本集体经济组织所在村民委员会或村民小组内的农村居民拥有成员资格。

第二，以农村集体经济组织的土地是基本生活保障作为核心要素。例如：天津市高级人民法院《关于农村集体经济组织成员资格确认问题的意见》明确规定："因为土地是农村集体经济组织成员最基本的生产和生活资料，具有基本生存保障的功能，如同城市居民享有的社会保障体系。因此，'是否以本集体经济组织土地为基本生活保障'应是界定成员资格的核心标准。"

第三，综合考量多种要素。大多数地方选择综合考虑多种因素，确定农村集体经济组织成员资格。例如：四川省成都市温江区《农村集体经济组织成员身份界定试行办法》第三条规定："农村集体经济组织成员的界定：（一）成员资格认定原则：具有农村居民身份的人员，遵循'依据法律、实事求是、尊重历史、公平合理'的原则，结合其土地承包、享受权利、履行义务等情况按照本办法规定程序取得。"青龙满族自治县《村集体经济组织财务管理条例实施办法（试行）》第八条规定："依法取得村集体经济组织所在地农村户口，在本村生产生活且与村集体经济组织形成权利义务关系的人员，享有村集体经济组织收益分配权。"

（二）标准选择

笔者针对此问题在多地进行了问卷调查，收回的 102 份问卷中，各地农经干部对是否应当制定全国统一的农村集体经济组织成员资格认定标准的认知情况见表 9-1：

表 9-1　农村集体经济组织成员资格认定的统一标准

是否应当制定全国统一标准	是	否	空
样本量	67	33	2
比例	66%	32%	2%

从上述调研数据可以看出，66%的农经干部认为，在农村集体经济组织成员的认定实践中争议较大，应当全国统一标准。32%的农经干部认为，农村集体经济组织成员认定的各地情况不同，难以制定全国统一标准。农村集体经济组织成员资格认定标准在各地实践中差异很大，这也是不少农经干部认定难以制定全国统一标准的原因。但是，农村集体经济组织成员资格认定标准，是确定农村集体经济组织成员的基本依据，事关每个农村集体经济组织成员的切身利益，应当制定全国统一的标准。正基于此，大多数农经干部对于制定全国统一标准持赞成态度。

102 份调查问卷中，各地农经干部对农村集体经济组织成员资格认定标准中最重要的因素的认知情况见表 9-2。

表9-2　农村集体经济组织成员资格认定标准

认定标准中最重要因素	户籍	在农村集体经济组织生产和生活	对农村集体经济组织享有权利、承担义务	三个标准同样重要，应当综合运用	多选	其他	空白
样本量	16	2	8	21	51		4
比例	16%	2%	8%	20%	50%		4%

从上述调研数据中可以看出，70%的农经干部认为，在农村集体经济组织成员认定标准中，难以确定哪一个因素是其核心要素，这与大多数地方农村集体经济组织成员界定的规范性文件的规定相符合。农村集体经济组织成员资格认定标准，以户籍为核心要素，或者以农村集体经济组织土地是基本生活保障为核心要素，都有不能涵盖农村集体经济组织成员资格取得或丧失的所有的情形。首先，以户籍为核心要素，难以解决空挂户的问题。也难以解决结婚、户籍迁出等情形。其次，以农村集体经济组织的土地是基本生活保障为核心要素，难以涵盖出生、收养等情形。

因此，农村集体经济组织成员资格的认定标准，无论从现有的规范性文件看，还是从农经干部的认知情况看，都不宜规定某一个因素为其核心要素，而是应当综合考量户籍在农村集体经济组织区域内、在农村集体经济组织生产生活、以农村集体经济组织的土地为基本生活保障、与农村集体经济组织形成权利义务关系等多种因素。需要注意的是，户籍在农村集体经济组织区域内这一考虑因素，是否必须要求该户籍为农业户籍，则各地的实践存在差异。

多数地方要求农村集体经济组织成员的户籍必须是农业户籍。例如：天津市高级人民法院《关于农村集体经济组织成员资格确认问题的意见》第一条规定，"农村集体经济组织成员一般是指依法取得本集体经济组织所在地常住农业户口，在本集体经济组织内生产、生活的人。不符合或不完全符合上述条件，但确以本集体经济组织的土地为基本生活保障的人，也应认定具有本集体经济组织成员资格"。湖北省荆州市沙市区《农村集体经济组织成员资格认定办法》第三条规定，"农村集体经济组织成员资格的认定，以是否具有本村农业户籍为基础，以是否在本村形成较为固定的生产、生活，是否依赖于本村集体土地作为生活保障及是否享受村福利待遇等为基本要件"。少数地方没有上述限制。例如：重庆市高级人民法院《关于农村集体经济组织成员资格认定问题的会议纪要》规定：农村集体经济组织成员资格的认定，应当以是否形成较为固定的生产、生活，是否依赖于农村集体土地作为生活保障为基本条件，并结合是否具有依法登记的集体经济组织所在地常住户口，作为判断农村集体经济组织成员资格的一般原则。考虑到城乡一体化发展，以及我国户籍制度改革，在全国统一标准制定中，不应该硬性要求该户籍必须为农村户籍。

（三）一般标准

目前集体经济组织成员资格界定多数处于乡村自我管理的状态，受当地乡规民约、传统观念和历史习惯等各种因素影响较大，"乡土"色彩较浓。各地多采取了综合衡量户籍、生产生活历史、土地承包关系以及与集体经济组织的权利义务关系，在严格履行民主程序的基础上，依法依规妥善界定集体经济组织成员资格的办法。

总结地方做法，集体经济组织成员资格界定的衡量标准至少应当包括以下几个方面：一是具有本集体经济组织所在地常住户口；二是取得本集体经济组织土地承包经营权；三是参与本集体经济组织收益分配；四是享有本集体经济组织选举权和被选举权。

——具有本集体经济组织所在地常住户口。户籍是国家依法收集、确认、登记辖区公民身份、亲属关系以及法定地址等人口基本信息的法律制度，它是证明公民身份属性、认定其民事权利能力和民事行为能力的原始证据。如果某人的常住户口登记在集体经济组织所在的村民委员会或村民小组内，就表明其与该集体经济组织存在一定的身份管理和权利义务关系，这正是成为该集体经济组织成员的重要条件。

——取得本集体经济组织土地承包经营权。我国农村集体经济组织实行家庭承包经营为基础、统分结合的双层经营体制，虽然家庭承包的承包方是本集体经济组织的农户，但大部分集体经济组织在订立承包合同时仍是按照户内成员的人数确定承包地的份额，即"按户承包、按人分地"。土地承包经营权属于法定用益物权，法律对承包方的范围已经作出明确限定，按照法律政策拥有土地承包经营权，不仅是享有集体经济组织资产使用权的重要体现，也是具有集体经济组织成员资格的有力佐证。

——参与本集体经济组织收益分配。集体收益分配权作为集体经济组织成员权利的重要内容，是集体经济组织成员为实现其财产权利，按照既定收益分配规则、方案和程序，对可供分配的集体经济收益进行划分和配给的权利。随着城镇化、工业化、市场化的发展，农村集体资产总量快速增加，农民群众对于集体收益分配给谁的关注程度越来越高，参与本集体经济组织收益分配也就成为衡量是否具有成员资格的一项关键指标。

——参加本集体经济组织民主管理，享有选举权和被选举权。由成员通过召开成员（代表）大会的方式，对本集体经济组织重大事项进行民主决策，并通过选举或当选集体经济组织经营管理人员，具体执行成员（代表）大会通过的决议，这是集体经济组织民主管理的具体实现形式。因此，参加集体经济组织民主管理并享有选举权和被选举权也是具有集体经济组织成员资格的重要体现。

由于集体经济组织成员不仅是一个自然范畴，同时也是一个社会历史范畴，所以，是否具有集体经济组织成员资格需要综合考虑成员与集体经济组织的关联程度进行判断，即不仅要考虑其户籍、血缘等自然因素，还要考虑其土地承包经营权、集体收益分配权、民主管理权以及生产生活情况、权利义务关系、社会保障来源等社会历史因素，对于体制原因产生的特殊人员也应结合实际情况具体分析界定。此外，集体经济组织还应根据本地经济发展和实际情况，合理设置成员资格界定的时间界限和地域，切实保障为集体经济发展做出贡献的农民财产权利。

在程序上，集体经济组织成员资格界定应当主要遵循以下几个原则：一是尊重历史，承认现实。集体资产是各个历史阶段集体经济组织成员劳动成果的累积，因此成员资格界定也应涵盖各个阶段的不同群体。二是权利义务对等。履行义务是享受权利的前提，成员享有的权利应与其对集体经济组织承担的义务、做出的贡献相当。三是标准一致。成员资格界定涉及每位村民的切身利益，应当采取一致的标准，如有无户籍、有无承包地、是否参加集体收益分配、人员是否健在等，对集体经济组织的成员资格进行界定，不能实行双重标准。四是程序公开。由于村民群众对集体经济组织成员变化情况最了解，也最有发言权，应坚持程序的合法性与公开性相结合，将成员资格界定的决定权交给村民，由其充分协商、民主决定。五是防止多数人侵犯少数人权益。在成员资格界定工作中既要坚持少数服从多数，又要保护少数人的利益，防止多数人侵犯少数人的合法权益。

五、我国农村集体经济组织成员界定的建议

通过对农村集体经济组织的法律地位、农村集体经济组织成员资格的认定规则、农村集体经济组织成员资格的取得与丧失，以及农村集体经济组织成员的权利和义务的研究，合理界定农村集体经济组织成员，应当注意以下几个方面：

（一）明确农村集体经济组织的法人地位

农村集体经济组织是在土地等生产资料集体所有基础上建立的社区性合作经济组织，包括经济联合总社、经济联合社、经济合作社以及股份合作联合总社、股份合作联合社、股份合作社等。农村集体经济组织法律地位不明晰是成员界定的重大阻碍。

农村集体经济组织从事经营事业，并将盈利向其成员分配。这使得农村集体经济组织容易与以营利为目的的企业法人相混淆。但是，农村集体经济组织不同于企业法人：一方面农村集体经济组织难以适用现行企业法人的法律制度；另一方面农村集体经济组织承担了众多公共职责。

农村集体经济组织由原人民公社、生产大队、生产队发展而来，并在成员之间进行经济合作。这使得农村集体经济组织容易与以成员互助合作为特征的农民专业合作社法人相混淆。但是，农村集体经济组织有别于农民专业合作社法人，两者在服务对象、成员构成、盈余分配等方面存在显著差别。

在现行民事主体制度下，农村集体经济组织难以归入既有的法人类型。就法人理论分类而言，农村集体经济组织应当属于营利法人。明确农村集体经济组织属于营利法人，有利于探索集体所有权的有效实现形式，有利于推动农村集体产权制度改革，有利于保障农村集体经济组织成员的合法权益。

《立法法》明确规定，民事基本制度只能制定法律或者国务院经授权制定行政法规；地方性法规不能规定民事基本制度。农村集体经济组织的法人地位是民事基本制度中的民事主体制度，只能由法律或者行政法规予以规定。因此，应当积极推进农村集体经济组织立法工作，明确赋予农村集体经济组织法人地位，并明确其法人类型。

（二）确立农村集体经济组织成员资格的认定规则

农村集体经济组织成员是对农村集体经济组织享有权利、承担义务的自然

人。农村集体经济组织成员资格就是自然人对农村集体经济组织享有权利、承担义务的资格。农村集体经济组织成员资格的认定规则包括认定原则、认定标准、认定时间和认定程序等 4 个方面。

农村集体经济组织成员资格的认定应当根据依法认定、尊重历史、认可现实、公开公正和成员自治等 5 个原则进行。农村集体经济组织成员资格的认定应当做到有法可依、有法必依；应当尊重农村集体经济组织的历史发展；应当认可已经确定的成员资格；应当保证认定程序公开透明，确保成员资格认定公正合理；应当尊重农村集体经济组织成员的自治。

农村集体经济组织成员资格的认定标准应当综合考量户籍在农村集体经济组织区域内、在农村集体经济组织生产生活、与农村集体经济组织形成权利义务关系、以农村集体经济组织的土地为基本生活保障等多种因素确定。由于各地的实际情况差异较大，采用单一考量因素认定成员资格缺乏可操作性。同时，随着我国城乡一体化发展以及户籍制度改革的推进，不应该统一要求考量因素中的户籍必须是农业户籍。

农村集体经济组织成员资格的认定时间包括起始时间和截止时间。起始时间应当由法律明确规定为实行农村双层经营体制之时，即开始实行农村双层经营体制时原农村集体经济组织的成员，属于农村集体经济组织成员。截止时间应当以成员自治为原则；若成员没有自治或者无法达成一致的，则应当以征地补偿协议签订之日或者农村集体产权制度改革之日作为截止时间。

农村集体经济组织成员资格的认定程序包括：调查摸底、拟订方案、确定成员、登记造册 4 个步骤。农村集体经济组织成员资格的认定，首先应当成立调查小组或者工作小组，进行成员情况的摸底调查；从而拟定成员资格的认定方案；经过公示的认定方案，经由 2/3 以上的成员表决通过；农村集体经济组织按照经过公示的成员名单进行登记造册、颁发成员证书，并报送农村集体经济组织管理部门备案。

（三）明晰农村集体经济组织成员资格的取得丧失

农村集体经济组织成员资格基于一定法律事实的发生而取得或者丧失，应当明确规定农村集体经济组织成员资格取得和丧失的情形。

农村集体经济组织成员资格取得的情形包括：出生、结婚、收养、政策原因和成员自治 5 种。因出生取得成员资格应当符合两个条件：一是父母一方或者双方是农村集体经济组织成员；二是户籍在农村集体经济组织区域内。非婚生子女和非计划生育子女同样因出生取得成员资格。因结婚取得成员资格的条件，首先应当是与农村集体经济组织成员之间存在合法有效的婚姻关系，同时还应当综合考量户籍、生产生活、权利义务关系和基本生活保障等多种因素。因收养取得成员资格应当符合两个条件：一是合法有效的收养关系；二是户籍在农村集体经济组织区域内。因政策原因取得成员资格主要是政策性移民的情形。上述情形之外的其他人员取得成员资格，须经 2/3 以上农村集体经济组织成员同意。

农村集体经济组织成员资格丧失的情形包括：死亡、收养关系解除、放弃、取得其他农村集体经济组织成员资格和纳入城镇社会保障体系等五类。死亡包括生理死亡与宣告死亡，均导致成员资格丧失。死亡宣告被人民法院撤销的，成员资格自行恢复。收养关系解除后，被收养人的成员资格丧失。被收养人是成年人的，应当综合考量户籍、生产生活、权利义务关系和基本生活保障等多种因素确定。因放弃丧失成员资格应当符合两个条件：一是成员自愿；二是采用书面形式。自然人不能同时拥有两个以上农村集体经济组织的成员资格，取得其他农村集体经济组织成员资格的，原成员资格丧失。无须将户籍迁出、纳入国家公务员序列与纳入城镇社会保障体系并列为成员资格丧失的三类情形。户籍是否在农村集体经济组织区域内与是否具有成员资格不存在必然关系。随着机关事业单位工作人员逐步纳入城镇社会保障体系，没有必要将纳入国家公务员序列和纳入城镇社会保障体系并列为成员资格丧失的情形。因此，明确纳入城镇社会保障体系的成员资格丧失即可。

（四）确定农村集体经济组织成员的权利和义务

农村集体经济组织成员的成员权，是成员依法对农村集体经济组织所享有的权利和承担的义务的总称，是农村集体经济组织成员资格的表现形式。

农村集体经济组织成员的权利包括自益权和共益权。自益权是成员为个人利益而行使的权利，包括承包农村土地的权利、享受公共服务的权利和收益分配权。共益权是成员为农村集体经济组织的利益而行使的权利，包括选举权与被选举权、表决权和监督权。农村集体经济组织成员的权利还包括法律、法规和章程规定的其他权利。

农村集体经济组织成员有权依法承包由本集体经济组织发包的农村土地，

该权利一律平等；有权享受农村集体经济组织提供的公共服务，该权利一律平等；有权分配本集体经济组织资产所产生收益，该权利应当允许存在差异。同时，农村集体经济组织成员还可以选举或被选举为成员代表大会的代表、理事会和监事会的组成人员等；通过成员大会或者成员代表大会，按照"一人一票"的方式行使表决权；并有权监督农村集体经济组织的经营管理活动。

在享有权利的同时，农村集体经济组织成员应当依法开展家庭承包经营，遵守农村集体经济组织的章程，严格执行农村集体经济组织的决议，积极维护农村集体经济组织的合法权益，并履行法律、法规和章程规定的其他义务。

第二节　完善种业发展的法律保障机制[①]

农作物种业是国家战略性、基础性核心产业，是促进农业长期稳定发展、保障国家粮食安全的根本产业，且种业科研投入高，周期长，需要法律来保障其发展。我国种业发展的历史，法律的作用越来越大，从以政策调控为主到政策为主，法律为辅，将逐渐过渡到以法律规范为主，政策调整为辅。目前，种业发展有几个关键问题急需解决，即育种体制、种质资源保护、种业知识产权保护、市场监管效率等。经过多年的改革探索，一些实践经验急待上升为法律规定。

一、我国种子法律制度发展与现行基本制度

（一）种子法律制度发展的历史

我国种子法律制度历经 30 年的发展取得了巨大成就，形成了以《种子法》为核心，《植物检疫条例》《植物新品种保护条例》《农业转基因生物安全管理条例》3 个行政法规、25 个省份的种子法实施办法或种子条例的地方性法规以及 25 个部门规章的法律框架体系。种子法律制度体系经历了从无到有，到逐步健全、内容丰富的过程。回顾其发展历程，不仅对于认识现阶段的种子法律制度的状况具有重要启示，而且对今后的法律制度建设无疑也深具意义。

整体上看，我们可以将种子法律制度的发展分为三个阶段：

---

① 本节引自 2013 年农业部软科学课题"促进种业发展的法律制度研究"，课题主持人：杨东霞。

第一个阶段，改革开放（1978 年）以前：以政策调控为主。

1962 年，中共中央、国务院出台了《关于加强种子工作的决定》，以这个纲领性的文件为依据，种业机构和种子工作体系开始建立，建立了四级育种科研机构，即县、地、省、国家级农科所（院）；建立了四级种子繁殖机构，即县、地、省、国家级原、良种场；依托人民公社建立了"四自一辅"种子工作体系，即：自选、自繁、自留、自用，辅之以调剂。

这一时期种业也取得了显著成绩，20 世纪 60 年代玉米、高粱杂种优势开始利用，但是直到 70 年代水稻杂种优势利用才在生产中大面积推广利用。"三杂"（杂交玉米、杂交高粱、杂交水稻）种子杂种优势利用大幅提高了作物产量和改良了作物品质，产生了巨大的社会效益和经济效益，是我国近代农业科学技术的突出成就。

这一阶段，国家实行高度集中的计划经济体制，使得此时调整农业生产关系基本上是以政策为主，而未给与法律手段以必要的重视，因此，有关种子法律不仅数量有限，而且内容和形式都很不规范；种子执法基本空白。

第二个阶段，1978 年改革开放至 2000 年《种子法》颁布。

1978 年，国务院批转农林部《关于加强种子工作的报告的通知》，文件要求抓紧把种子公司和种子基地建立起来，把国营良种场分期分批整顿好，迅速健全良种繁育推广体系。各有关部门要紧密配合，为尽快实现种子生产专业化、加工机械化、质量标准化和品种布局区域化，为完成粮、棉、油等增产任务作出贡献。1982 年农牧渔业部、国家工商局联合发布了《关于农作物种子的引进、调剂、销售和推广由种子公司统一经营管理的联合通知》。依此文件，逐步建立了县、地、省、国家四级种子公司，采取国有制经济体制运行，政府组织育种与种子科研，成果由全民所有。建立了"四化一供"种子工作体系，即：品种布局区域化、种子生产专业化、种子加工机械化、种子质量标准化，以县为单位统一供应种子。1984 年实行农作物品种审定制度，在全国成立了各级种子管理站。1989 年制定了《种子管理条例》，建立了管理制度。

1995 年农业部实施"种子工程"，实现种子育、繁、加、推一体化，"九五"期间投资 30 亿元，"十五""十一五"期间逐渐增加，种子工作开始由计划经济逐步向市场经济转变，以适应社会主义市场经济种业发展需要。从此，种子体系建设开始进入了由国家和地方联合投资，用先进的科学技术和优良的装备武装种业，全面进行种子产业现代化建设的新时期。

1997 年颁布了《中华人民共和国植物新品种保护条例》，建立了对品种的知识产权保护制度。

部分种业市场开放，农业部、国家计划委员会、对外经济贸易部、国家工商局联合颁布了《关于设立外商投资农作物种子企业审批和登记管理的规定》，只对大田作物种子要求中资控股，放开了国内蔬菜种子市场，国际种子公司进入，提升了蔬菜种子品质。

对进口种子，也出台了一系列法规和规章来进行规范，如《进出口农作物种子（苗）管理暂行办法》《关于进口种子（苗）、种畜（禽）和鱼种（苗）免征进口环节增值税的通知》等规定。

这一时期，维系了 22 年的"四化一供"种子工作体系，促进了农作物新品种的选育、推广，尤其是推广了农作物杂种优势，实现了种子商品形成，对提高农作物产量起到了关键作用。这些成绩主要表现在以下几个方面：

一是健全了生产经营体系，以指令性为主的生产体系，集研发、生产、销售三位一体，四化一供。

二是推广了杂交技术，特别是杂交水稻、杂交玉米、杂交油菜产业蓬勃兴起。

三是种子工程使种子整个产业有了长足的进步。

四是蔬菜种子的对外开放，国际资本进入种业，促进了种业的发展与提升。

这一阶段对种业的调整总体上仍呈政策手段为主，法律手段为辅的格局。这是因为尽管法律手段已经引起国家的重视，农业法制建设的步伐也在加快，但此时尚处于农业立法的探索阶段，而且由于对政策调整惯性的依赖等因素，法律的作用并未得以充分发挥。

第三阶段，2000 年至今，法律调控为主导的时期。

2000 年 12 月 1 日《中华人民共和国种子法》施行，这是我国第一部关于种子的专门立法，标志着我国种子产业的发展进入了一个崭新的历史阶段。《种子法》系统地规定了我国种子管理的基本制度，主要有种质资源保护制度、品种审定制度、新品种保护制度、种子生产经营许可制度、种子进口审批制度、外商投资种子企业审批管理制度、种子生产经营档案制度、种子标签真实性制度、种子检疫制度、种子质量监督制度、种子贮备制度。以《种子法》为依据，农业部按照《种子法》的要求，先后制定出台了《主要农作物品种审定办法》《农作物种子生产经营许可证管理办法》《农作物种子标签管理办法》《农作物商品种子加工包装规定》《主要农作物范围规定》《农作物种子质量纠纷田间现场鉴定办法》等25项配套规章，逐步建立了种质资源保护、品种审定、新品种保护、生产经营许可、生产经营档案、标签真实性、种子检疫等基本法律制度。25个省（自治区、直辖市）制定了种子地方性法规制度。与此同时，我国还参加了与种子有关的国际公约，如《国际植物新品种保护公约》《生物安全议定书》和《国际植保公约》等，从而形成了一套较为完整的法律法规体系，为依法治种和种业的健康发展提供了强有力的法制保障。

除了法律法规规章外，2006年国务院办公厅出台了《关于推进种子管理体制改革加强市场监管的意见》，要求推进种子管理体制改革，实行政企分开，强化政府职能，明确了部门职责，完善管理制度，稳定管理队伍，提高人员素质，改善执法手段；坚持以产权改革为切入点，加快国有种子企业改组、改制步伐，促进种子产业生产要素的合理配置。

这一阶段，随着种子法律制度的健全与完善，我国种业的发展取得了很大成绩，主要表现：

（1）品种选育推广水平逐步提升。截至2009年年底，全国共创制具有重要应用价值的育种亲本材料1万多份，通过国家审定的主要农作物品种1 838个，新品种更新更换了2～3次，良种覆盖率达到95％以上，大大促进了农产品产量提高和品质提升。

（2）良种供应能力显著增强。商品种子由30亿千克增加到60亿千克，基本实现了精选加工、包装和标牌销售。

（3）种子质量有新的提高，种子产业实力明显增强。种子市场价值从2001年的200亿元增长到目前的500亿元左右，我国已成为仅次于美国的第二大种业市场。

（4）管理体制初步理顺。截至2008年，国有种子企业全部实现了政企脱钩，90％以上涉农县市建立了种子管理机构。

（5）形成了统一的竞争市场，打破了指令性的生产经营模式，确保企业自主生产经营权，促进种业市场统一，有序竞争。

展望我国未来的种业管理趋势，一是法律将成为主要调控手段，但政策也必不可少。因此，今后种子管理也必将越来越重视法律手段。但政策以其灵活性，可以弥补法律的刚性。二是调整的内容由微观干预走向宏观调控，从重行政许可走向重事后市场监管。越来越重视法律的调整作用必然走向国家从对企业和市场的微观干预走向宏观调控，越来越重视对市场的事后监管，当前已经形成了较为完备的种子法律制度体系，立法相对完备，重要的在于法律的实施，因此，今后应加强对标签、种子质量方面的执法监管，强化执法手段，加大处罚力度，对违法者起到应有的震慑作用。

（二）现行基本制度介绍

1. 种质资源保护制度

《种子法》第二章专门规定了"种质资源保护"，明确规定国家有计划地收集、整理、鉴定、登记、保存、交流和利用种质资源，定期公布可供利用的种质资源目录；国家对种质资源享有主权，任何单位和个人向境外提供种质资源，应当经国务院农业、林业行政主管部门批准；禁止采集国家重点保护的天然种质资源，因科研等特殊情况需要采集的须经国务院农业、林业主管部门批准等。为落实上述规定，2003 年农业部制定发布了《农作物种质资源管理办法》，从农作物种质资源的收集、鉴定、登记、保存、繁殖、利用、国际交流、信息管理等方面，进一步细化了农作物种质资源保护和管理的措施。

2. 主要农作物品种审定制度

《种子法》第三章专门规定了品种审定制度，明确要求主要农作物品种在推广前应当通过国家级或省级审定；通过国家级或省级审定的主要农作物分别由农业部和省级农业主管部门公告，可以在公告确定的适宜生态区域内推广；应当审定的农作物品种未经审定通过的，不得发布广告，不得经营、推广。此外，《种子法》还在附则中明确规定了主要农作物的范围，即稻、玉米、小麦、棉花、大豆以及农业部、省级农业主管部门分别确定的 1～2 种主要农作物。为落实上述规定，2001 年，农业部制定发布了《主要农作物范围规定》和《主要农作物品种审定办法》，除了明确国家和省级农作物品种审定委员会的人员组成、资历条件、组织架构等要求外，还进一步细化了主要农作物品种审定的程序，包括申请、受理、品种试验、审定、公告等。

3. 种子生产、经营许可制度

《种子法》第四章、第五章分别对种子生产许可和经营许可制度作了专门规定。明确对主要农作物的商品种子生产实行许可证制度，申领种子生产许可证，必须具备与种子生产相适应的资金、设施设备、技术人员等条件；除专门经营不再分装的包装种子等 4 种情形外，凡经营（进出口）种子必须经过许可；种子经营者取得经营许可证后，方可凭证向工商机关办理或者变更营业执照；申领种子经营许可证，必须具备与经营种子种类和数量相适应的资金、技术人员、营业场所及加工、包装、贮存设施和检验仪器设备等条件。为落实上述规定，2001 年，农业部制定发布了《农作物种子生产经营许可证管理办法》，从种子企业的注册资本、技术人员的资质和人数、设施设备的配备等方面细化了申领种子生产许可证和经营许可证的条件。2013 年 9 月，农业部又根据《种子法》的规定和国务院关于"在企业注册资金、固定资产、研发能力和技术水平等方面大幅提高市场准入门槛"的要求，对该办法作了全面修改，进一步提高了种子企业的注册资本，新增加了经营企业固定资产比重要求，并对种子企业应当具备的设施设备、人员资质、品种产权等提出了更加具体的要求。

4. 种子生产、经营档案制度

《种子法》规定，商品种子生产者应当建立生产档案，载明种子生产的地点、生产地块环境、前茬作物、亲本种子来源及种子流向等内容；种子经营者应当建立经营档案，记载种子来源、种子经营过程中影响种子质量的关键因素及种子流向等内容，并保存至种子销售后 2 年以上。2011 年 9 月农业部修订发布的《农作物种子生产经营许可管理办法》，对种子生产经营档案制度作了进一步细化规定，明确要求种子生产者应当建立种子生产档案，并在播种前将生产地点、品种名称、生产面积等信息向生产所在地县级人民政府农业行政主管部门报告；要求种子经营者应当建立种子经营档案，载明种子来源、加工、贮藏、运输和质量检测各环节的简要说明及责任人、销售去向等内容。

5. 种子加工、包装和标签制度

《种子法》规定，销售的种子应当加工、分级、包装，并应当附有标签；标签应当标注种子类别、品种名称、产地、质量指标、检疫证明编号、种子生产经营许可证编号等内容；标签标注的内容应当与销售的种子相符；销售进口种子的，应当附有中文标签，销售转基因植物品种种子的，还必须用明显的文字加以标注。为落实上述规定，2001 年，农业部制定发布了《农作物种子标签管理办法》，进一步明确了种子标签的含义、种子标签标注的内容及其标注规则、标签的制作、使用和管理等内容；制定发布了《农作物商品种子加工包装规定》，明确了必须加工、包装种子的范围和无须加工包装种子的范围。

6. 法律责任制度

《种子法》针对生产、经营假劣种子、无生产经营许可证或者未按照种子生产经营许可证的规定生产经营种子等种子生产经营过程中的各种违法行为，以及种子检测机构、种子行政管理部门违法行为，分别规定了相应的法律责任。这些法律责任既有行政处罚，又有民事赔偿，还有刑事追究。在行政处罚方面，《种子法》规定了没收种子和违法所得、罚款、吊销许可证照等处罚。对有违法所得的，最高可处违法所得 10 倍以上罚款；对无违法所得的，最高可处 5 万元罚款。在民事责任方面，《种子法》规定种子使用者因种子质量问题遭受损失的，出售种子的经营者应当赔偿购种价款、有关费用和可得利益损失。在刑事责任方面，《种子法》规定相关违法行为构成犯罪的，依法追究刑事责任。《刑法》第一百四十七条规定了"生产、销售伪劣农药、兽药、化肥、种子罪"，明确销售明知是假的或者失去使用效能的种子，或者生产者、销售者以不合格的种子冒充合格的种子，使生产遭受较大损失的（根据有关司法解释，一般以 2 万元为起点），应当追究刑事责任。

除上述制度外，《种子法》规定的法律制度还包括植物新品种权保护制度（经过人工培育的或者对发现的野生植物加以开发的植物品种，具备新颖性、特异性、一致性和稳定性的授予植物新品种权）、转基因植物品种管理制度（转基因植物品种的选育、试验、审定和推广应当经过安全性评价，并采取严格的安全控制措施）、种子检疫制度（商品种子生产应当执行种子检疫规程，调运、邮寄出县的种子应当附有检疫证书；进出口种子必须实施检疫）、种子贮备制度（国家建立种子贮备制度，主要用于发生灾害时的生产需要，保障农业生产安全）、外商投资我国种业审批制度（境外企业、其他经济组织或者个人来我国投资种子生产经营的，审批程序和管理办法由国务院有关部门按照有关法律、行政法规规定）、种子广告制度（种子广告的内容应当符合种子法和有关法律法规的规定，主要性状描述应当与审定公告一致）等。

综上，《种子法》确立了适应现代种业发展要求的生产经营和管理体制，调整范围广泛，法律制度全面，是一部兼具科学性、时代性和超前性的立法。

二、我国种子法律制度存在的主要问题

（一）我国种质资源建设法律保障存在的主要问题

1. 种质资源合理利用渠道不畅，缺乏有效的利益分享机制

种质资源归国家所有这一属性是不容置疑的。但长期以来许多育种企业和育种人员反映，难以获得种质资源，无法方便获取。其主要原因：

一是权属不清。在种质资源的收集和保存上，忽视了对从事种质资源挖掘与创新人员所付出劳动与贡献权利的认可，也缺乏明确社区、集体和农民对传统、特异种质资源保护所做出贡献的权利的认可，致使许多珍贵遗传资源和民间遗传资源流失；也就是说，在目前种质资源保护制度中，缺乏单位和个人对资源保护与利用所做出贡献权利的认可，导致目前资源获取不畅，也导致许多单位和个人不愿意将资源送交公共机构保存。

二是没有建立有效的利益分享机制。由于没有建立有效畅通的种质资源合理利用渠道，对科研院所、企业的育种研发积极性起到了负面作用，不利于国内种业育种研发的创新和发展，从而使得国内保存的种质资源库没有有效发挥其资源平台的作用。

此外，缺乏种质资源的利益分享机制，对种质资源的采集人、保存人无法起到激励作用。从长远来看，有必要加快种质资源的利用平台建设，充分发挥种质资源在种业研发、育种中的基础性保障作用。

2. 种质资源流失严重

外资以低成本与大专院校、科研院所共建实验室，合作开发，支持课题形式，外资通过多种方式隐形获取我国研究成果和种质资源，并将触角延伸至省级甚至市级研究机构，诸如外国种业巨头通过与中国农业科学院、中国各大农业院校和省、市级研究机构签署合作协议的形式获取优质种质资源。目前国内很多研究和教育机构在对外合作时利用和提供了作物种质资源，但未向农业部申报批准，导致大量珍贵种质资源流失，如很多新的杂交稻自交系都已流失国外。据水稻专家说，在越南、印度尼西亚等国家，由我国科研工作者花费巨大心血研究出来的两系、三系杂交水稻在这些国家大面积制种。在越南从北到南，都在大面积制种我国的两系和三系杂交水稻。

3. 保护意识差、缺少经费

随着人口增加和经济的高速发展，生态环境恶化，加上管理落后，资源保护意识差，一些重要的农作物种质资源，尤其是一些珍稀资源和野生资源正在迅速减少或处于濒危状态，若不加以抢救和保护，必然会给今后农业发展带来无法弥补的损失。已建成的 2 座国家作物种质长期库和已有的 10 个作物种质中期库，以及 32 个国家级种质资源圃（含 2 个试管苗库）的正常运转费用尚无稳定的经费来源渠道。作物种质资源的原生境保存尚未提到日程，一些重要的野生资源和珍稀资源正面临消失。国内尚有 15% 的作物种质资源等待收集，特别是新开发建设的西部地区的作物种质资源亟须收集和抢救。

（二）我国种业知识产权保护存在的问题

1. 侵权现象突出，且查处难

2011 年国务院出台了《关于加快推进现代农作物种业发展的意见》，提出要建立以企业为主体的"育繁推一体化"的现代农作物种业体系。近年来，具有研发实力的种子企业投巨资开展品种创新，取得了显著的成效。但同时，套牌侵权现象也正在成为种子监管工作中的一个新的突出问题，极大挫伤了企业创新的积极性，对品种创新造成很大阻碍。在甘肃、海南等制种基地，从事套牌侵权的不法分子从制种农户套购、抢购授权品种，这种违法行为严重扰乱了公平竞争的市场秩序。

目前，从事套牌侵权的不法分子为逃避监管，多采取不办理生产许可、不与农民签订合同进行种子生产，然后批发给一些临时性的农资集贸市场，或进村入户进行直销，仅靠行政手段，很难追根溯源，取得完整证据。种子生产受季节限制，时效性强，一旦错过生产期，再举证就很困难。加上，由于《刑法》没有规定的相应罪名，公安机关一般不愿介入协助调查，行政机关调查的难度加大。

2. 企业拥有知识产权量少且质量不高

如图 9-1、图 9-2 所示，种业企业知识产权拥有量少，大多数种业企业不具有自主知识产权。截至 2013 年年底，农业部受理的种业企业品种权申请量为 4 253 件，授权量 1 313 件。据专利检索，农业部批准设立的 268 家种业企业共申请专利 292 件，其中发明专利仅 75 件，不到中国农业科学院 158 项育种专利申请的一半。和跨国种业集团相比，差距更加悬殊，如孟山都在全球拥有授权专利30 831件，杜邦先锋8 348件，先正达17 479件。

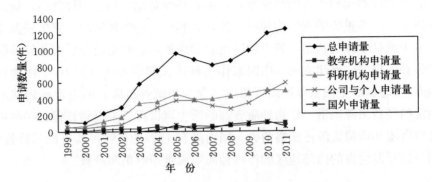

图9-1 1999—2011年我国植物品种申请量及构成趋势

注：根据农业知识产权研究中心数据统计整理

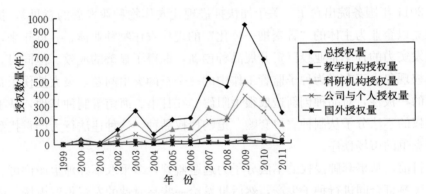

图9-2 1999—2011年我国植物品种授权数量及构成趋势

注：根据农业知识产权研究中心数据统计整理

　　同时，我国种业知识产权正面临着从数量跨越到质量提升的发展瓶颈。第一，在品种权申请中，玉米、水稻和小麦等大田作物的申请量占80％以上，作为发达国家育种研发重点的花卉、蔬菜、水果和其他经济作物等领域的申请量仍然很少。第二，创新度低的商业修饰型品种多，原创性的主控品种少，急功近利型的短线品种多，防御型战略型的原创品种少。第三，99％的品种权申请都集中在国内，到2008年我国向国外的品种权申请仅58件，和荷兰（申请1 977件、授权1 471件）、美国（申请935件、授权723件）、德国（申请1 016件、授权825件）等国比较差距很大。在农业育种专利申请中，外观设计占 66.8%，发明专利仅占 25.7%，授权有效的发明专利仅有 9 件。在转基因育种领域，全球通过专利合作条约（Patent Cooperation Treaty，PCT）途径申请的转基因技术专利总共 91 572 件，其中美国 57 597 件（占 62.9%），日本 7 862 件（占 9%），我国 1 829 件（占 2%），约 2/3 的转基因专利属于孟山都、先正达、杜邦先锋等大型跨国公司。第四，在一些关键的核心技术领域，拥有知识产权量少。跨国公司在我国农业转基因技术领域的技术竞争优势非常明显。以孟山都为例，孟山都在我国的农业转基因技术的专利申请量最多，拥有 61 件，主要集中在高品质性状基因、抗除草剂基因和抗虫基因等功能基因和转化事件等核心技术领域；来自国内的申请占 30%，其中种业企业申请量（50 件）占农业转基因技术专利总量的 2.8%，可见我国种业企业与跨国种业集团在专利竞争方面的差距尤为突出。

3. 法律规定的保护范围有限

品种权的权项仅限于生产和销售两个环节，应将植物品种权的权利内容扩充到包括生产权、销售权、许可权、转让权、储存权、使用权、进出口专有权、名称标记权、追偿权。

品种权仅限于控制授权品种的繁殖材料，对收获材料如切花等无法获得保护。

当前《条例》缺乏对实质性派生品种的保护，原始创新品种具有市场经济价值的主要作物性状不容易得到有效保护，一方面造成新品种中近似品种较多，原始创新品种较少；另一方面使得原始创新育种者权利难以得到有效保护，严重打击了原始育种的积极性。

我国只对列在植物品种保护名录中的植物进行品种权保护，对于未列在植物品种保护名录中的就只能通过申请品种生产方法专利权的形式间接进行保护。

对基因专利保护范围有限。我国对植物品种法律保护有两种途径：一种是通过申请品种权直接保护所申请的植物品种，另一种是通过申请生产植物品种方法的发明专利权，《专利法》第二十五条第四款明确规定，对植物品种不授予专利，植物品种本身得不到专利保护。可以看出，我国选择了对植物品种单行立法保护的方式，这已经不利于生物技术的发展。

4. 知识产权管理不够规范、机制不健全

当前种子行业的侵权行为频繁发生，花样繁多，对植物新品种权、商标专用权、方法专利权和商业秘密等均有不同程度的侵犯。据调查，有近一半的企业曾遭受过知识产权的侵犯。在侵权行为中，侵犯植物新品种权和商标专用权的各占28％，侵犯方法专利权和盗取商业秘密的分别占22％[①]。这也源于企业知识产权管理意识不强，多数企业知识产权保护意识不强。在知识产权部门和人员配置方面，一半的企业既无知识产权保护部门又无专职人员，有知识产权管理人员的企业大多是兼职。大多数科研单位和种子企业既没有专设的知识产权管理部门、明确的知识产权管理制度，也没有制定专门的知识产权管理规定和利益分配办法。

5. 处罚力度和赔偿数额过低

对于套牌侵权问题是依据《种子法》中的假种子进行处罚。由于套牌侵权行为极为隐蔽，很查到制假售假窝点，而对零售商的处罚一般仅能以销售假种子进行处罚，对违法者的账目等证据难以调取，实践中仅能依据无违法所得，给予最高5万元的罚款，不足以对违法者构成震慑作用。

种子产业知识产权保护与管理过程中执法力度不够。种子产业知识产权侵权的鉴定过程通常较为复杂，检测技术和手段跟不上社会经济的发展。加上涉及多家相关职能部门，即使发生侵权行为，往往很难辨别，同时调查取证工作也较为复杂，造成保护难度加大[②]。对于品种权的行政保护，处罚机关级别过高，现行法律规定侵犯植物新品种权的，由省级以上农业行政主管部门进行处理。

我国法律对于品种权侵权和专利侵权的赔偿数额是以补偿权利人实际损失为限。《专利法》第六十五条、《植物新品种保护条例》第三十九条，均规定侵权损害赔偿数额按照权利人的实际损失确定；实际损失难以确定的，按照侵权人因侵权所获得的利益确定；赔偿数额还应当包括权利人为制止侵权行为所支付的合理开支。实践中，存在着举证困难等问题，导致赔偿数额不高，使权利人的权利得不到应有的保护。

6. 对植物新品种侵权没有规定刑事责任

我国刑法中侵犯知识产权犯罪中，没有包括植物新品种，这使得对于侵犯品种权的行为追究刑事责任不可能，导致在基地抢购、套购行为很严重。

---

① 戴海英、王旭清、刘佳、宋华东，关于种业知识产权保护问题的研究，种子科技.2008（2）。
② 刘建忠，浅析我国种子产业知识产权保护现状、问题及对策，种子世界.2011（7）。

虽然《种子法》第五十九条规定，"生产、经营假、劣种子，构成犯罪的，依法追究刑事责任"。《植物新品种保护条例》第四十条规定，"假冒授权品种，情节严重，构成犯罪的，依法追究刑事责任"。但是，我国现行刑法并没有规定假冒品种权罪，《刑法》第一百四十七条"生产、销售伪劣农药、兽药、化肥、种子罪"所规范的犯罪行为表现形态为以不合格种子代替合格种子，使生产遭受较大损失的行为，依据罪刑法定原则，无法适用该条追究品种权侵权人的刑事责任，建议通过新设罪名的方式解决这一立法空白。

当前，套牌侵权行为呈逐年上升势头。如先玉335是美国先锋公司选育的玉米品种，由于该品种在快速脱水等方面实现了较大突破，市场销售价格远高于国内品种，自其推广以来，不法分子以其他审定品种名称包装先玉335种子进行销售。目前，因为在《刑法》中没有规定侵犯品种权罪，导致犯罪分子违法成本低，且侵犯品种权获利高达几百万元，甚至上千万元，使得违法行为猖獗。农业部近几年不断加强监管，连续3年的种子执法年活动使种业市场秩序有所好转，但因为存在法律空白，使此类行为难以从根源上解决。

（三）我国种业监管存在的问题

1. 主要农作物品种审定制度

（1）品种审定程序缺乏公开透明。

一是程序设置不合理。国家级、省级品种审定委员会没有设定严格的回避程序，如品种审定委员会其成员大多也都从事育种工作，他们也希望自己育成的材料被推广。由国家级及省级专家把持品种审定，这个团体人数较少，易形成一个利益共同体，这个利益共同体一旦形成，即使是对自己育成的品种实施回避制度，也都是表面的，对这个团体内成员间的"互惠"不会有任何影响。

二是品种审定委员会的成员结构单一，多是育种专家组成，基层农技推广人员和农民代表缺乏，利益各方的诉求无法全面反映。

三是品种审定制度存在地方保护主义。一些省份对于本地种子公司的品种保护严重，如果外地种子公司想参与这些省份的区试，基本没有办法进入。

四是参与品种审定的专家权责不一致，出了问题责任不明确。对于品种审定机构这一特殊的权力机构，目前没有建立完善的监督管理机制加以约束，参与品种审定的专家只有权利，没有义务，没有监督。

五是审定过程缺乏透明。审定过程中的专家意见、测定的数据和工作程序都没有监督机制，产品区域试验中的"跑点"[①] 现象愈演愈烈，试验中途换种、更改试验数据等弄虚作假时有发生。

（2）审定标准问题。

一是国家审定标准与省审标准不衔接、不一致。目前我国实行的是国家审定和省级审定制度，两级审定在某些方面衔接不够，如某品种通过了省级审定，在申请国家审定时，在已审定通过区域内仍要做3～5年的区域试验和生产试验，不仅浪费了资源而且延长了品种审定时间，对品种推广也不利。同时因为设置的对照品种不同，还会出现通过了省级审定而通不过国家审定，或者出现结果相反的尴尬局面。

二是以行政区划来进行审定不科学。我国品种审定区域划分是以行政区划为依据，业内人士反映，作物都是在一定生态区域中生长的，有的相邻省份均为一个生态区域，在品种审定工作中人为划开是不科学的。

三是评价体系不完善，不统一。比如被称为玉米"癌症"的粗缩病，并没有纳入鉴定指标；品种的抗逆、抗病性在实验室获得鉴定结果，与田间表现不一致，导致有些审定的高抗品种在生产中却不抗。

四是品种审定标准评价指标过于单一。品种审定委员会专家完全根据区域试验的数据来评定品种，而区域试验的管理方式与农民的栽培方式已不相适应，能够通过区域试验的新品种不一定适合农民的栽培方式，且品种审定的标准有些要求不合理，如要求增产或品质、抗性优，有些新品种既不增产，品质也未有明显改善，因而被淘汰。但在目前育种条件下，除了水稻品质易改善外，产量和抗性较难有大幅度提高。部分被淘汰的品种虽然没有突出优点，但适应性、稳定性表现好，因而也具有推广应用的潜力。

（3）审定标准品种审定信息共享机制欠缺。

一是对于市场主体的信息收集越来越困难。随着种子市场主体实现了多元化，种业信息更加丰富，种子企业自主安排生产、经营，农业行政主管部门对种子信息的统计也更加困难。

二是对于品种审定及退出的信息平台建设不到位，品种审定后信息发布的

---

① 佟屏亚，品种审定一台戏，见 http://blog.sina.com.cn/s/blog _ 6a99e8230 100uykt.html，2011 年 12 月 1 日。

主渠道尚未形成，农民难以及时了解新审定品种的信息。国审、省审的信息没有完全公开，对于品种终止和退出的信息公布也不畅通，如某一通过国审和省级审定的品种，当出现问题省份发布终止其使用时，但国家没有发布终止使用公告，该品种在终止省份仍可推广使用。品种退出机制尚未正式启动，有些审定多年的老品种早已丧失推广价值。

（4）非主要农作物缺乏管理。2000 年《种子法》实施后，规定主要农作物（稻、小麦、玉米、棉花、大豆加其他 2 种作物）进行品种审定，取消了非主要农作物的品种审定制度，品种管理和市场管理法律依据不足，种子市场较为混乱，影响了产业的发展。主要体现在品种多乱杂问题突出。由于品种不审定不登记，品种推广没有门槛，品种的真实性和唯一性无法判断，一品多名的问题十分突出。如甘蓝品种中甘 21，仅在兰州市场就有 30 多个不同名称的种子在销售；市场经销的特长、特早、超长、特选、高产、挂满架等之类的长豆角品种，基本为同一品种，但名目繁多，并带有夸张成分，农民购种时无从选择。其次，由于《种子法》对非主要农作物种子（苗）未建立生产许可制度，导致果茶苗木繁育、买卖混乱，市场销售的种苗普遍没有经过良种提纯、脱毒，以次充好、同种异名、同名异种、带病带疫较为严重。

（5）审定品种的退出管理不完善。《种子法》制定了品种审定制度，没有品种退出制度的法律规定，虽然农业部《主要农作物品种审定办法》有品种退出的规定，但《种子法》对继续生产经营退出品种的行为也没有相应的罚则。

（6）审定时间过长，造成品种生命周期缩短。品种从选育到审定推广步骤多，程序繁杂，时间长，如主要农作物新品种从选系到组配一般需要 3～4 年时间，亲本材料的遗传性状才能稳定，育种单位内部进行初比试、品比试验需要 1～2 年，而按照当前审定办法，每一个品种试验时间不少于 2 年生产周期，绝大多数品种需要参加国家、省种子管理部门组织的区域试验 2 年、生产试验 1 年；有些品种因区域试验容量有限还需要预试 1 年，个别品种第一年区域试验表现优良，第二年再试并破格进入生产试验，最快也要 2 年，如此，经过 6～8 年时间才能通过审定，且申请办理生产许可证还需要时间。

2. 生产经营准入制度

（1）准入条件不完善。新颁布的两证办法中，对于申请杂交稻、杂交玉米种子及其亲本种子经营许可证，规定注册资本不少于 3 000 万元，且固定资产不少于 1 000 万元。对固定资产所占的最低比例问题，所调查的企业认为存在以下问题：一是如果是企业注册要求固定资产占一定比例，且有最低限制，不利企业经营，因为固定资产有贬值和折旧，这些因素对固定资产的实际价值影响巨大。对种子企业注册、年检的持续最低限制，会严重限制甚而损害种子企业的经营能力，固定资产每年折旧后，其账面价值持续降低，如果要持续符合固定资产在企业总资产的比例要求，则企业必须持续追加投资而无论企业是否具备这样的能力和是否有这样的投资经营需求，这更有利于跨国大公司进入民族种业。二是将极大增加监管成本。三是如果是从产品责任承担能力要求出发对固定资产投资作出限制，并不能有效保证相关企业的偿债能力。因为从财务角度看，固定资产是变现能力最差的资产种类，尤其是与种子行业直接相关的专用设备等固定资产，在因偿债而须拍卖固定资产的场合，对于非种子行业的买主来讲，这些专用设备根本不具使用价值，种子行业内的买主又可趁机压价，故其变现能力十分受限。四是放眼世界，从固定资产对企业注册进行限制的，在各国公司制度中极少。

经营条件中设施设备的产权是否自有要求，主要认为有以下不合理之处：种子贮藏、仓储设备，没有必要一定要拥有产权，种子企业的资产可以社会化就应当社会化，否则会造成社会的重复投资、资源浪费。如对于经营非主要农作物的持证企业也要求有相配套的检验等设备，而检验设备及面积的一次性投入较大，多达 2 万～3 万元，而仅可以检测芽率、水分、净度 3 项指标，同样的样品检测指标如果通过委托检验的方式所发生的费用平均 100 元/个。而且目前部级检测机构资源闲置率达到 40％以上，有的甚至达到 73.8％。随着现代仓储和物流产业的发展，有越来越多的物流行业投资农产品仓储业，而规定企业必须拥有自主的仓储设备会造成社会资源的浪费和重复投资。

一些种子管理站对新出台的两证管理办法，也提出了实践操作层面存在的问题，如经营量、经营额如何计算？科研经费投入与年利润的比重不好统计，对于自有产权，土地上的房屋如何计算产权等。

一些业内人士反映新两证管理办法提高了准入门槛，新办法中要求申请杂交稻、杂交玉米种子及其亲本种子生产许可证的，注册资本不少于 3 000 万元，立法者的本意是希望公司有足够的实力保证农民利益，但事实的情况有可能是一些公司为了满足新规定的条件而去造假，如为达到 3 000 万元的标准，虚假出资。以《公司法》为例，很多人为了达到注册资本，不惜去借现金或者通过别的手段欺骗监管部门，而等验资注册完毕，这些钱可能马上就会变得子虚乌有，甚至净负债也未可知。

根据《种子法》的规定，目前地、县两级农业部门均有种子生产经营审批权。从实践看，这种审批体制容易形成地方保护，破坏公平竞争的市场秩序，导致不少种子企业依赖当地政府生存，缺乏发展动力，很难做大做强。

（2）行政机关审批权限的监督机制。虽然从 2008 年起种子管理与经营已经脱钩，但一些地方农业部门或种子管理机构的有关人员却以参股或者入暗股的形式参与种子生产经营，以行政手段垄断当地市场，违规审批，由于市场准入把关不严，导致大量小规模企业进入种子市场，降低了企业的实力和市场集中度，管理部门对这些企业的违法行为采取地方保护主义，严重损害了农民的利益，扰乱了市场秩序。

（3）对于特许许可的问题。对农民自繁自用、经营不再分装、委托代销、设立分支机构等 4 种情况可以不办理种子经营许可证的情形，种子管理站和企业普遍对经营不再分装的种子这一情形的意见较大，没有明确其定义，且这种情形极难监管。

3. 种子市场监管

（1）执法体制问题。

一是种子管理部门和综合执法机构的职责仍不清晰。种子法明确规定种子管理部门具有行政执法的权力，如甘肃省、天津市通过颁布《农作物种子条例》《实施〈中华人民共和国种子法〉办法》，在地方法规中直接授权种子具体监督管理工作由其区（县）农业、林业行政主管部门所属的种子管理机构负责。但从执法体制改革的要求讲，综合执法是趋势。

二是执法意识淡薄。近年来，各地虽然加大了种子市场抽查力度，很多地方由于怕麻烦、怕承担责任，没有建立起检打联动的执法机制，对监督抽查结果多数只供领导参阅或在媒体上笼统曝光，很少针对违法者采取进一步处罚行动，在一定程度上纵容了这些违法行为。

三是执法存在地方保护主义。执法在管辖上属于"属地管理"，种子管理部门因与种子公司具有千丝万缕的联系，因此，在执法中常出现执行不力的现象。

（2）法律赋予农业部门的强制措施不够。现行《种子法》没有赋予农业部门必要的行政强制权（如种子案件查处过程中的查封、扣押等强制权），导致种子执法中一些违法行为得不到及时制止和处罚，影响了对种子违法行为的查处力度。《行政强制法》颁布实施以后，又明确只有法律、法规才有行政强制措施的设定权。因此，可以考虑在修订《种子法》时赋予农业部门实施查封、扣押等行政强制措施的权力。

（3）法律规定的处罚过轻。对于处罚的规定，如销售假劣种子的行为处以罚款，规定"有违法所得的，处以违法所得五倍以上十倍以下罚款；没有违法所得的，处以二千元以上五万元以下罚款"，对于无证生产的，《种子法》规定的罚款措施为"处以一千元以上三万元以下罚款"，处罚标准过低。

（4）跨区域、跨部门的执法协作机制亟须建立。在分段监管、属地管理和分工协作的模式下，由于信息渠道不畅通，监管资源未共享，造成执法效率低下。省际联合执法机制未规范化。

（5）执法保障能力不足。种子检验检测能力跟不上。对假种子，现阶段的真实性检测普遍采取田间种植鉴定的方式进行，周期长、难度大，等结论作出时，种子已种植，由于品种间遗传差异缩小，品种真实性和品种纯度需要分子检测技术才能进行鉴定，但目前多数种子检测机构还不具备品种真实性和纯度快速鉴定能力。此外，一些地方种子管理机构人员素质不高，执法能力不强，不适应执法工作的要求。

（6）执法信息共享机制亟须建立。种子执法工作是一项复杂的系统工程，需要信息、装备、检测、行政审批等强大的多元体系作为支撑，离开其中任何一环，种子执法工作就会变成"空中楼阁"。目前，种子执法面临的是海量信息核查、种子质量速测、突发事件快速反应和执法取证等多方面手段的匮乏。

以商品种子的标签检查为例，一个种子标签就标注了种子生产、经营许可证、检疫证明（证书）、审定编号、审定名称、转基因生物安全证书等多项行政审批事项，执法机关在进行检查时，应当首先对标注项目的真实性进行核实，而这些内容往往是由不同地域、不同级别、不同机构批准的，数据量巨大、信息共享程度低，即使是有经验丰富的执法人员也无法当场做出准确判断，在检查时往往只能对编号规则进行判定，无法对所有检查事项与审批结果进行核实。再如，种子标签要求标注种子经营许可证号，而种子经营许可证由县级以上农业部门核发，在信息不公开的条件下，基层执法中很难对标签标注许可证号的真伪进行核实，给执法检查带来制度性障碍。

（7）虚假广告监管不力。目前，种子广告非常普遍，而且虚假广告较多，依据《行政许可法》《广告法》《种子法》的规定，工商部门负责对虚假广告的监管，但工商部门囿于自身知识和信息共享机制的缺乏，对虚假广告无法处理，且对广告具体内容无法做到事前审查，造成了种子广告监管效果不甚理想。

三、国外种子法律制度的经验借鉴

（一）欧盟种子法律制度最新进展

1. 主要制度概况

（1）欧盟品种共同目录（variety common catalog）。欧盟的官方品种目录制度于 1972 年开始实施。植物品种应列于国家和《欧盟共同农业植物品种目录》（Common EU Catalogue of Varieties of Agricultural Plant Species）才能生产和营销，该制度设立目的是要确保品种特点。任何一个品种如果获准在该目录上登记注册，则可以在欧盟成员国的任何一个国家销售。共同目录每年修订一次。

（2）DUS 测试。凡申请品种保护或申请国家登记的品种都必须通过 DUS 试验。在欧盟，品种目录与知识产权之间存在着极强的关联性。不管是出于目录的规定还是出于知识产权保护之目的，都要先进行同样的 DUS 试验，大部分在国家目录上登记的品种也受植物育种者权利法保护。欧盟植物品种局（CPVO）不具备自行检测能力，委托其成员国的检测机构进行 DUS 测试或者是在 DUS 检测已经通过了成员国的检测审批下，接收该国检测部门的报告，来决定是否列入共同目录。

（3）VCU 测试。并不是所有的作物都必须进行 VCU 测试，园艺作物（果树、蔬菜、花卉）不需要进行 VCU 测试。所有递交登记的品种需对其进行 DUS 试验（即特异性、一致性和稳定性试验），并且对于某些作物，需进行至少 2 年的 VCU（经济和使用价值）试验。

GEVES（植物品种鉴定与种子质量控制集团）根据各品种试验结果打分计算并综合评价，向品种登记委员会提交报告。品种登记委员会根据 GEVES 提交的品种试验报告进行评判仲裁，决定品种登记与否。登记后的品种使用年限一般为 10 年，如果超过使用期又不再申请延长的，品种则不能再销售使用。

（4）相关机构与职能。品种命名和通用目录管理，欧盟一级的所有行政管理工作都将分配给欧盟植物品种局（CPVO）。政府可以将承担 DUS 和 VCU

测试的责任授权给中介组织，这些组织接受主管部门的认定和审核。但在收到当事人不服的复议请求时，政府仍可开展测试。

如DUS测试交给某技术服务公司进行，VCU测试则交给GEVES（植物品种鉴定与种子质量控制集团）进行。

（5）认证的质量标准。欧盟规定一些种子和植物繁殖材料须符合投放市场前的认证体系，接受官方测试或在官方监督下测试。认证制度原则上不适用于观赏植物，而水果植物欧盟强制性规则自2012年起适用。

欧盟对于大田作物实行强制认证制度，未经认证的种子不准出售。执行的是OECD（经济合作与发展组织）规定的标准，大田作物品种的种子必须在田间进行认证，并且必须优于现存品种。种子必须保持确定的质量标准，如品种纯度、其他类型植物种子的排除情况以及是否无混杂，种子还必须达到发芽率的最低要求。

欧盟种子市场管理指令对种子认证的标准进行了规定，并确定了销售给农户的种子的品种纯度标准。该指令对非种植物原料、其他品种的种子的最大无意混杂率，最小发芽水平和变异株情况作了规定。除进行室内种子质量检测外，还十分注重种子生产期间的田间质量控制。官方检验机构对每块种子生产田均建立质量档案，每次检验结果均记录在案。在常规种子生产过程中，无意混杂的此类变异株植物由受过培训的检验员进行目视检查。由于对每种变异作物所作的详细说明，所以通过对种植试验期间的开花植物进行检查，能够确定是否该品类的所有植物具有特异性和一致性，是否达到所要求的品种纯度。

所有的种子都要经田间检验和种子抽检，合格后才由官方或者委托机构发给认证标志。

大型种子公司安排种子生产一般采取"种子公司（品种权人）→制种所在地的代理公司→农户"的形式。代理种子公司必须接受检验设备状况考核和技术人员资格认证。代理公司选择有条件的农户（有相应的土地、隔离条件）签订合同并负责组织生产、田间技术指导、种子加工、提供信息等。生产种子的农户必须与代理公司签订合同，注明生产品种名称、使用的原种（亲本）数量，并接受种子认证机构（GNIS）的质量管理。

实行严格的监管体系，种子公司和代理公司参与种子生产期间的质量监控，但种子抽检和发放质量合格证书则由GNIS负责。每年生产种子所需原种（亲本）均由总公司提供，代理公司不允许私繁亲本，农户生产的种子必须全部交给公司，不允许自留或出售，代理公司也不得私自截留、出售所生产的种子。种子公司对农户实行分期付款，即花期付一次，收获时付一次，检验合格并交售种子时再付剩余种子款。农户如不按合同要求生产种子或质量检验不合格，公司有权改种而不必赔偿，而农民如遇灾年可得到公司一定的补偿，同时种子公司必须按合同规定价格全部收购所生产的种子。

中国和欧盟种子法律制度比较见表 9-3。

表 9-3　中欧种子法律制度比较

项目	欧盟	中国
作物类型	并非所有作物	主要农作物
DUS 与 VCU 测试	7 种重要作物必须做 VCU	不要求做 DUS
测试机构	官方机构或官方授权机构做测试	官方机构授权机构
登记或审定机构	官方认可的中介机构	官方机构
程序与标准	育种家、用种者、企业、大学参与，多元的标准	审定委员会、产量与抗性占主导
所需时间	2～4 年	2～4 年
费用承担	大部分国家由公司承担，几个国家由政府承担 60：40	政府承担
是否列入作物的品种都需要登记	否，传统品种无需要	是
质量认证制度	强制性	无
质量认证机构	官方机构或官方授权机构做测试	无
费用承担	大部分国家由公司承担，几个国家由政府承担 60：40	无

2. 欧盟现行制度存在的问题

（1）公共机构的行政负担畸高。公共主管机构在很大程度上参与种子批次的各种登记和认证，所需测试和检查目前由行政机关实施或在其监督下进行。随着成员国国家预算萎缩，给行政机构带来较重的财政负担。如认证成本就难以估算，负责认证的成员国工作人员同时也负责植物卫生检验，经费日益紧张。根据一项调查（欧盟成员国 2007—2008 年评估和认证调查问卷），估计成员国政府部门在种子和繁殖材料认证方面的开支即达 7 300 万～7 900 万欧元。对于农业和蔬菜作物行业，2007—2008 年，主管部门登记和认证品种产生的总费用估计略低于 1.2 亿欧元。因此，各国都呼吁要求改革这套体制，使其变得更加理性，减少负担，应将工作分配给私营部门去做。根据成员国反馈，目前实施品种登记规定的成本估计为每年 5 500 万～6 000 万欧元，其中 DUS 和 VCU 分别占该费用的 45％和 55％。植物繁殖材料认证的费用约在 7 300 万～7 900 万欧元之间。迄今为止，大多数成员国已全部或部分收回成本，但是还有小部分国家尚未实现成本回收。这些费用中大约有 60％是由各成员国的主管部门收回。每年登记注册和认证的总费用大约相当于农作物市值的 3％（其中约 60％由运营商承担）。中小企业和微型企业一直深受其影响。

（2）成员国的标准不统一，难以形成统一欧盟市场。当前制度凸显成员国法律执行不统一，各种因素的驱动扭曲使得国内市场扭曲。在欧盟层面上没有收费规则，因此在费用和责任分担上没有统一框架。一些成员国从生产商回收种子品种测试和认证的全部费用，有的国家则回收一部分。不同成员国的品种测试程序也不尽相同。就认证而言，一些成员国实施额外或更为严格的要求，致使出现欧盟法律执行不统一的情况。植物繁殖材料技术要求存在差异，这也丝毫无益于在国际市场创建公平的竞争环境。法规的复杂性和分散性将导致实施过程中存在不确定性。

现行法例的复杂性和分散性将固化法律执行中的不确定性和差异，进一步维持或加剧国家主管部门和企业面临的困难局面。

（3）品种登记的标准不太适应形势要求。在现行制度下，测试主要重点是提高产量。评价结果显示，虽然产量仍是新品种开发的重要因素，其他因素也开始显现，诸如重点开发只需更少的农药、肥料或水分的品种，以提高农业的可持续性。保护环境变得更为重要，如有机作物等具体产品的市场份额也在不断增长。

因此，当前的品种登记和认证制度也备受批评，两个制度的规定既严格又费时。在今天的全球市场，普遍认为在通信手段越来越快，需要运营商对市场作出迅速反应的条件下，这种制度较为僵硬。当前相对僵化的品种登记制度不利于创新，无法确保让同一块土地上对灌溉、化肥、农药需求更少、产量更高的新品种顺利上市。此外，登记和认证测试方面的某些差异将继续在成员国中存在。这对一些运营商造成不利局面，可能扭曲竞争和内部市场的运作。

（4）与欧盟其他政策和战略不协调，阻碍了现行的欧盟法规、政策和战略（农林业、生物多样性保护、气候变化和生物经济的可持续发展）向更有效率的实施方向发展。

总之，现行制度给政府和企业造成了负担，同时，也约束了企业的自主经营行为，尤其是在当今国际化环境下，对企业的约束最终将导致欧洲企业丧失竞争力，难以适应市场需求，难以保持出口优势，无法与非欧盟企业进行竞争。

3. 变革的方向与具体措施

基于对现行制度的评估结果，欧盟委员会确定了种子法变革的方向、目标和具体措施。

（1）变革目标。最终目标是提供优质的种子，质量好、且符合植物检疫的要求，建立欧盟统一的种子法律制度，提高欧盟种业的竞争力。

（2）特定目标。本次修改主要针对行政成本过高，政府行政负担过重，对企业管理过死等问题。

特定目标之一，在于减少行政许可，给企业更多自由，减少政府负担。

特定目标之二，在于对于全球气候恶化等环境问题，提出了品种目标更多地向可持续生产、生物多样性、对气候变化的适应性等转变，为企业发展提供公平健康的环境。

特定目标之三，在于将纷繁复杂的种子法律法规统一为一部法律，使规则更清晰、明确。

特定目标之四，为种子质量提供可追溯性体系。

（3）变革方案。

方案1：成本回收。该方案不包括对现行立法的技术规定做任何修改，或对运营商和主管部门之间的责任进行任何分配。唯一的改变在于从利益攸关者处全额回收所有成员国主管部门产生的成本，事实上，其中的大部分成员国已经做出了这一改变。

方案2：复合系统。品种注册仍是制备欧盟立法（DUS、VCU）项下作物清单的必经步骤，不过，技术检查可由运营商在官方监管下实施。植物繁殖材料的许多认证要求保持不变，但无论在何种情况下，该等认证均可由运营商在主管部门监管下执行。当前特定规定对于保护/非保护品种依然适用。

方案3：放松管制。通过管制的放松，灵活性得以增加。作为品种注册的一部分，DUS 测试依然不可或缺，而农作物 VCU 测试则不再是法律要求的强制性测试。官方认证并不存在。与之对比，所有植物繁殖材料出售时，仅通过了最低标准，仅标记了供应商标签。当前特定规定对于保护/非保护品种依然适用。

方案 4：增强灵活系统。正在建立能令运营商获得实质灵活性的双重系统，即可就两种系统进行选择，一是官方检测品种（以可持续性标准为基础的 DUS、VCU）；另一个是非官方检测品种，由候选检测部门提供说明。植物繁殖材料认证仅限于官方检测品种。保护品种或特定"缝隙市场"品种等品种的营销十分自由，无须对品种进行强制性技术检查，亦无须进行强制性植物繁殖材料认证，因此，这些品种可以"非检测品种"特性进行营销。

方案 5：集中化。欧盟植物品种局（CPVO）将取得授权，协调并决定品种注册，包括技术检查（DUS 和 VCU）以及品种命名。许多植物繁殖材料的认证要求均保持不变，但认证可在官方监管之下进行。将成立"参考认证中心"用于开发最优手段实施比较测试和试验，进行政策发展研究，并传播植物繁殖材料认证知识。当前特定规定对于保护/非保护品种依然适用。

4. 对我国的启示

世界上种业监管主要是有欧盟各国实行的事前控制模式和以美国为代表的事后监管模式。从目前看，有向事后监管方式转变的趋势。事后监管在价值取向上重视企业自我管制，其制度内涵包括：一是品种登记、种子质量认证制度是自愿性的，种子认证机构是由全美官方种子认证机构协会（英文简称 AOSCA）管理。全美 51 家认证机构，绝大多数属于非营利性的独立第三方机构。二是美国农业部门在种子管理方面的职责为政策法规的制定、基础性研究投入、质量标准的制定和种子执法。三是美国种子管理的重心在"标签制度"和"档案纪录"。美国素有"标签就是法律"的说法，《联邦种子法》要求对种子品质的陈述，不论是标签、种子纪录或是广告，都必须真实，任何种子标示、广告虚假都要受到处罚甚至刑事责任追究。

事后监管模式的特点在于：一是企业的自我管制已经成为规范企业行为的重要方式，同行业的竞争对手则成为彼此最自觉的监管者。有关种子品种与质量的信息都由种子公司向市场提供，大型种子公司为了自己的声誉，种子质量控制比认证机构的认证程序还严格，品种必须由公司进行大量内部试验，后经大学试验、农场试验以取得相关生产数据，如先锋公司在全球有 126 个试验站。二是这种模式政府的干预最少，一方面可以使农场主、农业公司用户以及食品加工企业很快获取国内外最新最好的种子和技术。另一方面也在一定程度上避免了由官方统一进行品种审定和种子认证可能出现的权力寻租现象。

（二）美国种质资源保护法律制度及实践

根据 2010 年《世界粮食和农业植物遗传资源状况报告》报道，截至 2010 年美国保存的种质资源已超过 50 万份，其中本国资源仅占有 16%，这说明美国在植物种质资源引进方面成绩巨大。美国在植物种质资源保护、利用、创新和实现商业化价值方面都处于领先地位。

1946 年美国颁布了研究与市场法案（The Research and Marketing Act），在该法案的指导下建立了 4 个区域性植物引种站，专门用于保存、评价植物种质资源。其中北部地区植物引种站（Ames，Iowa）是建立的第一个，1948 年开始正式运转。其余 3 个区域性试验站分别位于华盛顿州的 Pullman、纽约州的 Geneva 和佐治亚州的 GrⅠffⅠn。同时美国还建有专门收集马铃薯 Solanum、tuberosum 种质资源的引种站。

1. 国家级区域植物引种站

美国现有 5 个国家级区域植物引种站。每个植物引种站以其研究项目的编号为其名称代号（如 W-006 为西部地区植物引种站）。不同区域引种站的任务各不相同，负责不同的种质资源收集、保存及评价研究。

除 5 个国家级区域植物引种站外，在全国范围内还有 23 个地方收集有与国家植物种质资源系统相关的植物材料，其中约有 85 个种的植物材料保存于此。因此国家级植物材料保存中心目前共有植物材料 464 901 份，分属于 215 科，1 836 属，11 329 种。4 个区域植物引种站和马铃薯引种站共保存植物材料 223 425 份，占全部种质材料的 48%。

2. 区域植物引种站的机构设置

区域植物引种站的机构设置，由植物引种站所在州立大学提供农场、办公室、实验室、温室、种子加工场地、种子贮藏室、种子加工机械、机械库以及用于种质资源人工繁殖和研究的小区实验田，给专业研究人员、研究生、试验技术人员等提供办公室、研究实验室和温室等。这些研究的硬件设备均折算到州政府对国家种质资源计划的财政资助当中。

区域性国家植物引种站的财政来源于 3 个途径，其中联邦政府资助占 75%，引种站所涉及区域州的联合资助占 17%，引种站所在州立大学的农业试验站通过提供土地以及各种形式的非现金资助占到 8%。人员设置也由联邦雇员和州雇员两部分组成，其中管理人员包括协调员和秘书是美国农业部资助属联邦政府雇员，专业人员主要有美国农业部资助的农学研究专家、病理研究专家、园艺研究员和州政府资助的植物病理学专家。

3. 美国农业研究局的主要任务

美国农业部通过农业研究局实施的国家研究项目（项目编号 301）来管理植物种质资源的收集及相关研究工作，国家项目 301 收集整理植物、微生物和昆虫的遗传资源并进行遗传改良。换言之，美国农业研究局具体承担种质资源的收集、利用、保护工作。农业研究局的主要任务是管理植物遗传资源及与其相关的活动，主要包括 4 个区域引种站和国家马铃薯种质中心的研究和服务活动。美国农业研究局的具体任务包括：（1）保护受威胁的植物遗传资源和相关信息的安全；（2）最大效率地保存遗传资源及其相关信息的有效性；（3）遗传资源归档管理和特点分析；（4）拓展种子资源评估范围和性状描述；（5）遗传资源及其相关信息的技术转化。

所有准备用于向外分发的植物材料的种子批，在收获后都要做发芽试验，之后每 5 年作一次标准发芽试验。种子需要贮藏在 4 ℃，相对湿度 35%～40% 的干净容器中。为提高植物材料在品种改良中的作用，每份材料都要对其各方面的特性进行详细评价。作物咨询委员会（CAC）对每一种作物都制定了详细的评价指标体系，并且该评价指标体系尽可能与国际植物遗传资源（IBPGR）评价体系保持一致。

4. 国家种质资源计划

1990 年美国国会授权开展国家种质资源计划（NGRP），主要负责对重要的食物和农产品所有生活型的种质资源进行获得、描述、保存、归档和分发等活动。在 NGRP 的基础上，建立了种质资源信息网络（GRIN）。GRIN 就是管理国家植物种质资源系统的数据库。GRIN 是由美国农业部农业研究局制定的种质资源信息网络研究计划，由 4 部分组成：国家植物种质资源系统（NPGS）；国家动物种质资源计划（NAGP）；国家微生物种质资源计划（NMGP）；国家无脊椎动物种质计划（NIGP）。GRIN 系统的建立使种质资源材料更容易管理和操作，其中植物种质资源信息网络就是种质资源管理的一部分。除此之外，1995 年还由种子公司和公益研究机构共同启动了玉米种质扩增（GEM）计划。

5. 共享与利用

美国植物种质资源信息网每周都要公布最新的植物种质资源保存数量，并且该网的查询结果包括：PI 号、名称、知识产权情况、是否可对外共享、评注、系谱等信息，科学家和需求者可以很方便地查询到相关信息。对于可共享的植物种质资源，申请者可直接申请获得；有些种质资源尽管不对外共享，但在名录中都可查询到相关信息，这些一般都是科研价值比较高或有知识产权保护的种质材料，需要采取交换、合作研究或其他双方约定的共享方式；与国外的植物种质资源交流中，要签订种质材料转移协议。

（三）欧美国家在种业知识产权保护中的实践

1. 对育种和生物技术的知识产权保护范围广泛

从图 9-3 可以看出美国的有关育种技术知识产权法律保护的时间进程表，每一次育种技术知识产权保护范围的扩大都会在 5～10 年内就进行一次大的种业结构调整。

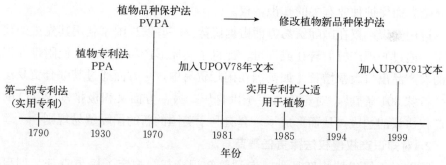

图 9-3 美国与品种保护有关的法律颁布时间表

1930 年，美国《植物专利法》（PPA）出台，对于无性繁殖以及无性繁殖的植物品种提供了专利保护，并给予 17 年的保护期限，主要是保护水果和蔬菜，农用种子和作物种子如马铃薯等不予保护。1952 年的普通专利法将专利权扩展到农业领域的发明创造，并将其定义为实用新型专利，指"产品的制造方法、形状，或者其结合所提出的适于实用的新的技术方案"。1970 年美国通过《植物品种保护法》（PVPA），规定实行植物新品种保护，授予育种者以品种权保护证书，并给予 18 年的保护期限。该法规定植物品种权有研究豁免和农民豁免两项例外，后相继加入 UPOV 公约 78、91 文本。

随着生物技术的发展，尤其是基因工程技术的发展，已经需要深入到以基因为单元的性状表达层面的法律保护，以品种权制度保护植物育种领域的创新已经难以跟上技术进步的速度，专利制度对深入基因层面的植物育种开始重新发挥作用。美国通过司法判决 1985 年 Diamond v. Chakrabarty 案，1995 年 Asgrow v. Winterboer 案和 2000 年先锋公司的品种权案，将专利权的保护扩展到一般性的微生物组织结构，生物技术的重要方法和产品，排除了农民对于销售的授权种子种植的权利。PPA、PVPA 与发明专利法之间的关系确定这三部法律可以为植物发明提供重叠的、互不排斥的保护。

在欧盟，1983 年 Ciba - Geigy 案对基因专利予以承认；1988 年 Lubrizol 案首次授予一项转基因植物专利，1995 年 Plant Genetic Systems 案对植物细胞予以专利保护，1999 年 Novartis 案等，这些案件开始对植物基因、基因序列、植物、生产植物的方法、植物群、来自植物的收获材料以及使用该收获材料制成的产品给予专利。除此之外，欧美以商业秘密、合同、商标（对种子加工技术可以通过专利保护；对于品牌可以通过商标来保护、除草剂可以通过专利保护）全方面保护种业有关的知识产权。

运用知识产权在国际贸易方面占据优势。一些发达国家利用其先进的技术成果，通过知识产权的转让或许可，促进了其无形产品的出口，使附带知识产权的农产品出口大幅增长。如美国在国际贸易中，一方面通过其综合贸易法案的"特殊 301 条款"，对竞争对手予以打压；另一方面又积极推动 WTO 的知识产权协议的达成，从而形成了一套有利于美国的新的国际贸易规则。

2. 对知识产权侵权法律责任严苛

欧美对于侵犯植物新品种、专利等知识产权，规定了民事责任、刑事责任。民事赔偿方面，依据不同情形其数额确定有 3 种不同标准，即损害赔偿金、法定赔偿金和惩罚性赔偿金。权利人可以任意选择造成的损失、可获得利润还是法定赔偿金。赔偿数额主要包括：（1）被告获得的利润，（2）已被原告证明的任何赔偿金，（3）诉讼费。由此可见，美国将受害人不应减少而减少的直接损失，和应当增加而未增加的间接损失（某种程度上等同于侵权人不应增加而增加的非法利益）一并计算确定赔偿数额。同时还规定了故意侵权时惩罚性赔偿金。如：2012 年 8 月，美国联邦法院裁决孟山都公司控告杜邦公司旗下的全资子公司杜邦先锋（即先锋良种国际有限公司）专利侵权胜诉，判决杜邦公司和杜邦先锋必须支付 10 亿美元赔偿金。杜邦公司和杜邦先锋公司为了解决杜邦公司在早期开发中失败的 Optimum®GAT®（OGAT）技术所造成的问题，蓄意侵犯孟山都公司拥有抗农达除草剂技术（Roundup Ready®）的专利权。

侵犯知识产权可以构成刑事犯罪。美国《商标假冒条例》规定了假冒商标罪，涵盖所有侵犯商标犯罪的全部内容。对侵犯专利权的犯罪规定了两个罪名：虚假专利标记罪和伪造专利特许证罪。专利特许证法规定了伪造、仿造、变造专利特许证的刑事责任条款，故意印制、运输这样的专利特许证，也要负刑事责任。根据美国法典第 18 编第 3 571 条的规定，伪造专利特许证的行为人将被处以 10 年以下的监禁，或二者并处。

专利、PVP、商标和商业秘密、反不正当竞争法、购买协议等全方位对品种权人的保护，加之美国动辄上亿美元的侵权惩罚和严厉的刑事处罚，极大推进了美国种业的技术进步、发展和竞争，也促进了种业的开放和合作。

3. 企业强有力的知识产权管理

在欧美的跨国种子公司，非常重视企业的知识产权管理，主要表现在以下几个方面：

——高层管理对专利和知识产权事务的重视。在每个大企业中，都由高层管理人员专门负责专利等知识产权事务。高层管理的介入是加强专利战略管理的必要条件。本企业强调将商业项目和知识产权二者加以整合，不仅可以更深入全面地考虑商业项目中存在的问题，更好地适应激烈的竞争，而且有利于建立商贸领域和知识产权两种系统的整体和双向的交流。一般在项目启动时都需要问"在这个商业项目中我们的核心优势是什么？"那就是知识产权保护的优势何在。

——知识产权成为研发人员共同关注的问题。尽管专利和植物新品种保护工作常常靠有关专家来完成，但更重要的是让所有的研发人员都来关注知识产权问题。企业常常通过课程培训或实现在知识产权部门的工作轮换和定期参与都有利于加强研发人员对知识产权的重视，使研发人员真正深入理解专利、植物新品种权与新品种选育之间的密切关系。企业已形成了以研发人员为基础和主体的知识产权管理队伍。

——对个人和各部门进行 R&D 活动的获取专利等知识产权的激励制度。如何对个人、团队和各部门的发明工作进行奖励是企业中非常重要和基础性的问题，先正达公司员工说，"我们会把年度优秀奖发给当年申请专利或品种权最多，开发了专利技术和品种权的员工"。

——专利和知识产权部门的地位和权力较高。大多数企业的董事会议定期讨论有关专利和知识产权事务的问题，知识产权经理经常直接向首席执行官汇报。首席执行官主要以知识产权发展状况作为战略决策的依据。

——有较完备的知识产权管理流程。专利部门调动大量的资源和精力来完成技术信息的管理职责，首先是搜集专利情报，在跨国公司专利情报人员就超过 100 名，其次是专利知识产权部门进行企业内外部的技术搜索、制定"专利地图"、清除专利障碍、促进技术知识的交流和扩散等，并将有些特定技术知识介绍给某一专业下属企业，进行专利布局。最后是进行交叉许可，获取许可收益。最重要的是做好商业秘密的保护工作，将秘密进行定级，以维护企业的核心竞争力。

四、完善我国种子法律保障机制的建议

（一）完善我国育种体制的建议

1. 合理分工、保障经费

结合事业单位分类改革，明确农业科研单位公益性职能定位，科学核算创新编制和辅助人员编制，切实落实好养老、医疗等配套政策。加大对农业科研单位稳定支持的力度，大幅度增加科技事业费，保障基本支出和人员经费等运行经费。可选择 1～2 个有代表性的科研单位，先期启动事业单位分类改革。在明确定性的基础上，制定长期研究目标和创新方向，设置岗位、选聘人员、保障经费，为农业科研人员提供良好的创新环境。

2. 加强立法、明确权属

我国没有针对产学研结合创新的专门立法，最具代表性的为《科技进步法》与《促进科技成果转化法》，我国产学研结合创新的政策法律相关规定之间存在交叉、不完整、法律规定操作性不强等不足，对于科企合作涉及的利益分配、项目成果的知识产权管理、科研信用建设、科学家利益回避机制等领域存在立法空白。

总结当前科企合作的实践，完善的知识产权归属和利益分配机制。对于科研项目成果的知识产权归属根据科研单位的性质进行区分，对政府拨款项目

（承担单位与拨款机构没有隶属关系），科研项目成果的知识产权归属承担单位所有，对隶属于政府机构的科研单位承担的科研项目的知识产权由政府行业部门加强管理。同时，规定科研单位项目成果转化的利益分配原则，分三大块进行分配：给课题组的激励和所在部门、科研单位的奖励，其中给课题组可以规定一个比例和最高限额，但在政治待遇上相应予以考虑。

同时，在实践中总结出几类科企合作合同，规定科企合作的合同范本，有条件地赋予企业排他性的许可权，鼓励企业为公共利益致力于研发成果向市场的转化。

3. 科学设置科研考评指标

对从事基础研究的岗位考核标准应侧重于理论创新成果的实现。对于从事应用技术研究的评价应侧重于能切实解决制约种业生产的关键技术问题，重在选育新的品种。同时要禁止科研院所人员自己开公司，扰乱市场秩序。

4. 完善科研转化机制、加大支持

一是积极推动更紧密型的科企合作方式。鼓励科研院所与企业共建中心，培养育种人才、合建研究中心，共享科技、人才等资源。创新科企合作的模式，国外成熟的产学研合作模式已经发展到产学研战略联盟、产学研实体等高级阶段，而国内还基本停留在以单项目合约、短期合作研发等为主的初级阶段，亟须发展适应当前及未来产学研合作发展需求的组织模式，提高合作质量和水平。

二是从法律、税收、财政、金融信贷等方面，对种业产学研战略联盟提供支持。目前产业技术联盟的法律地位不明确，因此，根据产业技术联盟发展现状，出台产业技术联盟相关政策，尽快明确产业技术联盟的法律地位，制定产业技术联盟运行框架管理细则，在法律身份、组织治理和税费管理上率先试点，推进产业技术联盟登记备案、评估等试点工作。政府在引导联盟发展的过程中应该进一步加大财政投入力度，引导更多的财政资金加入到促进科技创新的过程中。创新支持形式，通过补贴、贷款、股权投入等多种方式参与到联盟的发展中，从而使政府资金的作用发挥到最大。对技术转让、共同研发进行免税。

三是创造平台、提供信息。将农业公共育种项目建立数据库，统一管理。提供公共育种项目公开交易的平台，通过公开招标、拍卖等方式进行，以公正程序、第三方运作来保证科企合作的公平。通过引入律师事务所、会计师事务所、专业知识产权评估机构、基金会等从事技术转移的非盈利组织和技术管理公司等从事品种权评估的中介机构，实现公平透明。

（二）完善我国种质资源保护的建议

遵照《生物多样性公约》以及《中国生物多样性保护行动计划》《中华人民共和国森林法》《中华人民共和国野生动物保护法》，有必要从法律制度上研究和制定种质资源权属登记，即种质资源权利主体确认，以促进资源的方便获取与利益分享，同时也是我国向国际公示的遗传资源权利的基本方法，是我国参与国际遗传资源惠益分享的基础，以便对多边系统之外的种质资源根据《生物多样性公约》主张惠益分享。

1. 构建惠益分享的多元化机制

惠益分享不仅可以体现为货币形式的直接惠益，也可以体现为以优惠条件向遗传资源提供国进行技术转让、委托研发，或者与遗传资源提供国开展共同研发、协助遗传资源提供国培养专业人才等非货币形式间接惠益。实现惠益分享模式的多元化，不仅给遗传资源的使用者和提供者提供了更多选择，而且有助于调动双方积极性，在保护生物多样性、实现环境可持续发展的同时，促进利害关系国经济与科技的发展。目前，我国虽然主要属于生物遗传资源的提供国，但由于我国生物技术发展很快，有在较短的时间期限内转化为生物遗传资源使用大国的趋势，实现惠益分享模式多元化符合我国的根本利益。同样，欧盟在惠益分享方面的做法也值得借鉴。欧盟鼓励私有公司制订相关政策来落实《生物多样性公约》，并鼓励遗传资源的使用者和提供者通过合同形式对惠益分享模式进行探索。迄今为止，欧盟一些大型的制药公司已经进行了这方面的尝试。

当前，我国主要作为资源的提供国，有权获得相应的惠益，通常可以资金方式体现，也可在资源开发合同中详细规定对当地遗传资源的维护和培育作出贡献的农民，可以派代表参与国家与申请人之间有关惠益分享的谈判，并对申请人后来取得的知识产权或直接产品享有一定的惠益，例如，免费使用知识产权，或基于遗传资源申请人成为开发合同当事人后，根据采集的遗传资源进行开发研究，并可以在此基础上直接出售产品获益或者成为知识产权所有人后获得一定的财产权益等。

2. 建立公共的遗传资源共享平台，方便获取和利益分享

对农业生物遗传资源进行权属登记，并承认农民权利，必然导致利用者不能再无偿利用，会增加基因库收集种质资源的难度，也会增加育种家获取种质资源的难度，如果听任各方进行私下双方或多方谈判，可能会严重影响国内粮食和农业植物遗传资源的流动和获取，影响我国的育种事业，进而影响到我国的粮食安全。为避免出现这一现象，国家应出面协调农民（社区）、基因库和育种家（公司）之间的关系，平衡各方的利益，国家可以参照《标准材料转让协议》（SMTA）条款的规定，拟订国内适用的《材料转让协议》，并且也可以考虑设立种质资源基金，通过基金作为中介机构，作为联系农民、社区和科研单位、育种家、种子公司的桥梁，收集商业化利益并转交给种质资源所有者。

（1）公共保存机构应依法"迅速、免费为粮食和农业研究、育种和培训而利用及保存提供便利获取机会"，并签署《材料转让协议》。

（2）国家作物种质库成为农民、社区，联系育种者的中介，提供属于农民、社区的种质资源时，应事先取得农民或社区的同意，并协助签署《材料转让协议》。

（3）种质资源利用者要与国家作物种质库、农民或社区进行利益分享：种质资源利用者要向种质库、农民或社区披露其利用的信息。

在发表文章、申请专利权、申请植物新品种权以及相关成果鉴定、发布时要披露植物遗传资源的原始来源，同时揭示是从哪一基因库获取的；利用农民、社区或其他权利人的种质资源材料培育出的新品种商业化时，则要根据获取种质资源时的协议与种质资源的拥有者分享所获得的利益。货币和非货币性惠益分享可参考《京都议定书》附件。

制定《标准遗传材料获取协议》。材料转让协议（MTA）是商业和学术研究合作伙伴关系中的协议，涉及诸如种质、微生物和细胞培养等生物材料的转让，以使提供者和接受者能交换材料，同时为获得公共种质收藏、种子库或原生境遗传资源规定条件。

3. 搭建种质资源共享平台和专门化管理

（1）确定专门的机关或者机构负责全国作物种质资源保护利用和研究的规划、协调，制定有关政策、法规，提高种质资源利用效率和加强保护力度。下设办公室作为日常办事机构，设在农业部，对全国农业种质资源开展收集、保存、利用和保护、执法监督等工作，具体的收集、保存及检测工作可以委托中国农业科学院等相关单位负责。

（2）建议国家建立完善的作物种质资源共享平台和利益分享机制，明确资源提供者和育种者的权益分配与归属，使作物种质资源能够得到充分利用。国家投资建设完善的作物种质资源共享平台和信息平台，实现作物种质资源实物和信息依法向社会开放，打破原有课题组式的研究模式，避免重复研究和资源浪费，建议丰富"中国作物种质资源信息网"，将全国作物种质资源的基本信息和利用信息统一公布，方便查询和利用，鼓励企业共同参与鉴定评价，制定取得收益的办法。

（3）建立健全资源共享体系。作物种质资源是国家的资源，在国家管理条例范围内，应加强健全种质资源共享体系，建立种质资源利益与责任共享的和谐关系，共同促进种质资源的利用。

（4）完善种质资源保护的经费保证制度。经费来源是开展种质资源收集、开发、利用和保护的基本保证，属基础性、公益性工作具有社会、经济和生态长远效益，关系到人们生存安全和科学的进步，必须由国家政府部门投入。全部计划经费，由国家列入科学基础性工作专项计划，全额拨款。

（5）制定作物种质资源保护管理条例（或细则）。对库、圃、点种质资源保护管理、交换、利用等建立具体规章制度，使种质资源管理走向规范化和科学化，强化种质创新及拥有知识产权的技术研究在全面鉴定评价的基础上，采用现代生物技术，对优异种质资源进行创新，构建一批优异种质的近等基因系。通过分子遗传学技术挖掘一批具有育种利用价值的功能基因。在基因组学上加强种质资源的创新研究，争取获得一批拥有自主知识产权的基因和技术，把种质资源研究推向一个全新的发展阶段。

4. 规范外资与科研院所在种质资源的合作、加大处罚力度

强化国际交流合作审核机制，加强对国际合作的执法检查工作。对违反国家规定向境外泄露育种技术、提供种质资源的违法典型案例进行查处，并对有关科研单位、大专院校开展警示教育，农业部与科学技术部、教育部等部门沟通，推动建立对外科研合作安全防范机制，规范科研人员对外合作行为。

加大对种质资源保护不力单位和企业的惩罚力度。种子法规定，违反种子法规定向境外提供或者从境外引进种质资源的，由国务院或者省（自治区、直辖市）人民政府的农业、林业行政主管部门没收种质资源和违法所得，并处以

1万元以上5万元以下罚款。未取得农业、林业行政主管部门的批准文件携带、运输种质资源出境的，海关应当将该种质资源扣留，并移送省（自治区、直辖市）人民政府的农业、林业行政主管部门处理。这一处罚力度较轻，很难起到威慑作用。有必要适当加大处罚力度，提高违法成本。

5. 加入国际公约、推动国内种业企业走出去、引进来

建议尽快加入《粮食与农业植物遗传资源国际条约》（ITPGRFA），并实现国内与之相适应的有关立法，配合粮食和农业生物遗传资源的知识产权保护。ITPGRFA是国际社会就粮食和农业生物遗传资源的保护、可持续利用、获取和惠益分享等问题达成的第一个具有法律约束力的多边协议，也是第一个专门为粮食安全和农业可持续发展而推出的具有法律约束力的国际文件，对于保障全球粮食安全和农业可持续发展具有里程碑式的意义。目前，我国还不是ITPGRFA的缔约国。加入ITPGRFA不仅能利用其获取与惠益分享的多边机制从其他缔约国获取对我国有价值的遗传资源，同时还能加强对农民权利的保护，激励农民的生产积极性，推进我国的育种创新活动，提升粮食和农业产业的核心竞争力。基于《名古屋议定书》将粮农遗传资源排除在使用范围之外，我国应考虑尽快加入ITPGRFA，并与知识产权保护相互配合，共同促进林业和粮农生物遗传资源的保护，维护我国的战略利益。

同时，积极鼓励国内具有竞争力的种子企业大量引进国外优良作物种质资源，并在法律法规和政策上给予支持和优惠，明确企业自主引进的作物种质资源归企业所有，并对企业利用引进作物种质资源产出的各类研究成果，国家可给予支持。

（三）完善我国种业知识产权保护的相关建议

为适应现代种业发展，亟须加强种业知识产权保护，特提出如下建议：

1. 完善我国种业知识产权保护法律制度

建议扩大保护范围。一是明确对植物基因专利的保护范围。二是对实质性派生品种进行保护。三是明确品种权效力、范围，包括生产、销售、进口、出口、为繁殖而进行的处理以及存储等。四是品种权保护对象：繁殖材料、收获材料和由收获材料直接制成的产品。五是对品种权的限制与例外进行严格规定。对农民特权、科研及育种例外的范围界定。六是降低行政保护的层级，由省一级改成县一级；健全DUS测试制度（确定新品种身份），完善测试结果的互认制度（育种者试验数据），建立侵权判定标准。加强植物新品种保护与专利、商标、版权等其他类型知识产权制度之间的衔接配套。

2. 利用竞争法对跨国种子企业的行为进行规范

跨国种子企业的不公平竞争行为，主要表现为两类：一是利用限制性商业条款强迫农民接受不合理合同条件，如美国孟山都公司的习惯性做法是在与农民签订的销售合同中，强迫农民向其支付一定数额的技术使用费，并常常将种子与农药等其他产品进行搭售；二是低价倾销，占领市场，即在最初几年，低价销售甚至免费发放种子给农民使用，一旦占领市场，则开始向农民索要高价。上述行为皆违反了我国反不正当竞争法，对于这些行为，我国农民可以学习美国农民的做法，拿起反不正当竞争法的武器，维护自身的合法利益。对于跨国种子企业在我国领域之外，滥用其对知识产权的垄断，从事垄断行为，并对我国种业市场公平竞争产生不利影响的，我国也可以利用反垄断法域外管辖权条款，来对之行使管辖权，捍卫自己的权利[1]。

3. 改善种业知识产权保护环境

建立宣传教育长效机制，把种业知识产权宣传纳入科普宣传和农民培训计划，在广大农村培育尊重知识、崇尚创新、诚信守法的知识产权文化。加大植物新品种保护行政执法力度，打击侵权假冒行为，维护公平竞争的市场秩序，切实保护权利人和农民的合法权益[2]。

4. 建立种子知识产权服务体系

大力推进体制机制创新，尽快形成决策科学、分工合理、权责一致、执行顺畅、监督有力的植物新品种保护管理体制，促进与专利、商标、版权等部门协作配合。努力建立种子产业生物遗传资源权属管理服务体系。以知识产权的获取、运用和保护为重点，建立种子产业重大科技项目知识产权工作机制，开展知识产权全程跟踪管理。建立和完善种子产业知识产权信息交流机制。支持各级政府和有关部门以植物新品种权为重点，制定和实施种子产业知识产权产业化政策，促进知识产权在经济发展中的运用，推动种子产业发展。

5. 加大处罚力度，增加刑事责任

借鉴新修订的《商标法》的相关规定，建立侵犯品种权行为的适度举证责

任适度倒置制度。对假冒行为和侵权行为，提高民事赔偿额度，同时加大行政处罚力度。

6. 加强国际合作与交流

支持和鼓励种业科研单位和企业根据国际竞争需要，积极申请国外知识产权，开展知识产权的海外布局，实施种业国际化战略。建立对外种业知识产权协作机制，防止种业重大核心研究成果流失。

（四）我国种业监管的思路、方向和具体措施

1. 我国种业监管改革的思路

随着我国规模经营主体如种粮大户、合作社等大量形成，他们与种业公司之间的谈判能力相对增强，对种业公司起到一定的市场监督作用，加之种业准入门槛的提高，大公司越来越多，也会更加注重商誉，从而推动种业发展进入飞速发展阶段。加上互联网等媒体的发展，对种业公司的社会监督能力也随之增强，伴随着这些外部环境的变化，我国种业监管思路应逐步实现三个转变，重心由事前监管适度向事后监管转变，由单一的政府监管向多元的合作监管转变，向更加注重各利益相关方的充分参与、民主决策、程序公开透明转变。

2. 我国种业监管改革方向

（1）重心由事前监管适度向事后监管转移。这也是种业管理走向法治化、市场化、规范化、国际化方向的标志。根据《国务院关于印发全面推进依法行政实施纲要的通知》《国务院关于加强法治政府建设的意见》的精神，要求强化事后监管，减少行政许可，这也就要求种业监管也应由微观干预走向宏观调控，从重行政许可走向重事后市场监管。

（2）由单一监管向合作监管转移。从由政府单一监管，转向政府负责种业立法、知识产权保护、种子质量标准制定、政策制定等职责，实现行业协会、农民、社会合作监管与企业自我规制相结合的机制。

（3）向更加注重民主、程序公开、透明转变。自 2000 年《种子法》颁布以来种业快速发展才 10 余年，要建立依靠公司自我规制，靠公司声誉和品牌来保证种子质量，提升品种品质的监管模式，还需要一段时间，在种业发展的过渡期，应在品种审定、行业准入、市场监管过程中，更加注重民主、多方参与、程序公平、公正、透明，更好地做到依法行政。

3. 种业监管改革的具体建议和措施

（1）修改《种子法》，加大事后监管的力度。现行《种子法》中带有一定计划经济色彩的章节急需修改。修改思路应以标签管理和事后监管为重点，增加标签标注内容和生产经营记录内容，增加企业自我约束和对其信用记录进行管理的能力，加大事后处罚力度。

一是增加标签和生产经营记录的内容。主要进行如下修改：①增加对标签内容、种子生产经营记录内容的规定，种子标签内容增加标注品种性状、适宜种植区域、植物品种权保护号等，标签应真实，与品种公告内容相一致并规定相应的处罚措施。②增加对种子生产商、销售商、运输商记录内容的具体性规定，同时规范品种名称使用方式，要求品种名称不得与商标名或其他名称相同。③扩大"假种子"的范围，增加冒充他人生产经营的种子的或冒充品种权证书、品种权申请号、品种权号、品种权标记的；应当包装没有包装的；未附具标签的行为，将虚假标示、虚假陈述等行为都作为假种子来处理。④将虚假广告也视同标签虚假来处理，予以相应的处罚措施。

（2）明确种子企业的主体责任，将纳入《产品质量法》中产品的范围，种子质量缺陷为产品缺陷，明确企业对种子质量的责任，避免政府为企业的种子质量事故买单的现象。

（3）建立企业信用体系制度，通过建立企业违法信息共享数据库，将企业的经营记录直接与企业的贷款、税收、项目等直接挂钩，通过行政合同、行政指导等方式来加强对企业的管理。

（4）增加查封、扣押等行政强制措施，加大对违法行为的处罚力度，增加种子违法行为的处罚种类和加大罚款额度，加大企业的违法成本，使法律起到应有的威慑作用，使种业管理更加规范化。

（5）改革我国的品种审定制度，使公正与效率并存。改相对封闭式审定为开放式审定，主要是：①对育繁推行一体化的企业设立绿色通道；②在审定程序中增加征求农民意见的程序，把有代表性的农民引入品种审定委员会，改变品种审定委员会的人员组成结构，实现大学教授、官员、行业协会成员、育种家、农民比例协调的局面；③建立品种审定专家库，采取随机抽取的方式，再通过回避制度进行第二轮筛选；④明确参审专家的责任，将专家审定意见、试验数据等公开，将专家审定意见记入档案，因主观原因造成品种审定不实，出现生产事故的，相关审定专家应承担连带责任；⑤完善品种审定标准，加强区试管理，统一两级区试标准，推进品种试验规范化管理；⑥完善审定流程，缩短区域试验时间；⑦加快品种审定信息平台建设。

（6）种子执法与服务并重，建立执法信息共享平台。企业发展需要良好的市场环境，而良好的市场环境需要有效的监督管理。第一，要完善执法环节，协调好种子专业执法与综合执法的关系，在县一级以种子管理站为基础建立综合执法；第二，要理顺机制，建立检打联动的执法机制；第三，加强执法保障能力建设，加强基层检测能力；第四，加强执法信息共享平台建设。北京市种子管理站等进行了有益尝试，建立了农作物种子监管信息网，将行政处罚、责令改正等违法行为相关信息与公众共享，对企业实行社会监督。

（7）充分发挥种子协会行业管理与行业指导的功能，充分利用中国种子协会、中国种子贸易协会等组织，加强对行业的指导，同时，加大对农民的技术和法律知识培训，提高农民的"谈判能力"。

第三节　构建完善的农业执法信息共享平台[①]

一、我国农业执法信息化的现状分析

（一）农业执法信息化发展整体呈现不均衡态势

结合不同农业执法机构的信息化发展情况，农业执法的信息化发展呈现不均衡的态势，部分机构的执法全过程为手工处理，部分机构建立辅助办公的执法过程数据记录的小软件，部分机构建立专门的行政审批系统，部分机构进行了探索式的执法业务全过程支撑软件。

（二）农业执法信息缺乏共享交换

农业执法的过程，需要与业务全过程进行结合，在建设过程中，需要从执法的角度了解不同业务的实际处理情况，需要进行业务的整合和共享交换信息的加工。现阶段，大部分农业系统各自为政，尤其是不同部门之间无法做到信息共享，

---

① 本节引自 2015 年农业部软科学课题"农业执法信息共享平台建设研究"，课题主持人：丛小蔓。

无法实现跨部门跨系统跨业务之间的信息检索定位。信息共享交互方式缺乏，导致信息无法和执法流程直接关联，无法实现信息资源的开放共享，互联互通。

（三）农业执法数据查询方式复杂

对于基层综合执法机构的数据查阅，可以有效支撑农业执法行为。由于农业执法信息缺乏共享交换机制，缺少统一的农业执法信息共享平台支撑，数据查询方式比较复杂，尤其是基层机构，以电话、邮件、网站等多种形式，获取数据的及时性、完整性较差。

（四）农业执法相关法律法规缺少集中管理

农业执法相关法律法规制度规范等资料，大多数为纸质版或是部分电子版，缺少统一的法律法规制度规范库，难以在执法过程的各个环节进行快速查询定位。而普遍采用的手工查阅、电子文件检索等方式，工作效率相对较低。

（五）现场执法人员缺少信息化工具支撑

现场执法人员在办案过程中，尤其是现场办案，对于执法过程中的样品抽样单、当场处罚决定书、证据等级保存清单等没有信息化系统做支撑，基本靠手写方式，不仅影响工作效率，易出错，而且也会导致人情执法、干预执法等现象的发生。

（六）农业执法过程以手工为主

现阶段，农业执法机构按照执法计划组织相应的执法人员进行定期或不定期的行政执法，在执法过程中，一般以手工单据、人工记录为主，基本上没有执法专用装备，缺乏最基本的当场打印、复印、扫描设备，当场执法取证存在一定的困难，人情执法等现在也存在。现阶段农业执法的信息面广、量大、分散，执法办公效率有待进一步提高。

二、我国农业执法信息共享平台建设难点

（一）农业执法数据缺乏整合共享

农业执法涉及化肥、农药、种子、饲料、兽药等多个行业和领域，执法业

务比较复杂，执法所需工作信息数据量大且存储分散，如化肥、农药、种子、饲料、兽药等主要投入品信息分布在不同的业务单位，承载所需执法信息的应用系统网络部署、技术架构、数据结构等各不相同，农业执法数据分散且标准不一，数据的互联互通、协同共享成为难题。

（二）农业执法诚信化体系尚未建立

为了更好地开展农业执法工作，农业部建立了自上而下的各级执法部门、执法大队，配备相关的执法监督人员，从事具体的农业执法工作。但由于违法成本低，信用体系缺失，导致农业执法的工作紧、任务重，而执法效果一般，同一执法对象的多次违规、诚信危机的情况比较普遍。

（三）地方多样性特点的适应

农业执法信息共享平台的最终用户是面向全国自上而下的农业执法机构和执法人员，因此系统的建设需要充分考虑地方的多样化特点。各地的信息化建设情况有所不同，执法应用的基础环境和部署模式会有所不同；地方执行业务的情况也多种多样，会以多样化适用性为原则；地方具体的执法流程的不同，业务应用的本地化服务适应性要求也必然不同。

（四）系统承载力的需求

农业执法信息共享平台的建设定位是覆盖全国自上而下的农业执法机构，为全国各级农业执法人员提供业务支持，由于农业行业的执法人员所在的地域广、用户数据量大，业务情形多种多样，业务处理的波峰波谷相对集中。为了使农业执法信息共享平台发挥效果，需要具有较为强大的系统承载能力的支撑，充分考虑系统的抗压能力，即使考虑到实际应用过程中系统并发数最大，也不会影响系统的响应速度和效能以及人员的正常使用。

（五）项目全国推广使用局面的形成

为了尽快扭转农业执法行业的数据无法互联互通，缺少信息化支撑等问题，需要快速开展农业执法信息共享平台的建设工作，尽快搭建起农业执法框架，并逐步深入建设开展项目的实际应用。在建设过程中，应涉及全国各级农业执法部门核心业务，由于各地业务具有不同特色，业务处理流程细节有所不同，因而对平台功能需求的细节也会有所不同，在保障各地个性化需求的基础上，应有步骤有计划地在全国范围内推广使用，建立适合本项目特点推广使用的策略，尽快发挥平台效能是项目建设的重点和难点。

三、农业执法信息共享平台建设的应对策略

（一）建立农业执法信息共享机制

农业执法信息共享平台的建设，以建立统一的标准规范为指导，以农业执法各种法律法规制度规范为前提，以农业行业统一的数据接口标准、数据交换标准为基础，建立行业统一的执法业务数据口径。支撑数据标准统一，数据准确性保证、完整性呈现。在此基础上搭建统一的农业执法信息共享平台，统一进行数据资源梳理，建立农业执法数据统一标准，基于统一标准下协调相关业务部门进行数据对接和整合，为各部门提供横向纵向间的共享交换、业务应用支撑，为农业执法工作提供统一、及时、准确的执法信息。

（二）完善农业执法诚信体系

农业执法信息共享平台的建立，不仅包含基础数据的管理，还包括对农业执法过程的记录，实行一户一档的业务实现机制。随着行业内统一的农业执法信息共享平台的建立，实现对农业执法业务的技术支撑，逐渐建立起完善的经营主体个人、单位基础信息，产品基础信息的管理维护，同时，以经营主体为业务核心，建立起与日常检查信息、投诉举报信息、技术监督信息、执法案件信息的业务关联，在此基础上实现对执法对象全面的信用管理评价，最终营造出诚信化的农业执法生态环境。农业执法的最终目的是要通过执法考察对象基础信息的管理，全面的执法监管过程的信息记录，实现对农业执法全过程的行业管控，助力诚信体系的建立，最终营造出良性的农业执法的生态环境。

（三）支持个性化定制以满足地方需求

项目建设的成败是由最终平台具体的应用情况而定。单一化服务形式和严格苛刻的条框要求，不仅不会提高工作效率，还会对原有的业务造成巨大的影响，农业执法信息共享平台的应用客户是全国的执法机构和人员，因此，在设

计过程中，充分考虑到地方实际业务情况不同、地方业务要求不同的情况，开发多项应用服务支撑的应用集市，让地方结合自己的需求进行服务的组合，同时支持集中和分级部署的模式，在项目建设过程中，充分满足地方的个性化需求，从而支撑地方多样性的业务。

（四）优化系统架构提高性能

在对全国所有执法机构、执法人员进行统一管理的基础上，建立面向服务的架构（SOA 架构）和组件化的开发模式，支持服务调用及业务的应用，建立以云计算支撑的行业化的农业执法信息共享平台，建立统一的数据管理模式，按照数据采集交换、数据加工整理、数据综合利用的模式，实现分主题的数据应用，并在应用的过程中，利用一部分数据冗余提高数据访问效率的方式。同时，优化数据业务应用和服务调用策略，在实现对执法数据的行业全面管理的基础上，注重系统性能和效能发挥，满足用户数据量大、数据范围广、服务要求性高的要求。

（五）统筹规划分步实施

在项目开发和实施推进过程中，建议采用统筹设计、分步实施、试点应用的策略。课题的研究成果是站在行业的高度开展的农业执法信息共享平台的顶层设计规划，从应用建设、配套设施、安全体系等多角度进行了详细的规划设计，在项目实施过程中，将按照本课题的实施步骤逐步开展工作。在进行推广的过程中，首先成立以农业部产业政策与法规司为核心，相关业务部门、信息中心等为成员的项目团队，按照项目建设的目标，从技术上和业务上做好总体的项目把控，制定合理的项目计划，统筹农业执法过程中的相关工作，同时，选取几个试点单位的人员作为农业执法团队的组员，具体开展项目过程中的组织宣传工作，负责农业执法工作的开展和沟通协调，并按照项目实施进度把控项目各个阶段的关键点。经过试点后的农业执法信息共享平台，结合实践运行后的效能发挥的情况，可指定推广策略和推广步骤的行业发文，从行业管控的层面指导项目的实施，保证项目的实施进度和推广使用。

四、我国农业执法信息共享平台建设的实施路径与保障措施

（一）实施模式

随着信息化的深入发展，信息化不仅成为经济发展的重要助推器，也成为人们日常生活的重要组成部分，物联网、云计算、移动互联等新一代信息技术发展日新月异，信息化正进入大网络、大数据、大服务时代，为信息化与农业的全面融合创造了条件。我国农业正处于由传统农业向现代农业转型的快速发展时期，结合信息化发展规律和我国农业执法业务及信息化发展现状，对我国农业信息化发展趋势进行了初步的探索。

鉴于农业执法的业务开展情况，信息化与农业行业的结合是通过信息化与农业执法的要素相结合，以电子化的政策、文书、法规为辅助，规范实施农业执法的查、抽、检、问、信、罚等过程。根据农业信息化与现代农业执法结合的应用主体、应用环节、应用区域和外部推动不同，其结合模式分为应用主体结合模式、应用环节结合模式、应用区域结合模式和外部推动结合模式。其中外部推动模式主要包括以下几个方面：

一是鼓励引导结合模式。农业部站在行业的高度上，进行鼓励引导，让各级部门通过制定有针对性农业执法信息化发展意见，号召各级农业执法部门采用电子化的农业执法形式。

二是一盘棋的农业执法项目规划建设模式。充分考虑行业内各级农业执法机构业务与信息化发展的情况，在农业执法信息共享平台建设过程中，进行完整规划，一盘棋建设，有步骤使用推荐的机制，并在技术上配备灵活的使用机制，增强各级农业部门参与的积极性。

三是示范引导结合模式。农业执法信息共享平台建设完成后，在应用策略上采用示范模式，选择部分机构作为应用试点，并及时将使用推广的情况，工作提升情况进行行业公开，同时，深入总结其先进经验并推广其成功做法，并设立一批可看、可用、可复制的示范基地，推进农业信息化与现代农业执法相结合。

四是技术推动结合模式。用现代信息技术改造传统农业执法是农业执法的重要支撑点，在建设农业执法信息共享平台的过程中，需要用现代化信息技术产品及技术形式做支撑，因此应通过研发信息技术产品并应用到现代农业执

法，从而推动农业信息化与农业执法业务的充分结合。

（二）实施步骤

为了有条不紊地推进农业执法信息共享平台的建设，经过课题组成员的讨论，一致认为项目的实施过程需要采用整体规划、分步实施的策略，需要进行阶段化的系统实施。

（1）第一阶段：初步搭建起农业执法的基础框架，实现对农业执法的基础性功能支撑。建立执法人员信息库、执法法律法规库、许可信息库、案件信息库作为执法业务办理的支撑。利用数据共享交换平台，实现对行政执法数据的采集汇聚。建立应用支撑平台，搭建组件、目录服务、数据访问服务，以及建立部分业务系统支撑。建立基础的业务应用功能，实现对执法依据、通知公告、许可查询、处罚公开、文书下载等业务的部分功能支撑。

（2）第二阶段。在第一阶段的基础上进一步完善应用，根据农业执法业务情况，建立完整的业务应用支撑功能。完善应用支撑平台的组件与数据共享交换平台，进一步扩大数据采集的范围。实现对第一阶段应用系统的功能深化，同时，进一步开发许可查询子系统、案件协查子系统、辅助学习子系统、行政执法网站子系统、统计分析管理子系统，并完善第一阶段建立的系统功能，实现对综合执法业务的完善。进一步扩大数据采集的范围。

（3）第三阶段。在第二阶段的基础上进行应用完善，并进行农业执法业务的深化，注重综合数据的分析利用。实现对执法数据的综合利用，建立数据分析挖掘、业务预警预测。建立信用评价子系统，实现执法人员的绩效考核。实现支撑平台、数据共享交换平台功能的调整完善。

（三）保障措施

1. 加强组织领导

提高认识、认清形势，从全局高度和长远发展角度、支持农业执法信息共享平台建设，进一步增强责任感、使命感和紧迫感，切实把农业执法信息共享平台建设作为发展现代农业和提升农业执法信息化水平的首要任务，摆上重要议事日程。成立农业执法信息共享平台建设领导小组，协调解决信息化建设过程中的实际困难和突出问题，形成统一归口、上下联动的工作机制，为加快农业执法信息共享平台建设提供有力的组织保障。

2. 加大资金投入

积极争取财政、发改等有关部门支持，把农业执法信息共享平台建设纳入财政预算，建立财政投入长效机制。同时，加强与企业、社会各方面的合作，探索建立农业执法信息化建设资金投入机制，争取各种社会力量对农业执法信息化工作的支持，开辟多元化的投资渠道。

3. 健全政策保障

坚持"建、管、用"并重原则，健全建设、管理、运行维护等方面的管理机制，为农业执法信息化的可持续发展提供政策保障。要妥善安排系统运行维护、基础设施、应用系统升级换代及管理人员、技术人员培训等年度专项投资，为农业执法信息化建设成果的长期稳定运行提供必要保障。

4. 形成工作合力

各相关部门和单位要统筹协调、共同推进、加强沟通、全力配合、密切协作，彻底改变资源分散、数据封闭和信息垄断的状况，严格按照统一规划和建设标准，进行资源优化配置和信息有效共享，形成农业执法信息化建设工作合力，不断推进全国农业执法信息化建设又好又快发展。

图书在版编目（CIP）数据

深化农村改革与城乡融合发展 / 张天佐主编 . —北
京：中国农业出版社，2020.10
（农业软科学研究丛书 . 2013—2017）
ISBN 978 - 7 - 109 - 26246 - 1

Ⅰ.①深… Ⅱ.①张… Ⅲ.①农村经济－经济体制改
革－研究－中国②城乡建设－经济发展－研究－中国
Ⅳ.①F320.2②F299.21

中国版本图书馆 CIP 数据核字（2019）第 275448 号

中国农业出版社出版
地址：北京市朝阳区麦子店街 18 号楼
邮编：100125
策划编辑：徐　晖
责任编辑：吴洪钟　杜　婧
版式设计：杜　然　责任校对：刘丽香
印刷：北京中兴印刷有限公司
版次：2020 年 10 月第 1 版
印次：2020 年 10 月北京第 1 次印刷
发行：新华书店北京发行所
开本：720mm×960mm　1/16
印张：30.75
字数：600 千字
定价：80.00 元